Günter Rohrbacher-List

Die Roten Teufel sind wieder da

Die Geschichte des 1. FC Kaiserslautern

Mit Fotos von Paul Gilbrecht u.a.

VERLAG DIE WERKSTATT

■ **Gewidmet Jürgen „Atze" Friedrich zu seinem 30jährigen 1. FCK-Jubiläum**

Er kam 1968 mit 24 Jahren von Eintracht Frankfurt zum 1. FC Kaiserslautern und sorgte bis zu seinem Beinbruch in der Vorbereitung zur Saison 1973/74 für die spielerischen Akzente. 1977 gelang ihm eine Revolution, als er mit acht Stimmen Mehrheit den amtierenden Präsidenten ausstach und zum neuen Präsidenten des 1. FCK gewählt wurde.
1981 nahm er eine „schöpferische Pause", kam aber 1985 wieder. 1988 trat er am Ende der Saison überraschend zurück.
Als der 1. FCK 1996 abgestiegen war und neue Männer in die Verantwortung strebten, war auch er mit dabei – als Mitglied und erster Vorsitzender des Aufsichtsrats. Er lockte seinen ehemaligen Mannschaftskameraden Otto Rehhagel als Trainer nach Kaiserslautern.
Die Meisterschaft 1998 rundet das Werk Friedrichs, der den 1. FCK in 30 Jahren inspiriert, revolutioniert und modernisiert hat. Ohne ihn wäre der 1. FC Kaiserslautern wahrscheinlich nicht mehr im Profifußball vorhanden.

2. Mai, 1998: Nach 1951, 1953 und 1991 ist der 1. FC Kaiserslautern zum vierten Mal Deutscher Fußballmeister. Die Westtribüne jubelt und feiert ihre Idole. Beispielsweise Ratinho, das „Mäuschen". Ein anderes deutsches Fußballidol, Günter Netzer, würdigte den ersten Titelgewinn eines Aufsteigers:

„Diese Meisterschaft ist die größte Leistung, die je im deutschen Fußball vollbracht wurde."

CIP-Titeleintrag der Deutschen Bibliothek:
Rohrbacher-List, Günter:
1. FC Kaiserslautern : die roten Teufel sind wieder da / Günter Rohrbacher-List. - Göttingen : Verl. Die Werkstatt, 1998
ISBN 3-89533-221-6

Danksagung
Der Verlag dankt allen Freunden und Sponsoren des FCK, die das Erscheinen dieses Buches freundlicherweise unterstützt haben:
Agon Sportverlag, ATS-Leichtmetallräder, Autohaus Friesen, Bayern-Versicherung, Betze-Fan-Shop, Bilfinger + Berger, Christmann Karosseriebau, Citibank, City-Reisebüro Waldmohr, Dechent Fensterbau, DVAG, Eichbaum-Brauereien, Flammann, Harp Irish Pub, Hattrick Fußballmagazin, Isola Bella Restaurant, IVECO, Landesregierung Rheinland-Pfalz, Lapport Schleifmittel, H. Lorenz Versicherungen, MS Mode + Sport, Nordsee, Peterstaler Mineralquellen, Pochert Immobilien, M. Schneider Zimmerei, Schraß Metallbau, Schuff Reisebüro, TWK, Verkehrsamt Kirchheimbolanden.

1 2 3 2000 1999 1998

Copyright © 1998 by Verlag Die Werkstatt
Lotzestraße 24a, 37083 Göttingen
Alle Rechte vorbehalten.
Druck und Bindung: Clausen und Bosse

ISBN 3-89533-221-6

Inhalt

Vorwort 9

Teil 1: Die Meisterschaft 1998

Träumen ist erlaubt.
Triumph und Zukunft des 1. FC Kaiserslautern 16

1995 bis 1998:
Zwischen Hölle und Himmel 31

▷ Porträt: Arilson Gilberto da Costa 39
▷ Interview: Axel Roos 51
▷ Porträt: Ciriaco Sforza 71
▷ Porträt: Everson Rodrigues Ratinho 79
▷ Porträt: Andreas Reinke 98
▷ Porträt: Miroslav Kadlec 109
▷ Porträt: Otto Rehhagel 120

Teil 2: Die Geschichte des 1. FC Kaiserslautern

1900 bis 1945:
Die frühen Jahre 131

▷ Vereinsporträt: VfR Kaiserslautern 136
▷ Vereinsporträt: ESC West 150
▷ Vereinsporträt: TSG Kaiserslautern 153

1945 bis 1963:
Konkurrenzlos durch die 50er Jahre 161

1963 bis 1971:
Der Kampf um die Existenz 189

▷ Vereinsporträt: SV Alsenborn 201

1971 bis 1982:
Der langsame Aufstieg zur Spitze 205

1982 bis 1990:
Die mageren Jahre 225

1990 bis 1995:
Teuflische Jahre 241

Teil 3: Rund um den Betzenberg

Vom „Waldschlößchen" zum High-Tech-Sportpark Betzenberg.
Die Spielstätten des 1. FC Kaiserslautern 287
Die Fans am „Betze" 304
▷ Interview: Fanbeauftragter Hannes Riedl 311
Querelen, Chaos, Kontrahenten 318
▷ Interview: Aufsichtsrat Wolfgang Fritz 327

Teil 4: Das Spieler-ABC

Kleines Lexikon wichtiger und weniger wichtiger Akteure
des 1. FC Kaiserslautern 333

Statistischer Anhang

Daten zum Verein 355
Ligazugehörigkeit, Plazierungen von 1900 bis 1998 356
DFB-Pokal 363
Der 1. FCK im Europapokal 369
Zuschauerzahlen von 1963 bis 1998 372
Trainer und Präsidenten von der Gründung bis heute 373
Die Kader des 1. FCK von 1945/46 bis 1997/98 375
Der Fanbeirat des 1. FC Kaiserslautern 381
Der Autor / Fotonachweis 383

Ein triumphales Jahr für Otto Rehhagel: Am 11. Juni 1997 feierten ihn die Fans auf der Westtribüne beim Spiel gegen den SV Meppen, weil er den Aufstieg geschafft hatte (Bild links). Am 9. Mai 1998 holte er dem 1. FCK und sich selbst die Meisterschale ab. Rehhagel jubelte:

„Kaiserslautern ist die Hauptstadt der Fußballwelt."

DIE MEISTERSCHAFT

DIE NR. 1
gratuliert ihrem Partner:

Der beste Bundesliga-Aufsteiger aller Zeiten. Herzlichen Glückwunsch, Otto Rehhagel!

Saison 97/98: Mit Kompetenz, Herz und Engagement hat Otto Rehhagel seine roten Teufel zum Erfolg geführt. Wir sind stolz auf die großartige Leistung und erfolgreiche Partnerschaft. Auch für Sie sind wir der richtige Partner, wenn es um Ihre private Renten- und Vermögensplanung geht. Bei allen Fragen zum Vermögensaufbau betreut Sie jederzeit die Deutsche Vermögensberatung AG mit ihren 15.000 Vermögensberatern. Schon 2,5 Millionen Kunden vertrauen auf die Beratungskompetenz von Europas größtem eigenständigen Finanzvertrieb. Erfolg verbindet – deshalb drücken wir dem 1. FCK mit allen Fans die Daumen für spannende Champions-League-Begegnungen. ∎

*Deutsche Vermögensberatung
Aktiengesellschaft
Münchener Straße 1
D-60329 Frankfurt am Main*

*Telefon (0 69) 23 84-0
Telefax (0 69) 23 84-185
http://www.dvag.de*

Vorwort

Als im Herbst 1995 das Buch „Der Berg, das Land und der Ball" erschien, glaubte kaum jemand, welch turbulente zweieinhalb Jahre vor dem 1.FC Kaiserslautern liegen würden. Man stand noch am Beginn einer schlecht gestarteten, aber noch nicht verlorenen Saison und wollte sich mit dem undenkbaren Fall der Fälle, einem Abstieg, noch nicht befassen.

Doch das Drama geschah: Der 1. FCK stieg ab und wurde eine Woche danach Pokalsieger. Eine neue Führungsmannschaft kam, Trainer Krautzun wurde entlassen und der beste Trainer verpflichtet, den der 1. FCK haben konnte: Otto Rehhagel. Unter ihm gelang nicht nur die Meisterschaft in der 2. Bundesliga und der sofortige Wiederaufstieg. Der Höhenflug setzte sich fort, und zum ersten Mal in der Geschichte der Bundesliga wurde ein Aufsteiger auf Anhieb Deutscher Meister.

All diese Ereignisse forderten eine Fortschreibung und großzügige Ergänzung von „Der Berg, das Land und der Ball" geradezu heraus. Es galt, das Geschehen von Herbst 1995 bis Sommer 1998 ausführlich und gründlich zu beleuchten. Nach einigen optischen Impressionen vom Gewinn der Meisterschaft beschreibt und kommentiert das Buch den bitteren Abstieg, den souveränen Wiederaufstieg und den Durchmarsch zum Titel. Ergänzt wird dieser aktuelle Teil durch Interviews mit bzw. Porträts von Axel Roos, dem dienstältesten Spieler des 1. FCK, von Ciriaco Sforza, der im zweiten Anlauf in Kaiserslautern ans Ziel kam, und von Trainer Otto Rehhagel, der seiner erfolgreichen Zeit als Spieler des 1. FCK von 1966 bis 1972 eine noch erfolgreichere als Trainer folgen läßt.

Der historische Teil von „Der Berg, das Land und der Ball" wurde gestrafft, aber in weiten Teilen unverändert übernommen. Das Kapitel „Die Fans" wurde völlig neu bearbeitet. Neu ist auch ein Kapitel, das sich mit Marketing, Merchandising, den Zukunftsperspektiven des kommerzialisierten Fußball sowie den Vereinsquerelen befaßt.

Dieses Buch ist wie sein Vorgänger kein Vereinsbuch und auch keine „offizielle" Vereinsgeschichte. Mancher ehemalige und mancher amtierende Funktionär wird in einigen Dingen vielleicht anderer Meinung sein oder sich über das eine oder andere wundern oder gar ärgern.

Ein solches Buch kann nur entstehen, wenn viele Helfer und Informanten bereit sind, zu seinem Gelingen beizutragen. Bei ihnen allen möchte ich mich herzlich bedanken:

Gerd Rauland vom Stadtarchiv und seinen freundlichen Mitarbeiterinnen und Mitarbeitern
Paul Gilbrecht
Erich Platz vom Stadtjugendamt Kaiserslautern
Alexander Lutz vom Fanbeirat des 1.FCK
allen Mitarbeitern von *In Teufels Namen*
Hannes Riedl, dem Fanbeauftragten des 1.FCK
Axel Roos und Wolfgang Fritz
Maria Brunn und Karin Prins
dem 1.FCK für die Überlassung einiger Fotos aus dem Buch „90 Jahre 1.FCK"
Liesel Bachem
Anneliese Schneider, der Witwe des Meistermachers von 1951 und 1953
Werner Steiner, Gerhard Weber und Wilfried Jungmann vom Stammtisch des VfR Kaiserslautern
Dirk Leibfried
Winfried Eller, Stefan Kersthold, Rolf Sperber, Stefan Kieffer und Harald Gaubatz für fachliche Gespräche vor und nach dem Spiel
dem Südwestdeutschen Fußballverband (SWFV) in Ludwigshafen am Rhein
Frau Visciano vom Verkehrsbüro der Stadt Kaiserslautern
Guy Roux
Kurt Sylvester
Ingelore Wöllstein und Werner Laudemann für die ständige Begleitung zum Betzenberg.

Herzlichen Dank auch für die gute Kommunikation und Zusammenarbeit an Achim Woydowski, Bernd Beyer und Bernd Weidmann vom Verlag Die Werkstatt und an Gudrun, Hannah, Maren und Mika.

Kaiserslautern, im Mai 1998
Günter Rohrbacher-List

Rote Teufel im siebten Himmel

Teuflische Stimmungsmacher waren in der Saison 1997/98 eigentlich nicht notwendig: Die Spieler sorgten selbst für Begeisterung und La Ola-Wellen.

1997/98: Eine Saison wie ein Krimi

Für ihn war es die letzte Saison: Andreas Brehme, der Weltmeister, der sich mannschaftsdienlich in Otto Rehhagels Personalkonzept einfügte.

Harter Kampf auf Schalke: Koch und Hristov lauern auf eine Torchance. Hristov nutzte sie. Endstand 1:1

„Olaf Marschall – Fußballgott!" skandierten die Fans, als der dynamische Stürmer beim Heimspiel gegen Borussia Mönchengladbach fast im Alleingang den 3:2-Sieg herausschoß.

Regisseur mit Übersicht: Ciriaco Sforza, hier beim Heimspiel gegen den VfB Stuttgart (4:3).

»Lecker und gesund.«

Fit mit Fisch.

Zur Fitness gehört nicht nur ein konsequentes Training, sondern auch eine gesunde Ernährung. Fisch ist dazu ein wertvoller Beitrag: fett- und kalorienarm, mit vielen Mineralien und Eiweiß. Essen Sie sich fit mit immer frisch zubereiteten Fischgerichten oder frischem Fisch von Ihrer Nordsee.

Nordsee Kerststraße 17 67655 Kaiserslautern	Nordsee Saarpark Center 67655 Kaiserslautern	Nordsee im Fritz Walter-Stadion

und rund weitere 300x in Deutschland und Österreich.

„Jungs, wir sind die Besten!"

2.5.1998: Durch einen klaren Sieg über den Mitaufsteiger VfL Wolfsburg wird der 1. FC Kaiserslautern Deutscher Meister. Auch Hristov (oberes Bild) hatte wieder geglänzt. Marschall, Koch und Riedl feiern im Meister-Shirt.

DIE MEISTERSCHAFT

Träumen ist erlaubt

Triumph und Zukunft des 1. FC Kaiserslautern

Samstagnachmittag, 2. Mai 1998, 17.15 Uhr – Schlußpfiff im Fritz-Walter-Stadion auf dem Lauterer Betzenberg. Der 1. FC Kaiserslautern hat gegen den VfL Wolfsburg mit 4:0 gewonnen, der Jubel ist groß. Es ist das gleiche Resultat wie letztes Jahr in der 2. Bundesliga, doch dieses Mal liegt eine wahnsinnige Spannung über der vollbesetzten Arena. Sekunden später löst sie sich, das Stadion bebt. Durch das 0:0 des MSV Duisburg gegen Bayern München ist der 1. FCK schon einen Spieltag vor Ende der Saison Deutscher Meister. Zum vierten Mal. Und er ist die erfolgreichste Mannschaft der Bundesliga in den 90ern.

Zwei Jahre vor dem 100. Geburtstag des Vereins haben Trainer Otto Rehhagel und seine Spieler ein Märchen wahrgemacht. Abgestiegen war der 1. FCK 1996, und die Pfalz war nach der Meinung vieler dem Untergang geweiht. Fritz Walter mutmaßte, der 1. FCK würde nie mehr erstklassig. Doch dann kam Otto Rehhagel, führte die Roten Teufel durch die 2. Bundesliga und direkt ins Oberhaus zurück, verstärkte die Mannschaft und schaffte die Sensation.

In der Bundesliga ist fast alles schon dagewesen: Abstiegskandidaten, die Meister wurden, und Titelfavoriten, die abstiegen. Der Meister von 1968, der 1. FC Nürnberg, mußte im Jahr darauf in die Zweitklassigkeit. Außer dem Hamburger SV gibt es in der Saison 1998/99 kein Gründungsmitglied mehr in der Bundesliga, das ununterbrochen seit 1963 dabei ist. Doch eines gab es noch nicht: Daß ein Aufsteiger Meister wurde. Der 1. FC Kaiserslautern aber schaffte das Wunder, das sich so schnell nicht wiederholen wird: Er stieg auf, siegte im ersten Spiel bei Bayern München, wurde am 4. Spieltag Tabellenführer und blieb es bis zum 34. Spieltag: Deutscher Meister 1998!

Ein Beispiel, das seinesgleichen sucht – und findet. In England schaffte Nottingham Forest 1977 den Wiederaufstieg in die 1. Division (damals 1. Liga, heute 2. Liga), wurde in der darauffolgenden Saison Meister... und gewann wieder ein Jahr später 1979 den Europapokal der Landesmeister, u.a. mit Siegen gegen Titelverteidiger FC Liverpool (2:0 und 0:0) und den 1. FC Köln (3:3 und 1:0), der sich schon im Finale gewähnt hatte. Ein Jahr danach gelang sogar die Titelverteidigung mit einem 1:0 im Finale gegen den Hamburger SV.

Die *Frankfurter Allgemeine Zeitung* zeichnete das Bild von „Robin Hood im Pfälzer Wald", doch in diesen Breiten genießt der Gerechtigkeitsfanatiker aus den nordenglischen Wäldern nicht die allerersten Sympathien. Denn nur mit sozialen Aktionen und mit Gerechtigkeitsempfinden kommt man hier nicht an solche Ziele, wie sie der 1. FCK erreicht hat.

Stellten Weichen für die Zukunft: Präsident Hubert Keßler und Otto Rehhagel bei der Vertragsverlängerung im Dezember 1997.

In den 60er Jahren machte unweit von Kaiserslautern, im Lambrechter Tal, die Kimmel-Bande die Pfalz und ihren Wald unsicher. Bernhard Kimmel und seine Revolver-Tilly erschreckten die Idylle, schnell machte die Rede von „Al Capone im Pfälzer Wald" die Runde, zumindest als klar geworden war, daß die Gangster über Leichen gingen. Soweit ist es im Fußball noch nicht, auch nicht in der Champions League, wo dem 1. FCK eine ähnliche Rolle zukommen wird wie 1996/97 AJ Auxerre, das sich gegen Ajax Amsterdam, die Glasgow Rangers und Grasshoppers Zürich durchsetzte und das Viertelfinale erreichte. Danach ist Träumen erlaubt, auch für Otto Rehhagel, der ja mit 70 Jahren noch einmal einen Europapokal gewinnen will. Auch er darf sich mal verschätzen.

Der Erfolg des 1. FCK schreit geradezu danach, festgehalten und weiter entwickelt zu werden. „Seit 1962 kicke ich 'rum. Und dann werde ich zu dem Job hier überredet und bin ruckzuck Meister... Ist eigentlich schon mal jemandem aufgefallen, daß Kaiserslautern der erfolgreichste Verein der 90er in Deutschland ist?" sinnierte Jürgen „Atze" Friedrich nach dem großen Erfolg. In der Tat, die Liste der Ehren in den 90ern ist lang: Pokalsieger 1990, Deutscher Meister 1991, Karl-Heinz Feldkamp Trainer des Jahres 1991, Stefan Kuntz Fußballer des Jahres 1991, der 1. FCK Mannschaft des Jahres 1991 und Supercupsieger 1991, Pokalsieger 1996, Hallen-Masters-Gewinner 1997, Deutscher Meister 1998...

DIE MEISTERSCHAFT ⚽ 17

In einer Fußballstudie der UFA erscheint der 1. FCK als der sympathischste Klub der Bundesliga, Otto Rehhagel ist die Nummer eins unter den Trainern, und bei den Fans rangieren die Roten Teufel, zurückgeworfen durch den Abstieg, auf Platz fünf hinter Bayern München, Borussia Dortmund, Schalke 04 und Hansa Rostock.

Trotz der Euphorie besteht 1998 keine Veranlassung, die Vereinsverantwortlichen zu mahnen, die richtigen Schritte zu tun, um auch oben dabei zu bleiben. „Den ganz Großen in die Suppe spucken, ihnen ganz nah auf den Pelz rücken, das konnte man in der Pfalz immer gut und gern – aber mit dem geknackten Jackpot umgehen, das konnten sie nicht. Gäb's Otto Rehhagel heute nicht oben auf dem Berg, ich würde mir bei aller Sektlaune wieder die größten Sorgen machen", schrieb FCK-Fan Marcel Reif im *Stern*. Viel Sach- und Fachkompetenz verteilt sich auf viele Schultern beim 1. FCK, und das Duo Friedrich/ Rehhagel wird, zumindest bis ins Jahr 2000, die fußballerischen Entscheidungen treffen: die Mannschaft sukzessive ergänzen, verändern und verstärken, um dem Wettbewerb standzuhalten und mitzumischen.

Der 1. FC Kaiserslautern ist am 2. Mai 1998 zwar nicht „Fußball-Weltmeister" geworden, wie „Radio Sachsen-Anhalt" es euphorisch hinausschrie, aber er hat als Aufsteiger und krasser Außenseiter denen, die die Meisterschaft schon vor der Saison unter sich ausgemacht hatten, gezeigt, was möglich ist, wenn man sich Ziele setzt und alles dafür tut, um sie zu erreichen.

Den Worten Günter Netzers ist nichts hinzuzufügen, sie machen bewußt, daß hier etwas Besonderes geschehen ist und keine normale Deutsche Meisterschaft errungen wurde: „Diese Meisterschaft ist die größte Leistung, die je im deutschen Fußball vollbracht wurde. Das ist einmalig, nicht wiederholbar."

„Mit dem heutigen Tag hat der 1. FC Kaiserslautern Fußballgeschichte geschrieben..."

„... und die Tränen von Leverkusen getrocknet", meinte Präsident Keßler zur Meisterschaft, über die sich Trainer Rehhagel nach dem Spiel gegen Wolfsburg freute: Ganz in Rot und ganz gelöst Und die Fans feierten überschwenglich.

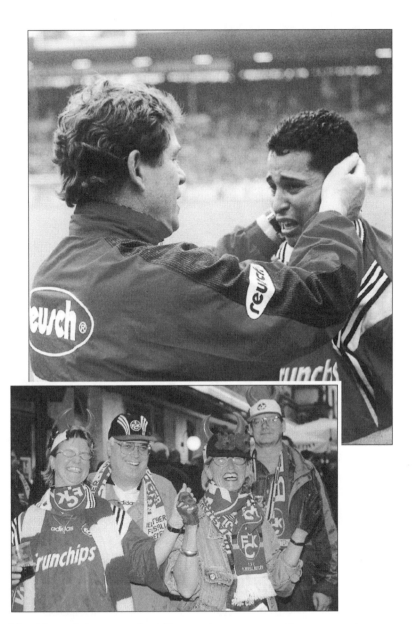

Vor Begeisterung das Herz zersprungen?
Der Trainer umarmt Ratinho, der vor Freude weinte und später gestand, sein Herz habe sich „vor lauter Begeisterung in vier, fünf Teile zerlegt." An diesem Abend gehörte die Stadt den Fans der Roten Teufel.

DIE MEISTERSCHAFT

Der Betze feiert die Meisterschaft 1998.

GLÜCKLICHES KAISERSLAUTERN

Sie haben Ihren 1.FCK und MS MODE + SPORT

*MS MODE & SPORT:
Die erste Adresse für riesige Auswahl und günstige Preise gratuliert dem 1.FCK
zur
DEUTSCHEN MEISTERSCHAFT!*

- Schicke Damenmode
- Aktuelle Herrenmode
- Freche Kindermode
- Super Sportbekleidung und -ausrüstung
- Größtes Jeansangebot der Westpfalz

toll kaufen, satt sparen

Merkurstr. 28, 67663 Kaiserslautern, Tel. 06 31 / 9 98 51

MODE + SPORT

P Kostenlos • Preiswerter Änderungsdienst • Problemloser Umtausch

Bei uns ist am langen Donnerstag bis 20.30 geöffnet

MS MODE + SPORT auch in
67829 Landau – Ostring Center – Ostring 17
67227 Frankenthal – Wormserstraße 119

Ein Wort zum Sport.

Sport bringt die Menschen zusammen, Sport gibt uns allen ein gutes Gemeinschaftsgefühl. In einer bewegungsarmen Umwelt brauchen gerade Kinder und Jugendliche Sport und Spiel für ihre gesamte Entwicklung. Deshalb fördern wir Initiativen für den Sport im Kindergarten und in der Schule. Der Sport spielt zugleich eine wichtige Rolle in unserer Freizeitkultur, und das heißt auch: er ist ein spürbarer Wirtschaftsfaktor. Sport ist für uns alle ein unverzichtbares Element des öffentlichen Lebens geworden.

Rheinland-pfälzische Sportler haben in den letzten Jahren mit Spitzenleistungen geglänzt. Ihnen gilt unsere Anerkennung und Unterstützung. Der Leistungswille und die Motivation, die sich im Spitzensport zeigen, strahlen auch auf den Breitensport ab. Die Landesregierung konzentriert sich darauf, neue Wege bei der Planung, Trägerschaft und Finanzierung von Sportstätten zu beschreiten. Wir streben Partnerschaften mit der Wirtschaft an. Wir wollen die Sportstättenförderung mit anderen öffentlichen Förderprogrammen verzahnen. In städtischen sozialen Brennpunkten wie auch im ländlichen Raum muß es attraktive Sport- und Freizeitangebote geben.

Sport ist ohne Ehrenamt nicht denkbar. Deshalb wollen wir in Absprache mit dem Landessportbund und den Sportvereinen das Ehrenamt im Sport weiterentwickeln. Ich möchte unsere Bürger ermuntern: Lassen Sie sich von den Sportlern in Rheinland-Pfalz mitreißen und begeistern, treiben Sie auch selbst Sport und gehen Sie in einen Sportverein. Sport geht alle an!

Kurt Beck
Ministerpräsident von Rheinland-Pfalz

Zum vierten Mal in der Geschichte des Fußballs geht die Meisterschale an den 1. FC Kaiserslautern

Hamburger Volksparkstadion, 9. Mai 1998:
DFB-Präsident Egidius Braun überreicht die Schale an Kapitän Ciriaco Sforza.
Erinnerungen werden wach an den Juli 1951, als die Elf um Fritz Walter die Trophäe zum ersten Mal holte.

Herzlichen Glückwunsch

Wir gratulieren dem 1. FC Kaiserslautern zur deutschen Fußballmeisterschaft 1998.

Bezirksdirektion Pfalz
Stiftsplatz 6-7 · 67655 Kaiserslautern
Telefon (06 31) 9 30 51

Am Rathaus hat sich eine unübersehbare Menschenmenge versammelt, als Otto Rehhagel die Meistertrophäe in die Höhe hält und sich mit seinen Spielern feiern läßt.

100.000 Fans umjubeln die Meister.

DIE MEISTERSCHAFT 29

Deutschlands großer EU-Automarkt mit den sensationellen Niedrigpreisen. Über 80.000 Fahrzeuge ausgeliefert.

AUTO FRIESEN GMBH

Sitz Zweibrücken (Pfalz), gegr. 1977

Bis über 10.000,- sparen beim Neuwagenkauf zur unverbindl. Preisempfehlung

Ständig Riesenauswahl. Viele hundert Neuwagen, Jahres- und Gebrauchtwagen. Fast alle Fabrikate.

Wegen Inspektionen u. etwaigen Garantiefällen können Sie sich auch jede Vertragswerkstatt wenden.

Zinsgünstige Finanzierung ohne Anzahlung!

Oder testen 2 Jahre für DM 239.- mtl.
ohne Anzahlung z. B. Ka, Punto, Peugeot 106. Fracht 497,-. Keine Nachzahlg. Keine Kaufpflicht.

Besuchen Sie uns! Oder Liste/Angebot anfordern; Fax oder Postkarte genügt.

Internet http://www.auto-friesen.de
66415 Homburg-Einöd (06848) 7002-40, Fax -10
67281 Kirchheim/Wstr. (06359) 8002-40, Fax -10

1995 bis 1998
Zwischen Hölle und Himmel

Wie Friedel Rausch sich selbst täuschte, Eckard Krautzun trotz des Pokalsiegs gehen mußte und mit Otto Rehhagel alles gut wurde

■ Saison 1995/96: Abstieg vom höchsten Berg der Pfalz

Die dramatischsten Jahre in der Vereinsgeschichte des 1. FC Kaiserslautern begannen mit einem Ereignis, das die Lauterer eher als amüsierte Beobachter zur Kenntnis nahmen: Otto Rehhagel wechselte zur neuen Saison von Bremen nach München. Am Betzenberg war im Sommer 1995 ein Trainertausch kein Thema. Friedel Rausch peilte große Ziele an, freilich unter ungünstigen Vorzeichen.

Wie schon nach dem Gewinn der Deutschen Meisterschaft 1991, als Markus Schupp, Bruno Labbadia und Kay Friedmann den 1. FCK verlassen hatten, verabschiedeten sich auch im Sommer 1995 mit Stefan Kuntz und Marco Haber zwei Spieler aus der Region, die für eine enge Beziehung zwischen Spielern und Zuschauern standen. Von den 29, die nun zum Aufgebot gehörten, kamen nur noch fünf aus der Pfalz: Axel Roos, Thomas Hengen, Thomas Riedl, Roger Lutz und Christoph Dengel. Eine Leitfigur wie z.B. Stefan Kuntz befand sich nicht darunter.

Aber seine besten Zeiten hatte der 1. FCK immer dann, wenn (mindestens) ein Spieler aus dem Lauterer Umfeld die Mannschaft mitriß und die Zuschauer begeisterte. Nach Fritz Walter in den 50er Jahren fiel der 1. FCK erst einmal in ein Loch und hatte Mühe, sich für die Bundesliga zu qualifizieren. Zählt man Südhessen noch zur Region, inspirierte Jürgen „Atze" Friedrich Ende der 60er und Anfang der 70er Jahre den 1. FCK spielerisch. Bis Mitte der 80er Jahre, als er an Hellas Verona verkauft wurde, fesselte Hans-Peter Briegel die Pfälzer an den Betzenberg. Und 1989, zwei Jahre vor der Meisterschaft, kam Stefan Kuntz...

Der 1. FCK ging mit einem Etat von 28,2 Mio. DM in die neue Saison, für die er in Masse anstatt Klasse investiert hatte. Für 1,7 Mio. kam Uwe Wegmann vom abgestiegenen VfL Bochum, Bernd Hollerbach vom FC

St. Pauli kostete ebenso viel. Neuer Spielgestalter sollte Claus-Dieter Wollitz werden, der für 1,4 Mio. vom VfL Wolfsburg kam. Dazu gesellten sich Frank Greiner (1. FC Köln) für 1,275 Mio., Mario Kern (Dynamo Dresden) für 1,2 Mio., Torhüter Mark Schwarzer vom gleichen Klub für 500.000 DM und schließlich Harry Koch vom TSV Vestenbergsgreuth.

Präsident Norbert Thines war davon überzeugt, daß die neuen Spieler in die vorhandenen Lücken hineinwachsen würden, und sprach vom Ziel, einen internationalen Wettbewerb zu erreichen. Warnungen aus dem Umfeld, die Mannschaft benötige einen Mittelfeldregisseur, um den zu Bayern München gewechselten Ciriaco Sforza zu ersetzen, wischte Manager Reiner Geye vom Tisch: „Mit der Verpflichtung eines absoluten Superstars würden wir zwangsläufig die Mannschaft abwerten." Damit lenkte er von seiner erfolglosen „Tour d'Europe" ab. Die Liste der beobachteten Spieler war ellenlang: der Ungar Lipcsei, der damalige Salzburger Heimo Pfeifenberger, Youri Djorkaeff (damals AS Monaco), Corentin Martins, der bei AJ Auxerre spielte, der Bulgare Borimirov, der Uruguayer Ruben Sosa und der Pole Roman Kosecki, der dann zum FC Nantes ging, sowie Patrik Berger von Slavia Prag, der dann beim BVB landete, Yordan Letchkov, für den man keine fünf Mio. zahlen wollte, und Krassimir Balakov, der beim 1. FCK unterschrieben hätte, wenn die Verhandlungen geordneter verlaufen wären. „Viele sind nicht besser als die, die wir haben", kommentierte der glücklose Manager seine Hängepartie. Vizepräsident Günter Klingkowski rühmte gar die „vernünftigen Einkäufe", und daß „vor allem der Nachwuchs gefördert" würde. Auch Trainer Friedel Rausch ließ sich einlullen und lobte die Neuen im Saisonmagazin *Let's go Betze* in den höchsten Tönen: „Hollerbach hat das Zeug zum Publikumsliebling, Wegmann zählt zu den besten Spielern in Deutschland, Wollitz ist ein herzerfrischender Typ."

Schwächen schon vor dem Start

Doch schon die ersten Spiele vor dem Start in die Bundesligasaison zeigten die Defizite auf. Dem 1. FCK fehlte der Mann im Mittelfeld, der das Spiel lenken konnte. Im Fuji-Cup setzte es gegen den BVB ein 0:3, und das Endspiel eines Turniers in Südbaden verlor man gegen den SC Freiburg mit 1:2. Andreas Brehme sah bereits jetzt sein Ziel, den UEFA-Pokal zu gewinnen, in Gefahr: „Vielen von uns fehlt Erfahrung. Deshalb müssen wir noch einen Internationalen holen."

Erst einmal flog aber ein Internationaler vom Platz. Beim 1:1 zum Saisonstart bei Borussia Dortmund sah Pavel Kuka nach einem „virtuellen Foul" *(Süddeutsche Zeitung)*, also einem, das gar keines war, die gelb-rote

Karte. Bernd Hollerbach gab gleich bei seinem Bundesligadebüt eine Kostprobe seines Könnens: Bei einem übereifrigen Kamikaze-Einsatz trug sein Gegenspieler Stefan Reuter eine Platzwunde am Kopf davon, die genäht werden mußte. Von Wollitz und Wegmann war wenig zu sehen, und im Angriff fehlte Olaf Marschall, den seine Achillessehne plagte. Marschall war zwar im ersten Heimspiel gegen Borussia Mönchengladbach wieder dabei, doch die 1:3-Niederlage konnte auch er nicht verhindern.

In der 1. DFB-Pokalrunde mußte der 1. FCK zum Zweitligisten Fortuna Köln. Zwei Minuten vor Ende der Verlängerung entging der Favorit dem Elfmeterschießen, doch das 4:3 half lediglich, die Probleme weiter zu verschleiern.

Nach dem 2:1 beim FC St. Pauli glaubte man auf dem Betzenberg an die Wende zum Guten. Danach sah es eine Woche später auch aus, bis Fredi Bobic sechs Minuten vor Schluß das Stuttgarter 1:1 schoß und die Gastgeber schockierte. Der beste Stuttgarter war der Bulgare Balakov gewesen, und Manager Reiner Geye bekannte reumütig: „Einerseits schimpft man über horrende Ablösesummen, aber ein Balakov kostet halt fünf Millionen, und die ist er auch wert." Zu spät! Anstatt die Lücke, die Sforza hinterlassen hatte, zu füllen, ließ man sich Honig um den Mund schmieren. „Die Mannschaft ist auch ohne Sforza und mich stark genug, sich durchzusetzen", wollte auch der aus Istanbul zu Besuch weilende Stefan Kuntz das Problem nicht sehen. Aber immerhin hatten Geye und Rausch erkannt, daß es außer dem Problem Nr. 1, dem fehlenden Lenker im Mittelfeld, ein Problem Nr. 2 gab, und das lag im Angriff. Deshalb wurde Horst Siegl, ein deutschstämmiger Tscheche, für 500.000 DM bis Saisonende von Sparta Prag ausgeliehen.

Aber Siegls Debüt in Frankfurt ging daneben. Ohne Brehme, Kuka, Wagner und Marschall unterlag der 1. FCK mit 1:3, fast ohne sich zu wehren. Nun wurden die Töne lauter. Andreas Brehme preschte vor und kritisierte Geye, der „nichts für die Mannschaft tut". *Bild* titelte: „Schwach! Lautern im Abstiegskampf". Doch die Fahndung nach einem Spielmacher gestaltete sich schwierig. Trotzig meinte Friedel Rausch: „Wir lassen uns nicht ausbeuten, sieben Millionen zahlen wir nicht."

In der 1. Runde des UEFA-Pokals ging es zunächst zum slowakischen Meister Slovan Bratislava. Die 1:2-Niederlage ließ alle Möglichkeiten für das Rückspiel offen.

Drei Tage später folgte eine deprimierende 2:3-Niederlage gegen Bayern München. Drei Minuten vor Schluß schoß Markus Babbel die Lauterer noch tiefer in den Abgrund der Tabelle. Mit fünf Punkten auf Platz 15, dahinter 1860 München mit vier und der HSV sowie SC Freiburg mit je drei Punkten – es war der schlechteste Start, den der 1. FCK in der Bundesliga auf eigenem Platz erlebt hatte. Nach dem Spiel herrschte tiefe Depression bei Spielern und Zuschauern, nicht aber bei Präsident Norbert Thines. Für ihn blieb „Geye der Goldfinger", wie er in einem Interview mit der *Süddeutschen Zeitung* betonte. Und trotz der Niederlage behauptete er mit Gottvertrauen: „Das war die Wende, jetzt geht's aufwärts."

Aber auch in der 2. Runde des DFB-Pokals gegen den Zweitligisten Wattenscheid 09 brauchte der 1. FCK bis zur 74. Minute, um ein Tor zu erzielen. Am Ende stand es 3:0 für eine völlig verunsicherte Mannschaft, deren nächster Pokalgegner Schalke 04 hieß.

„Leidenschaft nur mehr Erinnerung", schrieb die *taz* vier Tage später nach dem trostlosen 1:1 zwischen Werder Bremen und den Lauterern. Vor dem Spiel hatte Wolfgang Funkel erfahren, daß er nach seiner schweren Verletzung aus der vorigen Saison seine Karriere nach 305 Bundesligaspielen beenden mußte. Im Spiel sah Wegmann die gelb-rote Karte, und seine Mitspieler schafften es schließlich, aus keiner Chance ein Tor zu machen, weil sich die Bremer in der Taktik vergriffen. Nach dem Spiel zog es Reiner Geye zum Flughafen und nach Zagreb, wo er den 24 Jahre alten Mittelfeldspieler Josko Jelicic beobachten wollte. Doch der Kroate wurde früh ausgewechselt. Die französische Sportzeitung *L'Equipe* streute derweil das Gerücht, der 1. FCK sei an Xavier Gravelaine von Paris Saint Germain interessiert.

Nach dem 3:0 im UEFA-Cup-Rückspiel gegen Slovan Bratislava kam gegen den 1. FC Köln der nächste Rückschlag. Durch das 1:1 blieb der 1. FCK nicht nur hinten in der Tabelle, sondern verlor auch noch Hollerbach, der die gelb-rote Karte sah. Schlechte Vorzeichen für das Pokalspiel gegen Schalke 04, doch durch ein Tor von Harry Koch und dank Schiedsrichter Bernd Heynemann, der ein Foul Brehmes im Strafraum nicht ahndete, mogelte sich der 1. FCK ins Viertelfinale. Im nächsten Bundesligaspiel ging es zur Revanche nach Schalke, wo es lange nach einem FCK-Sieg aussah. Doch Mulder glich sieben Minuten vor Schluß zum 1:1 aus.

Für die 2. Runde im UEFA-Pokal hatte der 1. FCK ein schweres Los gezogen: Betis Sevilla, die Lieblingsmannschaft von Felipe Gonzalez mit den andalusisch grün-weiß-gestreiften Trikots, ein Symbol des Kampfes gegen den Frankismus und im heimischen Stadion Benito Villamarin beinahe kultisch verehrt. Die Führung von Betis glich Koch nach der Pause aus, doch Alexis und Jarni sorgten für den 3:1-Sieg ihrer Mannschaft, während die Westtribüne sang: „Oh, wie ist das schön". Immer wieder forder-

Der Ausgleich von Harry Koch half dem 1. FCK nicht weiter: Betis Sevilla stürmte den „Betze" mit 3:1.

ten sie „Zugabe, Zugabe" und feierten ihren verlorenen Helden: „Stefan Kuntz, das ist der beste Mann..." Ab und an war auch schon „Geye raus" zu hören. „Die Kraftmeierei wird verhöhnt aus tausend Kehlen", schrieb die *Süddeutsche Zeitung,* und Geye gab sich eintönig. „Wenn es gut läuft, dann waren es immer die anderen. Wenn es schlecht läuft, dann bin immer ich es." Und machte sich erneut auf, um für das Mittelfeld endlich eine Lösung zu finden. Doch Thern (AS Roma), Emerson (FC Porto) und Isaias (FC Metz) waren zu teuer bzw. unverkäuflich. Also bestieg Geye den Flieger nach Argentinien, um sich die Supercopa der besten Vereinsmannschaften Südamerikas anzusehen. Dort sah er in zehn Tagen fast genauso viele Spiele und noch mehr Kandidaten, doch Friedel Rausch hatte bereits eine dunkle Vorahnung. „Ich kann mir eigentlich nicht vorstellen, daß er in Brasilien den Mann findet, der uns weiter bringt", sagte er dem *Kicker Sportmagazin.*

Gegen Fortuna Düsseldorf gelang am 10. Spieltag der erste Heimsieg. Wieder wurde das Spiel schöngeredet. Nach dem 0:1 beim HSV und dem deprimierenden 0:1 in Sevilla wäre es endgültig an der Zeit gewesen, sich den Ernst der Lage bewußt zu machen. Nichts dergleichen geschah. Am 12. Spieltag kam mit dem Karlsruher SC der ehemalige Geschäftsführer des 1. FCK, Klaus Fuchs, auf den Betzenberg. Der hatte schon das Spiel gegen

Betis gesehen und danach der *Rhein-Neckar-Zeitung (RNZ)* erzählt: „Dieses Spiel war wichtig, jetzt habe ich mich innerlich gelöst." Gar nicht gelöst wirkte der 1. FCK, der bis zur 86. Minute glücklich mit 2:1 führte. Doch dann schoß Knup den Ausgleich.

„Quantität statt Qualität war das falsche Programm", kritisierte Hans-Peter Briegel im *Kicker Sportmagazin* die Einkaufspolitik des 1. FCK. „Mittelmaß", hatte Karl-Heinz Feldkamp gesehen, und aus der Wandelhalle der Nordtribüne waren die ersten Pfiffe gegen Rausch zu hören.

Alles andere als Wiedergutmachung betrieb der 1. FCK im DFB-Pokal-Viertelfinale beim FC Homburg. Hollerbach sah rot, ein 2:0-Vorsprung wurde leichtsinnig verspielt, und durch ein spätes Tor von Horst Siegl in der Verlängerung kam man unverdient ins Halbfinale.

Wehrten sich Thines, Geye und Rausch weiterhin gegen die ihrer Meinung nach unangebrachte Kritik, so registrierte man nun auch im Ausland die Lauterer Misere. Von „Kaiserslauterer Mißgeschicken" berichtete *France Football*. Was den gewichtigsten Pfälzer aber nicht davon abhielt, Mitglied beim 1. FCK zu werden. Helmut Kohl erhielt die Mitgliedsnummer 474. Erst eine Woche zuvor war der rheinland-pfälzische Ministerpräsident Kurt Beck (SPD) eingetreten.

Beim KFC Uerdingen verhinderte Martin Wagner durch sein Tor zum 1:1 den Sturz auf einen Abstiegsplatz, den man schon an den Spieltagen zwei, acht und neun belegt hatte. Der 1. FCK hatte jetzt 13 Punkte, genau wie Fortuna Düsseldorf und der FC St. Pauli. Dahinter standen der 1. FC Köln und der SC Freiburg mit zehn bzw. sieben Punkten. Durch Heimsiege gegen 1860 München und den SC Freiburg sollte der Sprung ins Mittelfeld geschafft werden. Doch gegen die Löwen gab es ein 0:0, und wieder sehnten sich alle nach Stefan Kuntz – und nach einem 22 Jahre alten Brasilianer, den Geye auf seinem Südamerika-Trip als Messias ausgeguckt hatte: Arilson Gilberto da Costa vom Gewinner der Copa Libertadores, Gremio Porto Alegre. Torhüter Gerry Ehrmann nahm kein Blatt mehr vor den Mund: „Wir haben kein Selbstvertrauen. Wir brauchen zwei, drei Mörder auf dem Platz, die das Team mitreißen."

Eine Woche später gegen den Tabellenletzten war der Absturz perfekt. Steffen Korell, wenige Kilometer vom Betzenberg entfernt beim SC Bottenbach groß geworden und vor der Saison vom 1. FCK verschmäht und deshalb von Homburg in den Breisgau gewechselt, schoß vier Minuten vor Schluß das 2:1 für seine Mannschaft. Grund für eine Krisensitzung am nächsten Morgen, bei der sich Thines, Geye und Rausch weiter die Treue schworen. „Der Teufels-Pakt", schrieb das *Kicker Sportmagazin,* doch an diesem Sonntagmorgen versäumten es die Verantwortlichen, sich von Friedel Rausch zu trennen und einen radikalen Schnitt zu machen. Nach dem desolaten 0:3 bei Hansa Rostock meldeten sich die Leistungsträger vergangener Tage zu Wort. „Wenn der 1. FCK absteigen sollte, dann geht hier eine Ära zu Ende", orakelte Fritz Walter, während Jürgen „Atze" Friedrich vor „Aktionismus" warnte.

Gegen Bayer Leverkusen stand nach dem vorherigen Wechselspiel Schwarzer für Reinke wieder Gerry Ehrmann im Tor. Es war der erste Auftritt von Arilson, der 4,2 Mio. DM gekostet hatte, und auch der Ex-Leipziger Jürgen Rische feierte sein Debüt. Rische war es auch, der das 1:0-Siegtor erzielt hatte, das den 1. FCK auf dem trügerischen 14. Platz, nur einen Punkt vor dem 16., überwintern ließ.

Eine Woche vor dem Rückrundenstart gegen Meister Dortmund testete der 1. FCK seine Form gegen die tschechische Nationalmannschaft. Hatte man sich bei den Freundschaftsspielen gegen Eintracht Trier (1:2) und den 1. FC Saarbrücken (1:2) blamiert, so gelang nun ein 2:1-Sieg. Arilson versetzte durch seine klugen Pässe die Zuschauer immer wieder ins Staunen und seinen Trainer in unangebrachte Euphorie: „So einen Mann muß man einfach kaufen, ich hab' mich ... schon an Arilsons Kabinettstückchen gewöhnt." Doch der Brasilianer verabschiedete sich nach dem 1:1 gegen den BVB erst einmal für vier Wochen in seine Heimat. Nationaltrainer Mario Zagallo hatte ihn angefordert, und Manager Geye hatte schlicht ignoriert, bei welchen Wettbewerben (Gold-Cup, Olympia-Qualifikation) der Weltmeister zugange war. Zudem gab es nun auch einen Konflikt um die Liberorolle. Andreas Brehme hatte des Trainers Gunst gewonnen, Miroslav Kadlec mußte ins Mittelfeld ausweichen. Anstatt auch hier Klarheit zu schaffen, verzog sich Geye abermals nach Südamerika, um Arilson für das DFB-Pokalhalbfinale gegen Bayer Leverkusen loszueisen. Doch es kam ganz anders...

Nach der Verpflichtung der beiden Neuen hatte Rausch aussortiert. Der ungestüme Hollerbach ging für 1,5 Mio. zum HSV, Thomas Ritter wechselte für 1,4 Mio. zum KSC, und Matthias Hamann wurde für 400.000 DM an 1860 München abgegeben. Zudem lieh der MSV Duisburg Dirk Anders für 150.000 DM aus.

Das Spiel bei Borussia Mönchengladbach fiel dem Winter zum Opfer. Durch das 0:0 gegen den FC St. Pauli vergab der 1. FCK die Chance, punktemäßig mit den Hamburgern gleich zu ziehen. Dunkle Ahnungen schwirrten in den Köpfen umher, und selbst in Mailand machte sich ein Fan namens Dirk Pinamonti Gedanken: „Nowak, Sforza, Kuntz, Haber,

Der Betze verliert seinen Schrecken

Ritter, Hengen... Sind dem 1. FCK Nationalspieler zu gut?!" *(Kicker Sportmagazin)* Der Betzenberg hatte seinen Schrecken verloren, er war „nur noch amüsantes Disneyland" *(RNZ)*. Friedel Rausch übte Kritik, aber nicht an seinen Spielern, sondern am Zustand des Rasens, der zu einem Holperacker verkommen war. Kein Heimspiel sollte mehr vergehen, ohne daß der Platz herhalten mußte. Seltsamerweise kamen die meisten Gegner aber gut darauf zurecht. Nicht mehr zurecht auf dem Betzenberg kam Thomas Hengen, dessen Vertrag auslief und den Rausch nicht berücksichtigte. Frustriert zog Hengen die Konsequenz und unterschrieb beim Karlsruher SC einen Dreijahresvertrag. Am 27. Februar feierte Rausch seinen 56. Geburtstag, oder besser: Er mußte warten, bis das Pokalhalbfinale gegen Bayer Leverkusen vorbei war. Denn schon wurden Karl-Heinz Feldkamp und Hans-Peter Briegel im Doppelpack als Nachfolger gehandelt. Doch der Trainer hatte sich am Ende des Spiels, das 1:0 endete, „aus'm Mist gerauscht" *(taz)*. Und das ohne Arilson, der frustriert über seine Rolle als Reservist aus dem brasilianischen Mannschaftsquartier geflüchtet war und einen zornigen Mario Zagallo zurückgelassen hatte: „Arilson hat seine Leute in den Hintern getreten, ich will ihn nicht mehr sehen." Die FIFA sperrte den Flüchtigen weltweit bis zum 6. März.

Ein Punkt trennte den 1. FCK von einem Abstiegsplatz, als Norbert Thines vor dem Spiel beim VfB Stuttgart den Vertrag mit Trainer Rausch verlängerte. Der Vertrauensbeweis hatte keine positiven Folgen. Der VfB Stuttgart nutzte im Gegensatz zu den Pfälzern seine Chancen und gewann mit 2:0. Derbies gegen Eintracht Frankfurt pflegen in der Regel 1:1 zu enden, auch wenn Lauterns Mario Kern dies vermutlich nicht wußte. Zwei Minuten vor Schluß patzte er, und der Ex-Lauterer Markus Schupp erzielte das ... 1:1. Mit 20 Punkten war der 1. FCK nun punktgleich mit dem 15., dem 1. FC Köln, stand aber wegen der schlechteren Tordifferenz auf einem Abstiegsplatz. Ein Zustand, der sich bis zum 34. Spieltag nicht mehr ändern sollte. Bei 25 Punkten dachte bei Eintracht Frankfurt noch niemand an den Abstieg, und in Kaiserslautern beschwor Präsident Thines den Geist vergangener Tage: „Wie oft haben wir schon schlimmer drin gehangen und uns noch gerettet!" Aber Schupps später Ausgleich wirkte nicht nur für *Die Rheinpfalz* „wie ein Sargnagel".

Langsam schwand die Hoffnung, diese Mannschaft könnte sich noch aus dem Schlamassel herausziehen. Fast auf dem Tiefpunkt war nun das Vertrauen in Trainer und Manager. In dieser Situation gab es bei Bayern München nichts zu erben. Das 0:2 war keine Sensation, löste aber die

▶ Fortsetzung S. 41

▶ PORTRÄT: ARILSON GILBERTO DA COSTA

„Herr Präsident, bitte verzeihen Sie..."

Bevor Ciriaco Sforza 1997 zum 1. FCK zurückkehrte, war er der teuerste Neuzugang, den sich der Verein je geleistet hatte: Arilson Gilberto da Costa, damals 22jähriger brasilianischer Nationalspieler vom Weltpokalfinalisten Gremio Porto Alegre. Über 4 Mio. DM kassierte der notleidende Verein für seinen Hoffnungsträger, den Manager Reiner Geye als „Goldfisch an der Angel" *(Die Rheinpfalz)* bezeichnete. Mehr als 90.000 DM, so kam später heraus, hatte Geyes Trip nach Südamerika gekostet, der zunächst als erfolgreich eingestuft worden war. Immerhin hatte Arilson bereits zwei A-Länderspiele unter Zagallo gemacht und war Mitglied der Olympiamannschaft. Was nachdenklich hätte machen müssen: Der etwas plump wirkende Spieler war in einem der beiden Länderspiele in der 81. Minute eingewechselt worden und hatte nur vier Minuten später die rote Karte gesehen.

Arilson kam am 2. Dezember übermüdet in Kaiserslautern an. Norbert Thines streifte ihm persönlich das frische Trikot mit der Nr. 30 über. Der Spieler hatte immerhin erst vier Tage zuvor in Tokio mit Gremio im Finale um den Weltpokal gegen Ajax Amsterdam gestanden und litt unter dem Jetlag. Mit ihm kam, wie in all den Monaten

Führte den 1. FCK in seinem ersten und besten Spiel zum 1:0-Sieg gegen Bayer Leverkusen: Arilson.

danach, sein Berater Nilson Moldaner, der vom ersten bis zum letzten Tag Arilsons in Kaiserslautern für ihn dolmetschte.

Nach seinem ersten Spiel gegen Bayer Leverkusen war Arilson der gefeierte Star. „Der kann unser neuer Sforza werden", schwärmte Pavel Kuka. Dabei bedachte er aber nicht, daß Sforza sich verständigen konnte, mit seiner Freundin in der Pfalz lebte und in die Mannschaft integriert war. Arilsons Familie dagegen kam erst im März 1996 nach Deutschland und war kurz danach wegen Anpassungsproblemen auch wieder weg. In der Folge trieb sich der einsame Brasilianer in den Discotheken zwischen Kaiserslautern, Pirmasens und Homburg herum, anstatt sich auf seine Aufgabe beim 1. FCK zu konzentrieren. Höhepunkt seiner Eskapaden war die Flucht aus dem brasilianischen Mannschaftsquartier während der Olympiaqualifikation in Tandil.

Arilsons Neigung zum raschen Frust war Zeichen seiner Charakterschwäche und Unreife, die auch auf dem Spielfeld immer wieder sichtbar wurde. Bei harmlosen Zweikämpfen ließ er sich fallen, schlug Purzelbäume und wartete auf den Pfiff des Schiedsrichters. Doch die Pfeife blieb irgendwann stumm, weil die Tricks durchschaut wurden.

Nach Ablauf seiner FIFA-Sperre hatte Arilson noch einen großen Auftritt beim 3:0 gegen den KFC Uerdingen. Als Trainer Krautzun ihn gegen Uwe Wegmann auswechselte, gab es Pfiffe für den Coach. Doch Licht und Schatten wechselten ständig. Schließlich bat der Einsame den 1. FCK um die Erlaubnis zur Rückkehr nach Brasilien. Der SC Internacional Porto Alegre zeigte Interesse und lieh ihn bis zum 30.6.1997 aus. Im Januar 1998 wurde er nach einer Meldung der *Rheinpfalz* an Palmeiras Sao Paulo ausgeliehen.

Brasiliens Nationaltrainer Zagallo hat bisher Wort gehalten, Arilson nie wieder in die Nationalelf zu berufen. 1997 war kurzzeitig die Rede davon, der Spieler könne zu Saisonbeginn 1997/98 nach Kaiserslautern zurückkommen. Doch gegen einen erneuten Reinfall wäre der 1. FCK nicht gefeit gewesen, obwohl Arilson nichts dafür konnte, daß er zum ungünstigsten Zeitpunkt in eine abstiegsbedrohte und desorganisierte, zerstrittene Mannschaft gekommen war. Eine Kostprobe seines naiven Denkens gab Arilson in seinem Bittbrief an Norbert Thines: „Ich bitte Sie, Herr Präsident, meine Situation zu verstehen und mich gehen zu lassen, und bitte verzeihen Sie, wenn ich irgendwelche Schwierigkeiten verursacht haben sollte." *(Die Rheinpfalz)*

Alarmstufe aus. „Kann es sein, daß – wie weiland König Gunther dem Tronjer – Präses Norbert Thines seinem Friedel Rausch solange die Stange hält, bis es am 18. Mai heißt: 'Hie dat daz maere ein ende – daz ist die nibelunge not' und der Meister von 1991 nach 33 Jahren erstmals aus der Bundesliga absteigt?" fragte die *RNZ*. Und in der *taz* forderte Joachim Frisch: „Rettet den Teufel – Ein Abstieg des 1. FCK wäre eine kulturelle Katastrophe für den deutschen Fußball. Ich schwöre, das ist die Wahrheit, so wahr mir der Fußballgott helfe, den Teufel zu retten, den roten." Fußball-Deutschland begann, über das Undenkbare nachzugrübeln.

Vor dem Heimspiel gegen Werder Bremen ging der 1. FCK ins Trainingslager nach Bad Dürkheim und absolvierte seine Trainingseinheiten vor einer Hundertschaft Schaulustiger im Ludwigshafener Südweststadion. Wie naiv die Präsidialen mit der ernsten Situation umgingen, wurde deutlich, als Vizepräsident Günter Klingkowski auf die Frage, wieviele Punkte der 1. FCK denn benötige, um nicht abzusteigen, nur den Kopf schüttelte: „Es gibt ja diese Dreipunkteregel. Da weiß man das noch nicht so genau." Der vom Trainer verkannte Thomas Hengen gab in *Bild* einen Einblick in die Psyche der Mannschaft: „Sie besteht nur aus Grüppchen.

Der 1:0-Sieg im Pokal gegen Leverkusen klebte dem 1. FCK Tomaten auf die Augen: Der Pokalfinalist schätzte die Situation in der Bundesliga nicht realistisch ein.

Der Trainer redet ausschließlich mit seinen Stars, baut uns andere nicht auf..." Auf dem Rasen des Südweststadions trabten denn auch irgendwo abseits drei Pfälzer auf und ab: Axel Roos, Roger Lutz und Thomas Hengen.

Zwar war der 1. FCK Vorletzter mit 20 Punkten, doch der Vorsprung von Düsseldorf und St. Pauli betrug nur zwei Zähler. Mit dem 0:0 gegen Werder bei gleichzeitigen Siegen der beiden Konkurrenten wurde der Abstand nach oben noch größer. Es hatte sich „ausgerauscht" *(taz).* Der Trainer war nicht mehr zu halten, obwohl er in den beiden Jahren zuvor erfolgreich gewesen war. „Das kann nicht sein, wir sind im Pokalfinale und dann so etwas", rang der „Zurückgetretene" um seine Fassung. Derweil hatte Andreas Brehme einen weiteren Übeltäter ausgemacht: „Unser Trainer hat Charakter gezeigt..., wenn Manager Geye Charakter hätte, würde auch er gehen." Doch Geye ging nicht von selbst, sondern mußte am Morgen danach vom Präsidium beurlaubt werden, weil er für die Fans und für die Mannschaft nicht mehr tragbar war.

Trainerfrage: Pest oder Cholera?

Vor dem Spiel beim um drei Punkte besseren 1. FC Köln – manche sprachen von einem Sechs-Punkte-spiel – mußte ein neuer Trainer gefunden werden. Feldkamp winkte ab, Funkel hatte einen Vertrag, Neururer sollte es nicht sein. An Hollmann, Stielike und Gress ging die Diskussion vorbei, übrig blieben Stepanovic und Krautzun. Es war, wie sich hinterher herausstellte, die Wahl zwischen Pest und Cholera, denn beide stiegen letztlich als Nothelfer mit ihren Klubs ab.

Die Wahl des Präsidiums fiel auf Eckard Krautzun, der in der Saison 1966/67 drei Bundesligaspiele für den 1. FCK bestritten hatte und nun merklich stolz war, den 1. FCK retten zu dürfen: „Ich will alles tun, um den Bundesligaverbleib zu schaffen." Elf Spiele blieben ihm, davon sieben auswärts. Bezogen auf den nächsten Gegner Köln: „Ich habe noch nie mein erstes Spiel mit einer Mannschaft verloren." Die Serie hielt. Ohne den formschwachen Arilson, aber weiter mit Brehme als Libero und Kadlec im Mittelfeld gewann der 1. FCK durch Wagners Tor in der 8. Minute mit 1:0 und zog mit den Kölnern nach Punkten gleich. Da St. Pauli und Düsseldorf unentschieden spielten und Frankfurt verlor, war mit zwei Punkten Rückstand auf diese Teams wieder Land in Sicht.

Doch Schalkes Torhüter Jens Lehmann stellte sich den Bestrebungen der Lauterer in den Weg. Er hielt alles, darunter einen Handelfmeter von Andreas Brehme, und am Ende mußte der 1. FCK über das 0:0 froh sein. Im Spiel bei Fortuna Düsseldorf wurde Brehme endgültig zur tragischen

Figur. Anstatt sich mit einem Sieg einen Punkt vor die Fortuna zu schieben, stand der 1. FCK nach dem 1:2 fünf Punkte dahinter auf einem Abstiegsplatz. Dabei führten die Roten Teufel 70 Minuten lang 1:0, ehe Werner einen Foulelfmeter verwandelte und Brehme ein Eigentor unterlief. Der sportliche Offenbarungseid folgte gegen den HSV. In diesem richtungsweisenden Spiel machten sich die Lauterer geradezu lächerlich. Wie ihr Trainer, der vor dem Spiel im Stil eines biederen Turnlehrers der 50er Jahre im knallroten Jogginganzug mit seinen Spielern herumhampelte, als handle es sich um Frühsport beim Landschulheimaufenthalt. Daß Schiedsrichter Steinborn Rische ein Tor aberkannte und ein Handspiel von Kovacevic nicht ahndete, war nicht spielentscheidend. Erst drei Minuten vor Schluß verkürzte ausgerechnet Hengen zum 1:2. Dieses Spiel besiegelte den Abstieg des 1. FCK, weil nun die Angst, auswärts zu verlieren und noch mehr Abstand nach oben zu haben, noch größer geworden war. Entsprechend war auch die Spielweise des 1. FCK: ein abwartender Angsthasenfußball, bei dem Torchancen auf dem Prinzip des Zufalls beruhten.

Nun meldete sich Hans-Peter Briegel zu Wort. Aus Sorge um den 1. FCK bot der ehemalige Nationalspieler seine Hilfe an. Viel Zeit blieb nicht mehr, schon stand nämlich das Nachholspiel in Mönchengladbach an. Martin Dahlin erzielte die Führung und mußte kurz vor der Pause nach einem Ellenbogencheck gegen Axel Roos vom Platz. Krautzun hatte umgestellt, Kadlec spielte Libero, Brehme im Mittelfeld. Trotz etlicher guter Chancen hieß es am Schluß nur 1:1. „Lautern und die Punkte, einen gewonnen, zwei verloren", brachte die *RNZ* die Misere auf den Punkt. Erstmals kritisierte Norbert Thines die Taktik des Trainers, der behauptet hatte, man dürfe gegen die toll konternden Borussen nicht ins offene Messer rennen. Beim Karlsruher SC setzte sich das Angsthasenspiel fort. Nur zwei Chancen und kein Tor, dabei hatte der KSC mit angezogener Handbremse gespielt. Das 0:0 half nicht weiter. „Paarlauf im Wildpark", schrieb die *RNZ:* „Wäre die Pressekonferenz auch im Stadion zu verfolgen gewesen, dann wäre es Krautzun womöglich ergangen wie in Addis Abeba, als er noch die äthiopische Nationalmannschaft trainierte und er vor den erbosten Zuschauern das Hasenpanier ergreifen mußte, weil sie unzufrieden waren mit dem Gekicke seiner Elf... Jedenfalls war auch diesmal nur einer sehr zufrieden: Eckard Krautzun."

Fritz Walter mußte das Wochenende nach einer Kreislaufschwäche in der Klinik verbringen. „Plötzlich ist dem Fritz schwindlig geworden", berichtete Frau Italia, die ihrem „Schnuckelino" in den Monaten zuvor allzu oft schlechte Nachrichten überbringen mußte.

Für den KFC Uerdingen war die Lage bereits hoffnungslos. Das 3:0 gegen den designierten Absteiger brachte den 1. FCK aber keinen Schritt voran, denn auch Köln und Frankfurt gewannen. Da das Spiel bei 1860 München verlegt wurde, mußten die Lauterer tatenlos mit ansehen, wie sowohl Köln als auch Düsseldorf drei Punkte holten und nun der Rückstand mit sieben bzw. fünf Punkten kaum mehr aufzuholen war. Der 1. FCK war weiter Vorletzter mit 30 Punkten, davor standen Frankfurt (31), Leverkusen (34), Düsseldorf (35), Werder Bremen (36) sowie Köln und St. Pauli mit je 37 Punkten. Deshalb mußte beim SC Freiburg ein Sieg her, doch wieder begnügten sich Krautzun und seine zaudernden Balltreter mit einem 0:0. „Die steigen ab und merken es nicht", schimpfte ein Fan hinterher, während der Trainer erklärte: „Wir liegen auf dem Schafott, aber das Fallbeil ist noch nicht heruntergefallen." Als er weiter ausführte, er sei froh über das „zu null", machten sich Kopfschütteln und Heiterkeit breit, und Präsident Thines wurde zornig. „Meiner Meinung nach war das heute eine Katastrophe. Wir hätten das Risiko suchen, um alles oder nichts spielen und in Kauf nehmen müssen, auch zu verlieren", distanzierte sich Thines vom Trainer. „Doktor Krautzuns jüngster Patient stirbt im Bett. An Nulldiät und einer Überdosis Schlaftabletten", kommentierte die *RNZ*.

Als auch im Nachholspiel bei 1860 München nur ein 1:1 herausgesprungen war, wurde das letzte Heimspiel gegen Hansa Rostock, die noch einen UEFA-Cup-Platz erreichen konnte, zum vorletzten Kampf gegen den Abstieg. Hätte der 1. FCK die ganze Saison über so zielstrebig und aggressiv zu Hause agiert, er wäre nie in Abstiegsgefahr geraten. Kein Wort verlor einer über den miserablen Rasen. Olaf Marschall und Pavel Kuka hauchten dem todkranken Patienten noch einmal Leben ein. Erst bereitete Marschall Kukas 1:0 vor, dann wurde er selbst von Schneider im Strafraum gefoult, und der Tscheche verwandelte zum 2:0. Nach 14 Minuten stand der Betzenberg Kopf. Als bekannt wurde, daß Leverkusen und Köln verloren hatten, war Krautzuns Vorhersage wahr geworden. Der dritte Absteiger neben Uerdingen und Frankfurt mußte am letzten Spieltag gefunden werden. Der 1. FC Köln mit 37 Punkten mußte zu Hansa Rostock, und Bayer Leverkusen mit ebenfalls 37 Punkten traf zu Hause auf den 1. FCK, der 35 Punkte hatte und auf jeden Fall gewinnen mußte. Oft hatte der 1. FCK gegen den Abstieg gekämpft und sich erst am letzten Spieltag retten können, aber am 18. Mai 1996 war alles noch eine Spur größer, bedeutsamer, schicksalhafter. Einem eher nüchternen Aspekt des Dramas widmete sich *Die Rheinpfalz*, die im Stile eines um seine Existenz bangenden Kaufmanns fragte: „Was kostet es die Region, wenn der 1. FC Kaiserslautern heute absteigt?" Dirk Habermann von der Pferdemetzgerei Härting sprach davon, daß er bei Rückgang des Umsatzes eventuell eine Verkäuferin weniger brauche. Andreas R. Graf vom benachbarten Dorint-Hotel, wo die Gastmannschaften in der Regel absteigen, schätzte die zu erwartende Einbuße auf 500.000 DM. Der Südwestfunk verglich in einem Feature in „Sport unter der Lupe" den möglichen Abstieg mit dem Abzug der Amerikaner aus der Pfalz. Der Hotel- und Gaststättenverband Rheinland-Pfalz sah nicht so schwarz. „Nur weil der FCK in der Zweiten Liga spielt, geht in Kaiserslautern keine Gaststätte ein", relativierte Hauptgeschäftsführer Egon Bräuning. Und der 1. FCK selbst rechnete mit einem Zuschauerdurchschnitt von 25.000.

Ein Thriller zum bösen Schluß

Fans mit Weitblick oder mit Vertrauen in Eckard Krautzuns Prognosen hatten sich rechtzeitig mit Eintrittskarten für den Abstiegsthriller in Leverkusen versorgt. Da das Spiel ausverkauft war, öffnete der 1. FCK seine Wandelhalle in der Nordtribüne, wo das Spiel vor mehr als 15.000 Zuschauern, die später auch über die Anzeigetafeln im Stadion zuschauen konnten, über den Bildschirm ging.

Der erste morgendliche Blick aus dem Fenster hatte nichts Gutes verheißen. In der Pfalz goß es aus Kübeln. Fritz-Walter-Wetter? Nein, dazu war das zu lange her. Auf der Fahrt ins Stadion klarte es auf, und erste Sonnenstrahlen stimmten optimistisch. Nach Pavel Kukas 1:0 in der 58. Minute wurde im Stadion und in der Halle jeder gelungene Spielzug bejubelt. Als sich das Spiel dem Ende näherte, machte die erste Welle die Runde. Was aber folgte, war das blanke Entsetzen. Die Leverkusener spielten entgegen allen Regeln des Fair-Play den Ball nicht zu den Lauterern zurück, Paulo Sergio lief und lief und zog ab. Andreas Reinke faustete den Ball direkt Markus Münch in den Lauf, und dessen Sonntagsschuß besiegelte den Abstieg des 1. FCK. Neun Minuten waren es nur noch, da wußten alle, daß es nicht mehr reichen würde.

Nach dem Schlußpfiff im Ulrich-Haberland-Stadion heulte Thomas Hengen hemmungslos auf dem Rasen, während auf dem Betzenberg ein Großteil der Zuschauer den Ort des Grauens mit steinernen Mienen und verheulten Gesichtern verließ. „Abstieg ist schrecklich", schluchzte die 12 Jahre alte Isa aus Nußbach. Sie fürchtete sich vor dem beißenden Spott ihrer Klassenkameraden im Bayern- oder BVB-Outfit. Als kurz vor 18 Uhr wie jeden Samstag die Glocken der Lauterer Kirchen zu läuten begannen, kriegten selbst hartgesottene Kuttenträger den Moralischen: „Heert mit dem Gebimmel uff!" Ein Fan aus Frankfurt eiferte sich vor dem Mikro-

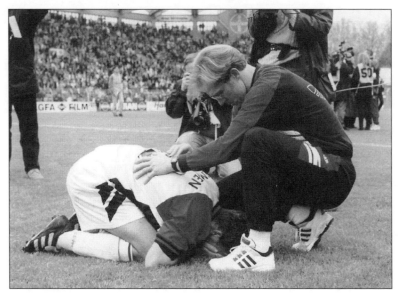

Am Ende war der 1. FCK am Boden und nach 33 Jahren aus der Bundesliga abgestiegen: Physiotherapeut Jürgen Weber versucht, Thomas Hengen zu trösten.

fon des DSF: „Da stellt sich der Krautzun hin und sagt, ich hab' recht gehabt, daß es in Leverkusen zum 'Endspiel' kommt – ei, der hat 'se doch nimmer all!" Ein Anhänger vor der Südtribüne sah das ganz anders. „Irgendwann ist jeder mal dran", glaubte er nur eine Stunde nach dem Abstieg an den sofortigen Wiederaufstieg. Doch um dieses Ziel zu erreichen, mußte erst einmal aufgeräumt und abgerechnet werden, um den verhängnisvollen Kurs des 1. FCK zu korrigieren. Betriebsunfall nannten viele diesen völlig überflüssigen, aber geradezu selbst provozierten Abstieg.

Ludger Schulze sprach in einem Kommentar in der *Süddeutschen Zeitung* aus, was auf regionaler Ebene viel zu spät thematisiert worden war, weil man, vielleicht weil selbst zu nah am Geschehen, zu lange hoffte, alles werde doch noch gut:

„Das Mitgefühl ist der ganzen Region gewiß, zumal die Schlaftablettenkicker vom Bayer-Werk nicht der Pillenknick ereilte. Den Fußballbeamten mit ihrer Aspirinmentalität – Ausnahme der hochgeschätzte Rudi Völler – hätten wir die ewige Nullrunde gegönnt. Statt dessen müssen wir den Lauterern den Trauermarsch blasen. Das Notenblatt dazu haben sie freilich selbst aufgelegt: Warum nur haben sie ihre Besten, Stefan Kuntz und Ciriaco Sforza, in die große, weite Welt gejagt und durch zweifelhafte Könner aus dem Niemandsland der Zweiten Liga ersetzt? Sel-

ber schuld. Und weshalb hat ihrem Manager Geye niemand den Einkaufszettel aus der Hand genommen, wenn er über den Transfermarkt hetzte wie eine berufstätige Hausfrau, die kurz vor halb sieben im Einkaufszentrum die Sonderangebote aus der Tiefkühltruhe rupft? Selber schuld. Viel zu spät haben sie sich von dem trinkfesten Funktionär getrennt, der sich in kritischen Situationen gerne in seinem Zimmerchen verbarrikadierte und einen Sportsender anguckte, der bevorzugt Lastwagenrennen überträgt. Und zu guter Letzt offerierten sie ihren Angestellten in kurzen Hosen eine Nichtabstiegsprämie, was Vorbildcharakter haben sollte im Tarifkampf: Wer künftig darauf verzichtet, seinen Betrieb in die Pleite zu treiben, erhält Sonderbonus. So sorry, liebe Lauterer, selber schuld."

Die Opposition meldet sich zu Wort

Dem war nur wenig hinzuzufügen, außer vielleicht, daß bei allem Respekt vor den sozialen Aktionen, die vor allem von Norbert Thines ausgingen, das Wichtigste nicht vergessen werden durfte, nämlich daß hier Fußball gespielt wurde. Stefan Motzenbäcker, FCK-Mitglied und SPD-Stadtrat gehörte zu den „Rebellen" des „Team Professionelle Zukunft", das bereits unmittelbar nach dem Abstieg Präsidium und Verwaltungsrat den Kampf ansagte. Eine Revolution an Haupt und Gliedern bahnte sich an, denn der 1. FCK benötigte dringend eine Erneuerung. Jürgen „Atze" Friedrich und Karl-Heinz Feldkamp meldeten sich zu Wort und zeigten Flagge, wollten Verantwortung in einem neu strukturierten Verein übernehmen und präsentierten mit dem ehemaligen Junghans-Uhren-Manager Wolfgang Fritz und Dr. Robert Wieschemann, einem bundesweit renommierten Anwalt und Konkursverwalter, weitere kompetente Mitstreiter. Doch das Präsidium gab sich, kaum waren die Tränen des Abstiegs getrocknet, kämpferisch. Norbert Thines wollte zwar nicht an seinem Sessel kleben, freiwillig räumen aber wollte er ihn auch nicht. Von Bill Shankly stammt der Ausspruch: „Einige Leute denken, Fußball sei eine Sache auf Leben und Tod. Ich mag diese Haltung nicht. Ich kann denen versichern, daß es viel ernster ist als das." Norbert Thines sprach dagegen davon, es gebe „schlimmere Dinge als einen Abstieg wie Not, Tod und Krankheit". In seiner Güte, in der er auch Friedel Rausch den Vertrag verlängert hatte, stellte er nun Eckard Krautzun in Aussicht, über das DFB-Pokalfinale gegen den Karlsruher SC hinaus Trainer beim 1. FCK bleiben zu dürfen. Ignaz Good, der Co-Trainer, wurde unverständlicherweise Nachfolger von Geye als Sportlicher Leiter.

Doch die Opposition meldete sich nun heftiger zu Wort. Friedrich warf in der *Rheinpfalz* dem Präsidium vor, „sich von Woche zu Woche weitergeheuchelt zu haben". Der Abstieg „hätte mit entsprechender Ehrlichkeit" vermieden werden können. Die Vereinsführung habe jetzt die Chance, die Lehren aus dem Abstieg zu ziehen und die Weichen zu stellen. Geschehe das nicht, kämen auf den Verein schwere Zeiten zu.

58 Jahre war es her, daß der 1. FCK letztmals zweitklassig geworden war. Damals, in der Gauliga, war der Verein mehrmals zwischen Erst- und Zweitklassigkeit hin und her gependelt. Die Gründe für den Abstieg 1996 lagen eindeutig in der Passivität des Präsidiums und im Stillhalten des Verwaltungsrates, dessen Mitglieder zwar vereinzelt Kritik geübt, aber der es als Gremium in entscheidenden Situationen versäumt hatte, Alarm zu schlagen und Entscheidungen zu fordern. Der viel zu spät beurlaubte Reiner Geye hatte falsch eingekauft, Friedel Rausch und Ignaz Good sich nicht energisch genug gegen die Schwächung der Mannschaft gewehrt. Gelegentlich geäußerte Warnsignale besorgter Spieler wie Axel Roos wurden mit Drohungen und Bestrafungen seitens des Präsidiums gekontert, anstatt das Anliegen des Spielers, dem sein Verein am Herzen liegt, ernst zu nehmen. Nach dem 0:0 gegen 1860 und dem 1:2 gegen den SC Freiburg hätte das Präsidium Rausch und Good entlassen müssen. Dann hätte ein neuer Trainer bis Ende Dezember Zeit gehabt, Spieler auszusortieren und die Mannschaft sinnvoll und planvoll zu ergänzen. Der Abstieg war kein Betriebsunfall, sondern lange vorhersehbar, hausgemacht, fahrlässig und überflüssig.

In einer Glosse in der *taz* suchte Joachim Frisch nach einem Weg des 1. FC Kaiserslautern aus der Zweitklassigkeit. Unter „Sibbe Tibs fä unsä Bädse" stach besonders Variante sechs, der separatistische Weg hervor:

„*Bereits seit Jahren fordert Erwin Dietz, Separatist und Gegner der Wiedervereinigung, in der Zeitschrift, die sich die endgültige Teilung Deutschlands zur Aufgabe gemacht hat, den 'Austritt der alten Länder aus der Schuldenrepublik, resp. ihren Beitritt zu Lotharingien' (Titanic 3/94, S.20). Dietz verweist auf die Erklärung vom 16.9.1993, in der sich in Saarbrücken das Saarland, die Westpfalz (ohne Ludwigshafen-Oggersheim!), Trier, Luxemburg und Lothringen zur 'Region Lotharingien' erklärt haben. Diese Region könnte durchaus den Charakter eines Kleinstaates im Herzen Europas annehmen, zumindest eines autonomen Staates im Staate im Stile Schottlands, mit eigener Profiliga und eigener Nationalelf. Neben Kaiserslautern würden so traditionsreiche Vereine wie der FK Pirmasens, Borussia Neunkirchen, Eintracht Trier, der 1. FC Saarbrücken oder der FC Metz in der ersten Liga spielen, der FCK hätte gute Chancen, dauerhaft in der Champions League mitzumischen, und in der lotharingischen Nationalelf würden nebenbei Mario Basler und Stefan Kuntz für Furore sorgen.*"

Für die Fans des 1. FCK begann am 18. Mai nach dem Schlußpfiff in Leverkusen eine Woche, in der sich Trauer und Wut über den Abstieg und die Hoffnung auf einen Sieg im DFB-Pokalfinale am 25. Mai in Berlin vermischten. Die einen wünschten nichts sehnlicher als einen Sieg gegen den KSC als ein Stück Wiedergutmachung, sahen aber zugleich, daß dies die Position von Präsidium und Trainer stärken würde. Die anderen wünschten nichts mehr als eine schnelle und radikale Wachablösung, und da würde ein Pokalsieg eher störend wirken.

Als Absteiger fuhren der 1. FCK und mit ihm mehr als 20.000 Fans nach Berlin. In den Nachtzügen lief zwar das Bier, aber irgendwie hing eine seltsame Stimmung in den Abteilen. Auf den Straßen Berlins dominierte Lauterer Rot das Karlsruher Blau, und doch sah sich mancher Karlsruher dazu gedrängt, seinem Spott freien Lauf zu lassen: „Absteiger FCK!" dröhnte es selbst in einer Charlottenburger Pizzeria. Das saß. Auch daß der KSC schon viermal aus der Bundesliga abgestiegen war, war da kein Trost.

Für Thomas Hengen war es sein letztes Spiel im roten Trikot, und das ausgerechnet gegen seinen neuen Verein. „Ich will mit dem 1. FCK Pokalsieger werden", ließ Hengen aber keinen Zweifel an seiner Einstellung. Auch der gescheiterte Claus-Dieter Wollitz, der auch unter seinem „Ziehvater" Krautzun kein Glück gehabt hatte, machte sein letztes Spiel, allerdings nur für drei Minuten. Arilson war längst nach Porto Alegre zurückgekehrt.

Fußball paradox: Pokalsieg nach Abstieg

Der 1. FCK war Außenseiter, aber der KSC fand nicht zu seinem Spiel, das eines der schlechteren Pokalendspiele war. Die Lauterer wollten eine Woche nach dem Abstieg nicht schon wieder als Verlierer vom Platz gehen und kämpften um jeden Meter. Als Martin Wagner drei Minuten vor der Halbzeit einen Freistoß durch Claus Reitmaiers Beine zum 1:0 verwandelte, war das Spiel entschieden. Fast hätte Andreas Brehme seine Mannschaft um den Erfolg gebracht, als er in der 72. Minute nach wiederholtem Foulspiel vom Platz gestellt wurde, aber das Abwehrbollwerk hielt. Am Ende stand ein ratloser Thomas Häßler kopfschüttelnd auf dem Platz. Der 1. FCK hatte sich für den Europapokal der Pokalsieger qualifiziert, während der KSC zunächst mit dem UI-Cup vorlieb nehmen mußte.

Die Restaurants und Kneipen in Charlottenburg waren in dieser Nacht in der Hand der Lauterer Fans, die den Sieg feierten. Doch einigen Anhängern, vor allem den Spielern, dem Trainer und dem Präsidium, war nicht so sehr zum Feiern zumute. Eckard Krautzun mied den Pokal wie der

Teufel das Weihwasser. „Es ist der Triumph der Spieler, nicht der des Trainers", beschwichtigte er und forderte die Fans zur Solidarität auch in der Zweiten Liga auf: „Hoffentlich seid ihr nächstes Jahr alle wieder da, und wir können den Wiederaufstieg feiern."

Abstieg und Pokalsieg in einer Woche – das war Fußball paradox. Am nächsten Tag kamen 15.000 Fans zum Lauterer Rathaus und genauso viele ins Fritz-Walter-Stadion, um die Pokalsieger zu feiern.

Doch hinter den Kulissen brodelte es weiter. Das „Team Professionelle Zukunft" machte ernst und bereitete die Wachablösung vor. Der Verwaltungsrat beschloß, eine außerordentliche Mitgliederversammlung einzuberufen. Das Präsidium versuchte indes, Jürgen „Atze" Friedrich und Dr. Robert Wieschemann in eine „Kommission Wiederaufstieg" einzubinden, doch die Opposition wollte in ihrer Mehrzahl einen richtigen Neubeginn. Das Präsidium sollte eine repräsentative Rolle erhalten, der Aufsichtsrat die wegweisenden Entscheidungen treffen. Und dazu mußte eine neue Satzung her. Künftig sollte ein fünfköpfiger Aufsichtsrat Verantwortung tragen. Karl-Heinz Feldkamp und Jürgen „Atze" Friedrich sollten für sportliche Belange zuständig sein, Wolfgang Fritz für Merchandising und Marketing, Peter-Werner Landry sollte die Nordtribüne unter die Lupe nehmen und das Controlling übernehmen und Dr. Robert Wieschemann für Recht und Finanzen zuständig sein. Außerdem wollten die Oppositionellen Fehlentwicklungen bei der Nutzung der Nordtribüne, bei der Kundenbetreuung, bei der Wirtschaftlichkeit der Gastronomie und im Jugend- und Amateurbereich offenlegen und „langfristig korrigieren", wie Stefan Motzenbäcker für das „Team Professionelle Zukunft" erklärte.

Ungeachtet dessen schuf das Präsidium Tatsachen. Als Termin für die Mitgliederversammlung wurde der 9. Juli gewählt. Doch zuvor schon wurde Hans-Peter Briegel, der ehrenamtlich tätig war, zum Sportlichen Leiter bestellt, nachdem der Verwaltungsrat die Ernennung von Ignaz Good widerrufen hatte. Ernst Diehl sollte Co-Trainer werden. Norbert Thines war zufrieden: „Das ist alles andere als eine Entmachtung des Präsidiums, sondern eine Unterstützung des Präsidiums bei unserem Ziel Wiederaufstieg", sagte er der *Rheinpfalz*. Dem Verein standen turbulente Wochen bevor.

▶ **INTERVIEW: A. ROOS**

„Immer eine glückliche Hand"

„Wenn mir einer gesagt hätte, daß ich der erfolgreichste FCKler aller Zeiten würde, den hätte ich für verrückt erklärt..." Axel Roos, der dienstälteste Profi des 1. FCK hat alles miterlebt: Pokalsieg, Meisterschaft, Abstieg, Pokalsieg, Aufstieg und Meisterschaft.

Axel Roos herzt Ratinho.

Axel Roos, Sie haben u.a. Karl-Heinz Feldkamp, Friedel Rausch und nun Otto Rehhagel als Trainer erlebt. Wo liegen die Besonderheiten und wo gibt es Unterschiede zwischen den dreien?

Mit Friedel Rausch habe ich mich persönlich und menschlich sehr gut verstanden. Alle drei unter einen Hut zu bringen, ist sehr schwer. Otto Rehhagel ist etwas zurückhaltender, das hat auch Vorteile. Mit Karl-Heinz Feldkamp bin ich weniger gut ausgekommen, weil er nicht ehrlich zu mir war.

Wie erklärt sich dieses seltsame Nicht-Verhältnis zwischen Feldkamp und Ihnen?

Als er 1990 wiedergekommen ist, hat er gleich zu mir gesagt, daß ich daran schuld wäre, daß vor seiner Zeit vier Trainer (Krafft, Bongartz, Stabel, Roggensack) entlassen worden wären. Ich konnte das überhaupt nicht nachvollziehen, weil ich einer der Leistungsträger war. Es gab keine Harmonie zwischen Feldkamp und mir.

Gab es denn, als er 1996 als Aufsichtsrat zum 1. FCK zurückkam, eine Aussprache zwischen ihnen?

Ja, wir haben uns zufälligerweise in einem Restaurant getroffen. Ich wollte eigentlich nicht mit ihm reden, die Initiative zu dem Gespräch ging von meiner Frau aus. Wir haben uns gegenseitig versprochen, nichts mehr Negatives über den anderen zu sagen.

Was ist denn das Besondere an Otto Rehhagel, was macht er denn anders als die anderen, wie geht er als Trainer mit den Spielern um?

Otto Rehhagel ist ein sehr guter Taktiker. Er weiß genau, wer gegen wen zu spielen hat. Er überlegt sich tausendmal, was er macht, und hat bisher immer eine glückliche Hand gehabt, auch bei Umstellungen während des Spiels. Friedel Rausch hat vielleicht mehr aus dem Bauch heraus entschieden, aber auch mit ihm haben wir große Erfolge gehabt, sind Zweiter und Vierter geworden und ins Pokalfinale gekommen.

Das vergessen viele, daß Rausch euch ins Finale geführt hat, gleichwohl wird der Name Eckard Krautzun kaum noch genannt. War das eine richtige Entscheidung, Krautzun mitten in der Vorbereitung auf die Saison zu entlassen?

Wenn man unsere Erfolgsserie seitdem betrachtet, muß man sagen, daß es richtig war. Man weiß natürlich nicht, wie es mit Krautzun weitergegangen wäre. Fakt ist, daß er ein hervorragendes Training gemacht hat. Was sonst vorgefallen ist und zu seiner Entlassung geführt hat, weiß ich nicht. Da muß man die oberen Herren fragen.

Pikant ist ja, daß Krautzun 1966 gemeinsam mit Rehhagel als Spieler zum 1. FCK kam und daß beide ihr erstes Spiel gegen West Ham United mit den Weltmeistern 1966, Bobby Moore, Martin Peters und Geoff Hurst, bestritten haben. Rehhagel hat sich auch als Spieler durchgesetzt, während Krautzun nur drei Bundesligaspiele machte.

Otto Rehhagel hat uns das mal erzählt, daß er zusammen mit „Ecki" hier gespielt hat und daß der „Ecki" schon damals ein wenig außergewöhnlich gewesen sei. Er sei gleich im Porsche angefahren gekommen. Das hat Rehhagel wahrscheinlich schon ein bißchen gestört, aber über das Verhältnis zwischen den beiden weiß ich nichts Näheres.

Sie haben alle Höhen und Tiefen mit dem 1. FCK erlebt, gute und schlechte Zeiten: Pokalsieg 1990, Meisterschaft 1991, Abstieg und Pokalsieg 1996, Aufstieg 1997, Meisterschaft 1998. Wovon haben Sie als Persönlichkeit am meisten profitiert?

Beeindruckend war der erste Pokalsieg gegen Werder Bremen, weil ich damals gesagt habe, ich möchte auch einmal international spielen. Daß es dann soweit gekommen ist, daß ich nicht mehr spielen durfte, war schade. Aber ich habe danach noch die Meisterschaft feiern dürfen und war noch einmal Pokalsieger. Und mit 34 Jahren noch einmal Meister zu werden und in der Champions League zu spielen, das ist das Größte!

Zieht man denn auch ein wenig Gewinn aus einem Abstieg?

Als wir abgestiegen waren, habe ich gesagt, das bleibt immer an dir haften, daß du abgestiegen bist. Das ist bei anderen Spielern, die den Verein wieder verlassen und in ihre Heimat zurückkehren, vielleicht nicht so. Die werden nicht so damit konfrontiert, aber ich bleibe hier wohnen und werde immer damit identifiziert werden. Aber jetzt, nach dem Aufstieg, der Meisterschaft und dem Einzug in die Champions League redet keiner mehr vom Abstieg.

Sie sind einer der wenigen Pfälzer beim 1. FCK, der immer wieder die Pflege der „pfälzischen Identität" angemahnt hat. Tut der 1. FCK da genug oder gibt es große Defizite?

Schwere Frage, der Trend in den Vereinen geht hin zu immer mehr ausländischen Spielern. Durch das Bosman-Urteil ist das noch verstärkt worden. Die Jugendlichen haben es immer schwerer, im eigenen Verein einzusteigen. Da muß einer schon außergewöhnliche Fähigkeiten besitzen wie Marco Reich, um mithalten zu können. Es wird vielleicht irgendwann so kommen, daß in der Bundesliga nur noch Ausländer spielen, und die Deutschen spielen dann in der 2. Bundesliga oder in der Regionalliga...

Wie in der DEL...

Wie im Eishockey. Das kann passieren, und ich fände das schade. Aber das ist auch ein gesellschaftliches Problem. Die Jugendlichen haben es heute in ihrer Freizeit leichter als früher. Das Angebot ist riesengroß, viele sitzen lieber zu Hause am Computer, anstatt auf der Straße zu kicken.

Spieler des 1. FCK haben es seit Seppl Herbergers Zeit schwer bei den Bundestrainern. Klaus Toppmöller und Stefan Kuntz haben leidvolle Erfahrungen machen müssen. Auch Sie haben oft nicht schlechter gespielt als andere, die mehrere Länderspiele gespielt haben. Sind Sie darüber enttäuscht und haben Sie nicht insgeheim gehofft, bei dem guten Abschneiden des 1. FCK nicht doch noch eine Chance von Berti Vogts zu erhalten?

Jeder Fußballer hofft, daß er zu höheren Aufgaben berufen wird. Aber ich weiß, daß der Zug für mich eigentlich abgefahren ist. Ich habe 1993/94, als wir Zweiter geworden sind, eine sehr gute Saison hingelegt und hätte es damals verdient gehabt, in der Nationalmannschaft zu spielen. Friedel Rausch hat mich damals ins Gespräch gebracht, aber Vogts hatte seine eigenen Vorstellungen. Es gibt Spieler, die haben nur wenige Länderspiele gemacht und sind gar nicht mehr dabei, Thomas Ritter zum Beispiel. Die haben nicht so konstant gespielt wie ich und sind irgendwie Nationalspieler geworden. Man braucht vielleicht auch eine Lobby bei Vogts. Schon als Jugendlicher habe ich von ihm nie eine Chance bekommen, der DFB-Jugendtrainer Vogts hat immer vier, fünf andere bevorzugt. Anscheinend ist er nicht so angetan von meinen fußballerischen Fähigkeiten.

Aber auch ohne Berufungen in die deutsche Nationalmannschaft – von Olaf Marschall einmal abgesehen – scheint euer Binnenklima intakt zu sein. Wie pflegt ihr das denn angesichts der Tatsache, daß in anderen Bereichen im Verein ständig Feuer unter dem Dach war?

Es kann nicht jeder mit jedem, das ist ganz klar. Wenn Probleme auftreten, werden sie im Team gelöst. Otto Rehhagel legt Wert darauf, daß so etwas intern geregelt wird, und daran hat sich bisher jeder gehalten. Wenn man Erfolg hat, wird vieles unter den Tisch gekehrt. Es ist nicht so, daß immer alles stimmt in der Mannschaft. Aber wir diskutieren das aus. Durch den Erfolg ist dann auch schnell manches vergessen. Als wir abgestiegen sind, gab es ähnliche Probleme, aber damals war das gravierender, weil der Erfolg fehlte.

Wer steht denn beim 1. FCK am meisten für diesen so wichtigen Erfolg?

Otto Rehhagel hat uns wieder Selbstvertrauen gegeben. Das ist das Wichtigste. Dann waren im Abstiegsjahr zwei Positionen nicht so stark besetzt, zum einen die Schlüsselposition des Ciriaco Sforza, und dann fehlte Olaf Marschall 1995/96 über lange Zeit, weil er verletzt war. Man hat ja gesehen, wenn einer bei uns Tore schießt, dann ist es Marschall, der auch deshalb so wichtig für uns ist, weil er vorne den Ball halten kann.

Was ist denn der Hauptgrund dafür, daß ihr Deutscher Meister geworden seid?

Der Hauptgrund ist, daß die Mannschaft doch nicht so schlecht war, wie sie dargestellt wurde. Wir hatten im Abstiegsjahr zu Hause katastrophale Bodenverhältnisse, die uns sieben, acht Punkte gekostet haben. Die Mannschaft ist jetzt ja nur auf drei, vier Positionen verändert.

Ihr habt die Champions League erreicht, haben Sie einen Wunschgegner?

Das ist der FC Barcelona, da ist noch eine Rechnung offen...

Aber Bakero ist weg nach Südamerika...

Ich habe damals beim 3:1 auf der Bank gesessen und im Nou Camp nicht gespielt. Mein Vater hat Bilder zu Hause hängen von Real Madrid und dem FC Barcelona, er hat zu mir gesagt, wenn du da mal spielst, dann hast du's geschafft. Ich hoffe, daß ich das irgendwann noch schaffen werde. Als ich angefangen habe, Fußball zu spielen, wenn mir da einer gesagt hätte, daß ich mal in der Champions League spiele und daß ich der erfolgreichste FCKler aller Zeiten würde, den hätte ich für verrückt erklärt.

Hier die Champions League, dort der Amateurfußball – das Gefälle im Fußball wird immer größer, angetrieben durch die Auswirkungen des Bosman-Urteils und durch die Aktivitäten von milliardenschweren Geschäftsleuten. Wie ist Ihr Gefühl, wenn Sie das sehen?

Das Kommerzielle spielt im Fußball eine immer größere Rolle. Die Leidtragenden sind die Zuschauer, die den Fußball groß gemacht haben. Der Fußball kommt aus der Unterschicht, und diese Menschen wollen ja weiterhin zum Fußball gehen. Wenn Billionäre Fußballklubs kaufen, haben sie auch bestimmte Ideen, wie sie Geld machen können, und dann ist es mit der Stehplatzkarte für 12 bis 15 DM aus. Den einfachen Leuten, denen wir die Fußballkultur zu verdanken haben, tut das weh. Das geht aber heute schon in den unteren Klassen so. Die Sponsoren denken, mit Geld könne man den Erfolg kaufen. Dem ist aber Gott sei Dank nicht so.

Welches sind denn Ihre Perspektiven für die Zeit nach dem aktiven Fußball?

Ich habe den Trainerschein A und kann bis zur Regionalliga trainieren. Ob ich das machen werde, weiß ich noch nicht. Ich habe vor, mit meinem Freund Stefan Motzenbäcker, der Rechtsanwalt ist, und mit seiner Frau, die sich auf Steuerrecht spezialisiert, eine Firma zu gründen, deren Ziel es sein wird, jungen Spielern zu helfen, Verträge abzuschließen und sie sportlich und fachlich zu beraten.

Übrigens, haben Sie noch Kontakt zu Ihrem Stammverein TuS Thaleischweiler-Fröschen, und wissen Sie, in welcher Klasse er spielt?

Viel Kontakt habe ich nicht mehr, weil ich nicht oft dahin komme. Nein, ich weiß es nicht. ∎

■ Saison 1996/97: Das lange Jahr bis zum Aufstieg

Der Pokalsieg gegen den Karlsruher SC hatte zwar für kurzzeitigen Jubel in der Pfalz gesorgt, aber schnell wurde allen wieder bewußt, daß der 1. FCK in die 2. Bundesliga abgestiegen war. Der Verein befand sich sportlich am tiefsten Punkt seit 58 Jahren und außerdem in einem führungspolitischen Vakuum. Die designierten neuen Macher mußten mit anschauen, wie die Platzhalter, die ihre Positionen verteidigen wollten, die Weichen für die neue Saison stellten. Trainer Krautzun erhielt seinen „Wunschspieler" Thomas Franck von Borussia Dortmund für das defensive Mittelfeld. Franck war nicht gerade der Liebling der Fans des 1. FCK, denn er hatte am Fastnachtssamstag 1990 kräftig mitgeholfen beim 4:0 seines früheren Klubs SV Waldhof gegen den 1. FCK, der nach diesem Debakel am Tabellenende stand. In Dortmund hatte er sich nie entscheidend durchsetzen können. Der Brasilianer Ratinho vom FC Aarau stand bereits lange als Neuzugang fest, dazu kamen Bernd Santl (TSV Vestenbergsgreuth), Matthias Keller (1. FC Schweinfurt 05) und Andreas Bross (TSF Ditzingen).

Die zweitligaunerfahrenen Spieler vertrauten auf das Know-how ihres zweitligaerprobten Trainers. „Krautzun wird uns auf die veränderten Bedingungen einstimmen. In der zweiten Liga wird gekämpft, gegrätscht und gelaufen", äußerte sich Martin Wagner gegenüber dem *Kicker Sportmagazin*. Doch der ehemalige Nationalspieler hatte die Rechnung ohne die Opposition im Verein gemacht.

Vor dem 9. Juli und der außerordentlichen Mitgliederversammlung zog sich Krautzun mit der Mannschaft in eine stille Ecke im Bergischen Land ins Trainingslager zurück. Als die turbulente Versammlung viertel vor ein Uhr zu Ende war, hatten die 1760 Mitglieder im Saal den Kandidaten des „Team Professionelle Zukunft" den Weg geebnet und ihr Vertrauen ausgesprochen. Dieser Akt war vielen nicht leicht gefallen, denn bei aller Übereinstimmung über einen Neuanfang sollte Norbert Thines am Ende nicht als alleiniger Sündenbock dastehen. Dessen Einsicht, Fehler begangen und zum Beispiel Trainer Friedel Rausch zu spät entlassen zu haben, kam aber verspätet. Und die Weigerung, dem neuen Satzungsentwurf wegen der darin vorgesehenen Entmachtung des Präsidiums zuzustimmen, zog eine Reihe kritischer Bemerkungen aus der Versammlung nach sich. Schließlich trat das Präsidium überraschend zurück. Ausgerechnet Reiner Geye, über dessen Probleme der Präsident jahrelang seine schützende Hand gehalten hatte, war Thines in den Rücken gefallen, indem er die Vertragsverlängerung mit Rausch als einen Alleingang Thines' bezeichnete. Nach dem Präsidium trat dann auch der Verwaltungsrat zurück. Der Weg zur Wahl der fünf Männer war frei, die erklärt hatten, nur „im Paket" Verantwortung für den 1. FCK übernehmen zu wollen: Feldkamp, Friedrich, Fritz, Wieschemann und Landry. Daß der Verein zunächst einmal ohne Präsident dastand, war zu verschmerzen, da die neue Satzung ihm ohnehin lediglich eine repräsentative Funktion zuschrieb. Dem neuen Präsidium sollten der später zu wählende Präsident, zwei vom Aufsichtsrat bestimmte Mitglieder sowie der Kaufmännische Leiter Wilfried de Buhr und der Sportliche Leiter Hans-Peter Briegel angehören.

Der bemerkenswerteste Satz des Abends stammte von Feldkamp. Es war „ein Wink mit dem Zaunpfahl" *(Die Rheinpfalz)*: „Wir müssen versuchen, 1997/98 mit einem erstklassigen Trainer und einem guten Team in die 1. Bundesliga zu gehen." Eckard Krautzun konnte er damit nicht gemeint haben.

Zehn Tage später lüftete der 1. FCK das gut gehütete Geheimnis. 83 Tage nach dem Ende seiner Tätigkeit beim FC Bayern München unterschrieb Otto Rehhagel einen Einjahresvertrag mit Option in Kaiserslautern. Der Coup gelang dank der freundschaftlichen Beziehungen zwischen Aufsichtsrat Friedrich und dem Trainer, der wohl bei keinem anderen Zweitligisten angeheuert hätte. Von 1968 bis 1972 hatten beide beim 1. FCK zusammengespielt. „Bei uns darfst du wieder Otto sein", soll Friedrich seinem Freund den Job beim Absteiger und Aufstiegsaspiranten schmackhaft gemacht haben, garniert mit einem königlichen Salär. Rehhagel nahm die Herausforderung an und verdrängte Krautzun, mit dem er einst 1966 beim 1. FCK als Spieler angeheuert hatte. Schon damals hatte sich Rehhagel durchgesetzt, während Krautzun nur auf drei Einsätze gekommen war. „Wir wollten eine sportliche Führung, die absolute Sicherheit ausstrahlt. Bei Krautzun verspürten wir eine permanente Unsicherheit", äußerte Friedrich gegenüber dem *Kicker Sportmagazin.* Der Abservierte war enttäuscht, „weil ich stolz war, FCK-Trainer zu sein". Nach dem Willen des Aufsichtsrates sollte Rehhagel im sportlichen Bereich das absolute Sagen haben, Briegel als Koordinator zwischen Aufsichtsrat, Trainer und Mannschaft wirken – was immer dies beinhalten sollte.

„Bei uns darfst du wieder Otto sein!"

Am 21. Juli übernahm Rehhagel seine neue Mannschaft im Trainingslager in St. Gallen. Nach dem 1:5 gegen AEK Athen ließ Rehhagel einen neuen Mannschaftskapitän wählen. Vorgänger Krautzun hatte Andreas Brehme abgesetzt und Olaf Marschall bestimmt. Die Wahl der Mannschaft fiel erneut auf Brehme.

Otto Rehhagel im Juni 1996.

Zurück in der Pfalz erwarteten über 3.000 Fans Mannschaft und Trainer zur ersten Trainingseinheit auf dem Betzenberg. „Ich bin hier kein Fremder. Wo ich hinkomme, heißt es: 'Otto, du bist ja da.' Ich gehöre hier zur Familie, der Kontakt war nie abgerissen", freute sich Rehhagel über den Empfang, fand alles gut, stolzierte am Zaun des Trainingsplatzes entlang und klatschte Hände ab und fühlte sich zu Hause in seinem neuen Königreich in der Pfalz. Ausgestattet mit dem Anspruch, den Aufstieg zu schaffen, schwächte er die Erwartungen gleich etwas ab: „Ich hatte keinen Einfluß auf die Personalpolitik, und Brehme, Kadlec und Herr Kuka müssen sich erst einmal auf das Wechselspiel Europacup und 2. Liga einstellen."

Anstatt sein erstes Spiel im Unterhaus gegen die SpVgg. Unterhaching hinter sich zu bringen, mußte der Pokalsieger im Supercup gegen Borussia Dortmund 'ran. Rehhagel ließ die Neuen – Ratinho, Bross und Santl – zunächst auf der Bank und trat mit der Mannschaft der Absteiger an. Nach dem Ende der regulären Spielzeit und der Verlängerung stand es nach Toren von Kuka und Wolters 1:1. Im Elfmeterschießen führte der 1. FCK bereits mit 3:0, doch danach versagten Ratinho, Lutz und Roos, und der Favorit gewann das Glücksspiel mit 4:3. Ein großer Unterschied zwischen dem Teilnehmer an der Champions League und dem Absteiger hatte sich in den zweieinhalb Stunden nicht aufgetan.

Danach ging es zu den gerade aus der Regionalliga Süd aufgestiegenen Stuttgarter Kickers, die zu diesem Spiel ins Gottlieb-Daimler-Stadion umzogen. Die trotz 15.000 mitgereister Lauterer Fans nicht gefüllte Arena verriet, daß es hier nicht um Erstligapunkte ging. Uwe Wegmann schlug kurz vor und kurz nach der Pause zu. Leidenschaftslos und mit etwas Glück brachte der 1. FCK das Ergebnis über die Zeit. Die erste Pflichtübung war erfüllt.

Dafür blamierte sich der Pokalverteidiger beim Südregionalligisten SpVgg. Greuther Fürth. Ein Tor von Lotter reichte dem Außenseiter, um gegen die ohne Brehme, Kadlec und Marschall angetretenen Roten Teufel zu gewinnen. Der Pokalsieger 1996 war ausgeschieden.

Erstaunlich cool erledigte der 1. FCK seine erste Hausaufgabe gegen den FC Carl Zeiss Jena. Schon nach 18 Minuten war der 2:0-Sieg unter Dach und Fach. Beim Mitabsteiger KFC Uerdingen reichte ein verwandelter Freistoß von Martin Wagner zum 1:0-Erfolg. Neun Punkte und 5:0 Tore aus drei Spielen – wer sollte diese Lauterer stoppen? Zumal Otto Rehhagel noch einmal auf dem Transfermarkt zugegriffen und den dänischen Nationalspieler Michael Schjönberg für seine Abwehr verpflichtet hatte. Der Neue sorgte gleich für Schlagzeilen, als er gegen den Südwestrivalen Mainz 05 20 Minuten vor Schluß das 1:0 erzielte. Die spielerisch besseren Gäste aber schafften noch den Ausgleich, und erstmals gab es lange Gesichter beim 1. FCK. „Bei den Mainzern erkennt man die Handschrift des Trainers", lobte Axel Roos Wolfgang Frank, der die 05er erst vor dem Abstieg in die Regionalliga West/Südwest bewahrt hatte und nun im zweiten Jahr in der 2. Bundesliga ganz vorne mitmischte. Mit dem Unentschieden gegen Mainz hatte nicht nur die zuvor weiße Weste einen Fleck erhalten, es war auch der Beginn einer Serie von sieben schier unansehnlichen Spielen. Wovon das Hinspiel im Europapokal der Pokalsieger gegen Roter Stern Belgrad vielleicht noch das beste war, weil es in diesem internationalen Vergleich einen (viel zu knappen) 1:0-Sieg gab. Nach dem Embargo gegen Jugoslawien war es das erste Mal seit 1992, daß sich Roter Stern wieder auf europäischer Ebene messen durfte. Fast mit einer Juniorenauswahl, er-

Der Torschütze des 1:0 für den 1. FCK im Hinspiel gegen Roter Stern: Uwe Wegmann.

gänzt durch einige erfahrene Leistungsträger, traten die Serben auf dem Betzenberg an.

Danach kehrte wieder der Alltag ein. 0:0 in Wolfsburg, 0:0 gegen Hertha BSC Berlin – Ratlosigkeit machte sich breit bei den Fans, und Otto Rehhagel sah sich mit den ersten Pfiffen gegen das Gekicke seiner Mannschaft konfrontiert. Auf die Frage, warum er für die erfolglosen Stürmer nicht einmal Marco Reich bringe, reagierte er belehrend: „Man muß auf erfahrene Spieler setzen. Einen Reich muß man in Situationen bringen, in denen er nichts falsch machen kann."

Alles falsch machten die Pfälzer beim Rückspiel in Belgrad vor über 100.000 Zuschauern im Stadion Maracana. Zur Pause war sich Hans-Peter Briegel noch sicher, am nächsten Morgen zur Auslosung der 2. Runde nach Genf zu fliegen, doch 80 Minuten später war das Debakel perfekt. Dem 1:0 durch Dejan Stankovic, der frisch eingewechselt worden war, folgte der Untergang einer überforderten Mannschaft, die sich nach dem 2:0 in ihr Schicksal ergab und auch noch das 3:0 und das 4:0 kassierte. Obwohl die gesamte Mannschaft sich blamiert hatte, bekamen die jungen Spieler vom Trainer ihr Fett ab. „In Deutschland haben alle jungen Spieler glänzende Laktatwerte, nur am Ball können sie nichts." Der 1. FCK war nun seit 331 Minuten ohne Torerfolg.

Ausgerechnet Jürgen Rische, der Ex-Leipziger, rettete den 1. FCK im Spiel bei seinem alten Verein vor einem erneuten Reinfall. Die 2:1-Führung des VfB glich er in der 75. Minute aus. Die Fans auf dem Betzenberg waren unzufrieden, und dieser Zustand steigerte sich noch nach dem indiskutablen 0:0 gegen die SpVgg. Unterhaching. „Zehnmal nach Meppen, wir fahren zehnmal nach Meppen!", sang fast die gesamte Westtribüne, während Rehhagel sich nach dem Spiel vor seine Mannschaft stellte: „Sie hat alles gegeben, der Gegner hat mit einer 10:0-Deckung gespielt. Ich verstehe die Zuschauer, wenn sie verärgert sind, wir sind alle enttäuscht. Ich habe von Anfang an gewarnt, die 2. Liga zu unterschätzen." Doch das wollten die Fans in der Wandelhalle der Nordtribüne nicht hören und pfiffen den Trainer aus. Der ging erstmals in die Offensive: „Ich bin gekommen, um dem 1. FCK zu helfen. Wenn ich aber merke, daß die Leute hier Stimmung machen und die Dinge ins Gegenteil verkehren und so tun, als wenn wir drei Spiele verloren hätten, dann tut es mir leid."

Gegen den FC Gütersloh platzte dann, wenn auch spät, nach drei sieglosen Heimspielen der Knoten – dank der jungen Spieler. Marco Reich erzielte das 1:0, und Thomas Riedl bereitete Olaf Marschalls 2:0 vor. Der Aufwärtstrend hielt auch beim 4:1 bei RW Essen an, wo Rehhagel mit den drei Stürmern Marschall, Kuka und Rische antrat. Und nach einem eher schwachen Unentschieden gegen Fortuna Köln konnten die Roten Teufel gegen den VfB Oldenburg erstmals in dieser bis dahin eher trostlosen Saison ihr Publikum wieder begeistern. Zwar lagen die Gäste nach einer halben Stunde mit 2:0 vorne, doch Marschall, Wegmann und Rische sowie ein von allen Selbstzweifeln befreiter Pavel Kuka mit einem Hattrick binnen 20 Minuten schossen noch einen 6:2-Sieg heraus, der eine Euphorie auslöste, die auch noch beim 2:0 beim VfB Lübeck zu spüren war.

Inzwischen hatte der 1. FCK einen neuen Präsidenten, dem die jüngsten Ergebnisse einen vergnüglichen Start bescherten. Hubert Keßler gesellte sich zu den vom Aufsichtsrat bestellten Vizepräsidenten Axel Ulmer und Berthold Bandner. Der Nachfolger von Norbert Thines forderte in seinem Antrittsstatement den sofortigen Wiederaufstieg in die 1. Bundesliga.

Der Siegeszug des 1. FCK hielt auch beim 4:1 gegen den FSV Zwickau an. Mit einer gewissen Leichtigkeit gingen jetzt sowohl die Spieler als auch die Zuschauer ans Werk. Es war förmlich zu spüren, daß die Hoffnung, es im ersten Anlauf zu schaffen, der sicheren Gewißheit gewichen war. Trotzdem war Manager Hans-Peter Briegel unterwegs auf der Suche nach Verstärkungen. Doch der Zweitligist Kaiserslautern hatte bei den großen Namen wie Robert Pires (FC Metz), an dem längst der AC Mailand und der FC Barcelona interessiert waren, kein Glück.

Für die Fans war es das wichtigste Spiel der Vorrunde, das man auf keinen Fall verlieren durfte: Beim SV Waldhof („Nie mehr SV Waldhof, nie mehr, nie mehr!") wurde der 1. FCK besonders schmerzhaft daran erinnert, daß er abgestiegen war und nun, welche Schande, bei dem Verein antreten mußte, dem man nie mehr hatte beggegnen wollen. Und noch verschämter traten die Lauterer am Abend die Heimreise an. Der im unteren Tabellendrittel herumkrebsende SVW war dank eines Patzers von Gerry Ehrmann in Führung gegangen und hatte schließlich mit 2:0 gewonnen. Dennis Mackert, ein Abiturient, der debütierte, hatte Pavel Kuka zum Statisten degradiert.

Büßen mußte es die Eintracht aus Frankfurt, die entgegen langjähriger traditioneller Gepflogenheiten, sich auf ein 1:1 zu einigen, mit 5:0 deklassiert wurde. Auch Maurizio Gaudino, der von der Westtribüne geschmäht wurde („Schiri, wir wissen, wo dein Auto steht, Gaudino hat's, Gaudino hat's!"), konnte den schleichenden Sturz seines Trainers Dragoslav Stepanovic nicht abbremsen.

Im letzten Vorrundenspiel – die sogenannte Herbstmeisterschaft hatte der 1. FCK bereits sicher – ging es zum SV Meppen. Die 1:2-Niederlage tat

Ausgerechnet der von den Fans ungeliebte SV Waldhof brachte dem 1. FCK die erste Niederlage in der 2. Bundesliga bei. Hier kommt Pavel Kuka gegen Dennis Mackert zu spät.

im Gegensatz zur Pleite in Mannheim keinem Fan des 1. FCK weh. Fortan wünschten sich viele in Rot und Weiß den SV Meppen als Mitaufsteiger.

Während man in der Pfalz die Vorrunde als Tabellenerster beendet hatte und fest an den Aufstieg glaubte, verabschiedete sich in Katalonien ein Spieler vom FC Barcelona, dessen Namen bei den Pfälzer Fans auf immer und ewig ein Schaudern auslösen wird: José Maria Bakero kehrte dem Camp Nou den Rücken und ging zum mexikanischen Klub Vera Cruz. Unwahrscheinlich, daß er dem 1. FCK nun noch einmal begegnen würde.

Ein anderer Abschied war erzwungen: die fristlose Kündigung von Wilfried de Buhr, dem man von Seiten des Aufsichtsrates vorwarf, sich persönlich zu Lasten des Vereins bereichert zu haben. Überzeugt davon, nichts ehrenrühriges getan zu haben, lehnte der Kaufmännische Leiter eine gütliche Einigung ab und zog vor Gericht, wo er schließlich rehabilitiert wurde. Mit de Buhr war der letzte Macher aus der Ära Thines gegangen.

Otto Rehhagel beschäftigte sich derweil bereits mit der Planung für die Zeit nach dem Aufstieg. Er beschwor den Verein, in diesem Fall bis an die Schmerzgrenze gehen zu müssen. Im Winterurlaub hatte er Ciriaco Sforza getroffen, und schon machten sich erste Gerüchte rund um den Betzenberg breit. Kein Gerücht war die Rückkehr des Neuseeländers Wynton Rufer in den deutschen Fußball. Otto Rehhagel hatte so lange gebohrt, bis der „Kiwi" nicht mehr nein sagen konnte. Als Ersatz für den langzeitverletzten Marschall und als positives, aufbauendes und menschliches Element in der Mannschaft sollte Rufer alle seine fußballerischen und mentalen Stärken für den 1. FCK einsetzen. Rufer war ablösefrei, und somit stellte seine Verpflichtung kein Risiko dar. Bereits bei Werder Bremen hatten Rehhagel und Rufer erfolgreich zusammen gearbeitet, waren 1993 Deutscher Meister, 1991 und 1994 Pokalsieger und 1992 Europapokalsieger der Pokalsieger geworden. Vor allem sollte Rufer eine psychologische Brücke bilden zwischen Mannschaft und Trainer. Beide wuchsen dank Rufer noch mehr zusammen und fanden noch stärker zueinander als zuvor. Doch auch Rufers Kommen ließ die Gerüchte um weitere Neuzugänge nicht verstummen. Anläßlich des Gewinns des Hallen-Masters in München trafen Präsident Keßler und das Ehepaar Rehhagel auf Mario Basler, der sinnierte, er wolle seine Karriere eines Tages auf dem Betzenberg ausklingen lassen.

„Kiwi" soll den Aufstieg sichern

Nach 1:0-Siegen in den Testspielen gegen Werder Bremen – Rufers erstes Spiel im roten Dress – und Lokomotive Moskau starteten die Lauterer mit einem 0:0 bei der SpVgg. Unterhaching in die Rückrunde. Ein mulmiges Gefühl hatte Trainer und Mannschaft beschlichen, als sie am Münchner Olympiapark vorbeifuhren und statt im Olympiastadion im kleinen Sportpark vor den Toren der Stadt spielen mußten. „Wir müssen bescheiden bleiben, denn wer unbescheiden ist, wird kein Spiel gewinnen", philosophierte Otto Rehhagel nach dem glanzlosen 2:0 gegen die Stuttgarter Kickers. Bescheiden war vor allem die Leistung der Roten Teufel, die den Schongang eingelegt hatten und sich damit den Ärger der Fans zuzogen: „Wir ham' bezahlt, wir woll'n was seh'n!" Nur weil der Kroate Labak eine große Chance ausließ und Thomas Riedl in letzter Minute zum 2:0 traf, tastete sich der 1. FCK langsam an die Bundesliga heran.

Das 2:2 beim FC Carl Zeiss Jena machte auch die Spieler wieder nachdenklich, weil sie nun wieder seit vier Spielen auswärts sieglos waren. „Zu Hause keinen Punkt abgeben und auswärts nicht verlieren, sondern gelegentlich gewinnen – dann ist der Wiederaufstieg nicht zu verfehlen", gab Martin Wagner die Route vor.

Eine „Weltklasseleistung in der 2. Halbzeit" bescheinigte Manager Briegel nach dem 3:1 gegen den KFC Uerdingen dem Brasilianer Ratinho.

Nach dem unansehnlichen 0:0 bei Mainz 05 glänzte Ratinho auch beim 4:0 gegen den VfL Wolfsburg. Sein Tor zum 2:0, als er VfL-Torwart Uwe Zimmermann ungewollt mit einer Flanke überlistete, die sich zum direkten Torschuß entwickelte, versetzte die Fans in nicht enden wollende Freude. Der geniale Heber hatte minutenlange „Ratinho,-ooh-o-o"-Sprechchöre zur Folge. Warum der Mann aus dem rechten Mittelfeld in Berlin wieder auf die Bank mußte, erklärte der Trainer schon im voraus so: „Ratinho ist ein Brasilianer, und die haben in der Rückwärtsbewegung ihre Probleme. Wenn's ihm zu gut geht, fängt er an rumzutanzen. Aber heute hat er mir Spaß gemacht."

Spaß hatte endlich auch wieder Mark Schwarzer, der einstige dritte Torwart hinter Reinke und Ehrmann. Für 500.000 DM an den englischen Erstdivisionär Bradford City verkauft, war er nach kurzer Zeit vom Premier League-Klub FC Middlesbrough für umgerechnet 3,2 Mio. DM gekauft worden. In der Zeitung *The Independent* blickte Schwarzer auf seine Zeit in Deutschland zurück: „Eigentlich hatte ich beim 1. FCK gar keine Chance... Zum Schluß mußte ich Deutschland verlassen, weil meine Mentalität eine andere ist. Die Deutschen sind zu geldorientiert. Ich mag das nicht." Vielleicht hätte ein Mark Schwarzer in Bestform dem 1. FCK im Spiel bei Hertha BSC Berlin gut zu Gesicht gestanden, denn durch Patzer von Ehrmann, der den verletzten Reinke vertrat, verlor man nicht nur mit 0:2, sondern auch die Tabellenführung an die Berliner, die sich nun für ein paar Wochen mit den Pfälzern an der Spitze abwechselten.

Gegen den VfB Leipzig legten die Lauterer dann los wie die Feuerwehr. Schon zur Pause stand das Endergebnis von 4:1 fest. „Erste Halbzeit erstklassig, zweite Halbzeit zweitklassig", urteilte Otto Rehhagel, während im Umfeld des Vereins die Meinungen in Sachen Zukunft nach dem Aufstieg weit auseinandergingen. Die einen sprachen vom UEFA-Cup-Platz, die anderen nannten realistischere Ziele: Klassenverbleib 1998, Mittelfeldplatz 1999 und gesichertes Dazugehören im 100. Jubiläumsjahr 2000...

Nach dem 1:1 beim FC Gütersloh kam es gegen RW Essen wieder zu einer Fußballsternstunde im Zweitliga-Alltag des 1. FCK. Elf Minuten vor Schluß führten die Gäste mit 2:0, ehe Margrefs Eigentor in der 82. Minute die Wende einleitete. Kuka (84.) und Rufer (89.) stellten den 3:2-Sieg sicher. Weniger aufregend ging es beim 2:0 gegen Fortuna Köln zu, doch dafür tat sich einiges in Sachen Planungen für die neue Saison. Der 23jährige bulgarische Nationalspieler Marian Hristov von Levski/Spartak Sofia war im Gespräch, ebenso Andreas Buck vom VfB Stuttgart und der U21-Nationalspieler Michael Ballack vom Chemnitzer FC. Rund 13 Mio.

DM sollten investiert werden, um den 1. FCK bundesligatauglich zu machen.

Nach dem 1:0 beim VfB Oldenburg baten die Roten Teufel am Pfingstsonntag gegen den abstiegsgefährdeten VfB Lübeck zur Aufstiegsfeier. „Pfalz pfeiert", schrieb die *junge Welt* nach dem grandiosen 7:0. Mit neun Punkten Vorsprung vor Hertha BSC Berlin und 13 vor Wolfsburg und Mainz war dem Favoriten der Aufstieg nicht mehr zu nehmen. Auf den Tag genau ein Jahr nach dem deprimierenden 1:1 in Leverkusen, das den Abstieg gebracht hatte, hätte der 1. FCK gegen die desolaten Lübecker auch zweistellig gewinnen können. Otto Rehhagel sprach nach dem großen Erfolg nur in der Vergangenheitsform und ließ den Spekulationen ihren Lauf, ob er denn überhaupt in Kaiserslautern bleiben würde. Doch in Wirklichkeit liefen die Planungen bereits auf Hochtouren.

Nie zuvor hatte es einen Absteiger gegeben, der einen solchen Boom auslöste wie der 1. FCK. Die Mitgliederzahl stieg auf über 7.500, die Zuschauerzahl betrug am Saisonende 610.000. Die Fans hatten all die Lügen gestraft, die nach dem Abstieg ein Katastrophenszenario gezeichnet hatten.

Katastrophal für den SV Waldhof wirkte sich der Kater des 1. FCK im nächsten Spiel beim FSV Zwickau aus. Nach Marschalls Führungstor lief beim 1. FCK nicht mehr viel. Die Sachsen gewannen mit 2:1, es war die vierte Niederlage des 1. FCK, die dem SV Waldhof, der nur 3:3 gegen RW Essen gespielt hatte, das Genick brechen half. Fast ohne Hoffnung fuhren die Waldhöfer auf den Betzenberg, wo sie mit hämischem Spott („Eine kleine Spende, eine kleine Spende, Waldhof Mannheim ist am Ende") empfangen wurden. Noch wenige Wochen zuvor hatte dem Rivalen vom Rhein der Entzug der Lizenz gedroht. Diese Gefahr war inzwischen zwar gebannt, doch dafür ging es sportlich immer mehr bergab. Der SVW verlor gegen den 1. FCK nicht nur mit 0:5, sondern auch seinen Debütanten Atilla Birlik durch eine rote Karte, nachdem er erst Martin Wagner regelwidrig von den Beinen geholt und anschließend den wutentbrannt heranstürmenden Gerry Ehrmann körperlich attackiert hatte. Die Klatsche am Betzenberg war letztlich der Todesstoß für die Mannheimer, obwohl sie noch eine kleine theoretische Chance hatten. Beim 1. FCK gab es zum Abstieg der Waldhöfer unterschiedliche Meinungen. Während Manager Briegel und Axel Roos den Waldhof ungern in die Regionalliga absteigen sahen, weil damit wieder ein Verein aus der Region aus dem bezahlten Fußball verschwand, äußerten sich Gerry Ehrmann und Martin Wagner eher mit Häme.

Auf den Tag genau ein Jahr nach dem Abstieg: Nach dem 7:0 gegen VfB Lübeck ist der 1. FCK wieder Bundesligist.

Auf den Ausgang des letzten Auswärtsspiels in der 2. Bundesliga hätte man beim 1. FCK wetten können. 38.000 Zuschauer sahen in einem Spiel, bei dem es um nichts mehr ging, ein 0:0. Einer war in Frankfurt gar nicht mehr dabei: Wynton Rufer, der sich nach dem Waldhof-Spiel wieder nach Neuseeland verabschiedet hatte, weil er die WM-Qualifikation für sein Land spielen mußte. Alle Fans hatte er zum Abschied zum Kaffee nach Neuseeland eingeladen, kostenlos, nur für den Flug müßten sie aufkommen. Auch Roger Lutz, der zukünftig bei den FCK-Amateuren spielen sollte, war nach einem wechselvollen Jahr verabschiedet worden. Was den

dienstältesten Spieler des 1. FCK, Axel Roos, nachdenklich machte. Einen eventuellen Wechsel ins Ausland deutete er an und beklagte gleichzeitig, durch die Verpflichtung zu vieler ausländischer Spieler könne die Identifikation der Mannschaft mit dem Verein verloren gehen.

Obwohl er dem Aufsichtsrat angehörte, hatte sich Karl-Heinz Feldkamp nur selten bei den Spielen in Kaiserslautern aufgehalten. Und er hatte sich kaum öffentlich zu Wort gemeldet. Wenn, dann versuchte er zu intervenieren, um Schaden vom Verein fernzuhalten. So war auch die Trennung von Krautzun mit sein Werk gewesen, und er war es auch, der den zu dem damaligen Zeitpunkt skurril anmutenden Spekulationen um Mario Basler und Ciriaco Sforza mit seinem Machtwort ein Ende bereitete. Der erreichte Aufstieg entlockte ihm nur wenig Lob und viel Kritik. „Ich traue der Mannschaft, die den Aufstieg geschafft hat, nicht zu, im nächsten Jahr die Klasse zu halten", forderte er Nachbesserungen und kündigte an, er werde aus persönlichen Gründen und wegen seines Wohnsitzes in Marbella nicht erneut für den Aufsichtsrat kandidieren.

Feldkamps Aufschrei („Daß wir so souverän aufgestiegen sind, zeigt nur die Schwäche der 2. Liga") verstärkte beim 1. FCK die Bemühungen um seinen einstigen Spielmacher Ciriaco Sforza, der die Mannschaft aus dem zentralen Mittelfeld würde führen können.

Nach der Aufstiegsfeier an Pfingsten sollte am 12. Juni vor und nach dem Spiel gegen den SV Meppen alles auf einmal gefeiert werden: Aufstieg, Meisterschaft, Mannschaft und Trainer. Doch schon während fast der gesamten Spielzeit hatte es atmosphärische Störungen gegeben, die sich schließlich vor dem Spiel gegen Meppen in einem Unwetter entluden, das spät am Abend in freier Natur seine Fortsetzung fand und den Fans das wunderschöne Feuerwerk verdarb.

Briegel contra Rehhagel

Am Morgen des 12. Juni war die Bombe auf dem Betzenberg hochgegangen und hatte viele Fans des 1. FCK bei der Zeitungslektüre beim Frühstück erschreckt. Manager Briegel attackierte Trainer Rehhagel in einem Gespräch mit der Zeitung *Die Rheinpfalz*. Briegel gab an, er fürchte um die Entwicklung des Vereins und äußerte seine Angst davor, der 1. FCK könne zum „FC Rehhagel" werden. Der Zeitpunkt, zu dem Briegel vorpreschte, überraschte, vor allem die Schärfe des Tons erstaunte. Briegel trieb die Sorge um den 1. FCK in die Offensive, aber vor allem ging es um Verstimmungen aufgrund unklarer Kompetenzverteilung zwischen Trainer und Manager. Rehhagel hatte während der gesamten Saison nie einen Zweifel daran gelassen, daß er sich nicht in den sportlichen Bereich hineinreden lassen würde. Er wollte arbeiten wie einst in Bremen, und Jürgen „Atze" Friedrich hatte ihm diesen ungestörten Aktionsradius auch zugesichert. Briegel fragte sich aber zu Recht, was denn für ihn als Sportlichen Leiter an Aufgaben übrigblieb. Er beklagte, eine Kommunikation zwischen dem Trainer und ihm finde kaum statt und führte als Ärgernis zum Beispiel die Hängepartie um den neuen Co-Trainer ins Feld. Am härtesten muß Rehhagel aber der Vorwurf getroffen haben, beim 1. FCK werde im Jugendbereich professioneller gearbeitet als bei den Profis.

Die Mannschaft ließ sich von den Querelen nichts anmerken. 38.000 Zuschauer im Stadion und einige tausend ohne Karten vor der Videowand vor dem Stadion wurden Zeugen eines torreichen Spiels, das endete wie ein Feldhandballspiel in den 60er Jahren – 7:6. Bereits nach 21 Minuten stand es 4:0, nach 73 Minuten 7:3. Doch Kluge, Bujan und Claaßen brachten den SV Meppen, der es erstmals mit einem 1. FCK im grau-weißen Bundesliga-Auswärts-Outfit zu tun hatte, noch bis auf ein Tor heran.

Die Fans feierten beide Mannschaften, obwohl der SV Meppen das Ziel 1. Bundesliga nicht erreicht hatte. Als sich die überglücklichen Roten Teufel vor der Nordtribüne auf der Bühne zwischen den „Schürzenjägern" postierten, stand Otto Rehhagel am linken Ende, Hans-Peter Briegel am äußersten anderen Ende. Letzterer hatte zwar im Laufe des Tages eingestanden, es sei ein Fehler gewesen, an die Öffentlichkeit zu gehen, blieb aber bei seiner Sicht der Dinge und hielt an seiner Kritik fest. Die Fans wußten nicht so recht, auf welche Seite sie sich schlagen sollten. Aber als Stadionsprecher Horst Schömbs nach den Spielen auch dem Trainer für seine Arbeit dankte, waren auch Pfiffe aus Richtung Westtribüne zu hören. Wie auch später während der Pressekonferenz, die in der Wandelhalle verfolgt wurde. An Briegels Stelle moderierte an diesem Abend Vizepräsident Axel Ulmer. Eine undankbare Aufgabe, denn es war klar, daß trotz all der Aufstiegseuphorie unbequeme Fragen zum alles beherrschenden Thema kommen würden. Rehhagel reagierte scharf auf die Vorwürfe des Managers. Vor laufenden Kameras – Briegel verfolgte das Ganze im VIP-Raum – und begleitet von Unmutsäußerungen rückte der Trainer die Dinge aus seiner Sicht zurecht: „Den Herrn Briegel hat der Teufel geritten, aber nicht der rote. Er hat eine Attacke gefahren, wie ich sie in 25 Jahren meiner Tätigkeit nicht erlebt habe. Ich lasse mir nicht von Herrn Briegel an den Karren fahren. Man muß fair miteinander umgehen. Das war hier nicht der Fall. Herr Briegel ist noch ein Lehrling in diesem Bereich. Wenn er einmal eine Meisterschaft erreicht hat, dann darf er mich kritisieren."

Wenige Tage später stand Briegel kurz vor dem Rücktritt, doch hätte sein Handeln eine Kettenreaktion ausgelöst. Für diesen Fall hatte auch Aufsichtsratsvorsitzender Friedrich seinen Rücktritt angekündigt, und dann wäre mit ziemlicher Sicherheit auch Rehhagel nicht in Kaiserslautern zu halten gewesen. Schließlich rang sich Briegel zu einer Entschuldigung gegenüber dem inzwischen in Urlaub weilenden Rehhagel durch, drückte aber seine Erwartung aus, daß auch dieser ein Signal in seine Richtung sende. Briegel machte deutlich, er habe Rehhagel nicht persönlich treffen

Nach dem 7:6 gegen Meppen: Spieler und Trainer vor der Nordtribüne.

wollen und machte sich gleich wieder auf, um in Sachen Neuverpflichtungen aktiv zu werden. Von seinem Urlaubsort aus erklärte Rehhagel: „Die Entschuldigung von Hans-Peter Briegel nehme ich an. Ich mußte harte, vielleicht einige zu harte Worte gebrauchen. Ich stelle aber fest, daß nicht ich es war, der die öffentliche Auseinandersetzung gesucht hat. Für konstruktive Kritik bin ich jederzeit offen. Die Kritik muß aber in sachlicher und anständiger Form an mich herangetragen werden. Keinesfalls dulden werde ich auch in Zukunft eine Verletzung meiner alleinigen Kompetenz in allen Angelegenheiten der Lizenzspielermannschaft. Die Sache ist damit endgültig vom Tisch. Ab sofort müssen wir uns alle in gemeinsamer Anstrengung auf die entscheidende Aufgabe konzentrieren, die da heißt, für den 1. FC Kaiserslautern die 1. Bundesliga zu erhalten."

Die Auseinandersetzung war zunächst einmal erstickt, aber noch lange nicht ausgestanden. Vor allem waren die Fans und die Mitglieder des 1. FCK in zwei Lager gespalten: Hier die Briegel-Bewunderer, die die „Walz von der Palz" schon als Spieler erlebt hatten, dort diejenigen, die Rehhagel als Trainer voll vertrauten. Auf ganzen Leserbriefseiten in der *Rheinpfalz* beschäftigten sich die Menschen in der Pfalz mit dem Dauerthema. Böse Zungen behaupteten oder hofften, nach dem wahrscheinlichen Fehlstart in die 1. Bundesliga (der erste Gegner war der FC Bayern München auswärts) ginge der ganze Streit von vorne los. Doch diese Einschätzung erwies sich aus verschiedenen Gründen als falsch.

▶ PORTRÄT: CIRIACO SFORZA

Der mit dem Ball tanzt

Am Gründonnerstag 1993 stand ein schüchterner 22jähriger mit seiner Freundin im Presseraum des 1. FC Kaiserslautern. Gerade hatte er im Beisein von Manager Reiner Geye und Präsident Norbert Thines einen Zweijahresvertrag beim 1. FCK unterschrieben und war mit seiner Ablösesumme von 2,4 Mio. DM der bis dahin teuerste Neuzugang des 1. FCK.

Trotz seines jugendlichen Alters hatte der Italo-Schweizer, der schon einige Länderspiele für die von dem Engländer Roy Hodgson betreute Schweizer „Nati" hinter sich hatte, bereits eine lange Vergangenheit als Fußballspieler. Seine Familie war Anfang der 60er Jahre von Süditalien nach Wohlen in der Aargau gekommen, und schon mit 14 Jahren spielte Ciri in der 1. Mannschaft des FC Wohlen, der in der 4. Schweizer Liga kickte. Entdeckt wurde sein Talent von einem, der 1968 mit dem 1. FC Nürnberg Deutscher Meister wurde und ein Jahr später nach dem Abstieg zu Hannover 96 gewechselt war: Zvezdan Cebinac. 1986 folgte mit 16 Jahren der Wechsel zu den Grasshoppers Zürich, wo er Stammspieler wurde. Doch im dritten Jahr, unter Trainer Ottmar Hitzfeld, kam der Rückschlag, die Degradierung auf die Reservebank. Ciri ging zum FC Aarau, wo er wieder erfolgreich war und von wo er ein Jahr später wieder zu den Grasshoppers zurückfand. Dort wurde er Schweizer Meister und in die „Nati" berufen.

Im April 1993 teilte der 1. FC Kaiserslautern mit, vor dem Bundesligaspiel gegen den VfB Stuttgart werde der erste Neuzugang für die kommende Saison vorgestellt. Es war Ciriaco Sforza, der vor dem Spiel seinen Vertrag unterschrieb. Die Saison 1992/93 war zu diesem Zeitpunkt für den 1. FCK gelaufen, am Ende wurde Trainer Rainer Zobel entlassen und durch Friedel Rausch ersetzt.

Sforzas Einstand in der Pfalz war traumhaft. Längst noch nicht der große Star wie bei seiner Rückkehr 1997, brillierte er in den ersten beiden Spielen beim 1. FC Köln, wo er ein Tor schoß, und gegen Borussia Mönchengladbach, wo er geschickt dirigierte.

In den beiden Jahren unter Rausch führte Sforza nicht nur beim 1. FCK Regie. Die Schweiz qualifizierte sich mit ihm erstmals seit 28

Jahren für ein WM-Turnier, und Sforza wurde „Spieler des Jahres" in seinem zweiten Heimatland. Verwehrt blieb ihm aber zunächst die Verwirklichung seines größten Fußballertraums. Schon 1994, noch vor der WM, schien zwischen ihm und Lazio Rom alles klar, doch der Transfer scheiterte. Dabei sehnte sich Sforza seit seiner frühen Jugend danach, einmal bei einem italienischen Klub spielen zu dürfen.

Der Gewinn eines Titels gelang ihm in seiner ersten Lauterer Zeit nicht. Aber ein 2. und ein 4. Platz sowie das Erreichen des Viertel- bzw. des Halbfinales im Pokal konnten sich sehen lassen.

Im Frühjahr 1995 standen (viel zu spät) Vertragsverhandlungen an. Sforza schlug das Angebot von Reiner Geye aus und entschied sich für Bayern München. Der Spieler wollte frühzeitig klare Verhältnisse für sich, aber auch für seinen Klub, der genügend Zeit haben sollte, sich nach einem passenden Nachfolger umzusehen. Das Publikum, insbesondere die Fans auf der Westtribüne sahen das ganz anders. Für sie war der Wechsel ausgerechnet zu den Bayern gleichbedeutend mit Verrat, und so pfiffen sie den vorherigen Publikumsliebling erst einmal gnadenlos aus. Waren es nach dem Handspiel gegen den VfB Stuttgart vor allem die Medien, die Sforza in die Ecke stellten, so geriet der Schweizer nun zum Feindbild des eigenen Publikums.

In der Folge wurde es zunächst etwas ruhiger, doch gegen Ende der Spielzeit machten dann Auszüge aus einem Interview Sforzas mit der *Schweizer Illustrierten* die Runde, in dem Sforza gesagt haben sollte, „alle Pfälzer sind dumm!" Hatte er natürlich so nicht getan, aber es war so bei manchem angekommen und weiter vermittelt worden. „Sforza, jetzt reicht's!" stand auf Flugblättern, die nun vor der Westtribüne verteilt wurden. In dieser Situation zog Friedel Rausch die Notbremse und ließ Sforza bis zum letzten Heimspiel gegen den 1. FC Köln auf der Bank. Der Abschied des Schweizers, der ein ähnlich spektakulärer und triumphaler wie der von Stefan Kuntz hätte werden können, geriet nüchtern und kalt. Während Kuntz heulend vor der Westtribüne stand, war Sforza drinnen längst unter der Dusche.

Als Ciriaco Sforza 1997 zum 1. FCK zurückkam, begründeten dies viele Medien mit dem angeblichen Scheitern bei den großen Klubs Bayern München und Inter Mailand. Doch von einem Flop konnte weder hier noch dort die Rede sein. Der „Quarterback" (Otto Rehhagel) beim FC Bayern wurde mit seiner Mannschaft Zweiter in der Meisterschaft, gewann gegen Girondins de Bordeaux den UEFA-Pokal und fuhr mit der „Nati" zur Europameisterschaft 1996 nach

Ciriaco Sforza

England. Daß die Eidgenossen hier enttäuschten, ist vielfach auf Sforza zurückgeführt worden, lag aber auch an der Sturheit der Funktionäre, die Trainer Roy Hodgson, der bereits bei Inter Mailand tätig war, von seiner Aufgabe als Nationaltrainer freistellten.

Roy Hodgson war es dann auch, der seinen Lieblingsschüler nach nur einem Jahr Bayern München nach Italien lockte, zum Castello Sforzesco in Milano und ins blauschwarze Trikot von Inter Mailand. Bei Inter war Sforza, wie schon in München, ein Star unter vielen und hatte Spieler wie Djorkaeff, Winter, Zamorano und Ganz neben sich. Zwar reichte es auch hier nicht zum Meistertitel, aber auch mit Inter kam Sforza bis ins UEFA-Cup-Finale, das gegen Schalke 04 verlorenging. Danach ging Roy Hodgson, und fortan hielt auch Sforza nichts mehr in San Siro.

Schon im Winter 1996/97 hatte es erste private Kontakte zwischen Otto Rehhagel und Ciriaco Sforza gegeben, als die beiden sich in St. Moritz trafen. Daß Sforza mit seiner Rolle bei Inter nicht ganz zufrieden sei, war überall zu lesen, und bald machte die Nachricht in Kaiserslautern die Runde, der 1. FCK bereite die Rückkehr seines „Spiritus rector" vor.

Als Sforza dann tatsächlich, zwar noch mit Trainingsrückstand, beim ersten Spiel im Münchner Olympiastadion auflief, zeigte sich schon nach wenigen Minuten der Wert dieses Spielers für seine neue, alte Mannschaft. Sforza verteilte die Bälle, machte das Spiel nach Belieben schnell oder langsam, dirigierte meisterlich und wirkte überzeugend als verlängerter Arm von Otto Rehhagel.

Das Fußballmagazin *Hattrick* titelte „Ciriaco Sforza und der Pfälzer Aufschwung – Der Trainer mit der Nummer zehn" und beleuchtete Sforzas Rolle beim 1. FCK: „Ein Schlüssel zum Geheimnis des unerwarteten Höhenflugs der Pfälzer ist Ciriaco Sforza. Mit dem Schweizer ist eine Position erstklassig besetzt worden, die noch in der vergangenen Spielzeit praktisch gänzlich verwaist war... Enorm wichtig für das Lauterer Spiel ist nicht nur, daß mit Sforza jetzt ein klassischer Spielmacher in der Schaltzentrale agiert, sondern auch wie er seine Rolle dort interpretiert... (Sforza spielt) deutlich zurückgezogen hinter den Spitzen und versucht nur selten, über gewonnene Zweikämpfe das Spiel aus der Zentrale heraus zu eröffnen. Sforza ist weder ein Sprinter noch ein begnadeter Dribbler. Die Kunst, ein Spiel lesen zu können, ein außerordentlich gutes Auge für den Mitspieler und sein kluges und präzises Paß-Spiel – das sind die überragenden Stärken des Schweizers. Und ... er ist kein Freund des riskanten Passes."

Die zwei Jahre in München und in Mailand haben Sforza verändert. Noch mehr als bei seinem ersten Engagement beim 1. FCK scheut er die Öffentlichkeit und bevorzugt die Distanz. Manch bösartigen

Kommentar zu seinem Abschied 1995 scheint er nicht vergessen zu haben; er ist vorsichtiger geworden. Das Publikum hat seine Rückkehr ohne Murren begleitet, akzeptiert und bewundert ihn und weiß, daß der 1. FCK ohne ihn vielleicht gerade mal die Hälfte wert wäre. Lieben aber tut es ihn nicht, diese Rolle hat Ratinho inne, der immer ein, zwei Sprüche drauf hat, während Sforza sich meist wortkarg und einsilbig gibt.

Über all seinem Wirken in Kaiserslautern, Auftritt Nummer zwei, steht der Satz: „Ich bin nach Kaiserslautern gekommen, um etwas zu gewinnen!" Er kommt ihm oft über die Lippen. Um etwas zu gewinnen, hat er sich geschunden. Zu Beginn der Saison 1997/98 war er nach einem Haarriß im Schienbein aus seiner Zeit bei Inter noch nicht ganz fit, und gegen Ende erwischte es ihn erneut beim Länderspiel der Schweiz gegen England. Doch Sforza riß sich zusammen, wollte nicht von außen zuschauen, sondern „sein" Meisterstück zu Ende dirigieren – Zeichen seiner unangefochtenen Rolle als unersetzbare Leitfigur der Mannschaft.

Gegenüber dem Zeitraum 1993-1995, als Stefan Kuntz diese Position einnahm, hat Sforza einen Sprung gemacht, einen Prozeß der Reifung durchlaufen. Im „Aktuellen Sportstudio" des ZDF ließ er sich am 20. Februar 1998 einen ganzen Abend lang etwas genauer in die Karten schauen: „Ich habe auch andere Aufgaben, (als auf dem Platz) ... Das heißt, nicht nur ins Training zu gehen und dann wieder nach Hause. Es gehört auch dazu, mit den Mitspielern und mit dem Verein zu reden..." Zu sagen hat Sforza seinem neuen, alten Verein vieles, besonders nach der schmerzhaften Episode Abstieg und 2. Bundesliga, als Fehler gemacht wurden und versäumt wurde, im Stil eines großen Vereins zu agieren.

„Sie sagen, der 1. FCK kann auch ein großer Verein werden, was fehlt denn noch?" fragte Moderator Michael Steinbrecher den bei zwei Großvereinen Herumgekommenen. „Der Verein weiß es selber, daß noch zwei, drei Punkte fehlen... Wir wollen alle nach vorne kommen. Das beste Beispiel in Deutschland ist, zu einem Verein wie Bayern München mal rüber zu schauen", war die kluge Antwort desjenigen, der bereits über den Gewinn der Deutschen Meisterschaft hinausdachte: an notwendige Neuverpflichtungen, die Verstärkung der Mannschaft und an die Schwierigkeit, das hohe Niveau zu halten und den gerade erlangten internationalen Status auf längere Sicht zu behaupten. ∎

Saison 1997/98: Aufsteiger als Deutscher Meister

Viele Fragezeichen standen hinter dem Trainingsauftakt zur ersten Saison nach dem Aufstieg des 1. FCK. Trainer Otto Rehhagel dämpfte die Euphorie im Umfeld: „Unser Ziel kann nur Klassenerhalt lauten." Martin Wagner ermahnte sich selbst und seine Mitspieler, künftig alle alten Streitigkeiten zu vergessen und als Einheit aufzutreten. Fünf neue Spieler fanden sich zum ersten Training ein. Der Bulgare Marian Hristov von Levski/Spartak Sofia für das Mittelfeld, der Tscheche Petr Kouba von Deportivo La Coruna als neuer Stammtorhüter, U21-Nationalspieler Michael Ballack vom Chemnitzer FC, Andreas Buck vom VfB Stuttgart und der Amateur Stefan Ertl.

Kommt er, kommt er nicht? Die Frage drehte sich um Ciriaco Sforza, dessen Name schon seit einem halben Jahr um den Betzenberg geisterte und dessen Rückkehr allgemein als Wunschdenken bezeichnet worden war, da er einen Dreijahresvertrag mit Inter Mailand hatte.

Es war ein gedämpfter Auftakt in die neue Saison, versehen mit vielen Unbekannten und zum Teil bestimmt durch nicht ausgesprochene, aber deutlich spürbare Mißstimmungen, die auf den weiterhin schwelenden Konflikt zwischen Trainer Rehhagel und Manager Briegel zurückzuführen waren.

Ein ehemaliger Trainer des 1. FCK, Aufsichtsratsmitglied Karl Heinz Feldkamp, meldete sich im *Kicker Sportmagazin* zu Wort und forderte die „dringend notwendige Verpflichtung eines Co-Trainers". Und zum Thema Sforza entfuhr es ihm: „Mir (wäre) etwas wohler, was den Klassenerhalt angeht. In den letzten drei Jahren wurden mit Sforza, Hengen, Kuntz und Geschäftsführer Fuchs Persönlichkeiten verloren..."

Wenige Tage später, am 14. Juli 1997, unterschrieb Sforza einen Vierjahresvertrag zu einem Gehalt, das auf jährlich ca. 2 bis 2,5 Mio. DM geschätzt wird. An Ablöse mußten ca. 6,5 Mio. DM in die Lombardei überwiesen werden. Bis zuletzt war der Transfer fraglich gewesen, da Sforza auch ein Angebot des FC Everton aus der englischen Premier League vorgelegen hatte. Sforza selbst war am Vormittag der Unterzeichnung unterwegs nach Magglingen am Bieler See gewesen, zum Trainingslager von Inter Mailand. Auf der Autobahn wurde er per Handy gestoppt, änderte die Fahrtrichtung und traf am Nachmittag in Kaiserslautern ein.

1.200 Kiebitze kamen zum ersten Training des neuen Hoffnungsträgers, und *Die Rheinpfalz* schrieb: „In der Ottokratie bricht Sforzamania aus". Die Fans erwarteten viel von dem Spieler, den Rehhagel in seiner Münchner Zeit als „Quarterback" in die von ihm ungeliebte Defensivrolle gedrängt hatte. Beim 1. FCK sollte Sforza eine andere Rolle spielen, das Spiel lesen, die Mannschaft führen, das Spiel je nach Lage langsamer oder schneller machen und verlängerter Arm des Trainers auf dem Spielfeld sein. Sforzas Rückkehr auf den Betzenberg war ein historischer Moment in der Geschichte des 1. FCK. Zwar war er nach einem Haarriss im Schienbein, den er bei Inter mit sich herumgeschleppt hatte, noch nicht ganz fit, aber bis zum Bundesligastart bei Bayern München drehte sich fast alles um den Schweizer Nationalspieler.

Doch vor diesem Spiel gab es andere Schlagzeilen um den 1. FCK. Otto Rehhagel hatte dem *Zeit-Magazin* ein Interview gegeben und Hans-Peter Briegel ins Visier genommen: „Der Herr Briegel, obwohl er Jahre im Ausland verbracht hat, ist noch kein Mann von Welt. Er weiß noch nicht, wie man sich in einer Führungsetage verhält." Die Ruhe nach der Sommerpause war also trügerisch gewesen. Zu halbherzig hatten die Entschuldigungen und Stellungnahmen, die zwischen Kaiserslautern und Sylt hin- und hergefaxt worden waren, geklungen. Briegel ließ sich vor dem Spiel in München nicht zu einer Äußerung bewegen, dafür zeigte Andreas Brehme sein Unverständnis über die Attacke des Trainers gegen den Manager. So fuhren viele Anhänger des 1. FCK mit einem mulmigen Gefühl ins Münchener Olympiastadion – und mit der Befürchtung, daß nach der erwarteten Niederlage die Grabenkämpfe im Verein noch heftiger weitergeführt würden.

Außer Ciriaco Sforza liefen beim 1. FCK nur Spieler aus der vorigen Saison auf. Hristov kam dann in der 31. Minute für den verletzten Koch, Buck litt unter einer Darmgrippe, Torwart Kouba hatte sich im Freundschaftsspiel gegen den TSF Ditzingen am Knie verletzt, und Ballack war dem Trainer „noch zu grün" für einen Einsatz gegen Bayern München. Als Ballack in der Woche vor dem Spiel um ein Statement zum Spiel gegen die Münchner gebeten worden war, hatte Rehhagel interveniert: „Der kann doch gar nichts über die sagen, der kennt die doch nur aus dem Fernseher!"

Einer fehlte im Aufgebot und hatte für Ballack wenigstens Platz auf der Bank gemacht: Andreas Brehme, dem Rehhagel eröffnet hatte, daß er nicht zu den ersten elf gehören würde. Der Routinier zog es vor, neben dem Trainer Platz zu nehmen und dem jungen Spieler den Frust zu ersparen, das Spiel von der Tribüne aus zu verfolgen.

Ouvertüre mit Paukenschlag in München

Es wurde das Spiel des Ciriaco Sforza. Obwohl längst noch nicht in Bestform, genügte allein seine Anwesenheit als Schaltstation und Ballverteiler, um den vermeintlich übermächtigen Gegner ständig zu beschäftigen. Dazu gesellten sich die Stürmer Olaf Marschall und Pavel Kuka, die beide mehrere Male an Torhüter Oliver Kahn scheiterten. Als der 1. FCK nach der Pause eine bedrohliche Bayern-Offensive überstanden hatte und sich vor allem über die rechte Seite nach vorne wagte, wo Ratinho den baskischen Bayer Bixente Lizarazu entzauberte, da geschah das Unglaubliche. Einen Freistoß Sforzas wuchtete Michael Schjönberg mit der Stirn ins Netz – 0:1. Als der Schlußpfiff ertönte, rannte Otto Rehhagel wie von der Tarantel gestochen, eine Wasserflasche in der Hand, als sei es der Europapokal, in die Lauterer Fankurve und ließ sich und die Mannschaft feiern. Er hatte es allen gezeigt, denen zu Hause, die immer wieder ihren „kleinkarierten Käse" auftischten, und denen in München, die ihn so schnöde abserviert hatten. Rehhagel wußte, daß er an diesem heißen Samstagnachmittag nicht nur ein Fußballspiel gewonnen hatte. Als erfolgreicher Trainer, der mit dem Aufsteiger 1. FC Kaiserslautern beim Deutschen Meister Bayern München mit 1:0 gesiegt hatte, war er unangreifbar geworden.

▶ **Fortsetzung: S. 82**

Die Sensation des ersten Spieltages: Michael Schjönberg köpft das 1:0 für den 1. FCK bei Bayern München.

▶ PORTRÄT: EVERSON RODRIGUES RATINHO

„Ratinho, ohohohoh"

Eigentlich war der nur 1,70 Meter große Mann eine Verstärkung aus Versehen. Als dem 1. FC Kaiserslautern im Frühjahr 1996 das Wasser bis zum Hals stand, leitete der damalige Co-Trainer und kurzzeitige Manager Ignaz Good, ein Schweizer, einen Transfer für die kommende Erst- oder Zweitligasaison ein. Den Brasilianer, den er an der Angel hatte, kannte in Deutschland keiner. In der Schweiz aber, erst beim FC St. Gallen, dann beim FC Aarau war Everson Rodrigues, genannt Ratinho (deutsch: Mäuschen, kleine Maus) schnell zum Publikumsliebling geworden. Zweimal wurde er „Fußballer des Jahres" in der Schweiz und spielte beispielsweise in der 1. Runde der Champions League 1993/94 mit dem FC Aarau gegen den AC Mailand. Der spätere Cup-Gewinner gewann in Aarau knapp mit 1:0 und kam in San Siro über ein 0:0 nicht hinaus, auch ein Verdienst von Ratinho.

Unter Trainer Otto Rehhagel hatte der schmächtige Ästhet ein wechselhaftes Zweitligajahr hinter sich, als es in die Vorbereitung der Bundesligasaison 1 nach dem Aufstieg ging. Ganz im Gegensatz zu seinem Landsmann Arilson Gilberto da Costa, der in der Pfalz scheiterte, setzte sich der vom Trainer unterschätzte und wegen angeblicher Mängel in der Defensive kritisierte, aber vom Publikum vergötterte Brasilianer schließlich durch. Eingebunden und geborgen in einer intakten Familie lebt Ratinho im nahen Städtchen Otterberg und muß zu seiner Zerstreuung und Selbstbestätigung nicht sämtliche Discos zwischen Kaiserslautern, Pirmasens und Saarbrücken abklappern. Obwohl er an der Meinung von Otto Rehhagel manches Mal hätte verzweifeln können. Nach Ratinhos bestem Spiel im Zweitligajahr gegen den VfL Wolfsburg, wo er eine Flanke kunstvoll im Tor unterbrachte, gab Rehhagel zwar zu, er habe ihm „viel Freude gemacht", schränkte jedoch gleich ein: „Wenn es ihm zu wohl wird, tanzt er mir zuviel rum und spielt nur noch für die Galerie." Aber Ratinho ließ sich davon nicht verrückt machen. Nach dem Spiel reichte er, umringt von Journalisten, Familienfotos herum und strahlte: „Drei so schöne Kinder machen, das kann nicht jeder!" Das ist das, was die Fans an ihm schätzen, sein jungenhaftes und ausgelassenes Wesen, die Unbekümmertheit und Echtheit. Es hebt ihn ab von denjenigen, die trotz eher mäßiger Leistungen mit erhobenem Kopf durch die Reihen schreiten und laut den Mund aufreißen.

Ratinho hat nicht vergessen, woher er kommt. Als Jugendlicher spielte er bei FC Matsubara, bevor er zum Vorzeigeverein des Bundesstaates Paraña, Atletico Paranense, wechselte. Die flogen zweimal zur Saisonvorbereitung in die Schweiz, und schon war Ratinho entdeckt und landete beim FC St. Gallen. Bei seinem zweiten Schweizer Klub, dem FC Aarau, spielte er unter Trainer Rolf Fringer und zusammen mit Giovane Elber, der jetzt bei Bayern München ist.

„Der Schweizer Fußball wird von den Deutschen zu Unrecht unterschätzt, dort gibt es viel Spielkultur", bricht Ratinho eine Lanze für seine Entdecker und bestätigt, was Fußballexperten wie Günter Netzer, Ulli Stielike und Gilbert Gress immer wieder geäußert haben. Der 1. FCK hatte mit Schweizern überdies gute Erfahrungen gemacht – Beispiel: Ciriaco Sforza und auch Trainer Friedel Rausch, der jahrelang in der Schweiz trainiert hatte.

Der Start in die 1. Bundesliga verlief für Ratinho glücklich. Nur weil Andreas Buck krank war, durfte er im ersten Spiel bei Bayern München von Anfang an ran und degradierte den Basken bei Bayern, Bixente Lizarazu, zum Statisten. Danach hieß es für Otto Rehhagel nicht mehr Buck oder Ratinho, sondern Buck und Ratinho. So zauberten und rackerten sie dann gemeinsam. Was es in der 2. Bundesliga beim 1. FCK kaum gab, war nun, auch dank des aufgeblühten Ratinho, wieder vorhanden: ein starkes Mittelfeld. Wo der Brasilianer zusammen mit Ciriaco Sforza zuständig ist für das Kreative. Wenn der Brasilianer, der meist über die rechte Seite kommt, den Ball berührt und seine Gegner stehen läßt, schnalzen die Fans auf den Rängen mit der Zunge. Und wenn er den Ball laufen läßt, den Gegner narrt und den finalen Paß spielt, gerät die Westtribüne in ekstatische Verzückung und singt: „Ratinho, ohohohoh, Ratinho, ohohohoh..."

Als der 1. FCK nach dem 1:0-Sieg gegen 1860 München neun Punkte Vorsprung vor Bayern München hatte und er gefragt wurde, ob jetzt die Meisterschaft entschieden sei, wurde der gläubige Katholik zum Abtrünnigen: „Ich glaube nur, was ich sehe, und die Schale habe ich bisher nicht gesehen." Auch beim Eintritt in die Winterpause, nach dem 3:2 gegen den 1. FC Köln, hatte Ratinho abgewiegelt. „Meister wird ... der FC Barcelona!" entfuhr es ihm, der sonst die

Everson Rodrigues „Ratinho"

Dinge des Lebens durchaus ernst nimmt. Als im November 1997 die Provinz Alentejo im Süden Portugals von schweren Unwettern heimgesucht wurde und die FCK-Portugiesen die „Aktion Amizade" ins Leben riefen, war Ratinho sofort dabei, spendete und rief die Fans zur Mithilfe auf.

Ein Traum, die Meisterschaft, wurde für Ratinho wahr, ein anderer nicht: eine Berufung in die brasilianische Nationalmannschaft zu erhalten. An Mittelfeldspielern gab es für Trainer Zagallo ein Überangebot. So liegt Ratinhos Hauptaugenmerk weiterhin beim 1. FCK – in der Bundesliga, im Pokal und in der Champions League. Als im Winter 1997/98 Gespräche um die vorzeitige Vertragsverlängerung und die damit verbundene Aufstockung seines Gehalts anstanden, beschleunigte Ratinho das sonst eher konventionelle Verfahren. Er schrieb einen neuen Vertrag, setzte die Beträge ein, unterschrieb und schickte den Schriftsatz an seinen Präsidenten. Der wünschte zwar noch einige Korrekturen, aber im großen und ganzen war auch Hubert Keßler von dieser pfiffigen Idee seines „Mäuschens" angetan.

Die Münchner hatten zuletzt eineinhalb Jahre zuvor ein Bundesligaheimspiel verloren: 0:1 gegen Hansa Rostock, was zur Entlassung von Otto Rehhagel geführt hatte. Bayern-Manager Uli Hoeneß zeigte sich generös: „Wenn ich es einem gönne, dann ihm." Doch daraus sprach mehr Hochmut als Empathie, denn auch Franz Beckenbauer hielt das überraschende 0:1 eher für ein einmaliges Ereignis: „Jetzt wissen's wenigstens, wo's stehen."

Respekt hatte der 1. FCK vor seinem ersten Heimgegner, Mitaufsteiger Hertha BSC Berlin. Der war gegen Borussia Dortmund mit einem 1:1 gestartet und hatte in der gemeinsamen Zweitligasaison auf dem Betzenberg 0:0 gespielt. Auch diesmal sah es danach aus, bevor der eingewechselte Stefan Ertl Olaf Marschall in Szene setzte, der das einzige Tor des Abends erzielte. Obwohl Ciriaco Sforza wegen eines Länderspiels mit der Schweiz gefehlt hatte, war der 1. FCK Tabellenführer. „Wir haben sechs Punkte, mehr nicht. Und wenn wir nur die behalten, dann steigen wir ab!", kommentierte Otto Rehhagel den Traumstart seiner Mannschaft. Die gleichwertigen Berliner verzweifelten an der Abgeklärtheit des Gegners. „Das war ein Gurkentor, die sind nicht stärker als wir", ärgerte sich Axel Kruse über den verschenkten Punkt. Nur, die Berliner standen nach zwei Spielen mit nur einem Punkt da, während der 1. FCK ganz vorne war und der VfL Wolfsburg immerhin vier Zähler gesammelt hatte. Schon tauchte die Frage auf: Wie gelingt es diesen Aufsteigern, den „Großen" der Bundesliga die Punkte abzuknöpfen? Lauterns pfiffigster Spieler Ratinho wußte eine Antwort: „Es gibt keine Geheimnisse mehr. Wenn früher Flamengo Rio de Janeiro an den Amazonas geflogen ist, dann haben sie dort gegen Indianer gespielt und locker 10:0 gewonnen. Damals konnten die Indianer nur mit Pfeil und Bogen umgehen, heute dagegen trainieren sie dreimal die Woche, beherrschen die Viererkette – und Flamengo muß froh sein, wenn es 1:0 gewinnt."

Am Rande des Spiels hatte es ein Gespräch „unter Männern" zwischen Otto Rehhagel und Hans-Peter Briegel gegeben. „Die Sache ist erledigt", sagte der Manager. „Wir wollen gut zusammenarbeiten, uns auch weiterhin die Meinung sagen – allerdings nur noch intern."

Nach dem 0:0 beim 1. FC Köln stand der 1. FCK gleich mit dem Karlsruher SC mit sieben Punkten auf dem zweiten Platz. Die besten Chancen zum Sieg hatten die Pfälzer ausgelassen: Sforza schoß drüber, Marschall rechts am Tor vorbei, Reich scheiterte an Torhüter Menger, Kuka traf das Außennetz, und Schjönbergs abgefälschter Freistoß landete am Pfosten. „In der Auswertung unserer Torchancen tun wir uns schwer wie im Jahr des Abstiegs", kommentierte Otto Rehhagel das Geschehen.

Bei der Verpflichtung Sforzas hatte Aufsichtsrat Jürgen „Atze" Friedrich betont, nun müsse jeden Tag Geld verdient werden. So auch beim Jubiläumsspiel des CD Teneriffa, wo 50.000 US-Dollar Honorar, ein 1:1 und viel Ärger um ein nicht ausgetragenes Elfmeterschießen heraussprangen. Das Ergebnis gegen den früheren UEFA-Cup-Teilnehmer zeigte nebenbei, daß der 1. FCK auch international den Anschluß nicht ganz verpaßt hatte.

1996 wie die Profis abgestiegen – von der Regionalliga West/Südwest in die Oberliga Südwest – hatten auch die Amateure des 1. FCK den Wiederaufstieg auf Anhieb geschafft. Mehr noch, sogar der Verbandspokal wurde gewonnen, die Qualifikation für die erste Hauptrunde im DFB-Pokal geschafft. Doch Jule, die Freundin des Cottbuser Spielers Willy Kronhardt, wurde bei der Auslosung zur Schelmin: 1. FC Kaiserslautern Amateure – 1. FC Kaiserslautern. Lachen konnte da im ersten Moment nur der Präsident. „Wir sind auf jeden Fall schon eine Runde weiter", kommentierte Hubert Keßler das Horrorlos, das für die Amateure wie ein Schlag in die Magengrube war. Die große Frage war: Dürfen die kleinen Teufel gegen die großen Teufel so richtig zur Sache gehen? Zwar spielte der Regionalligist in Rot, aber dafür „verweigerte" Otto Rehhagel seinem Kollegen Stefan Majewski die üblichen Leihgaben Michael Ballack, Thomas Riedl und

1. FCK gegen 1. FCK – die Profis schlagen die Amateure in der 1. Rundes des DFB-Pokals mit 5:0.

Stefan Ertl. Am Ende stand es vor 11.000 Zuschauern 0:5, und „die schlimmste Sache, die passieren konnte" (Briegel), war vorbei.

Gespannt fieberten die Fans dem ersten großen Heimspiel gegen den UEFA-Pokalsieger Schalke 04 entgegen. Auch danach war der 1. FCK noch ohne Gegentor und führte mit zehn Punkten die Tabelle an. „Auf dem Betze sprießt jetzt die Spielkultur", kommentierte die *RNZ* und sprach aus, was 38.000 Zuschauer erstaunt registriert hatten. Der 1. FCK war nicht mit Glück, Kampf und Krampf ganz vorne, sondern aufgrund einer überzeugenden spielerischen Leistung. Vor dem sicheren Torhüter Andreas Reinke stand der souveräne Libero Miroslav Kadlec, und für die Tore sorgten Marschall (2) und Sforza. „Kaiserslautern, der geniale Aufsteiger", schrieb sogar das französische Fachmagazin *France Football* und führte Rehhagel und Sforza als Garanten des Erfolgs auf.

Alle, voran die Münchner Bayern, warteten auf den Einbruch des 1. FCK. Mit drei Punkten Rückstand hechelte der selbsternannte Meisterschaftsfavorit dem Aufsteiger hinterher. Doch im Bochumer Ruhrstadion empfahl sich der 1. FCK als direkter Nachfolger des besten Aufsteigers des Vorjahres. „Ruhrpott, Ruhrpott, ha ha ha", höhnten 5.000 mitgereiste Fans nach dem 3:1 der Lauterer. Die *taz* hielt die Laudatio auf die Pfälzer: „Ihre Mannschaft ... spielte nach allen Regeln der Kunst gut. Was sie zu bieten hat: kreuzsolide Defensive, der mit hohen Bällen kaum beizukommen ist, zumeist frühes Pressing schon in der gegnerischen Hälfte, flinke Konter über den quietschfidelen Brasilianer Ratinho, gestochen scharfe Pässe von Sforza sowie Wucht und Eleganz durch die Angreifer Marschall und Kuka." Auch VfL-Trainer Klaus Toppmöller, Lauterns Rekordtorschütze in der Bundesliga, lobte den Gegner: „Kuka, Wagner, Sforza, Kadlec und wie sie alle heißen sind die Creme de la Creme unter den Fußballern..."

Solch Lob muß den 1. FCK im Spiel gegen den um fünf Punkte schlechter plazierten VfB Stuttgart beflügelt haben. Mit Glücksspiel hatte das, was die Roten Teufel über 94 Minuten boten, nichts zu tun, obwohl der „Beratungsring Rindfleischerzeugung Kaiserslautern" den FCK-Fanklubs extra ein Glücksschwein gestiftet hatte. Zur Halbzeit hätten die Schwaben höher als 2:1 führen müssen, und so herrschte nach dem Spiel Katzenjammer bei ihnen. Trotz einer ansprechenden Leistung waren sie von den Lauterern überlistet worden. Der 4:3-Sieg des 1. FCK hatte einen Namen: Olaf Marschall, der drei Treffer erzielte. Martin Wagner war von dessen Auftritt so begeistert, daß er damit drohte, Bundestrainer Berti Vogts eine Bahncard zukommen zu lassen, damit dieser sich auch einmal in die Pfalz verirre, um einen Kandidaten für die Nationalmannschaft anzusehen. Jedenfalls glich

Ratinho nach der Pause aus, und Marschall erhöhte bis zur 80. Minute auf 4:2, ehe Raducioiu in der letzten Minute noch der Anschlußtreffer gelang.

Vom Glanz des Karlsruher SC, nach drei Spielen noch Tabellenführer, war nicht mehr viel übriggeblieben. Zwei Niederlagen in Folge und ein Remis hatten die Badener ins Mittelfeld der Tabelle geführt. Der 1. FCK kam ohne Angst ins Wildparkstadion und führte zur Pause mit 2:0 durch einen Freistoß von Ratinho und einen Foulelfmeter von Wagner. Auch als Thomas Häßler das 2:1 gelang, ließen sich die Lauterer nicht beirren. Schon zwei Minuten später gelang Kuka das 3:1, und nach Kellers 3:2 in der 57. Minute verteidigten sie so geschickt, daß dem KSC kein weiterer Treffer gelang. In der Schlußminute konnte Marco Reich sogar noch das 4:2 erzielen.

Trotz 19 Punkten aus sieben Spielen sprachen sowohl Otto Rehhagel als auch seine Spieler vom Punktesammeln gegen den Abstieg. Ob denn die Presse einfach nicht begreifen wolle, dozierte Rehhagel nach dem Abpfiff, daß man zum Klassenverbleib 40 Punkte brauche? Während draußen 10.000 Pfälzer Schlachtenbummler den ersten Sieg in Karlsruhe nach 22 Jahren bejubelten, übten sich drinnen die Profis weiter in Disziplin und Bescheidenheit. Martin Wagner brachte die Erklärung für den Erfolg auf den Punkt: „Diese Mannschaft ist das Werk des Trainers."

„**Diese Mannschaft ist das Werk des Trainers**"

Eine gute Woche vorher hatte der 1. FCK den Spieler Frank Greiner zum VfL Wolfsburg transferiert und damit den letzten der Fehleinkäufe vom Sommer 1995 aus der Mannschaft genommen. Nach Wollitz, Wegmann, Kern und Hollerbach war Greiner das letzte Glied in der Kette, das durch jüngere Spieler bzw. durch Spieler ersetzt wurde, die in die neue Mannschaft paßten und vom Publikum akzeptiert wurden. Und die harmonierten, weil sie, wie Otto Rehhagel das wünschte, keine Einzelkämpfer waren, sondern für die Mannschaft spielten. Das Zwischenergebnis der „Aktion Ausmisten" war überzeugend: Der 1. FCK war nach sieben Spieltagen Tabellenführer mit 19 Punkten. Die Mannschaft hatte sich nicht um die Querelen und die schier endlose Schlammschlacht außerhalb des Spielfeldes gekümmert. Sie hatte agiert, als habe sie nichts zu verlieren. Und ganze Heerscharen von Rehhagel-Kritikern waren plötzlich sprachlos. Wie gelähmt schwebten sie zwischen Freude über die Erfolge und Gram. „So werden wir den nicht los", war ein oft gehörter Satz.

Rehhagel hatte seine Mannschaft stark beeindruckt und geschlossen hinter sich, weil er sich nie in die Auseinandersetzungen, die im Verein tobten, hatte hineinziehen lassen. Statt dessen betete er monoton sein Treuebekenntnis zu seinen „Freunden Präsident Keßler und Jürgen Friedrich" herunter. Und letzterer fügte einen weiteren Baustein hinzu, weil es ihm (zunächst) gelungen war, Freund Rehhagel zu halten und gleichzeitig Manager Briegel damit nicht zu vertreiben. Das Bekenntnis zu beiden Fußballfachleuten setzte im Team neue Kräfte frei, da nun keiner mehr gezwungen war, Partei zu ergreifen. Der Konflikt war beendet, ohne daß er hatte gelöst werden müssen. (Als Briegel später zurücktrat, löste dies zwar Bedauern, aber keine Proteste mehr aus.)

Axel Roos, der noch gegen Ende der Zweitligasaison frustriert war und von einem Wechsel ins Ausland träumte, war nun der Anführer der regionalen Größen unter den Stammspielern. Marco Reich kam fast immer zum Einsatz, und auch Thomas Riedl erhielt hin und wieder seine Chance. Längst blieben die zu Zweitligazeiten obligatorischen Fragen nach der Berücksichtigung junger Spielern aus. Rehhagel hatte seine Mischung gefunden und saß, der gewöhnlichen Fußballwelt entrückt, auf seinem Thron, fast schon wie einst Karl-Heinz Feldkamp.

Auch dank Ciriaco Sforza, hinter dem er wie ein Besessener hergewesen sein muß, denn weitaus renommiertere Vereine waren an dem Schweizer drangewesen. Allein Sforzas physische und psychische Anwesenheit auf dem Platz gab seinen Mitspielern Sicherheit, nach vorne und nach hinten. Olaf Marschall traf wieder ins Tor, und die Rufe nach Stefan Kuntz waren längst verhallt. Die Mittelfeldkollegen Ratinho, Buck und Wagner strotzten vor Spielfreude und rannten bis zur Erschöpfung. Libero Kadlec war wieder so sicher und souverän wie früher, Roos erlebte einen neuen Leistungsschub, und Schjönberg etablierte sich in der europäischen Spitze der Manndecker. Um die restlichen Plätze kämpfte ein ganzes Dutzend ehrgeiziger und motivierter Spieler. Und Torhüter Andreas Reinke, der der Ersatzbank nur entgangen war, weil sich Petr Kouba verletzt hatte, war nun eine Bank zwischen den Pfosten.

Die Zuschauer, aber nicht nur sie, verließen sich nun fast blind auf Rehhagels Taktik. Und der verließ sich auf seine Spieler, die sich durch nichts, was von außen an sie herangetragen wurde, aus der Ruhe bringen ließen und richtig guten Fußball spielten. Im Meisterjahr 1990/91 war der 1. FCK mehr über den Kampf zum manchmal eher mäßigen Spiel gekommen. Aber jetzt dominierte das spielerische Element. Und dann wurden auch noch richtige Entscheidungen getroffen wie jene, Greiner wegzuschicken. Dies alles war Grund genug für die Fans auf dem Betzenberg, in dieser Spielzeit alles, aber auch alles für möglich zu halten. Und das hatte schon wieder fast etwas Beängstigendes.

Im benachbarten Saarbrücken freuten sich die vom großen Fußball entwöhnten Anhänger des 1. FC Saarbrücken auf das Spiel der zweiten Hauptrunde im DFB-Pokal. Doch vor 34.000 Zuschauern hatte der Regionalligist bereits nach sieben Minuten ausgespielt. Marschall und der Saarbrükker Trautmann mit einem Eigentor legten die Basis für den 4:0-Sieg des 1. FCK. Nach diesem unbeschwingten Sieg kam weiter kein Gedanke an eine drohende erste Niederlage der Lauterer auf. „Bulimisches Kaiserslautern", schrieb *France Football* und prophezeite, Otto Rehhagel werde im Spiel gegen seinen alten Klub Werder Bremen zeigen, wo dieser stehen könnte, wenn er dort Trainer wäre. Doch ausgerechnet gegen Werder ging die Serie zu Ende. „Wir können nicht alle 34 Spiele gewinnen, aber natürlich hätte ich auch heute gerne gewonnen", ließ sich Rehhagel kein Wort dazu entlocken, ob ihn das 1:3 gegen Werder weniger schmerze als gegen einen anderen Gegner. Bruno Labbadia, der Ex-Lauterer, war an allen drei Toren beteiligt und hatte „späte Rache" für die ehemals schlechte Behandlung durch den 1. FCK geübt. „Angst um den 1. FCK", meldete sich Ratinho nach dem Spiel zu Wort, „muß man nun nicht haben, dann werden wir halt bei 1860 München gewinnen." Der Brasilianer war gegen die Bremer nach 20 Minuten mit einer Platzwunde unter dem Auge ausgeschieden – mit ein Grund für die Pleite? Ciriaco Sforza sah das anders, hatte keinen Bruch im Spiel feststellen können. Die entscheidenden Tore waren erst in den letzten fünf Minuten gefallen. „Sekt für Bremen – Bier für Sforza", schrieb die *RNZ*. Als Sforza in seinen Porsche steigen wollte, knallten mit lautem Platsch zwei volle Bierbecher auf das Dach eines nebenan geparkten Wagens, was den Schweizer zu einer Schimpfkanonade in Richtung des unbekannten „Attentäters" veranlaßte. Doch es war nichts passiert, und die Moral der Mannschaft blieb intakt.

Durch die Niederlage des 1. FCK war Bayern München bis auf zwei Punkte an den Tabellenführer herangerückt und hoffte nun auf die Schützenhilfe des Lokalrivalen 1860 München. Wieder glaubte man, nun gebe es einen Knick beim 1. FCK, doch den „Löwen" nutzte auch ein frühes Führungstor nichts. Marschall (2) und Sforza sorgten für das verdiente 3:1, der erste Platz war weiter sicher.

Erstmals tauchten bei der monatlichen Wahl der *European Sports Magazines* auch Lauterer Spieler auf. Der Schweizer *Sport* nominierte Ratinho, *Foot Magazine* aus Belgien Martin Wagner. Und eine Woche später feierte Olaf Marschall seinen zweiten Länderspieleinsatz. Er kam beim Stand von 1:1 gegen Albanien und schoß vier Minuten vor Schluß das Tor zum 3:2.

Mit dem nächsten Gegner Arminia Bielefeld kehrte Stefan Kuntz erstmals als Spieler auf den Betzenberg zurück, nachdem er 1995 zu Besiktas Istanbul gewechselt war. Und er war es auch, der das Anschlußtor zum 2:1 erzielte. Der 1. FCK gewann mit 3:1, und so fiel es den Fans nicht schwer, Kuntz anständig zu behandeln angesichts seiner Verdienste um seinen alten Verein.

Es war das letzte Spiel des 1. FCK vor der Jahreshauptversammlung, bei der die sogenannte MIDAS-Affäre im Mittelpunkt stehen sollte und bei der Teile des Aufsichtsrats neu gewählt werden mußten (vgl. Kap. „Querelen, Chaos, Kontrahenten..."). Die befürchteten Grabenkämpfe blieben zwar aus, doch der Verlauf des Abends führte letztlich zum Rücktritt von Manager Hans-Peter Briegel. Dabei fügte sich nur noch ein letzter Mosaikstein in ein Gebilde, das bei den Auseinandersetzungen der vergangenen Monate entstanden war und das auch durch zwischenzeitliche Entwarnungen nicht zurückgenommen werden konnte. „Es gab für mich nur noch die Möglichkeit aufzuhören. Weil es nichts mehr zu tun gab für einen Sportlichen Leiter", erklärte Briegel dem *Kicker Sportmagazin*. Die detaillierten Gründe für seinen Schritt behielt Briegel für sich, doch wurde erneut deutlich, daß der Trainer und der Manager nicht zueinander paßten.

Briegel hatte mitgeholfen, den 1. FCK wieder in die Bundesliga zu führen und auch den Tausch Rehhagel für Krautzun mit unterstützt. Er trat nun zu dem Zeitpunkt ab, da der 1. FCK Tabellenerster in der 1. Bundesliga war. Was ihn dabei ehrte: Er versuchte nicht, der Mitgliederversammlung einen anderen, explosiven Verlauf aufzudrücken, obwohl er sich durch manche Äußerungen getroffen fühlen mußte. Briegel verhinderte so einen Eklat, konnte es sich aber nicht verkneifen, einen Pfeil in Richtung FCK-Spitze abzuschießen: „Der Erfolg verdeckt hier vieles. Mit den guten Zeiten kann es schnell wieder vorbei sein." Auch eine Polemik am Rande war mehr als überflüssig. Auf die Frage, ob er nicht verwundert sei, daß sein Posten nicht neu besetzt werde, antwortete er, er wäre nicht überrascht gewesen, wenn Frau Rehhagel die Position übernommen hätte.

Am Tag nach der Versammlung lauerten nicht nur die Bayern auf einen Stolperer des 1. FCK bei Bayer Leverkusen. Ohne den gelbgesperrten Sforza lagen die Pfälzer bis zur 86. Minute mit 0:1 zurück. Doch Rische gelang noch der Ausgleich, und da der Verfolger beim KSC ebenfalls nur 1:1 spielte, blieb alles beim alten. Der 1. FCK führte weiter mit vier Punkten Vorsprung.

Gegen den MSV Duisburg wurde Torhüter Andreas Reinke zum Spieler des Tages. Nach Marschalls 1:0 in der 21. Minute hatte der 1. FCK zwar noch Chancen, aber die dominierende Mannschaft war, angetrieben von dem Ex-Lauterer Michael Zeyer, der MSV. Doch das eigene Unvermögen und Reinke standen den Westdeutschen im Weg. Welch „spielbestimmende" Rolle das Fernsehen inzwischen im Fußball innehat, wurde bei diesem Spiel am Beispiel der FCK-Trommler deutlich. Während der ersten Halbzeit hallten plötzlich „Scheiß-Premiere"-Rufe durch das Stadion. Was war geschehen? Da der Pay-TV-Sender eine seiner Kameras just dort postiert hatte, wo traditionell die Trommler stehen, mußten die nicht unumstrittenen Stimmungsmacher weichen und einige Meter von ihrem Stammplatz entfernt „Krach schlagen".

War Andreas Reinke gegen die Duisburger noch allseits gelobt worden – sogar Ronnie Hellström hatte seinen Respekt bekundet – so geriet der Keeper im Pokalspiel gegen Bayern München zum Sündenbock. **„Es war kein Eis auf dem Schuh"** Doch nicht Reinke hatte den frühen Führungstreffer der Gäste auf dem Gewissen: Ein Fehlpaß von Schäfer war der Ausgangspunkt für das 0:1. Nach Sforzas Ausgleich neutralisierten sich beide Mannschaften weitgehend, und schon richtete man sich auf eine Verlängerung ein. Doch in der 75. Minute geschah das Malheur: Scholl jagte dem Ball hinterher, Reinke stürmte aus seinem Tor, trat übermotiviert über den Ball, eilte zurück Richtung Tor, war aber gegen Janckers Glücksschuß chancenlos. Der deshalb von seinem Trainer Gescholtene („Ein Torwart darf gegen die Bayern halt keinen Fehler machen") bekannte: „Ich hab' daneben gehau'n, so'n Schitt! Das Tor geht auf meine Kappe, ich bin jetzt der Dumme!" Ob die sibirischen Temperaturen an diesem Abend in der Westpfalz etwas damit zu tun hatten? „Nee, nee", erwiderte der Unglückliche, „es war kein Eis auf dem Schuh, und auch der Ball war nicht gefroren."

Ökonomisch gesehen war dieses Aus im Achtelfinale des DFB-Pokals ärgerlich, denn Bayern München hatte anschließend sowohl im Viertelfinale gegen Bayer Leverkusen als auch im Halbfinale gegen den VfB Stuttgart Heimrecht und erreichte das Finale gegen den MSV Duisburg. Sportlich aber bescherte das Scheitern dem 1. FCK zwei kleine Ruhepausen. Außerdem spekulierten manche darauf, dieses 2:1 würde die Bayern, die nur wenige Wochen später zum Punktspiel auf den Betzenberg kamen, einlullen.

Zunächst aber mußte der 1. FCK wieder vorlegen, an einem Freitagabend im Dortmunder Westfalenstadion. Nach 30 Minuten führte der BVB durch Tore von Freund und Heinrich mit 2:0. Doch der 1. FCK verkürzte noch vor der Pause durch Marschall auf 2:1. Demselben Spieler gelang 14 Minuten vor Schluß auch noch der Ausgleich, und die Dortmunder hätten sich nicht beklagen dürfen, wäre der 1. FCK noch als Sieger vom Platz gegangen. Bayern München rettete mit Glück ein 2:2 im „Auswärtsspiel" beim Stadtrivalen 1860.

Schon gegen den VfB Stuttgart hatten die Zuschauer im Fritz-Walter-Stadion sieben Tore gesehen, aber was sich am Abend des 7. November 1997 auf dem Betzenberg zutrug, war noch eine Klasse besser und denkwürdiger. Die Dramaturgie war noch perfekter und vor allem tragischer für die Spieler von Hansa Rostock. Gewarnt vor dem Gegner, der vor der Saison als Abstiegskandidat gehandelt worden war und nun mit dem Teneriffa-Heimkehrer Ewald Lienen als Trainer mit 21 Punkten auf dem vierten Platz stand, gelang Sforza zwar schon nach zwei Minuten das 1:0. Nach Barbarez' 1:1 sechs Minuten später zogen sich die Rostocker aber nicht zurück, sondern überraschten mit intelligentem Angriffsfußball. Lohn hierfür war das 1:2 durch Dowe nach 18 Minuten. Doch der 1. FCK hielt dagegen und kam durch Rische zum Ausgleich und nach der Pause zum 3:2 durch Schjönberg. War der VfB Stuttgart danach eingebrochen und hatte gleich das 4:2 kassiert, bäumten sich die Rostocker noch einmal auf. Prompt gelang Neuville in der 67. Minute das 3:3. Danach war alles möglich. Hansa wirkte ballsicherer und kombinierte wie eine Spitzenmannschaft, und niemand hätte sich wundern müssen, wären die Gäste als Sieger vom Platz gegangen. Auch nach dem 4:3 durch Rische sieben Minuten vor dem Abpfiff zauberte Hansa weiter. Auf dem Weg zum 4:4 konnte Kadlec Neuville nur regelwidrig bremsen, doch der Elfmeterpfiff blieb aus. „Das war unser bisher stärkster Gegner", staunte Ratinho, und Axel Roos ergänzte: „Die waren spielerisch stärker als wir!" Schön, schnell und konterstark hatte sich Hansa präsentiert. Ewald Lienen haderte hinterher, das 4:3 sei „nicht unbedingt verdient" gewesen, „aufgrund des guten Fußballs, den wir spielten". Otto Rehhagel hielt ihm das Eckenverhältnis von 14:0 entgegen und ließ ihn mit seiner Frage nach der Berechtigung des Lauterer Sieges ins Leere laufen.

Es war die verbale Fortsetzung eines Konflikts, der im 18. August 1981 seinen Ursprung hatte. Lienen, damals im Trikot von Arminia Bielefeld, war von Werder-Verteidiger Norbert Siegmann brutal gefoult worden, Lienens Oberschenkel war aufgeschlitzt, ein furchterregender Anblick, der über die Sportschau in die Wohnstuben der Republik kam. Lienen hatte Rehhagel, Bremens Trainer, damals angeklagt, er habe Siegmann zu einer härteren Gangart aufgefordert. Doch Lienen hatte sich im Griff und hielt sich, gereift durch sein Wirken bei CD Teneriffa an der Seite von Jupp Heynckes, zurück. Erst auf dem Weg zum Mannschaftsbus brach aller

Pokalfrust gegen Bayern: 1:2 und Jürgen Rische im Würgegriff von Samuel Kuffour.

Einer der schwierigsten Gegenspieler des Axel Roos: Rostocks Oliver Neuville, beim 3:4 seiner Mannschaft auf dem Betzenberg am Ball.

Frust aus ihm heraus: „Ich habe die Faxen dicke, ich will nur weg von hier!" beklagte er die Stimmung(smache) auf dem Betzenberg: „Hier herrschen der Haß und eine Pogromstimmung!"

Am Tag danach schlug Bayern München Arminia Bielefeld mit 1:0 und gewann auch das vorgezogene Spiel bei Borussia Dortmund – der BVB mußte nach Tokio zum Weltpokalfinale – mit 2:0. So hatte der 1. FCK vor dem Spiel bei Borussia Mönchengladbach nur noch einen Punkt Vorsprung vor dem Tabellenzweiten, dessen Spiel bei Bayer Leverkusen wiederum an das Ende der Vorrunde verlegt worden war. Trotz guter Chancen verloren die Gladbacher gegen einen kaltschnäuzigen und effizient spielenden 1. FCK mit 1:3. Doch nur wenige Tage später setzte es ausgerechnet beim Mitaufsteiger VfL Wolfsburg die erste Auswärtsniederlage. Ohne Marschall, Schjönberg und Ratinho bot der 1. FCK eine mäßige Leistung, angefangen bei Andreas Reinke, der in der 25. Minute Wolfsburgs Spies zum 1:0 einlud. Nach Wagners Freistoß zum 1:1 schien wenigstens das Minimalziel erreicht, doch neun Minuten vor Schluß kam der VfL durch einen umstrittenen Foulelfmeter zum 2:1. Zudem erreichte Otto Rehhagel die schlechte Nachricht, daß Olaf Marschall mehrere Wochen wegen eines Innenbandrisses am Knie fehlen würde.

Als letzter Gegner der Vorrunde kam der seit drei Spieltagen sieglose Hamburger SV in die Pfalz. Gut eineinhalb Jahre zuvor hatte der HSV Schicksal gespielt, als er hier 2:1 gewann und den Abstieg der Lauterer einleitete. Seit der 41. Minute durch Yeboahs gelb-rote Karte dezimiert, gelang dem HSV dennoch in der 58. Minute das 1:0 durch Salihamidzic. Der Spielfilm dieser Begegnung war eine Aneinanderreihung von Unzulänglichkeiten. Sforza versuchte das Spiel zu dirigieren, doch mit Marschall fehlte die gewohnte Anspielstation, und vorne standen sich Rische und Kuka gegenseitig auf den Füßen. Nach 70 Minuten nahm Otto Rehhagel beide raus, Ertl und Hristov – in seinem ersten Heimspiel für den 1. FCK – kamen. Ratinho gelang in der 75. Minute der Ausgleich, der HSV verlor auch noch Schopp nach absichtlichem Handspiel, und Hristov stieß einen Freistoß von Wagner Sekunden vor Schluß zum 2:1 ins HSV-Tor. Der 1. FCK war Herbstmeister.

1. FCK wird überlegen Herbstmeister

40 Punkte gegen den Abstieg hatte Rehhagel immer gefordert, nun war seine Mannschaft nach der Hälfte der Spiele mit 39 Punkten Tabellenerster. Der Trainer, der inzwischen jenseits jeglicher Kritik stand, erlaubte nun erstmals offiziell, vom Ziel UEFA-Cup-Platz zu sprechen.

Zeit zum Verschnaufen und zum Genießen war aber keine. Nur sechs Tage später kam zum Auftakt der Rückrunde Bayern München. Der Verfolger hatte sein Nachholspiel bei Bayer Leverkusen mit 2:4 verloren, daher führte nach der Hinrunde der 1. FCK mit 39 Punkten vor Bayern München mit 35, dahinter lagen Schalke 04, der VfB Stuttgart und Bayer Leverkusen mit jeweils 29 Punkten. Der Traum von der Champions League machte bereits in der Pfalz die Runde...

Nach dem Spiel gegen Bayern München, das der 1. FCK nach einem Eigentor von Hamann und Hristovs Treffer in der 85. Minute mit 2:0 gewann, setzten die ersten „Hochrechnungen" ein, wurden Statistiken bemüht und Umfragen gestartet. „Jetzt steigen wir nicht mehr ab!" freute sich Ratinho über 42 Punkte, sieben vor Bayern München. Der *Sport-Informationsdienst (sid)* rechnete gar alte Tabellen nach der Dreipunkteregel um und fand heraus, daß auch der 1. FC Nürnberg 1967/68 und Borussia Mönchengladbach 1976/77 acht bzw. sieben Punkte enteilt waren und beide am Ende Deutsche Meister wurden. In einer Umfrage des SWF-Fernsehmagazins „PS-Politik Südwest" äußerten sich 51% der Rheinland-Pfälzer überzeugt davon, daß der 1. FCK Deutscher Meister würde. Und *France Football* schrieb: „Kaiserslautern schlägt alle Rekorde, König Otto und seine Roten Teufel können jetzt an der Tabellenspitze überwintern."

Doch Otto Rehhagel wehrte die Komplimente ab: „Die Meisterschaft entscheidet sich im Frühjahr und nicht im Winter. Aber es gibt nichts Schöneres, als die Tabellenspitze gegen einen direkten Rivalen zu verteidigen." Den Namen Bayern München nahm er nicht in den Mund. Noch am Tag vor dem Spiel hatte Bayern-Manager Uli Hoeneß gegen Rehhagel polemisiert und ihn als Trainer, der nur in der Provinz arbeiten könne, bezeichnet. Die Antwort gaben Lauterns Spieler auf dem Rasen, und Bayern-Trainer Giovanni Trapattoni blieb nach dem Spiel nur übrig, dem Gegner zu gratulieren.

Deutscher Meister war der 1. FCK durch diesen Sieg zwar noch nicht, aber dafür „Meister im Verdrängen", wie die *taz* schrieb:

„Meist sind es die unangenehmen Dinge im Leben, die der Mensch am liebsten verdrängt und in der Tiefe seiner Seele versenkt – am besten auf Nimmerwiedersehen. Doch unverhofft steigt dieses Unbewußte wieder auf und quält so lange, bis das Unangenehme benannt und die Seelenpein gebannt ist. Beim Bundesliga-Tabellenführer 1. FC Kaiserslautern ist das ganz anders. Präsident und Team leugnen das Angenehme, als verberge sich ein Dämon dahinter, der sie umgehend in die 2. Bundesliga zurückschicken könnte. Bis vor kurzem wehrten sie sich noch einigermaßen zu Recht dagegen, als Favorit für den Meistertitel gehandelt zu werden. Doch seit dem 2:0 gegen Bayern München ist man sieben Punkte voraus – und wird auch nach der Winterpause noch Erster sein. Doch gerade dieses Glück bringt die kollektive Psyche durcheinander. Es hätte auch umgekehrt kommen können, der 1. FCK die beiden letzten Spiele verlieren, die Bayern beide gewinnen. Dann wäre Bayern fünf Punkte voraus und für alle jetzt schon Meister.

Der 1. FCK aber, zwei Siege und einen Punkt vor, winkt weiter ab. Eine gefährliche Leugnung der Realität, die schnurstracks zum Psychotherapeuten führen sollte. Wer die Realität leugnet, vergißt, die Zukunft richtig zu planen und verliert seine Perspektive aus den Augen. Der Brasilianer Ratinho scheint bereits schwer von dieser Krankheit befallen zu sein. Auf die Frage, wer denn sonst Meister werden solle, antwortete er: 'der FC Barcelona'. Diagnose klar, Prognose bedenklich. Noch bedenklicher: Der neben Ciriaco Sforza kreativste Lauterer träumt nicht (mehr). Nicht von Old Trafford, nicht von San Siro. Schon werden Stimmen laut in der Pfalz, die zweifeln, ob man beim 1. FCK überhaupt schon realisiert hat, welch gute Zeiten auf den Verein zukommen könnten. Alex Fynn hat im englischen Fachmagazin Total Football bereits die künftige 'European Superleague' entworfen, die um das Jahr 2000 herum mit vier Gruppen à zehn Mannschaften kommen könnte. Noch ist der Rahmen intimer. Auf jeden Fall wäre der 1. FCK als Meister gesetzt und hätte in seiner Sechsergruppe im nächsten Spieljahr drei bis fünf Champions-League-Heimspiele. Genug für neue Spieler und eine dauerhafte internatio-

Pavel Kuka setzt sich hier gegen Thorsten Fink durch, und der 1. FCK revanchierte sich für das 1:2 im Pokal, gewann 2:0 gegen Bayern München.

nale Perspektive. Für Otto Rehhagel stellt sich deshalb die Frage, bleiben oder nicht, nur rhetorisch und fiskalisch. Inzwischen spricht er wenigstens von seinem Ziel, einen internationalen Wettbewerb zu erreichen. Welchen, darüber schweigt er sich aus. In Wahrheit will er das vollenden, was ihm Beckenbauer und Hoeneß versagt haben. Er will den Triumph, der ihm noch fehlt: In der Champions League die erste Geige streichen – nun eben mit dem 1. FCK."

Doch nach den sportlichen Erfolgen stand ein Fragezeichen über dem Betzenberg. Würde Otto Rehhagel in der Pfalz bleiben, oder wolle er, wie die *RNZ* schrieb, „kurz vor der Pensionierung sich und allen Zweiflern doch noch den Beweis nachliefern, daß er nicht nur als Deichgraf in Bremen oder Jäger aus der Pfalz Fußballgeschichte schreiben kann?" „Der Otto", erzählte Freund und Präsident Hubert Keßler bekümmert, „hat so phantastische Angebote, daß ich sagen muß, das ist überlegenswert."

Kaiserslautern ohne Rehhagel, das war ein schrecklicher Gedanke für Keßler, der gemeinsam mit Jürgen „Atze" Friedrich fest zu dem Trainer gestanden hatte. Nun wollten sie gemeinsam versuchen, den Trainer zu halten und gezielt in die Zukunft des Vereins und der Mannschaft zu investieren.

Ein Spieler hatte gegen die Bayern besonders viel Courage bewiesen. Mangels Alternative spielte Torwart Reinke mit gebrochenem Daumen. Nachdem Petr Koubas Situation wegen seiner Knieverletzung weiterhin unklar war, verpflichtete der 1. FCK noch vor dem Spiel bei Hertha BSC Berlin den Ungar Lajos Szücs von Dosza Ujpest Budapest. Trotzdem blieb Reinke die Nummer eins und hütete auch in Berlin, zwar leicht gehandicapt, das Tor. Mit der Folge, daß ihm nach zwei Minuten ein direkter Freistoß von Karl durch die Finger schlüpfte. Ein Schock, von dem sich der 1. FCK nicht mehr erholte. Außer Schönberg und Buck erreichte kein Lauterer Spieler Normalform, und die vor 60.000 Zuschauern gelöst aufspielende Hertha gewann durch Preetz noch mit 2:0. Bayern München besiegte Borussia Mönchengladbach mit 3:2 und kam wieder auf vier Punkte an den 1. FCK heran.

Das letzte Spiel vor der Winterpause gegen den 1. FC Köln rückte angesichts der herannahenden Entscheidung Otto Rehhagels, zu bleiben oder zu gehen, fast in den Hintergrund. Nach dem 1:0 durch Hristov bezwang Munteanu Andreas Reinke kurz vor der Halbzeit mit einer Bogenlampe. In der 59. Minute brachte der eingewechselte Thomas Riedl den 1. FCK wieder in Führung, doch die Kölner kamen durch Toni Polster erneut zum Ausgleich. Rehhagels „nordischer Held", Michael Schönberg, rettete per Kopfball kurz vor Spielende dem 1. FCK drei Punkte und seinen Vierpunktevorsprung vor Bayern München, das mit viel Mühe und Glück beim VfL Wolfsburg mit 3:2 gewann.

Erleichterung in der Pfalz: Rehhagel bleibt

Danach konzentrierte sich alle Aufmerksamkeit auf den Präsidenten des 1. FCK. Es war 17.26 Uhr, als Hubert Keßler vor die Mikrofone trat und das verkündete, was allen längst klar war. Otto Rehhagel blieb dem 1. FCK erhalten, zwar (noch) nicht bis zum 30. Juni 2006, wie es Keßler in seiner Euphorie entfuhr, aber das Jahr 2000 würde Rehhagel mit Frau Beate als Coach des 1. FC Kaiserslautern begrüßen können. So nichts dazwischen käme und ihm weiter das Glück zur Seite stehe, wie eben auch gegen den 1. FC Köln. Damit wurde das Schicksal des Klubs nun endgültig in die Hände des Trainers gelegt, den die Fans inzwischen als ihren „besten Mann" feierten. „Otto und der FCK!" schallte es von der Westtribüne, von wo Rehhagel noch am 11. Juni, nach dem 7:6 gegen den SV Meppen, mit vielen Pfiffen bedacht worden war. Doch der Name Briegel, der damals die Fans in zwei Lager spaltete, war längst Schall und Rauch. Was kümmerten sie die Parolen, die sie gestern noch geschrien hatten.

Bedingungen hatte Rehhagel angeblich keine gestellt, eine Ausstiegsklausel gab es nicht. Aber eine „gewisse Risikobereitschaft" hatte er verlangt. Was für ihn sprach: Nach außen formulierte er das Erreichen eines europäischen Wettbewerbs als Ziel. Letztlich wollte er aber nur eines: Meister werden vor den Bayern und Uli Hoeneß zeigen, daß er, Otto Rehhagel, einen Weltverein nicht nur trainieren, sondern abhängen kann. Mit einem Klub aus der Provinz. Wenigstens für eine Saison, vielleicht auch länger.

In der Winterpause rückte vor allem die (überflüssige) Torwartdiskussion sowie die Verpflichtung neuer Spieler zur Verstärkung der Mannschaft für die restlichen 14 Spiele in den Vordergrund. Zuerst sollte Eric Wynalda, ehemals 1. FC Saarbrücken und VfL Bochum, der mit seinem amerikanischen Klub San José Clash die Saison der „Major League Soccer" bereits hinter sich hatte, auf Leihbasis kommen. Doch bei dem Mammutprogramm der US-Auswahl und der Unnachgiebigkeit des US-Coaches hätte Wynalda kaum mehr als die Hälfte der Spiele für den 1. FCK machen können. Zum anderen wollte der Spieler seinen Platz im WM-Aufgebot nicht aufs Spiel setzen und blieb schließlich in den USA.

Der neue Torhüter Lajos Szücs durfte bei den Hallenturnieren und im Test gegen Dynamo Kiew spielen. Dort wechselte er sich mit dem zu Unrecht in die Kritik geratenen Andreas Reinke ab, doch neue Erkenntnisse konnte Co-Trainer Reinhard Stumpf, der den am Kiefer operierten Otto Rehhagel vertrat, nicht gewinnen. Stumpf sah keinen Handlungsbedarf: „Es sei denn, Szücs wäre in der Vorbereitung bis zum 31. Januar klar besser." Die beiden Keeper sahen die Sache als ganz normal an, schließlich brauchte der 1. FCK einen einsatzbereiten zweiten Mann.

Vor dem Ablösespiel für Marian Hristov gegen Levski/Spartak Sofia verpflichtete der 1. FCK den ungarischen Abwehrspieler Janos Hrutka von Ferencvaros Budapest. Nach dem 2:4 gegen den FC Locarno und dem 6:0 gegen den FC Lugano während des Trainingslagers im Tessin gelang gegen die Bulgaren auf dem eisig kalten Betzenberg ein 1:0-Sieg. Pavel Kuka war am Abend zuvor ein Malheur passiert. Beim Öffnen einer Flasche war diese zerbrochen und Kuka mit dem Fuß in die Scherben getreten – ein Einsatz war unmöglich und warf den unzufriedenen, weil lange erfolglosen Stürmer wieder zurück. Dafür spielte Olaf Marschall, der wenige Tage später seinen Vertrag bis 2002 verlängerte.

„Wenn der 1. FCK eines der beiden ersten Spiele – in Schalke und gegen Bochum – gewinnt, müßte es zu schaffen sein." So äußerte sich Karl-Heinz Feldkamp vor dem ersten Spiel bei Schalke 04. Nach dem frühen Führungstreffer durch Hristov sah es fast 50 Minuten nach einem Sieg des

▶ Fortsetzung: S. 101

▶ **PORTRÄT: ANDREAS REINKE**

„Alles hängt von mir ab!"

Der beste Torhüter, den der 1. FCK in der Bundesliga bisher hatte

Andreas Reinke

Die Krise der Torhüter ist allgemein. In einer Rangliste des *Kicker Sportmagazin* rangierte zuletzt kein Deutscher mehr unter der Rubrik „Weltklasse"; mehrere Aussetzer und Unkonzentriertheiten, aber auch schlechte Arbeit seiner Abwehrspieler degradierten selbst Oliver Kahn in die „Internationale Klasse".

Keiner mußte das in seinen vier Spielzeiten beim 1. FC Kaiserslautern mehr erfahren als Andreas Reinke. Mit zehn Punkten und 5:0 Toren führte der 1. FCK nach vier Spieltagen die Tabelle an, und Reinke war der Held des Betzenbergs. Es dauerte bis zum fünften Spiel beim VfL Bochum, bis Reinke seinen ersten Gegentreffer kassierte. Lediglich in Dortmund, Wolfsburg und in Berlin sowie im Pokalspiel gegen Bayern München unterliefen ihm kritikwürdige und vielleicht entscheidende Patzer. Gegen den BVB schoß Marschall den 1. FCK noch zum Unentschieden, aber bei den beiden Mitaufsteigern spielte die gesamte Mannschaft schlecht. Doch an Reinke blieb es hängen, seine Fehler wurden auf allen Sendern immer wieder gezeigt. „Der schießt doch Tore für die Bayern", hieß es nach dem 3:2 gegen den 1. FC Köln von der Westtribüne. Nach der dringend notwendigen Verpflichtung eines zweiten Torhüters, des Ungarn Lajos Szücs, glaubten viele, daß Reinke keine Lobby mehr habe.

Reinke selbst hat das Gerede um seine Person öfter kommentiert. Kopfschüttelnd stand er zuweilen im Presseraum, und da tat ein anerkennendes Wort ab und zu gut. Denn überwiegend war Reinke ein zuverlässiger Rückhalt für seine Mannschaft.

Diskussionen um den Torwart sind nichts Neues in Kaiserslautern. In einem Interview der *Frankfurter Allgemeinen Zeitung* nach dem 3:0 gegen Schalke 04 äußerte sich Reinke zu der Frage, ob ihn die Verpflichtung eines neuen Torhüters beunruhige: „Überhaupt nicht. Alles hängt von mir ab. Geht es mit uns so weiter wie bisher, können die anderen nichts machen." Doch aus den dann folgenden Sätzen sprach auch eine Menge Frust. „Schon als ich 1994 hierher kam, hat mancher aus dieser Gegend keinen Pfifferling auf mich gegeben. Die Leute lassen halt nichts auf ihren Gerry Ehrmann kommen. Dagegen hat es jeder andere Torwart hier schwer. Wer bei mir etwas sucht, wird auch etwas finden, zum Beispiel meine gelegentliche Unkonzentriertheit. Ich kann nur versuchen, die Leute mit dem festgefahrenen Vorurteil durch gute Leistungen zu widerlegen."

Der 1. FCK hat von der Gründung der Bundesliga bis zum Ende der Saison 1997/98 16 Torhüter beschäftigt, die je nach Anzahl der Spielzeiten, der bestrittenen Spiele und der Gegentreffer in drei Kategorien unterteilt werden können. Der Kurzzeiteinsatz von Werner Michelbach ist dabei nicht berücksichtigt.

Name	von-bis	Spielzeiten	Kategorie*	Spiele	S-U-N**	Gegentore	Quote***
Horst-Dieter Strich	63-65	2	C	35	15-2-18	75	2,142
Wolfgang Schnarr	63-70	7	A	182	53-56-73	300	1,648
Josef Stabel	67-80	13	B	73	25-20-28	129	1,767
Bratislav Dordevic	70-71	1	C	5	2-0-3	14	2,800
Josef Elting	70-74	4	B	88	42-15-31	142	1,613
Ronnie Hellström	74-84	10	A	266	117-53-96	424	1,593
Armin Reichel	80-85	5	B	63	27-22-14	98	1,555
Thomas Henrichs	82-83	1	C	2	1-1-0	0	0,000
Roland Grüner	83-85	2	C	9	2-2-5	19	2,111
Gerry Ehrmann	84-97	13	A	301	125-74-102	416	1,382
Thomas Graf	85-87	2	C	5	0-3-2	9	1,800
Michael Serr	86-93	7	B	54	16-18-20	67	1,240
Claus Reitmaier	93-94	1	C	7	3-3-1	4	0,571
Andreas Reinke	94-98	4	A	109	49-45-15	108	0,990
Mark Schwarzer	95-96	1	C	4	0-2-2	6	1,500
Lajos Szücs	97-98	1	C	3	0-2-1	4	1,333

* C = unter 50 Einsätze; B = bis 100 Einsätze; A = über 100 Einsätze
** S-U-N = Zahl der Sieg/Unentschieden/Niederlagen.
*** Die Quote gibt die durchschnittliche Zahl der Gegentreffer pro Spiel wieder.

Auf dem 1. Platz steht Andreas Reinke. In seinen vier Spielzeiten beim 1. FCK kam er auf 109 Einsätze, bei denen er 108 Tore zulassen mußte. Er kommt auf die Quote 0,990 bei 49 Siegen, 45 Unentschieden und 15 Niederlagen.

Um die Torhüter bzw. zwischen ihnen gab es in Kaiserslautern immer wieder Auseinandersetzungen. Schnarr und Strich konnten beide die von ihnen so empfundene Degradierung auf die Bank nie verschmerzen. Schnarr war gar der Meinung, er sei so gut und außerdem nie verletzt, so daß der 1. FCK keinen zweiten Torwart brauche. Am Ende der Saison 1964/65 war es Strich leid und ging. Unvergessen ist auch das Wechselspiel zwischen Ehrmann und Serr unter den Trainern Roggensack, Feldkamp und Zobel. Und der Konflikt um Claus Reitmaier, der in seinen sieben Spielen für den 1. FCK großartig hielt, aber den Mund zu weit auftat, ist noch gegenwärtig. Daß Ronnie Hellström statt auf 340 Spiele in zehn Spielzeiten lediglich auf 266 Einsätze kam, lag nicht nur an seiner schweren Schulterverletzung, die ihn lange lahmlegte. Zwischendurch war er bei den Fans in die Kritik geraten und auch schon mal ausgepfiffen worden.

Torhütern werden Fehler nicht verziehen. Ihnen werden mehr und vor allen Dingen länger Vorwürfe gemacht als Feldspielern. Was nicht für Gerry Ehrmann zu gelten scheint. Seinen Lapsus beim 0:1 im Juni 1991 im letzten und die Meisterschaft dann doch nicht entscheidenden Heimspiel gegen Borussia Mönchengladbach sahen ihm die Fans schnell nach, obwohl er entscheidend dazu beigetragen hatte, ihnen die große Fete am Betzenberg zu verderben. Wehe, ein ähnlicher Fehler wäre Andreas Reinke unterlaufen! Die sehr gute Bilanz von Andreas Reinke zeigt, daß er weit öfter Spiele gewonnen als verloren hat, wenn überhaupt ein Spieler allein ein Spiel entscheiden kann. Bei Paris Saint Germain hätten sie Bernard Lama zehnmal zum Teufel jagen müssen, so unglücklich sah er bei manchen Gegentreffern aus. Aber genauso oft machen die Keeper ihre Fehler auch wieder gut. Wie Andreas Reinke auch, der im FC St.-Pauli-Buch „You'll never walk alone" trotz der Kultfiguren des Kiez, Volker Ippig und Klaus Thomforde, von Autor René Martens zur Nr. 1 im St.-Pauli-Dream-Team gekürt wurde. ∎

1. FCK aus, denn die Schalker kamen den geschickt spielenden Lauteren nicht bei. Bis Marco van Hoogdalem jenes viel diskutierte 1:1 erzielte, das in Kaiserslautern und weit darüber hinaus eine teils unappetitliche Debatte um die Fähigkeiten von Torwart Andreas Reinke auslöste. Mehr noch, gewisse Gazetten versuchten ihn zum Gespött zu machen mit Schlagzeilen wie „Pannen-Torwart Reinke – Kann Otto mit so einem Meister werden?" (Bild). Otto Rehhagel bemühte sich zwar, seinem Torwart den Rücken zu stärken, ließ sich aber vor laufenden Kameras zu der paradoxen Forderung hinreißen, Reinke müsse auch mal einen „Unhaltbaren" halten.

Nach dem 3:0 von Bayern München gegen den HSV war der Vorsprung des 1. FCK auf zwei Punkte geschrumpft. Der nächste Gegner hieß VfL Bochum, der außer einem gefährlichen Schuß von Norbert Hofmann, den Reinke abwehrte, keine Chance hatte. Klaus Toppmöllers Mannschaft verlor mit 0:3. „Wir ziehen morgen an den Lauterern vorbei", hatte Mario Basler aus München prophezeit – vor dem Spiel. Nichts war's, trotz des 2:0 der Bayern gegen Hansa Rostock. Der Zweipunkte-Vorsprung hatte Bestand.

Der 23. Spieltag schien für die „Machtübernahme" der Bayern wie geschaffen. Der 1. FCK mußte zum VfB Stuttgart, Bayern München zu Hertha BSC Berlin. Diesmal ließ sich Bayern-Vizepräsident Karl-Heinz Rummenigge zur falschen Prophetie hinreißen. Nun sollten die Stuttgarter mithelfen, denn ein Sieg der Bayern in Berlin stand für ihn außer Frage.

Aber im Gottlieb-Daimler-Stadion spielte der 1. FCK meisterlich auf und hätte schon zur Pause führen müssen. Nach 23 Minuten gab es erste Freudengesänge im Lauterer Fanblock – Hertha BSC hatte das 1:0 erzielt. Und nach 75 Minuten war es gewiß, es würde keine Wachablösung geben. Die Berliner führten mit 2:0. Angetrieben von ihren Fans und dem Ergebnis aus Berlin drehte der 1. FCK noch einmal auf, und Hristov schoß nach Vorarbeit von Buck und Ratinho das 1:0. Der 1. FCK hatte die Tabellenführung nicht nur verteidigt, sondern weiter ausgebaut und jetzt fünf Punkte Vorsprung vor Bayern München.

Den Sieg gesichert hatte Andreas Reinke, der in der 83., 86. und 90. Minute den Ausgleich verhinderte und bei einem Pfostenschuß von Akporborie Glück hatte. „Deutscher Meister wird nur der FCK!" sangen 10.000 Lauterer Fans, doch Ciriaco Sforza warnte: „Wenn wir jetzt anfangen zu träumen, kriegen wir eins auf den Deckel." Der Sieg löste so manche Zunge, auf der jetzt schon das Wort Meisterschaft zerging. Otto Rehhagel stellte nüchtern fest, nun werde die Meisterschaft zwischen dem 1. FCK und Bayern ausgespielt, während Präsident Keßler etwas redseliger war: „Wir wollen den Titel. Das wollen wir schon lange", sprach er stolz und zog

Hopp, da war Buck an Murat Yakin vorbei, und gleich hieß es 1:0 für den 1.FCK beim VfB Stuttgart durch Marian Hristov.

sich den Zorn von Martin Wagner zu: „Dann soll der Präsident gegen den Karlsruher SC spielen!"

Der Karlsruher SC hatte sich in den zurückliegenden vier gemeinsamen Bundesligaspielzeiten zum Angstgegner des 1.FCK entwickelt, vor allem auf dem Betzenberg. 2:3, 0:0, 0:0, 2:2 – diese Bilanz ließ Vorsicht walten; keineswegs durfte auf eine Wiederholung des glanzvollen Hinrundenauftritts im Wildparkstadion spekuliert werden. Zumal der KSC in der Winterpause noch einmal aufgerüstet hatte, um sich von den unteren Tabellenrängen in Richtung UEFA-Cup-Plätze zu bewegen. Doch die Neuen, David Zitelli von Racing Strasbourg und Guido Buchwald, zurück aus der J-League, verletzten sich und fielen erst einmal aus. Gegen den 1. FCK machte der Weltmeister von 1990 sein erstes Spiel für die Badener und wurde für seine Mannschaft zum Volltreffer. Fast wäre ihm in der 52. Minute per Kopfball sogar der Siegtreffer gelungen, doch auch so war er der beste Spieler auf dem Platz. Der Mann mit den roten Fußballschuhen trug entscheidend dazu bei, daß der KSC einen Punkt mitnahm und dem 1. FCK zwei Zähler raubte. In Kaiserslautern ging man nun davon aus, daß der 5-Punkte-Vorsprung vor Bayern München auf zwei Punkte zusammenschmelzen würde. Aber der 1. FC Köln, dem als 15. der Tabelle das Wasser bis zum Hals stand, überraschte die Bayern im Olympiastadion und gewann mit 2:0. Nun war der 1. FCK sogar sechs Punkte vor.

Beim 1:1 bei Werder Bremen hatte der 1. FCK das Glück, das ihm im eigenen Stadion meist versagt bleibt. Nach der frühen Führung Werders durch Pfeifenberger glich Schjönberg zehn Minuten vor der Pause per Fouleflmeter aus. Vorausgegangen war eine Schwalbe von Marco Reich, auf die Schiedsrichter Weber hereingefallen war. Auf der anderen Seite übersah er zwei elfmeterreife Fouls an Andreas Herzog, zeigte Wicky eine überharte gelb-rote Karte, die er dann zwei Minuten später auch Michael Ballack vor die Nase hielt.

Während Bayern München bei Schalke 04 mit 0:1 verlor, lauschten Otto und Beate Rehhagel in Heidelberg einem Konzert von Justus Frantz. Sie konnten sich entspannen: Der 1. FCK hatte nun sieben Punkte Vorsprung, und Bayern-Kapitän Thomas Helmer hakte via Sat 1 die Meisterschaft frühzeitig und voreilig ab.

Nicht nur die Geschehnisse um das verlorene Spiel in Gelsenkirchen ließen bei Giovanni Trapattoni das Faß überlaufen. Mit einer spektakulären Rede wurde der Italiener zum „Mann des Jahres" *(taz)*. Besonderes Aufsehen erregten folgende Passagen: „...ein Trainer sehen, was passieren in Platz. In diese Spiel es waren zwei, drei, vier Spieler, die waren schwach wie eine Flasche leer! ... Strunz! Strunz ist zwei Jahre hier, hat gespielt zehn Spiele, ist immer verletzt. Was erlauben Strunz? ... Ich bin müde jetzt Vater diese Spieler, eh, verteidige immer diese Spieler! Ich habe immer die Schulde über diese Spieler. Einer ist Mario, einer, ein anderer ist Mehmet! Strunz dagegen, egal, hat nur gespielt 25 Prozent diese Spiel! ... Ich habe fertig!"

Bayern spielen schwach wie „eine Flasche leer"

In Kaiserslautern nahm man den Ausbruch Trapattonis mit Schadenfreude auf und bereitete sich auf das Gastspiel von 1860 München vor. Es war das erste von zwei aufeinanderfolgenden Heimspielen, denn das Auswärtsspiel bei Arminia Bielefeld fiel dem Castor-Transport zum Opfer und mußte auf den 29. April verlegt werden. Beim 1. FCK blieb man trotz dieser möglichen Wettbewerbsverzerrung ruhig. Vor Spielbeginn gegen die „Löwen" verteilte Greenpeace rotgelbe Postkarten an die Zuschauer. „Rote Karte für die Atompolitik! Kicken statt Castor!" hieß es darauf, doch allzuviel Wirbel verursachte die Aktion nicht. Erst recht nicht nach dem glücklichen 1:0-Sieg durch Ratinhos Zaubertor in der 45. Minute. „Der Meister-

Schuß", titelte *Bild,* und die *taz* forderte den „ungläubigen" Brasilianer auf: „Sieh dir die Schale an, Mäuschen!" Die Protestpostkarte gegen den Castor gab Ratinho an seinen kleinen Sohn weiter. Obwohl Greenpeace auch in Brasilien aktiv ist und gegen das großflächige Abbrennen des tropischen Regenwaldes protestiert, hatte der sonst so pfiffige Spieler noch nie etwas von der Umweltschutzorganisation gehört. „Ich weiß gar nicht, warum unser nächstes Spiel verlegt wurde", bekannte der Auskunftsfreudige und fügte an: „Die Deutschen sind doch so anständige Leute, da brauchen wir doch gar keine Polizei zum Fußballspielen."

Richtig, beim Spiel gegen 1860 blieben die Grünen in Uniform ganz im Hintergrund. Fanfreundschaft war angesagt, zwar in gegenüberliegenden Blöcken, aber unüberhörbar. Kaum hatte Löwen-Stürmer Bernhard Winkler, der 1991 mit dem 1. FCK Deutscher Meister geworden war, in der 1. Minute eine Hereingabe in den Strafraum von Borimirov verpaßt, skandierten die Fans in Rot, der Unterstützung durch jene in Blau sicher: „Bayern ist wie eine Flasche leer!" So wäre es bis zum Spielende weitergegangen, hätte nicht Ratinho seine Mobilität auf dem Spielfeld bewiesen. Der Brasilianer half mal kurz in der Abwehr aus, bewegte sich wieder nach vorne und bekam den Ball von Marian Hristov in den Lauf gespielt. Anstatt die Verantwortung abzugeben und zu flanken, drang Ratinho in den Strafraum ein, verlud Ned Zelic mit einem doppelten Übersteiger und hob den Ball am verdutzten Bernd Meier vorbei ins Netz. Es war das spielentscheidende Tor, dieses „Tor des Monats" (ARD Sportschau) im März 1998. Ratinho („Wir glauben nur, was wir sehen, und die (Meister-)Schale habe ich bisher nicht gesehen") und sein Präsident („Wir sind auf die Zielgerade eingebogen") blieben vorsichtig – trotz des 0:0 von Bayern München gegen den VfL Bochum und nunmehr neun Punkten Vorsprung. „Ist denn heute etwas entschieden worden?" herrschte Otto Rehhagel einen unvorsichtigen Frager an und lobte die starken Sechziger.

Nach diesem 26. Spieltag leuchteten die Sterne der Champions League schon ein wenig vom höchsten Berg der Pfalz. „We are the Champions", schallte es aus dem Stadionlautsprecher, und Präsident Keßler warf einen Teil seiner Zurückhaltung über Bord. „Der Otto Rehhagel", verriet er, „ist Tag und Nacht unterwegs auf der Suche nach Verstärkungen, in ganz Europa."

In Europa waren zunächst auch die Nationalspieler des 1. FCK aktiv. Zwar stand Olaf Marschall, der zuvor mit der Nationalelf nach Saudi-Arabien getourt war, wegen seines Trainingsrückstandes nicht im DFB-Aufgebot gegen Brasilien, doch sechs seiner Kollegen durften international ran: Ciriaco Sforza spielte mit der Schweiz 1:1 gegen England im Länderspieldebüt des neuen Nati-Trainers Gilbert Gress und kam angeschlagen in die Pfalz zurück. Janos Hrutka gewann mit Ungarn 3:2 in Österreich, Landsmann Lajos Szücs saß dabei auf der Bank. Pavel Kuka mühte sich eine Stunde lang beim 2:1 gegen Irland und blieb ohne Torerfolg, während Michael Schjönberg beim 1:0 der Dänen in Schottland überragte. Marian Hristov blieb beim 1:1 Bulgariens in Mazedonien blaß. Nur ein Rumpfaufgebot der Roten Teufel war beim Training zu Hause, denn auch Marco Reich, Thomas Riedl und Michael Ballack fehlten. Sie gehörten zum Aufgebot der U21.

Die schlimmste Nachricht für den 1. FCK kam aber weder aus der Schweiz noch aus Österreich oder Schottland, sondern vom Betzenberg selbst. Bei einem Zweikampf im Training hatte Ratinho einen Innenbandabriß am rechten Knöchel erlitten – eine lange Pause deutete sich an. Bei all diesem Unglück konnte sich der 1. FCK wenigstens darüber freuen, daß Olaf Marschall nach langer Verletzungspause wieder dabei war – beim 12:2 im Freundschaftsspiel bei der SG Andernach schoß er gleich vier Tore an dem Tag, an dem eigentlich das Spiel in Bielefeld hätte stattfinden sollen. Am Abend danach begann Bayern München seine Aufholjagd. Gegenüber dem 0:1 gegen den 1. FCK, als der VfB Stuttgart eine großartige Leistung gebracht hatte, waren die Schwaben gegen die Bayern nicht wiederzuerkennen. Ohne Gegenwehr unterlagen sie mit 0:3.

Für Bayer Leverkusen, das wegen des Castor-Transports ebenfalls ein Spiel weniger hatte, ging es auf dem Betzenberg darum, Anschluß an Bayern München zu halten und um die Chance der Qualifikation für die Champions League zu kämpfen. „Wenn wir heute gewinnen gegen einen direkten Konkurrenten, haben wir einen wichtigen Schritt getan", sah Aufsichtsrat Wolfgang Fritz dem Spiel entgegen. Nicht nur, daß Buck und Ratinho verletzt fehlten – kurz vor dem Anpfiff kam ein weiteres Unglück hinzu. Torhüter Andreas Reinke hatte sich beim Aufwärmen einen Muskelfaserriß in der Wade zugezogen, der ihn für die nächsten beiden Spiele lahmlegte. Erneut mußte der unerfahrene Lajos Szücs aushelfen und geriet in den 90 Minuten zur tragischen Figur. In seinem ersten ganz wichtigen Einsatz für den 1. FCK scheiterte der Ungar an seiner mangelnden Spielpraxis und an seiner Sprachlosigkeit. Von einem kapitalen Kommunikationsproblem zwischen ihm und Miroslav Kadlec profitierte Stefan Beinlich und schoß einen Ball, den keiner von beiden aufnehmen bzw. wegschlagen wollte, ins Netz. Es war der Anfang vom Ende und der Beginn einer Galavorstellung der Leverkusener. In der 1. Halbzeit hatte der 1. FCK Chancen für zwei Spiele gehabt, doch nach dem 0:1 fiel die Mannschaft in sich zusammen und resignierte vollends nach Rinks 0:2 in der 78. Minute. Kirsten gelang zum Elend des 1. FCK in der Schlußminute noch das 0:3. Nach dem Spiel machte die Rede von der „taktischen Niederlage" die Runde: Leverkusen habe die Aufmerksamkeit der Münchner Bayern nun auf sich und vom 1. FCK abgelenkt. Christoph Daum wiegelte ab. Er wolle zufrieden sein, wenn er „am Ende Zweiter und der 1. FCK Erster" sei. Nein, Leverkusen habe sich zum Ziel gesetzt, die Bayern zum Tabellendritten zu degradieren. Bayern München hatte zur gleichen Zeit gegen den KSC beim 1:1 zwei Punkte verspielt. Das 0:1 von Régis hatte Elber erst eine Viertelstunde vor Schluß ausgeglichen. Der 1. FCK führte nun mit 57 Punkten vor Bayern München mit 52 und Leverkusen mit 49 Punkten.

Unterschiedlich ging man in der Pfalz und in Bayern an die nächste Auswärtsaufgabe heran. Zunächst wurde bekannt, daß Uli Hoeneß seine teuren Angestellten schon seit längerer Zeit von Detektiven überwachen ließ. Dann gab Lauterns Axel Roos die Seelenlage beim Tabellenführer preis. „Die Unbekümmertheit ist weg", klagte er gegenüber der *Rheinpfalz*, „der Kopf ist gewiß nicht mehr so frei. Jeder erkennt doch, was wir erreichen können." Oder verspielen, wie beim 1:1 beim MSV Duisburg. Im Wedaustadion präsentierte sich der 1. FCK schwach wie nie zuvor in der gesamten Saison. Durch ein akrobatisches Kopfballtor von Marschall führten die Lauterer zur Pause glücklich mit 1:0, doch der nervöse Torhüter Szücs faustete sich von einer Verlegenheit in die nächste. Einer seiner Abwehrversuche führte zu einer Ecke, in deren Anschluß Hajto in der 65. Minute der Ausgleich gelang. Der Rest war Hoffen und Bangen, und zu allem Unglück sah Andreas Buck auch noch die fünfte gelbe Karte. In der Schlußminute – Szücs irrte orientierungslos durch seinen Strafraum – drohte gar noch die Niederlage, doch das Glück war mit dem Tabellenführer, der nun auf die Hilfe von Werder Bremen hoffte, das am nächsten Tag die Bayern zu Gast hatte. Doch Bremen war beim 0:3 ohne Chance. Scholl (2) und Jancker führten ihre Mannschaft bis auf drei Punkte an den 1. FCK heran und hielten die Leverkusener, die gegen Borussia Mönchengladbach nur 1:1 spielten, auf Distanz.

Am Abend des Gründonnerstag mußte der 1. FCK wieder vorlegen gegen die um ihre UEFA-Cup-Qualifikation kämpfenden Dortmunder. Bayern München spielte das Derby gegen 1860 zwei Tage später. Mit dem Sieg gegen den BVB wurde es nichts, obwohl der 1. FCK Chancen hatte, mehrere Spiele zu gewinnen. Nervös geworden ob der Töne aus München oder wegen der Spekulationen um Neuverpflichtungen für die kommende Saison, gelang dem 1. FCK kein Tor, und wenn es einmal danach aussah,

Jürgen Rische bereitet gegen Borussia Dortmund das erlösende 1:1 vor, das der noch unsichtbare Pavel Kuka gleich erzielen wird.

vereitelte Stefan Klos den Erfolg der Lauterer Schützen. Das *Kicker Sportmagazin* brachte in dieser etwas unruhigeren Phase gleich mehrere Namen für die Spielzeit 1998/99 ins Gespräch: Libero René Henriksen von AB Kopenhagen als Nachfolger für den zu Petra Drnovice wechselnden Miroslav Kadlec, die Stürmer Marco Bode (Werder Bremen) und Ali Daei (Arminia Bielefeld) sowie die Abwehrspieler Victor Pavlov (Levski/Spartak Sofia) und den schon einmal gewünschten Sladan Asanin von Slavia Prag. Dazu meldete *Sport-Bild* das vermeintliche Interesse der Pfälzer an dem Schweizer Nationalspieler und Torjäger der Grasshoppers Zürich, Kubilay Türkyilmaz. Später gesellten sich noch Murat Yakin und Frank Verlaat vom VfB Stuttgart zu den angeblich Umworbenen.

„Warum sollten wir an uns zweifeln?" fragte Ciriaco Sforza leicht angefressen im *Kicker Sportmagazin*. Die Antwort auf diese Frage hatte schon einen Tag zuvor die *Sport-Bild* parat: „Kaiserslautern – Der DFB gönnt uns den Titel nicht", hatte das Blatt Fallen ausgelegt, in die der 1. FCK hineingetappt war. Zumindest waren die öffentlichen Stellungnahmen, die um das Dortmund-Spiel herum abgegeben wurden, in dieser Form nicht notwendig und Ausdruck des in solchen Situationen immer wieder auftretenden pfälzischen Minderwertigkeitsge-

„Der DFB gönnt uns den Titel nicht"

fühls. Otto Rehhagel ließ sich nichts anmerken. „Trotz aller unserer Verletzungssorgen sind wir nach wie vor Erster. ... Am Saisonende steht jede Mannschaft da, wo sie hingehört", blieb der Trainer seiner Linie treu.

Borussia Dortmund stemmte sich mit aller Macht gegen die drohende Niederlage durch die überlegenen Lauterer. Dann hatten sie auch noch Glück. Einen Schuß von Steffen Freund fälschte Harry Koch, unhaltbar für Andreas Reinke, ins eigene Netz ab. Das Spiel war auf den Kopf gestellt. Anstatt 3:0 stand es nach 69 Minuten 0:1, und viele fühlten sich an das Spiel gegen Leverkusen erinnert. Aber Otto Rehhagel wechselte geschickt aus und ein, und seine „Neuen", Jürgen Rische und Pavel Kuka, schafften mit einer Koproduktion zehn Minuten vor Schluß wenigstens noch den Ausgleich. Danach geschah nichts mehr, doch die Nerven der Verantwortlichen beim 1. FCK lagen blank. „Beim nächsten Mal sollen sie doch gleich den Uli Hoeneß als Schiedsrichter schicken", schimpfte Vizepräsident Axel Ulmer. Und ein Schlauberger fügte an: „Und Beckenbauer und Rummenigge als Linienrichter." Der Grund für die Aufregung: Wenig sensibel für die Brisanz des Konkurrenzkampfes zwischen dem 1. FCK und Bayern München hatte der DFB Wolfgang Stark aus dem nur 70 Kilometer von der bayrischen Landeshauptstadt entfernten Landshut als Schiedsrichter nominiert. Und dem waren tatsächlich einige zweifelhafte und strittige Entscheidungen unterlaufen. Zwei Elfmeter reklamierten die Lauterer, dazu hatte Julio Cesar bei einer Abwehraktion gegen Marian Hristov nur Gelb gesehen, das Publikum aber Rot gefordert.

„Der Betzenberg sieht rot", schrieb die *Süddeutsche Zeitung*, und die *RNZ* zitierte derweil Präsident Hubert Keßler. „Ihr wollt nicht, daß wir Meister werden – ihr und der DFB", diktierte er den Journalisten in die Blöcke. „Unsinn", kommentierte Schiedsrichter-Obmann Volker Roth die Lauterer Schelte, und *Bild* titelte: „Lautern tobt: Betrug!" Doch damit war noch nicht Schluß. Am nächsten Tag besiegte Bayern München die Sechziger mit 3:1 und rückte bis auf einen Punkt an den 1. FCK heran. Ohne Mumm und Gegenwehr hatten die „Löwen" sich in ihr Schicksal ergeben und waren auf einen Abstiegsplatz zurückgefallen.

Klar, daß der DSF-Fußballstammtisch am Sonntagmorgen sich dem Thema des Wochenendes ausführlich widmete. Mit in dieser Runde saß Manfred Amerell, selbst Münchner und Mitglied des Schiedsrichter-Ausschusses des DFB. *Die Rheinpfalz* kommentierte seinen peinlichen Auftritt: „Das Vokabular..., mit dem Amerell Ulmer [der Vizepräsident des 1. FCK war telefonisch zugeschaltet – GRL] wie einen Schulbuben abqualifizierte, das pöbelhafte Auftreten des Herrn Amerell aber waren einer roten Karte

▶ **PORTRÄT: MIROSLAV KADLEC**

„Schade ist's…"

Miroslav Kadlec

Für einen Spieler im Trikot des 1. FCK schloß sich mit dem Gewinn des vierten Meistertitels ein Kreis: Miroslav Kadlec, der bereits in seinem ersten Jahr in der Pfalz 1991 Deutscher Meister geworden war. Vor der Weltmeisterschaft 1990 hatte ihn Trainer Karl-Heinz Feldkamp verpflichtet, der Libero kam vom Meister der CSFR, TJ Vitkovice. Zuvor hatte der in Most (Brüx) geborene für Roter Stern Cheb (jetzt Union Eger) gespielt. Schon 1995, als sein Ziel die Europameisterschaft 1996 in England war, hatte Kadlec sich mit dem ernsten Thema beschäftigt, Familie und Fußball unter einen Hut zu kriegen: „Je älter die Kinder werden, desto schwieriger wird es." 1997, nach dem Wiederaufstieg, wollte Kadlec schon einmal Schluß machen in Kaiserslautern. Frau und Kinder gingen schließlich ohne ihn zurück nach Tschechien, „Miro" blieb für ein letztes Jahr und mit einem Vertrag als zukünftiger Repräsentant von Bahlsen Crunchips in Tschechien in der Tasche. Mit dem Gewinn seines zweiten Meistertitels aber war endgültig Schluß für den Familienmenschen, der sich zuweilen in seinem Hotelappartement etwas einsam fühlte. Frühzeitig schon hatte der stille, introvertierte Spieler beim tschechischen Erstligisten Petra Drnovice einen Vertrag unterschrieben.

Nach dem 4:0 gegen den VfL Wolfsburg gab Kadlec einen Einblick in seine Seele:
    Es tut auch weh, ganz klar…

Können Sie beschreiben, wie es in Ihnen aussieht nach diesem Triumph?
Was will man sich mehr wünschen, im ersten Jahr Meister und im letzten, bevor ich nach Hause gehe, wieder Meister. Man hat das Gefühl, das pumpt alles da hinein *(zeigt aufs Herz)*. Ich bin glücklich. Es ist schwer zu beschreiben, ich habe alles erlebt.
Tut es denn nicht weh, gerade jetzt zu gehen?
Es tut auch weh, ganz klar. Ich hätte natürlich auch gerne weiter gespielt, aber ich habe mich früh genug entschieden. Da kann man nichts machen.
Auch nicht, wenn der 1. FCK jetzt in der Champions League spielt?
Schade ist's wegen der Champions League, schade, aber es ist so.
Warum sind Sie immer so ruhig, brausen nie auf?
Ich glaube, das ist seit meiner Geburt so, ich war auch als Kind so.
Wenn Sie die Meisterschaften 1991 und 1998 miteinander vergleichen, welche war schöner?
Damals war das auch schön, aber ich war erst ein Jahr da und hatte noch Schwierigkeiten mit der Sprache. Das ist jetzt viel besser.

Zum Abschied sangen die Fans Miroslav Kadlec ein eigens für ihn geschriebenes Lied, doch angemessener und passender ist das „Freistoß-Sonett" des Stuttgarter Fans des 1. FCK, Paul Baldauf, das Kadlec und seine ungeheure Präzision beschreibt:
Er legt den Ball sich noch einmal zurecht,
das Flutlicht strahlt, Spannung erfüllt die Ränge.
Er hofft, daß ihm – die Mauer steht nicht schlecht –
nochmal ein Kunstschuß in das Netz gelänge.
Noch schwankt er: Unten rechts, links hoch ins Eck?
Dann läuft er an, er hat etwas gesehen...
Mit viel Effet über die Mauer weg
beginnt der Ball sich um sich selbst zu drehen.
Stark überrissen dreht er, wie geplant,
stark ab nach links und nimmt Kurs auf die Maschen.
Nun sieht der Torwart, wie der Flug sich bahnt.
Er fliegt, streckt sich, den Ball noch zu erhaschen,
doch der, beendend seines Flugs Gesetz
schlägt ein im Winkel, zappelt kurz im Netz.

würdig. 'Der Mann hat keine Ahnung', polterte Amerell los, führte sich eher wie ein Portier eines Stundenhotels und nicht wie ein gesitteter Hotelier auf."

Der 1. FCK schoß sich seinen Frust beim Osterausflug an die Südliche Weinstraße von der Seele. Beim Heimatverein des Ministerpräsidenten Kurt Beck, dem SF Steinfeld, siegten die roten Teufel mit 16:1.

Eine schwerere Aufgabe wartete am 31. Spieltag auf den 1. FCK, der bei Hansa Rostock antreten mußte, während Bayern München beim Tabellenletzten Arminia Bielefeld schon vor dem Spiel als sicherer Sieger gehandelt wurde. Schon nach 40 Sekunden lag der 1. FCK im Ostseestadion mit 0:1 zurück – Sergej Barbarez hatte eine Flanke von Oliver Neuville an Reinke vorbei ins Netz geschoben. Rische gelang zwar nach 20 Minuten der Ausgleich, doch wieder ging Hansa in der 1. Minute der 2. Halbzeit in Führung. Erst durch ein Eigentor von Gansauge nach einem umstrittenen Freistoß in der 69. Minute kam der 1. FCK zum glücklichen, aber verdienten 2:2. Einen „Tanz auf der Rasierklinge" nannte Otto Rehhagel die offensive Spielweise seiner Mannschaft, die besonders nach dem 2:1 der Rostocker arg unter Druck gekommen war. Die *taz* sah den 1. FCK „als genuine Spitzenmannschaft..., welche sich auch durch ein Gegentor 'zum psychologisch ungünstigsten Zeitpunkt' (Rehhagel) nicht umwerfen (ließ). Mit risikoreichem Angriffsfußball erkämpfte sich der 1. FC Kaiserslautern ein verdientes 2:2 ... und drehte den Münchner Bayern eine lange Nase." Denn die patzten in Bielefeld und kamen trotz zweimaliger Führung zum 2:1 und 3:2 nur zu einem 4:4, das Lothar Matthäus erst eine Minute vor Schluß nach Vorarbeit von Nerlinger sicherte. Anstatt mit einem erwarteten Sieg mit einem Punkt Vorsprung am 1. FCK vorbeizuziehen, blieb alles beim alten: Lautern blieb einen Punkt vor. Über sein spätes Ausgleichstor konnte sich Matthäus deshalb nur wenig freuen; er sah den 1. FCK als eigentlichen Gewinner des Spieltages.

Doch der nächste Gegner auf dem Betzenberg hieß Borussia Mönchengladbach, die Mannschaft mit der besten Bilanz aller Bundesligisten auf dem Betzenberg, die dem 1. FCK 1991 den vorzeitigen Gewinn der Meisterschaft verdorben hatte. Und zudem kamen die abstiegsbedrohten Gladbacher, gestärkt durch ihren 2:1-Sieg bei Borussia Dortmund, mit dem ehemaligen Trainer des 1. FCK, Friedel Rausch, in die Pfalz. Und der hatte noch eine Rechnung offen mit dem Verein, der ihn 1996 vorzeitig entlassen hatte.

In den Tagen vor dem Freitagsspiel dünnte sich der Lauterer Kader immer stärker aus – Rehhagels Spieler waren begehrt. Sforza sollte für die

Schweiz gegen Nordirland spielen, sagte aber ab, da er kaum trainingsfit war. Auf Reisen waren Marian Hristov, der mit Bulgarien ein Länderspiel absolvierte, und Michael Schjönberg, dessen Dänen sich mit den Norwegern maßen. Michael Ballack und Marco Reich weilten erneut bei der U21-Nationalmannschaft, während der Ungar Janos Hrutka mit seinem Nationalteam am Vierländerturnier im Iran teilnahm. Nach strapaziösen Reisen konnten fast alle Spieler gegen Gladbach dann doch antreten – zu einem Spiel, das die Zuschauer am Betzenberg reichlich Nerven kostete.

Alfred Hitchcock ist sicher schon oft bemüht worden, doch auch er hätte diesen Bundesliga-Klassiker nicht dramatischer und spannender inszenieren können. Trotz bester Chancen durch Rische, Marschall, Hristov und Wagner gingen die Gäste in der 16. Minute durch Markus Hausweiler mit 1:0 in Führung. Zwei Minuten vor der Pause stockte den Lauterer Zuschauern der Atem. Zum ungünstigsten Zeitpunkt lief Jörgen Petterson Libero Kadlec davon und schoß zum 0:2 ein. Aber die Nachspielzeit brachte die Wende. Wer sonst als Olaf Marschall hätte sie herbeiführen können mit seinem wuchtigen Anschlußtor, und es war wieder Marschall, der in der 61. Minute richtig stand und zum Ausgleich abstaubte. Als sich alle bereits mit dem Unentschieden abgefunden hatten, schlug Marco Reich in der 93. Minute eine Flanke von links, Marschall stieg hoch, und sein Kopfball landete zum 3:2 für die glücklichen Roten Teufel im Netz. Am Boden lagen die in Weiß gekleideten Gladbacher, als Sekunden später der Schlußpfiff von Schiedsrichter Bernd Heynemann ertönte. Die Lauterer Spieler trösteten die frustrierten Borussen und liefen vor die Westtribüne, um sich feiern zu lassen. „Olaf Marschall, Fußballgott!" skandierten die Fans und forderten von Berti Vogts: „Olaf für Deutschland!"

Der späte Siegtreffer garantierte dem 1. FCK, unabhängig vom Ausgang des Spiels Bayern München gegen Bayer Leverkusen, den ersten Tabellenplatz vor und nach dem Nachholspiel bei Arminia Bielefeld. Bayern traf auf eine erschreckend schwache Leverkusener Mannschaft, die nicht halb so viel Engagement an den Tag legte wie wenige Wochen zuvor auf dem Betzenberg, und gewann, ohne irgendwann ernsthaft in Gefahr zu geraten, mit 2:1. Doch beim 1. FCK ließ man sich dadurch nicht von seinem Weg abbringen, zu oft hatte man die Erfahrung gemacht, daß die Teams, die gegen Bayern schwach spielten, gegen die Lauterer ihre Bestleistung gebracht hatten.

In der Chefetage des 1. FCK wurden Nägel mit Köpfen gemacht, anstatt über die Einstellung der anderen zu lamentieren. Nach der Verpflichtung von Torhüter Uwe Gospodarek wurde bekannt, daß Uwe Rösler vom eng-

Da staunt der Ex-Lauterer Stefan Kuntz: Michael Ballack kann am und mit dem Ball einfach alles.

lischen Erstdivisionär Manchester City, wo er vier Jahre lang gespielt hatte und zur „Kultfigur" aufgestiegen war, zur nächsten Saison in die Pfalz wechseln würde – ein weiterer Mosaikstein in der sorgfältigen Saisonplanung 1998/99 des Otto Rehhagel.

„Die Sünd' auf der Alm", schrieb die *Rhein-Neckar-Zeitung* nach dem 2:2 im „Castor-Spiel", das der 1. FCK unbedingt hatte gewinnen wollen, um anschließend am Samstag mit einem Sieg gegen den VfL Wolfsburg alles klar machen zu können. Chancen hatte der 1. FCK genug, das *Kicker Sportmagazin* registrierte ein Verhältnis von 13:3 zugunsten der Pfälzer. Die waren nach starkem Beginn auch durch Marian Hristov in Führung gegangen, doch Schiedsrichter Strampe hatte den Treffer wegen angeblichen Abseits annulliert. Trotzdem ließ sich der 1. FCK in der Folge nicht entmutigen und kam durch Olaf Marschall nach Vorarbeit von Ciriaco Sforza zum 1:0. Danach ließen sich die Roten Teufel aber etwas zurückfallen, machten den Gegner stark und kassierten elf Minuten nach ihrer Führung prompt das 1:1. Guiseppe Reina spielte den Ball auf den Iraner Ali Daei, gegen den Michael Schjönberg trotz Längenunterschieds zu kurz kam. Daeis Kopfball zappelte unhaltbar für

Eine kleine Sünde auf der Alm

Reinke im Netz, die wertvolle Führung war unnötig verspielt. Aber es kam noch schlimmer. Ein ums andere Mal stand den Fans des 1. FCK zu Beginn der 2. Halbzeit der Torschrei auf den Lippen, doch Bielefelds Torhüter Zdenko Miletic avancierte in dem packenden Spiel zu einem schier unüberwindbaren Hindernis. Hinzu kam eine ganze Portion Unvermögen der Lauterer und schließlich ein fataler Stellungsfehler von Harry Koch, dem wieder Ali Daei entwischte und vorbei an dem zu spät aus seinem Tor eilenden Andreas Reinke in den rechten Winkel köpfte: Fußball paradox – der fast schon abgeschriebene Tabellenletzte führte gegen den Tabellenführer mit 2:1. Otto Rehhagel reagierte, brachte im kurzen zeitlichen Abstand Rische, Ballack und Kuka für Reich, Koch und Roos, um noch mehr Druck machen zu können. So kam der 1. FCK zunächst zu weiteren Chancen, aber zu keinem Tor, und die Hoffnungen schwanden. Doch dann brachte Hristov eine Flanke in den Strafraum, Rische setzte zu einem Fallrückzieher an, und der Ball landete doch noch einmal hinter Miletic im Bielefelder Tor. Rische hätte danach auch noch zum Matchwinner werden können, hätte er nicht den Pfosten, sondern ins Netz getroffen.

Nach dem Spiel kam es zum verbalen Duell zwischen den Trainern. Ernst Middendorp, der Bielefelder Coach, war am Tag zuvor zusammen mit seinem Manager und dem Team-Manager in München gewesen, um die Trainingsanlage des FC Bayern an der Säbener Straße zu inspizieren. „Jeder, der seinen Verstand benutzt und Fußball spielt, ist mehr als erstaunt", mokierte sich Rehhagel und provozierte den arroganten und dünnhäutigen Middendorp, der den Angriff seines Gegenübers konterte: „Man sollte sich nicht so infantil anstellen." Was Rehhagel nicht auf sich sitzen ließ: „Wir hatten hier ein schönes Hotel, und wir freuen uns, nächste Saison wieder hierher zu fahren. Aber nicht nach Bielefeld, sondern zum FC Gütersloh", sagte er bei „Premiere" und brachte seinen Kollegen zum Kochen.

Nach diesem Spiel begannen die Spekulationen. Würde der MSV Duisburg sich noch voll gegen Bayern München reinhängen, wo die Meidericher doch, egal wie das Pokalfinale zwischen den beiden am 16. Mai ausgehen möge, schon für den Europapokal der Pokalsieger qualifiziert sind? Und würde der 1. FCK noch zwei Siege brauchen, um die Bayern bis zum letzten Spieltag abwehren zu müssen? Es wurde gemutmaßt, verdächtigt, orakelt, gewettet und dem vorletzten Spieltag entgegengefiebert.

Nur eins machte der 1. FCK nicht. Er vermied es, im Gegensatz zu 1991, als die Gladbacher die große Fete auf dem Betzenberg verdorben hatten, eine Meisterfeier vorzubereiten. Wo doch die Meisterschale eh erst am

Gratuliere, Olaf! Schönberg freut sich über das 3:0 gegen Wolfsburg; Ex-FCKler Frank Greiner hakt das Spiel ab.

letzten Spieltag übergeben würde. Der Kaufmännische Leiter des 1. FCK, Gerhard Herzog, einst Organisator in Diensten der rheinland-pfälzischen Landesregierung, sprach aus, was sich wenige Tage später, nach dem Spiel gegen den VfL Wolfsburg, bewahrheitete: „Wir Pfälzer sind in der Lage, auch spontan zu feiern!" Der 2. Mai 1998 nahte heran...

Meisterstück gegen Mitaufsteiger VfL Wolfsburg

Mit dem VfL Wolfsburg – im Hinspiel überraschender 2:1-Sieger – kam auch ein alter Kämpfer des 1. FCK zurück in die Pfalz: Wolfgang Wolf, als Trainer Nachfolger von Willi Reimann und von 1976 bis 1988 295mal für den 1. FCK in der Bundesliga aktiv. Mit dabei war auch Frank Greiner, zu Beginn der Saison in Kaiserslautern von Otto Rehhagel aussortiert und in die VW-Stadt verkauft.

Hatte es 1991 beim vorletzten Spiel zu Hause gegen Borussia Mönchengladbach schon vor dem Spiel Verhaltensmaßregeln für die Fans via Stadionsprecher gegeben, so lief dieses Mal zunächst alles ab wie immer: Werbung, Aufstellung, Einzug. Viele unter den 38.000 Zuschauern glaubte wohl ohnehin nicht an einen Ausrutscher von Bayern München. Und die Roten Teufel wußten auch, daß sie im schlimmsten Fall erstmals seit dem 4. Spieltag die Tabellenführung wieder würden abgeben müssen.

Mit diesem Wissen im Hinterkopf legten die Lauterer los, doch zunächst wollte nicht allzuviel gelingen. Erinnerungen an die Spiele gegen Dortmund und Gladbach wurden wach. Zudem tauchten die Wolfsburger zweimal gefährlich vor Reinkes Tor auf; Greiners Ecke verpaßte nur knapp ihr Ziel. Doch in der 24. Minute kam die Wende. Ciriaco Sforza zirkelte den Ball vor das Tor von Uwe Zimmermann, Olaf Marschall war zur Stelle – 1:0. Danach schwand der Druck wieder, und die Fans übernahmen den aktiven Part im Stadion: Sie skandierten „Duisburg, Duisburg", so daß man hätte meinen können, der MSV hätte seine Arbeit schon erledigt. Längst hatte das halbe Stadion das Ohr am Radio, denn nach diesem 1:0 war der 1. FCK schon ein ganz klein wenig Deutscher Meister.

In der 2. Halbzeit ging es dann schnell. Wagner in der 52. und Marschall in der 55. Minute machten alles klar, Risches 4:0 in der 88. folgten bange Minuten mit der allgegenwärtigen Frage: „Wie steht's in Duisburg?" Ein Glück, daß Mario Baslers gefährlicher Freistoß kurz vor Schluß im 320 Kilometer entfernten Wedaustadion von Torhüter Gill entschärft wurde. Wenig später kam die Bestätigung von Stadionsprecher Horst Schömbs: „Der 1. FCK ist Deutscher Meister 1998!" In Duisburg war es beim 0:0 geblieben. Der besonnene Schömbs hatte kurz vor Spielende denn doch ein

Harry Koch, Jürgen Rische und Olaf Marschall freuen sich über die Meisterschaft.

Hristov, Ballack, Buck, Ratinho, Marschall, Koch, Riedl und Schäfer feiern vor der Nordtribüne.

wenig Regie führen müssen und die Fans gebeten, nach dem Abpfiff erst einmal auf ihren Plätzen zu bleiben. Und so war es dann auch.

Kaum war das noch kurz vorher Unfaßbare wahr, da tanzten und freuten sie sich auf dem Rasen um die Wette. Aus einem Karton zauberten die Spieler ihre schwarzen Meister-T-Shirts hervor, mit denen sie glückselig von einer Ecke des Stadions in die andere zogen. Otto Rehhagel schwang eine rot-weiße Fahne und bejubelte sein „unglaubliches Märchen". Auch die Wolfsburger feierten mit, denn durch das 2:1 von Arminia Bielefeld gegen den 1. FC Köln blieben sie in der Bundesliga. Nach der Ehrenrunde verschwanden die Lauterer erst einmal in ihrer Kabine und kamen zehn Minuten später wieder vor die Nordtribüne, wo sie sich auf einem Podest feiern ließen. Längst war der Rasen von den Fans übersät, als Präsident Hubert Keßler verkündete: „Mit dem heutigen Tag hat der 1. FCK Fußballgeschichte geschrieben... Dieser Sieg hat die letzten Tränen von Leverkusen getrocknet." Nein, Tränen gab es keine an diesem Abend, höchstens welche der Freude, wie die von Michael Schjönberg, der Otto Rehhagel in die Arme fiel, und die von Ratinho, der später erzählte, sein Herz habe sich „vor lauter Begeisterung in vier, fünf Teile zerlegt".

Für Wolfgang Wolf war es „die schönste Niederlage, die ich als Trainer im Profibereich miterleben durfte". Meistertrainer Rehhagel holte etwas weiter aus: „Wir haben eine gute Personalpolitik gemacht... Wir werden jetzt ein bißchen feiern, und in der nächsten Woche müssen wir schon über die nächste Saison nachdenken, ob wir den einen oder anderen Spieler bekommen... Jetzt freuen wir uns, daß dieses Märchen in Erfüllung gegangen ist, es ist ja unglaublich, was hier in den letzten beiden Jahren geschehen ist... Alle Schleusen sind geöffnet, die Menschen können glücklich sein. Der 1. FCK ist die Hauptstadt der Fußballwelt..."

Der Mann, den sie bei Bayern München zum Teufel gejagt hatten, hatte nun eben diese Bayern nicht nur zweimal geschlagen, sondern tief gedemütigt, indem er ihnen die Meisterschaft, auf die sie ein Abonnement zu haben glauben, wegschnappte, sie zwar immer wieder bis auf wenige Punkte herankommen ließ, sie aber jedesmal foppte und ihnen im entscheidenden Moment nun eine lange Nase machte. „Eine klammheimliche Freude" könne er nicht verhehlen, gab Rehhagel zu. Und als am Tag danach im Studio von Sat 1 bei „ranissimo" Bayern-Präsident Franz Beckenbauer dazugeschaltet war und artig gratulierte, setzte Rehhagel großzügig noch einen drauf: „Ihr seid natürlich auch in der Champions League, wenn ihr euch qualifiziert, ich meine, das ist doch auch etwas..." Ein Spieler des FC Bayern sah das Ganze eher pragmatisch: „Da ich aus der Pfalz

Die Fans der Roten Teufel im siebten Himmel

komme, freue ich mich, daß der 1. FCK Meister ist. Ich habe immer gesagt, wenn wir schon nicht Meister werden, muß es Kaiserslautern packen." Originalton Mario Basler.

Das 1:1 am letzten Spieltag in Hamburg hatte nur noch statistischen Wert, der FCK war nun offiziell mit 68 Punkten und zwei Zählern vor Bayern München Meister. Schon vor dem Spiel übergab DFB-Präsident Egidius Braun die Schale an Kapitän Ciriaco Sforza, der sie spontan an Andreas Brehme weiterreichte. Noch am Abend flog die Mannschaft nach Kaiserslautern zurück und ließ sich bei der „Night of the Champions" in der Fruchthalle feiern. Mit Ausschlafen war nichts, denn am nächsten Morgen ging es per Autokorso durch die Stadt und hin zum Rathaus, wo Oberbürgermeister und FCK-Aufsichtsrat Gerhard Piontek die Roten Teufel wieder einmal ehren durfte. 100.000 Menschen tummelten sich in der Stadt bis zum Abend, doch dann mußten zumindest Trainer und Spieler wieder an ihre Pflichten denken: Die Nationalmannschaft Luxemburgs und neun weitere Gegner warteten in Freundschaft auf den Deutschen Meister. Erst die Fußballweltmeisterschaft brachte den (meisten) Spielern Urlaub, doch schon Anfang Juli begann die Vorbereitung: auf eine neue Saison und auf das Abenteuer Champions League.

In der Presse wurde der sensationelle Meistertitel vor allem dem Trainer zugeschrieben: „...Der blendende Jahrgang 1998 ist ein Erfolg der alten 68er. Es sind ... Otto Rehhagel und Jürgen 'Atze' Friedrich, die damals gemeinsam in der Pfalz spielten", schrieb die *Frankfurter Allgemeine Zeitung*, die ansonsten wenig mit den 68ern im Sinn hat. Die *Rhein-Neckar-Zeitung* plädierte gar schon für ein Denkmal: „In der Lauterer Ruhmeshalle gebührt Otto Rehhagel nun der Ehrenplatz neben Friedrich Barbarossa und Fritz Walter – und noch vor 'Kalli' Feldkamp."

▶ **PORTRÄT: OTTO REHHAGEL**

Erfolg ist nichts Unerklärliches

Die Bundesliga war gerade zwei Spieltage alt, da hatte der 25jährige Abwehrspieler Otto Rehhagel von Hertha BSC Berlin sein erstes Erlebnis mit dem 1. FC Kaiserslautern: „Ein Zwischenfall fand erst nach dem Spiel seine Aufklärung. Ohne daß es jemand bemerkt hatte, lag plötzlich Hertha-Verteidiger Rehhagel lang ausgestreckt und bewegungslos auf dem Rasen. Sanitäter bemühten sich um ihn. Er stand wieder auf und spielte weiter. 'Plötzlich stand der Holländer Prins neben mir', sagte Rehhagel nach dem Spiel, 'und ich dachte, was mag der wohl wollen. Doch noch ehe ich zu Ende gedacht hatte, lag ich auf dem Rasen und starrte in den Himmel. Er muß einen nervösen rechten Ellenbogen haben, denn dieser ist mir plötzlich in die Magengrube gefahren.' Aber Rehhagel nahm ihm das nicht übel, und als beide Mannschaften kurz nach dem Spiel am Kurfürstendamm gemeinsam ihr Abendessen einnahmen und mit manchem Scherz die Sache noch einmal Revue passieren ließen, waren Rehhagel und Prins fast unzertrennliche Brüder. 'Man muß nicht alles so tragisch nehmen, beim nächstenmal bin ich vielleicht der Sündenbock', sagte Rehhagel." *(ASZ-Sportblatt/Die Rheinpfalz)*

Drei Jahre später spielte der Übeltäter von Berlin bei Ajax Amsterdam, und Otto Rehhagel schickte sich an, das blaue Trikot der Hertha mit dem roten des 1. FC Kaiserslautern zu vertauschen. Zwar hatte der 1. FCK in seinem dritten Bundesligajahr dank der Schwächen von Tasmania 1900 Berlin und Borussia Neunkirchen frühzeitig den Klassenverbleib sicher, doch Trainer Gyula Lorant wollte mit Verstärkungen für Abwehr, Mittelfeld und Angriff auch einmal weiter vorne mitspielen, jenseits von Abstiegssorgen. So kamen der Jugoslawe Andrija Ankovic für den Spielaufbau, Gerhard Kentschke und Eckart Krautzun für den Sturm und ein solider, zuverlässiger Mann für die Abwehr: Otto Rehhagel.

In seinem ersten Spiel für seinen neuen Klub spielte Rehhagel jedoch nicht in der Abwehr, sondern auf dem ungewohnten Posten des Linksaußen. Gegner war West Ham United aus dem Londoner East-End-Gebilde Newham, das acht Jahre später Partnerstadt von

Otto Rehhagel im September 1997 beim Spiel gegen den VfB Stuttgart (4:3)

Kaiserslautern wurde, mit den frischgebackenen Weltmeistern von 1966: dem Kapitän Bobby Moore, Mittelfeldstratege Martin Peters und dem dreifachen Torschützen Geoff Hurst. Die Engländer gewannen verdient mit 2:0 vor 15.000 Zuschauern, und *Die Rheinpfalz* beurteilte die Leistung des Neuen: „Rehhagel gefiel..., dürfte aber sicherlich als Läufer noch besser zur Geltung kommen."

Sechs Jahre bis zum verletzungsbedingten Ende seiner aktiven Karriere blieb Rehhagel beim 1. FCK, erlebte die Trainer Lorant, Knefler, Piechaczek und Weise, mit denen die Mannschaft folgende Plazierungen erreichte: 5., 16., 15., 10., 8. und 7. Platz. Insgesamt spielte Otto Rehhagel 160 mal für den 1. FCK und schoß 18 Tore. Während seines letzten Jahres, als er lange ausfiel, trainierte er nebenbei den nordpfälzischen FV Rockenhausen. 1972 begann dann eine beispiellose Trainerkarriere im Profibereich. Die erste Station 1972 lag nicht weit von Kaiserslautern und hieß 1. FC Saarbrücken. Es folgten Kickers Offenbach, Werder Bremen, Borussia Dortmund, Arminia Bielefeld und Fortuna Düsseldorf, bevor Rehhagel im April 1981 für den erkrankten Kollegen Kuno Klötzer erneut bei Werder Bremen einsprang, das er auf Anhieb in die Bundesliga zurückführte und mit sensationellen Plazierungen in den ersten Jahren nach dem Wiederaufstieg wieder fest in der Bundesliga etablierte. Bis zum Ende der Saison 1994/95 eilte der Fußball-Lehrer von Erfolg zu Erfolg, kleine Durststrecken inbegriffen. 1988 und 1993 wurde er mit Werder Deutscher Meister, gewann 1991 und 1994 den DFB-Pokal und 1992 den Europapokal der Pokalsieger. Dazu kamen die Supercupsiege 1988, 1993 und 1994.

Zum 1. FC Kaiserslautern hätte Otto Rehhagel vielleicht nie zurückgefunden, wäre ihm in der Saison 1995/96 nicht großes Unrecht widerfahren. Trotz des Erreichens des Endspiels im UEFA-Cup-Wettbewerb mit Bayern München und der Aussicht, Deutscher Meister zu werden, mußte er beim Rekordmeister vorzeitig gehen. Der Erfolgstrainer Rehhagel sah sich schlecht behandelt und zog sich erst einmal zurück.

Zur gleichen Zeit vollzog sich in der Pfalz der Abstieg des 1. FC Kaiserslautern unter Trainer Krautzun, der zusammen mit Rehhagel 1966 als Spieler beim 1. FCK angeheuert, aber nur vier Spiele im Dreß der Roten Teufel absolviert hatte. Als nach dem Abstieg der Pfälzer deren Führungsgremien wechselten und der ehemalige Mannschaftskollege Rehhagels und zweimalige Präsident der Lauterer, Jürgen „Atze" Friedrich, wieder Verantwortung übernahm, geschah etwas Wegweisendes. Friedrich griff zum Telefonhörer und versuchte, Rehhagel den Trainerjob beim 1. FCK schmackhaft zu machen. Der Satz „Bei uns darfst du wieder Otto sein" ging durch die Presse. Wäre nicht Mitte Juli gewesen, sondern Anfang April, man hätte es für einen Aprilscherz gehalten, als die Meldung kam: „Otto Rehhagel wird neuer Trainer des Bundesliga-Absteigers 1. FC Kaiserslautern, der den sofortigen Wiederaufstieg anstrebt."

Daß der nun gelingen würde, kaum einer zweifelte daran, kam doch mit Rehhagel ein Trainer mit Renommee und anscheinend eingebauter Erfolgsgarantie. Doch der von den Höhen der europäischen Wettbewerbe in die Niederungen der 2. Bundesliga Hinabgestiegene ließ von Anfang an keinen Zweifel daran, unter welchen Bedingungen er seine Arbeit zu tun gedenke. Er sah (und sieht) sich als Teil eines Triumvirats gemeinsam mit seinen alten Freunden Friedrich und Präsident Hubert Keßler. Nur diesen beiden wollte er verantwortlich sein.

Das Jahr in der 2. Bundesliga brachte Höhen und Tiefen, Jubel und Pfiffe und viele Fragen. Zum Beispiel die mancher Journalisten nach dem hohen Altersdurchschnitt der Mannschaft, die streckenweise alles andere als glanzvoll zurück in die Bundesliga strebte. Die obligatorische Frage nach den jungen Spielern pflegte Rehhagel stets stereotyp zu beantworten: „Es gibt keine jungen und alten, es gibt nur gute und schlechte Spieler." Einem anderen Frager gab er mehrmals die Antwort: „Sie sind doch mit Mitte Zwanzig auch noch nicht Chefredakteur, da müssen Sie noch einiges lernen, bis Sie dahin kommen." Basta! Nach solchen Antworten hatte Rehhagel erst einmal wieder Ruhe, bis zum nächsten Spiel.

Ähnlich wie schon bei Werder Bremen glänzt Rehhagel auch beim 1. FC Kaiserslautern durch seine treffsichere Personalauswahl. Stand der Kader für die 2. Bundesliga schon fest, als er kam, versäumte er es dennoch nicht, sinnvolle Ergänzungen vorzunehmen. Er erinnerte sich alsbald des Dänen Michael Schjönberg, den er aus seiner Heimat auf den Betzenberg lotste, um erst einmal die Abwehr zu stabilisieren. Und als er sah, daß auch der Angriff einen guten Namen vertragen könnte, überredete er Wynton Rufer im fernen Neuseeland, für ein paar Monate in der Pfalz auszuhelfen, die Stimmung in der Mannschaft positiv zu beeinflussen, ein paar wichtige Tore zu schießen und aufsteigen zu helfen.

Der Anspruch, sein Personal selbst auszuwählen, sorgte aber trotz der durchschlagenden Erfolge Rehhagels auch für Konflikte. Hans-Peter Briegel, der Sportliche Leiter des 1. FCK, sah sein Betätigungsfeld beschnitten und sich selbst ausgegrenzt und beklagte schon früh die fehlende Kommunikation zwischen dem Trainer und ihm. Doch Rehhagel ignorierte die Ansprüche des ehemaligen Nationalspielers, den er als „Lehrling" empfand und auf dem Höhepunkt des Konflikts nach dem Aufstieg auch öffentlich so bezeichnete. Der Erfolg bestätigte Rehhagel, der seine Freunde in Präsidium und Aufsichtsrat hinter sich wußte. Er ging als Sieger aus den Auseinandersetzungen hervor, und Briegel trat – zwar nicht gleich – frustriert ab.

Ursache des Konflikts zwischen Rehhagel und Briegel war die Unklarheit bei der Zuteilung der jeweiligen Aufgaben. Zudem beharrten beide auf ihren Standpunkten und fanden keinen Weg, auf den anderen zuzugehen. Rehhagels Führungsstil, seine Definition der Arbeit als Trainer ließ keine Teamarbeit mit dem Sportlichen Leiter zu, wie sie sich dieser gewünscht hätte. Schließlich trat der lange schwelende und schon früh sichtbare Konflikt via Medien offen zutage und richtete sowohl vereinsintern als auch extern großen Schaden an. Mit Rehhagel und Briegel trafen zwei entschlossene, ich-bezogene Menschen zusammen, so daß ein Konflikt vorprogrammiert war, bei dem jeder der beiden letztlich verlieren mußte. Briegel verlor ein Arbeitsfeld, in dem er auch und gerade von Otto Rehhagel viel hätte lernen und aus dessen Erfahrungen hätte schöpfen können. Auf der anderen Seite verlor Rehhagel einen jüngeren Mitarbeiter, der neue Ideen und Impulse zum Nutzen beider und zum Nutzen des Vereins hätte einbringen können.

Das Geheimnis von Rehhagels Erfolg in Kaiserslautern liegt wohl darin, daß er hier – wie einst in Bremen – ein Umfeld vorfindet, das zu seiner dominanten Trainerpersönlichkeit bestens paßt. Hier wurde ihm eine starke und absolut unangefochtene Stellung garantiert, die keine Opposition zuläßt. Hier fand er die Herausforderung, die Mannschaft, die abgestiegen und am Boden war, wieder aufzurichten, zu ergänzen und zurück in die Bundesliga zu führen und dort gleich eine hervorragende Rolle zu spielen, was sein hohes Ansehen noch weiter mehrte. Der Erfolg der Mannschaft strahlte zurück auf den Trainer, der, mit viel Bewegungsfreiheit bei seiner Arbeit ausgestattet, diesen Erfolg auch als persönlichen Erfolg verbuchen konnte. Durch die klare und unkomplizierte Verteilung der Kompetenzen und das Funktionieren der Kommunikation im Triumvirat Friedrich/Keßler/Rehhagel gab es keine Diskussionen, die zu Reibungsverlusten führten, und vor allem wenig Kontrolle. Die zwei Partner Rehhagels gestalten für den Trainer eine gesicherte Umgebung und treffen in der Regel gut überlegte Entscheidungen, in die der Trainer nicht nur eingebunden ist, sondern richtungsweisend eingreift und sich als Motor betätigt. Dabei arbeitet er zweck- und zielorientiert, löst Probleme schnell und erreicht meist seine Ziele. Motiviert wird Rehhagel durch Ergebnisse und Herausforderungen, dabei nutzt er die ihm zur Verfügung stehende Zeit optimal und betont stets das Wesentliche. Bei seiner Entscheidungsfindung ist er impulsiv und absolut zielorientiert.

In der Kommunikation mit ihm nicht nahe stehenden Personen zeigt sich Rehhagel eher einseitig und als ungeduldiger Zuhörer. Dies trifft vor allem auf den Umgang mit den Medien zu, denen Rehhagel gerne aus dem Weg geht und deren Fragen ihn zu belästigen scheinen. Rehhagel ist kein Trainer zum Anfassen.

Dafür schwören viele seiner Spieler auf ihn, nicht nur in Kaiserslautern. Vor allem die Beziehung zwischen Rehhagel und seinen Bremer Spielern Rune Bratseth und Wynton Rufer ist ein Beispiel dafür, wie sich der Geist des Trainers auf die Spieler übertragen und eine Verbindung herstellen kann, die weit über das Sportliche hinausragt. „Ich kritisiere die Leistung der Spieler, als Mensch sind sie mir heilig", bemerkte Rehhagel in einem Interview der *Frankfurter Allgemeinen Zeitung*. Nach diesem Leitsatz hielt Rehhagel in Bremen trotz aufdringlicher Kampagnen bestimmter Medien immer an dem als „Pannen-Olli" verunglimpften Torhüter Oliver Reck fest und stärkte ihm den Rücken, anstatt ihn auf die Bank zu setzen.

Als der 1. FCK den Vertrag mit Michael Schjönberg im Herbst 1997 vorzeitig verlängern wollte, machte der Spieler (Rehhagel: „Mein nordischer Held") seine Unterschrift vom Bleiben des Trainers abhängig, der sich erst am letzten Spieltag vor der Winterpause erklärte. „Wenn der Trainer gegangen wäre, wäre ich auch gegangen und andere auch", ließ sich der Spieler zitieren.

Der Schweizer Psychologe Peter Gyr, der das Profil einer „dominanten Persönlichkeit" erstellte, das auf Rehhagel zuzutreffen scheint, spricht von der „kollektiven Beziehungsarbeit, welche die Psychen der Spieler miteinander in Verbindung setzt. Dieses Vernetzen erfordert fundiertes psychologisches Wissen, Geschick und Gefühl. Jeder der Spieler hat eine andere psychische Landschaft mit ihren Höhen und Tiefen, satten Wiesen und Abgründen. Es liegt am Psychologen, diese Landschaften zu einer einheitlichen Geographie zu verbinden."

Otto Rehhagel ist dies – nicht nur in Kaiserslautern – gelungen. Es ist das Erfolgsrezept und das Erfolgsgeheimnis Rehhagels, der mit dem 1. FCK aufstieg, einige Spieler aussortierte, die Mannschaft mit passenden Spielern ergänzte und sie optimal zueinander in Beziehung setzte. Zum Beispiel Ciriaco Sforza, den Rehhagel als Trainer bei Bayern München als seinen „Quarterback" bezeichnete und ihm eine eher defensive Rolle zudachte, mit der Sforza nicht immer einverstanden war. Der scheute sich auch nicht, Rehhagel zu kritisieren. Schon in der Winterpause der 2. Bundesliga-Saison kursierte der Name Sforza auf dem Betzenberg; Rehhagel wollte ihn als Regisseur unbedingt haben. Auch in Kaiserslautern sind Sforza und Rehhagel nicht immer einer Meinung, doch Sforza ist Rehhagels verlängerter Arm auf dem Spielfeld, auf den die anderen Spieler hören. Und die stellt Rehhagel dort hin, wo sie ihre Stärken haben. Im *FAZ*-Interview lüftete Rehhagel sein Geheimnis: „Man muß soviel Wissen über die Spieler haben, daß man sicher sein kann, welche spielerischen und charakterlichen Eigenschaften sie mitbringen. Man muß das zusammensetzen wie ein Uhrwerk. Aber diese taktischen Dinge waren schon immer meine Stärke. Ich weiß schon, wen ich wo hinstellen muß."

Ein anderer Neuer, Andreas Buck, war beim VfB Stuttgart auf das Abstellgleis geraten. Rehhagel brachte ihm Vertrauen entgegen. Statt Buck oder Ratinho kommen jetzt Buck und Ratinho über rechts, haben manches entscheidende Tor vorbereitet bzw. selbst geschossen. Marco Reich und vor allem Michael Ballack werden von Rehhagel nicht permanent eingesetzt und verheizt, sondern dosiert und behutsam an ihre Aufgaben herangeführt. Und Andreas Brehme akzeptierte, sicher nicht freudig, aber ohne öffentliches Aufmucken seine Rolle als Stand-by-Profi. Rehhagel und Brehme kamen überein, aus der Strategie des Trainers, der seine Mannschaft zusammenstellte, in der es für Brehme keinen Stammplatz mehr gab, keine menschliche Tragödie werden zu lassen.

Wem all dies gelingt und wer damit auch noch Erfolg hat, ist unantastbar, jenseits der Kritik und sucht seinesgleichen. Und findet das fast gleichaltrige und charakterlich verwandte Pendant 500 Kilometer weiter südwestlich in der Bourgogne beim AJ Auxerre. 70 Tage nach Otto Rehhagels 60. Geburtstag, am 18. Oktober, ist Guy Roux' 60. Geburtstag, und beide sind nach dem Chinesischen Horoskop im Zeichen des Tigers geboren. Paula Delsol beschreibt in ihrem Buch „Chinesische Horoskope" den Tiger als „Schlachtenlenker", „Chef" und „Führer". Er sei niemandem untertan, stets zum Kampf bereit, tollkühn und verwegen. Es sei schwer, seiner Anziehungskraft zu widerstehen, seine Autorität sei so natürlich, daß sie ihm ein gewisses Prestige verleihe. Er verschaffe sich stets Gehorsam und lasse sich nie befehlen. Er sei es gewohnt, daß man sich ihm füge, und niemand würde es wagen, ihm zu widersprechen. Wenn es ihm gelinge, sich zu beherrschen und zu überlegen, bevor er handle, könne es zu großen Erfolgen bringen. Er könne mit Erfolg alle Berufe ausüben, die Wagemut erfordern und in denen er keine Vorgesetzten habe. Hinter seinem kämpferischen Temperament verberge sich viel Zartgefühl, Empfindsamkeit und ein Hang zur Grübelei. Das Glück stehe dem Tiger bei, und niemand habe mehr davon als er. Der Tiger verkörpere Kraft und Mut und höchste Macht. 1998 ist wie 1938 das Jahr des Tigers, und es ist zwar nicht unbedingt das Jahr des Guy Roux, dafür aber das Jahr des Otto Rehhagel geworden.

Im Gegensatz zu Rehhagel hat Roux nie erstklassig gespielt und ist in Auxerre, Limoges und Poitiers dem Ball hinterhergerannt. Dafür kann Otto Rehhagel den Trainerrekord des Franzosen nicht mehr einholen. Seit 1961 betreut Guy Roux den AJ Auxerre am Ufer der Yonne, wo er aus den Niederungen des Amateurfußballs aufgestiegen ist bis in die Premier Division und selbst Hand angelegt hat beim sukzessiven Ausbau des Stade Abbé Deschamps.

Beide Trainer ähneln sich zwar äußerlich überhaupt nicht, aber sehr wohl in ihrem Verhalten gegenüber der Öffentlichkeit. Roux verbot unlängst den Journalisten in Auxerre das Betreten des Stadioninnenraums vor dem Spiel. Ein distanziertes Verhältnis zu Journalisten hat auch Rehhagel, doch so weit wie Roux würde er wohl nicht gehen. Der trat und schlug letztes Jahr auf ein Auto des Senders „France 3 Bourgogne", weil ihm die Berichterstattung über ein Spiel nicht gefallen hatte.

Otto Rehhagel wäre sicher gerne Bundestrainer geworden, hätte nicht nein gesagt, wenn ihn der DFB gerufen hätte, so wie auch für Guy Roux der Posten des französischen Nationaltrainers erstrebenswert war. Doch wenn irgendwann Berti Vogts geht, wird Rehhagel zu alt sein, und in Frankreich wird man einen jüngeren Kandidaten Guy Roux vorziehen.

Doch Rehhagel und Roux haben beide noch denselben Traum. „Ich würde gerne noch einmal mit 71 Jahren einen Europapokal gewinnen", verriet Rehhagel dem Magazin des FCK-Hauptsponsors DVAG. Auch von Roux ist bekannt, daß er sich an das Beispiel des Belgiers Raymond Goethals klammert, der mit 71 Jahren mit Olympique Marseille den Europapokal der Landesmeister gewann. Den beiden Pokalsiegen mit Auxerre 1994 und 1996 und der Meisterschaft 1996 würde er gerne noch einen internationalen Lorbeer hinzufügen.

Gemeinsam ist beiden auch die philosophische Ader. „Alle Menschen haben Angst vor der Einsamkeit. Mit siebzig beginnt der schwerste Weg des Lebens", sinnierte Rehhagel im *FAZ*-Gespräch. Guy Roux vergleicht in seinem Buch „Fou de Foot" (Fußballnarr) das Leben heute mit dem früherer Generationen. „Die Menschen wurden damals nicht so alt wie wir und waren in meinem Alter längst tot. Ab 50 beginnt die Verlängerung, ich bin mitten drin." Und fügte an, froh zu sein, daß er am Ende seiner Karriere sei: „Für Klubs unserer Größe ist im internationalen Fußball kein Platz mehr."

Ein Satz, der Otto Rehhagel nun so nicht über die Lippen käme. Der will mit dem 1. FC Kaiserslautern ins Jahr 2000 und ganz weit nach oben. Blindes Vertrauen in ihn haben sie in der Pfalz, weil er „Chaos in Otto Rehhagel verwandelt" hat, wie eine Zeitung schrieb. Dabei hatte vor dem Start in die Saison 1997/98 alles noch anders ausgesehen. Vor dem Spiel bei Bayern München befürchteten viele und hofften manche sogar das Allerschlimmste. Und danach waren ganze Heerscharen von Rehhagel-Kritikern sprachlos. Der Trainer hatte seine Mischung gefunden aus erfahrenen und jungen Spielern und, der gewöhnlichen Fußballwelt entrückt, schon mal Platz genommen auf dem Lauterer Fußballthron, wie einst Karl-Heinz Feldkamp.

„Braucht der 1. FCK diesen Trainer? Oder besser: Warum braucht der 1. FCK ausgerechnet diesen Trainer?" hatte die *taz* im Dezember 1996 gefragt. Heute stellt diese Frage keiner mehr.

Der Siegeszug des Otto Rehhagel als Trainer des 1. FC Kaiserslautern begann an einem sonnigen Julitag in einem malerischen Ort in der Südpfalz, wo auch der Maler Max Slevogt gewirkt hat. Dieser kreativitätsfördernde Flecken Leinsweiler nahe des Annweiler Trifels ähnelte an diesem klaren Tag ein klein wenig der Toscana. „O ihr Gebirge und Gefühle, ihr seid glücklich. Ja, diese Gegenden sind allein vom Schöpfer beseligt, in denen Freundschaft und Schönheit wohnet; o was werdet ihr mir sein, wenn ich nun künftig an euch zurückdenke!", schrieb der pfälzische Maler und Dichter Friedrich Müller 1777 nach einem Ausflug nach Leinsweiler. Dorthin, wo 219 Jahre später die Erfolgsgeschichte des Otto Rehhagel mit dem 1. FC Kaiserslautern begann.

SPORTPARK
BETZENBERG

Nordtribüne im Bau

 **BILFINGER + BERGER**
BAUAKTIENGESELLSCHAFT
Niederlassung Kaiserslautern

Tel.: 06 31 / 34 32 - 0
Fax: 06 31 / 34 32 - 28

EuroCargo:
Wo wir sind ist vorne!

Der EuroCargo überzeugt auf Anhieb:

- 4- und 6-Zylinder-Turbodiesel und Intercooler
- 4 Fahrerhaus-Varianten
- Über 120 Basis-Modelle und rund 2700 Fahrzeug-Varianten, Ihre eingeschlossen.

Dieser erfolgreiche Mittelklasse-LKW ist jetzt noch besser geworden. Beweis: Der neue EuroCargo 98!

IVECO

MEHR BEWEGEN

Wir laden Sie ein zur Probefahrt oder Vorführung!

IVECO Süd-West
Nutzfahrzeuge GmbH
MAINZER STR. 100 · TELEFON 06 31 / 3 41 41-0
67657 KAISERSLAUTERN

1900 bis 1945
Die frühen Jahre

Wie in Kaiserslautern der Ball rollen lernte

■ **Fußball-Revolutionäre**

Trotz seines eindeutigen Namens war der 1. FC Kaiserslautern nicht der erste Fußballverein in Kaiserslautern. Schon 1899 – noch vor der Gründung des ältesten 1.-FCK-Vorgängervereins FC Kaiserslautern 1900 – gab es für kurze Zeit den Fußballclub Victoria 1899, der aber nicht mit den Vereinen verwechselt werden darf, die sich einige Jahre später unter dem gleichen Namen zusammenschlossen. Da der 1. FCK das Ergebnis mehrerer Zusammenschlüsse ist und seinen Namen einige Male änderte, soll im folgenden nicht nur vom 1. FCK selbst die Rede sein, sondern auch von den anderen Klubs, die in Kaiserslautern den Fußball populär machten.[1]

Wie auch andernorts war im Kaiserslautern der Jahrhundertwende sportliche Betätigung vorwiegend die Domäne der Schulen und Seminare als Ausgleich zur geistigen Tätigkeit. Die Arbeiter in den 25 Steinbrüchen rund um die Stadt rackerten sich in ihrem 12-Stunden-Tag kontinuierlich zu Tode, wenn sie nicht zuvor schon am Alkoholmißbrauch oder an einer Staublunge starben. Sie hatten weder Zeit noch Kraft für zusätzliche körperliche Betätigung. Allen voran stolzierten auch in Kaiserslautern die Turner, die sich schon um die Mitte des 19. Jahrhunderts im Turnverein 1861 zusammengeschlossen hatten. Bereits 1843 hatte es im Hof der Gewerbeschule am Maxplatz den ersten Turnplatz in der Stadt gegeben. 1862, lange bevor an die Anfänge des Fußballs hier überhaupt zu denken war, fand ein großes überregionales Turnfest statt, an dem über zwanzig Gastvereine teilnahmen. Nacheinander entstanden außerdem der Schlittschuhklub, ein Radfahrverein und mehrere Athletikklubs. Doch dies waren alles Sportarten, die man allein oder in Gruppen betreiben konnte, die aber kein Publikum anzogen und kaum zum Mitmachen animierten.

Dafür wurden allmählich die Rasensportarten populär. Der Turn- und Schreiblehrer Georg Pöppl, seit 1881 an der Realschule in Kaiserslautern tätig, führte Mitte April 1894 mit Jugendlichen unter den Augen des städtischen Bezirksamtmanns Schmitt und etlicher Lehrerkollegen das aus England stammende (Fuß-)Ballspiel einer kleinen Öffentlichkeit vor. Die Haltung der Stadtverwaltung war ebenso reserviert wie die der Lehrer. Ein ehemaliger Schüler der Königlich Bayrischen Kreisrealschule erinnert sich: „Für zwei Lehrer war das Fußballspiel ein rotes Tuch. Der eine, mein Mathematikprofessor namens Tillmann..., der andere mein Physikprofessor Roland, waren Todfeinde des Fußballspieles. Sie verstanden es, die Einführung des Fußballspieles in den Turnunterricht anfangs wenigstens zu verhindern, und verfolgten jeden Fußballverdächtigten mit Strafen und schlechten Zensuren. Die beiden verzerrten die Dinge so sehr, daß man uns Schülern sogar den Vorwurf einer Revolution gegen die Schule machte. Jeder einzelne Fußballspieler wurde von dem Mathematikprofessor eingehend verhört und noch heute klingen mir seine Worte im Ohr: 'Das ist die reinste Verschwörung.'"[2]

Lehrer bestrafen kickende Schüler

Doch Georg Pöppl ließ sich nicht entmutigen. Selbstbewußt und seiner Sache sicher schrieb er Mitte Juni 1895 einen Brief an die Stadtverwaltung. „Die englischen Rasenspiele finden in allen größeren Städten Eingang und es wäre für die Pfalz und speziell für deren größte Stadt eine Errungenschaft, wenn obige Bestrebungen auch hier realisiert werden könnten." Nachdem am 13. Juli 1895 das erste öffentliche Fußballspiel von Schülern der Realschule auf dem Maxplatz stattgefunden hatte, ging Pöppl konsequent gleich noch einen Schritt weiter. Ohne Scheu ersuchte er die Stadtverwaltung um einen Platz in der Flur „Auf dem Seß" und erntete damit prompt den Widerspruch des Direktors der Ackerbauschule, der um seine kostbaren Versuchsfelder fürchtete. Aber der Arzt Dr. Theodor Orth, der zuständige Bürgermeister für das Gesundheitswesen, hatte ein offenes Ohr für die Fußballer. Schließlich beschloss dank seiner Fürsprache die Stadtverwaltung am 1.8.1895 den Platz Ecke Hilgardring/Friedenstraße gegenüber vom Bäckerstein als Sportplatz auszuweisen. Doch Pöppl war noch nicht am Ziel angelangt. Seiner Bitte, englisches Raygras zu säen, wurde ebenso entsprochen wie dem Wunsch, zwei Tore aufzustellen sowie zwei Fußbälle und eine Luftpumpe zu beschaffen. Die großzügige Verwaltung genehmigte gar noch eine Wasserleitung und bot makabrerweise die benachbarte Leichenhalle als Umkleidekabine an.

Alle diese Aktivitäten, die darauf abzielten, dem Fußballsport mehr Akzeptanz zu verleihen, führten dazu, daß sich in den folgenden Jahren die Ereignisse förmlich überschlugen und viele Vereine gegründet wurden, von denen aber eine ganze Reihe bereits nach kurzer Zeit nicht mehr existierten.

■ Die ersten Spiele

Georg Pöppl erwies sich nicht nur als unermüdlicher Förderer des Fußballspiels, sondern fungierte beim ersten Match zweier außerschulischer Mannschaften in Kaiserslautern auch als Schiedsrichter. Die Begegnung fand im Mai 1900 auf dem schwer erkämpften Platz an der Friedenstraße statt. Es waren folgende Spieler beteiligt:
▶ Casparé, Reinhard, Weis, Kiefer, Kühn, E.Kiefer, Lankau, Kessler, Voegeli, Candidus, Hebach, J. Reinhard, Grässer, Fritz und Graf.

Ende Mai 1900 vermißten auch die beiden Buchdrucker Adam Lösch aus Mannheim-Käfertal und Rudolf Eisele aus Stuttgart den ihnen aus ihrer Heimat so vertrauten Fußball. Lösch war in Mannheim beim Fußballclub Viktoria 1897 aktiv gewesen und suchte an seiner neuen Kaiserslauterer Arbeitsstätte, der Druckerei Emil Rohr, nach Gleichgesinnten. Er fand sie in den Kollegen Max Nebling und Philipp Sommerrock, und als er an die Gründung des Fußballclub Kaiserslautern ging, waren außerdem noch versammelt:
▶ Louis und August Nebling, L. Dietrich, Max Leipesberger, H. Lankau, J. Graf, H. Brank, Georg Eisinger, H. Seering und J. Steckmann.

Diese Vereinsgründung war jedoch nur der Anfang, denn Georg Pöppl, der der Fußballgesellschaft vorstand, schlug bald vor, die beiden Klubs sollten sich vereinigen. Die Generalversammlung stimmte zu, und die Zahl der Mitglieder sprang auf 22. Der Verein bekam den Namen FC Kaiserslautern 1900. Der erste Vorgängerverein des 1. FCK war geboren. Erster Vorsitzender war Louis Lotz, und als Spielkleidung wählte der Klub in Schwarz-Rot eine schwarz-rot geteilte Bluse mit dunkelblauer Hose.

Im März 1901 kam es zum ersten richtigen Wettspiel gegen den renommierten Mannheimer Fußball-Club Frankonia, das mit 2:3 verloren wurde. In Mannheim war zu jener Zeit, da in Kaiserslautern alles erst begann, bereits eine vielfältige Fußballkultur entstanden.

Bald geriet der FC Kaiserslautern 1900 unter Konkurrenzdruck. Der 1901 unter der Leitung von Fritz Herbach im Gasthaus Burkei gegründete Fußballclub Palatia siegte im prestigeträchtigen Lokalkampf mit 2:1. Aber der FC 1900 ließ sich nicht unterkriegen und wagte im selben Jahr gar den Vergleich mit dem späteren Deutschen Meister und badischen Spitzenklub Karlsruher FV, dem man mit 0:29 unterlag.

Am 17. Juli 1902 gründete sich unter Karl Nagel der Fußballclub Bavaria 02, der fortan gemeinsam mit dem FC Kaiserslautern 1900 und dem FC Palatia an den Verbandsspielen im Gau Pfalz teilnahm. Die Mitglieder aller

Die Teilnehmer am ersten außerschulischen Fußballspiel in Kaiserslautern im Mai 1900, kurz vor der Gründung des FC Kaiserslautern 1900.

drei Vereine gehörten in ihrer Mehrzahl dem bürgerlichen Mittelstand an, etwa als Kaufmannsgehilfen oder als Beamte der Stadtverwaltung.

Der Süddeutsche Fußballverband, dem die pfälzischen Vereine damals angehörten, änderte in diesen Anfangsjahren des Fußballs von Jahr zu Jahr den Spielmodus und teilte die Gruppen immer wieder neu ein, da ständig neue Vereine gegründet wurden, die alle an den Ligaspielen teilnehmen wollten. Längst herrschte Spiel- und Sportplatznot, zumal sich 1906 noch der mehr dem Handwerker- und Arbeitermilieu entstammende Fußballverein Victoria gegründet hatte und sich aus dem Männerturnverein 1893 eine Fußballabteilung unter der Leitung von Eugen Denig, Christian Gödtel und Franz Liebrich abgespalten hatte. Daraus sollte Jahre später der VfR Kaiserslautern werden.

Der FC Kaiserslautern 1900 erkannte früh die Situation, pachtete ein Gelände „Am Waldschlößchen" im Süden der Stadt und richtete es zur Spielstätte her. Der FC Palatia spielte auf der Sportanlage Eselsfürth im Nordosten. Alle anderen drängten sich auf dem Ländel.

Im Zuge der immer weiter fortscheitenden Industrialisierung wuchs derweil die Industriearbeiterschaft im 1914 ca. 58.000 Einwohner zählenden Kaiserslautern von 1874 bis zum Beginn des 1. Weltkriegs von 2.800 auf 13.000 an. 1908 beschäftigten die Spinnereien 2.850 Arbeiter, die Nähmaschinenfabrik PFAFF 1.200. Erhebliche Krisen bahnten sich an, die Produkte verteuerten sich durch die Herabsetzung der Arbeitszeit. Der Fluktuation ihrer Beschäftigten setzte die Kammgarnspinnerei ein vorbildliches soziales Betreuungssystem zur Sicherung eines Arbeitskräftestamms entgegen.³ Die Mentalität der hier lebenden Menschen hatte der ungenannte Eröffnungsredner der 1905 stattgefundenen IV. Pfälzischen Industrieausstellung in Kaiserslautern präzise (und heute noch gültig) auf den Punkt gebracht: „In der Pfalz hat die Industrie nicht eine Anhäufung materieller Schätze in den Händen einzelner bewirkt, sondern die Hebung des Lebensstandards der ganzen Bevölkerung, womit die damaligen ökonomischen Verhältnisse wohl kaum angemessen oder vollständig wiedergegeben erscheinen, wenn auch die gesellschaftlichen Gegensätze nicht so ausgeprägt empfunden worden sein mögen wie an der Saar oder an der Ruhr, was aber wohl eher mit der Mentalität der Pfälzer und der Lauterer zusammenhängen dürfte, denn der Pfälzische Volkscharakter zeige Solidaritätsgefühl, lasse sich nicht in bekämpfende Klassen aufspalten und wisse, daß Industrie, Handel, Gewerbe und Wirtschaft aufeinander angewiesen seien."⁴

Das Terrain des Fußballs sollte nicht ausschließlich bürgerlichen Kräften überlassen bleiben. Die Vereine schossen weiter wie die Pilze aus dem Boden: 1906 unter Georg Bossung der Fußballclub Barbarossa und 1909 der Fußballclub Bayern, dem vor allem ehemalige Mitglieder des Turnvereins angehörten. 1910 fusionierten der FC Barbarossa und der FV Victoria zur Spielvereinigung Kaiserslautern, der sich 1920 auch der FC Bayern anschloß. Ab dieser Zeit nannte sich der Verein „Verein für Rasenspiele". Der VfR, der proletarische Lokalrivale des späteren 1. FCK, aus dem Osten der Stadt war geboren. Während Spieler und Anhänger des 1. FCK und seiner Vorgängervereine ob ihrer bürgerlichen Herkunft und Attitüde als „Schnääker" tituliert wurden, war man beim Quartiersverein VfR stolz auf klar gezogene Grenzen zur Konkurrenz. „Die Krimmstraße war die Grenze, da begann unser Einzugsgebiet bis hin nach Neu-Mölschbach und zum Grübentälchen", wissen alte VfRler zu berichten und fügen kategorisch an: „Von der Krimm ging keiner zum FCK." Dabei hatte der große Fritz Walter, als er noch klein war, nur wenige Meter weiter über der Mannheimer Straße in der Scheffelstraße „Kanälchers" gespielt. „Der ging zum FCK, weil seine Mutter Berlinerin war, hochdeutsch sprach und den 'feineren' FCK gegenüber dem Arbeiterclub VfR bevorzugte. Außerdem verlangte sie ein Paar Fußballschuhe für den Fritz, für die der VfR kein Geld hatte, die er aber beim 1. FCK bekam."

Hing also der Aufstieg des FC Bayern München mit Franz Beckenbauer an einer „depperten Watsch'n", die ihm bei den „Löwen" verpaßt worden war, so scheinen es beim 1. FCK die Fußballschuhe gewesen zu sein, die Schicksal spielten.

▶ **VEREINSPORTRÄT**

Der proletarische Ortsrivale VfR Kaiserslautern

Der auf die Abspaltung einer Fußballabteilung vom Männerturnverein 1893 im Jahre 1906 zurückgehende VfR Kaiserslautern entstand 1920 aus einer Fusion der SpVgg. Kaiserslautern mit dem FC Bayern. Im gleichen Jahr erwarb der Verein die Sportstätte Eselsfürth, die er aber 1924 verlassen mußte, da sie zu einer Radrennbahn umgebaut wurde. Ein Jahr später hatte der VfR ein neues Zuhause auf der Wormser Höhe und wurde 1929 mit dem Aufstieg in die Bezirksliga für ein Jahr Kaiserslauterns ranghöchster Fußballverein. Am 15. November 1936 kündigte die Stadtverwaltung dem Verein das Pachtverhältnis. Der 2. Weltkrieg kündigte sich bereits an, denn das Gelände wurde für Heeresbauzwecke und Kasernen benötigt und mußte bis Ende des Jahres geräumt werden. Im Einvernehmen mit dem Forstamt Kaiserslautern-Ost stellte die Stadt dem Verein im darauffolgenden Jahr ein neues Gelände in der Waldabteilung Erbsenberg, etwas unterhalb des Betzenbergs zur Verfügung. Am 14. August 1938 wurde das Stadion Erbsenberg mit einem Spiel gegen den Karlsruher FV eingeweiht. Im Sommer 1944 ging der VfR mit dem 1. FCK eine Kriegsspielgemeinschaft ein, die aber nur zweimal zu Spielen antreten konnte, da das Fußballspielen durch die häufigen Luftangriffe zu gefährlich wurde. Um die Jahreswende 1944/45 wurde das Stadion von Flugzeugen der Alliierten angegriffen und teilweise zerstört.

Nach dem 2. Weltkrieg spielte der VfR zunächst in der Kreisliga Hinterpfalz. In der Saison 1948/49 stieg Fritz Walter als Nachbarschaftshelfer vom benachbarten Betzenberg, trainierte den VfR so nebenbei mit und schaffte mit der gut besetzten Mannschaft den Aufstieg in die Oberliga Südwest. Kaiserslautern hatte nun zwei Oberligavereine, und das Stadion Erbsenberg wurde auf ein Fassungsvermögen von 10.000 Zuschauern erweitert. 1951 verpflichtete der VfR den mehrfachen polnischen und deutschen Nationalspieler Ernst Willimowski, der der Elf zu großem Renommée verhalf. Dem Abstieg in der Saison 1957/58 folgte 1959 unter Spielertrainer Werner Baßler

Mit dieser Mannschaft des Lokalrivalen VfR Kaiserslautern wurde Fritz Walter 1948/49 als Trainer Meister der Landesliga Hinterpfalz und stieg in die Oberliga Südwest auf. Parallel dazu spielte er in der sogenannten Zonenliga für den 1. FCK.

(Ex-FCK) der Wiederaufstieg. Der VfR wurde zur Fahrstuhlmannschaft. Nach dem erneuten Abstieg 1960 verließ Günther Kuntz, der Vater von Stefan Kuntz, den Verein und wechselte zu Borussia Neunkirchen.

Nachdem 1961 erneut der Aufstieg gelang, belegte der VfR in den beiden letzten Spielzeiten vor Einführung der Bundesliga die Plätze 14 und 13. Verbittert konstatiert Vorstand Otmar Steinbacher in der Festschrift des VfR zu seinem 60jährigen Bestehen: „1963 – Die Bundesliga wird im Fußball... eingeführt. Der deutsche Volkssport Nr.1 wird damit endgültig – und offiziell – zum großen Geschäft. An diesem 'Geschäft' teilnehmen dürfen zunächst 16 deutsche Vereine. Alle übrigen Vereine sämtlicher Oberligen werden ohne Rücksicht auf Tradition und Verdienste von heute auf morgen zweitklassig. Der VfR geht in das kritischste Jahr seiner Vereinsgeschichte."

Als Abwehrspieler Dietmar Schwager 1964 zum 1. FCK wechselte, ging es mit dem VfR weiter bergab. 1965 folgte der Abstieg in die 1. Amateurliga Südwest. Danach war von einer Fusion zwischen dem 1. FCK und dem VfR die Rede. Der 1. FCK benötigte dringend Trainingsgelände, über das der VfR verfügte. Dem VfR mangelte es an der spielerischen Substanz, die stärker beim 1. FCK zu finden war. In einem vernünftigen Miteinander hätte dieses Tauschgeschäft zum Nutzen beider Vereine zustandekommen müssen, doch die außerordentliche Mitgliederversammlung, die über die Fusion abstimmen sollte, lehnte alle diese Bestrebungen aus Traditionsgründen mit Mehrheit ab. Dabei hätte der Name VfR erhalten werden können, und das Ziel des 1. FCK war neben der Nutzung des Geländes auf dem Erbsenberg die Etablierung des VfR in der zweithöchsten Spielklasse zur Herausbildung von Talenten für die Bundesliga. Umgekehrt hätten beim VfR die FCK-Spieler, die noch nicht so weit waren, Erfahrungen sammeln können.

1974/75 stieg der VfR in die 2. Amateurliga Westpfalz ab, aus der 1979 noch einmal der Aufstieg in die Verbandsliga Südwest gelang. Wie groß die Unterschiede zwischen den einst rivalisierenden Nachbarn inzwischen waren, zeigte das 12:0 des 1. FCK in einem Freundschaftsspiel am 30.7.1986 vor 2.000 Zuschauern auf dem Erbsenberg. 1986/87 rückte der VfR wieder in die Bezirksliga ab und erreichte drei Jahre später einen weiteren sportlichen Tiefpunkt. 1995 folgte der freie Fall in die B-Klasse Ost Kaiserslautern (heute Kreisliga Kaiserslautern), aus der 1997 wieder der Aufstieg in die Bezirksklasse Nord glückte. In der Rangliste des Lauterer Fußballs sind die DJK Eintracht Kaiserslautern (1998 in die Bezirksliga West abgestiegen) und die TSG Kaiserslautern (Landesliga West) an den Rasenspielern vorbeigezogen, die sich aber in der Saison 1997/98 im Mittelfeld der Tabelle der Bezirksklasse etablieren konnten. ∎

Die 1. Fußballmannschaft des FC Kaiserslautern 1900 vor ihrem Spiel gegen den FC Palatia, das 1906 2:2 endete.

Im Jahr 1906 trieb die Spiel- und Sportplatznot so manchen zum Griff zur Feder. Das Rektorat der Kreisrealschule wandte sich am 7. Mai an das Bürgermeisteramt und beklagte den schlechten Zustand des Platzes im Ländel. „Die frisch mit Sand bedeckten Stellen waren ja ziemlich in Ordnung, aber der zugefahrene Sand genügt nicht. Ich stelle daher an sehr verehrliches Bürgermeisteramt das ergebenste Ersuchen, es wolle veranlassen, daß der genannte Spielplatz durch weitere Zufuhr an Sand oder auf andere Weise besser hergerichtet werde. Regnault K. Rektor." Der FC Bavaria 02 beklagte ebenso die Beschaffenheit des Platzes und die daraus resultierende Benachteiligung der Lauterer Vereine gegenüber ihren Konkurrenten aus anderen Städten. Außerdem hielt man es von Vorteil, „wenn der Platz durch starke Bretterumzäunung abgeschlossen würde, um die Spieler vor Übergriffen Außenstehender zu schützen." So kam es durchaus vor, „daß die Spieler bei Ausübung des Fußballsports auf dem städtischen Spielplatz den Belästigungen durch herumstehende Störenfriede in hohem Maße" ausgesetzt waren. Erstmals im Lauterer Fußball taucht hier die Idee auf, „bei größeren Wettspielen vom Publikum ein entsprechendes Eintrittsgeld zu erheben." Das „Wohllöbliche Bürgermeisteramt" beschloß schließlich nach einer Sitzung des Stadtrates, 200 Mark für die Herrichtung des Platzes aufzuwenden.[5]

■ Der FV Kaiserslautern entsteht

Ein geordneter und nachvollziehbarer Spielbetrieb mit den anderen pfälzischen Mannschaften – es handelte sich zunächst um einen breit angelegten Städtevergleich Kaiserslautern – Ludwigshafen – ist erst ab der Saison 1907/08 erkennbar. Hinter Westkreis-Meister FC Pfalz Ludwigshafen 03 wurden die FCK-Vorgänger FC Palatia, der FC 1900 und der FC Bavaria 02 Zweiter, Dritter und Vierter. Im Jahr darauf gewann der FC 1900 ein Entscheidungsspiel um die Meisterschaft gegen den Vorjahresmeister mit 3:2 und nahm erstmals an einer Endrunde um die Süddeutsche Meisterschaft teil. Gegen die Übermacht von Phönix Karlsruhe, 1. FC Nürnberg und Hanau 93 hatten die Lauterer zwar keine Chance, aber sie trotzten dem späteren Deutschen Meister aus der badischen Residenz ein 2:3 ab. Das Spiel fand am 4. April 1909 statt, nur gut einen Monat nachdem ein langgehegter Wunsch des Vorsitzenden des FC Palatia nach einem Jahr des Nachdenkens endlich in Erfüllung gegangen war. Der FC 1900, der FC Bavaria 02 und der FC Palatia hatten sich am 1. März 1909 in der Hauswirtschaft Orth zum FV 1900 Kaiserslautern zusammengeschlossen.

Das Spiel gegen Phönix Karlsruhe bestritt der FVK in Schwarz-Rot mit folgender Aufstellung:
▶ Burckhardt, Bossung, Mohler, A. Schmidt, Dickes, K. Nebling, Liebrich, Rogall, Seyler, Gräser, Bähr.

In der wiederum neu organisierten Meisterschaftsrunde spielte der FVK von Anfang an eine wichtige Rolle. 1909/10 reichte es hinter der FG 96 Mannheim, der Vorgängerin des VfR Mannheim, zum zweiten Platz. Bis zur Saison 1913/14 blieb der FVK der einzige westpfälzische Verein in der obersten Spielklasse. Dominant waren jedoch die Mannschaften FG 96, Viktoria 97 und Phönix 02 aus Mannheim, gegen die auch das stattliche Aufgebot der Ludwigshafener Vereine kaum eine Chance hatte.

In der traditionslosen Chemiestadt mit ihrer industriellen Monokultur gab es zu jener Zeit vier Mannschaften, die sich interessanterweise auf den proletarischen Norden und den bürgerlichen Süden verteilten. Im Norden war 1903 die Fußball-Gesellschaft 03 entstanden, die in Gelb-Schwarz spielte und die im direkt nebenan im Hemshof beheimateten Sport-Club Germania 04, der an der Anilinstraße spielte, ihr Quartier-Pendant hatte. Im feinen Süden war ebenfalls 1903 der Fußballclub Pfalz 03 gegründet worden, den sie im Volksmund Stehkragenclub nannten und dem prompt die Gründung des „normalen" Fußballclubs Phönix, einem der Vorgänger des heutigen SV Südwest folgte.

In dieser Formation gewann der FC Kaiserslautern 1900 die südwestdeutsche Meisterschaft 1909: (v.l.n.r.) M. Nebling, K. Müller, H. Liebrich, A. Nebling, Stutzenberger, A. Ehresmann, L. Mohler, G. Bossung, G. Hein, (sitzend:) A. Rogall, H. Seng, A. Seiler.

Auch in der Saison 1910/11 machte die FG 96 Mannheim das Rennen, doch im Jahr darauf blieb der durch die erfolgte Fusion zum VfR Mannheim erhoffte Erfolg aus. Phönix 02 Mannheim und der FVK standen punktgleich an der Tabellenspitze, und hätte damals das Torverhältnis entschieden, wären die Lauterer Meister gewesen. So aber kam es zu einem Entscheidungsspiel auf dem Platz des VfR Mannheim, das Phönix 02 vor 3.000 Zuschauern mit 2:0 gewann.

Die restlichen beiden Spielzeiten bis zum Ausbruch des 1. Weltkriegs landete der FVK jeweils im Mittelfeld der Tabelle. Nachdem die Lauterer durch die Fusion immer stärker wurden, wagten sie, auch internationale Gegner einzuladen. Nacheinander gaben die Volharding Olympia Combinatie Rotterdam'sche Cricket en Voetbal Vereeniging, die Old Boys Basel und die berühmten Queen's Park Rangers aus London Gastspiele in der Pfalz.

Während der FVK seine ersten über die Stadt hinausreichenden Erfolge feierte, hagelte es von seiten der anderen Fußballvereine Eingaben an das Bürgermeisteramt wegen der Überlassung der Spielflächen. Der Fußballklub Revidia, der FC Bayern, der FC Barbarossa 08, der FC Victoria 1906, die Kickers und die Fußball-Vereinigung 1910 – sie alle drängten auf Trainings- und Spielzeiten, um ihren Betrieb aufrechterhalten zu können. Der Fußballclub Nordstern 1910 machte aus der Not eine Tugend und teilte dem Bürgermeisteramt am 20. September 1910 mit, sich mit dem Fußballclub Sportfreunde vereinigt zu haben und ab sofort den Namen Alemania zu tragen. Die untertänigst verfaßten Anträge lasen sich meist so:

Verehrlichtes Bürgermeisteramt
Hier

Betreff: Benützung des städtischen Spielplatzes an der Papiermühle

Ergebenst unterzeichneter Fußballclub ersucht hiermit das verehrliche Bürgermeisteramt um Benützung des städtischen Spielplatzes an der Papiermühle vom 1. September 1910 ab, für das folgende Halbjahr und bittet um gfl. Bestätigung desselben.

Ergebenst Fussballclub Kickers
1. Vorsitzender Emil Ansler

Während andere also um ihre Existenz bangten, reiften im FVK bereits neue Gedanken. Am 31. Juli erschien erstmals die „Halbmonatsschrift des Fußballvereins Kaiserslautern e.V.". In ihrem Geleitwort führte die Vereinsführung aus, was sie mit der Zeitung beabsichtigte: „Um aber *alle* Mitglieder ständig auf dem Laufenden zu halten, entschloß sich die Vorstandschaft, eine alle 14 Tage erscheinende Vereinszeitung ... herauszugeben. ... Ein zu Beginn der Ligaspiele erscheinendes Tabellenformular soll es jedem Mitglied ermöglichen, die sonntäglichen Ligaresultate selbst einzutragen, um so mit Buch führen zu können über den Stand des Vereins in den Meisterschaftsspielen. ... Wenn die Mitglieder ... sich zur Tragung des geringen Kostenbedarfs entschließen, dann werden sie und der FVK künftig eine Vereinszeitung haben, auf die sie stolz sein können. Kein anderer Verein hiesiger Stadt wird etwas Ähnliches bieten können. ..."[6] Mit der Vereinszeitung wollte der FVK nicht nur mehr Mitglieder in die Informationsstruktur einbinden, sondern auch eine stärkere demokratische Beteiligung der Mitglieder zwischen den Vereinsversammlungen erreichen. Obendrein bot die Zeitung einen Service, der damals angesichts des marginalen Stellenwerts, den der Sport in der Presse einnahm, einmalig und dem „Fan" eine große Hilfe war.

Doch in der darauffolgenden Saison suchte man nach dem Tabellenstand des FVK vergebens. Wegen des 1. Weltkriegs ruhte der Spielbetrieb. Für die Spielzeit 1915/16 wurden die regionalen Grenzen wieder einmal neu gezogen, so daß der FVK im Westkreis, Bezirk Pfalz, Staffel 3 endlich wieder einen (starken) Lokalrivalen hatte, den SV Phönix 1910. Da sich

Der FV Kaiserslautern vor dem Spiel gegen den Marinesportclub Kiel am 25.8.1918, links mit Strohhut Präsident Candidus.

viele Spieler des FVK an der Front befanden, rekrutierte sich die Mannschaft hauptsächlich aus talentierten Jugendlichen. Mangelnde Routine im Meisterschaftsrennen konnte erst in der letzten vollen Kriegsspielzeit 1917/18 kompensiert werden, als der FVK mit vier Punkten Vorsprung vor dem SV Phönix 1910 Meister wurde. Doch im gesamtpfälzischen Endspiel siegte die FG 03 Ludwigshafen mit 4:0. Im Spieljahr 1918/19 nahmen der FVK wie auch der SV Phönix 1910 an der Verbandspokalrunde Pfalz-Nekkargau teil. Bereits in der ersten Runde trafen beide aufeinander. Der FVK siegte mit 4:1 und mußte sechs Tage nach der Waffenruhe bei Germania 04 Ludwigshafen antreten, wo er 1:2 unterlag.

Zu den politischen Verhältnissen dieser Zeit, die auf den Fußball großen Einfluß nahmen und ihn behinderten, schreibt der Mannheimer Chronist Dr. Gerhard Zeilinger: „Für den 5. Januar 1919 war die Begegnung FC Phönix Ludwigshafen gegen den VfR Mannheim vorgesehen. Die politischen Verhältnisse machten jedoch die Austragung dieses Spiels unmöglich. Der Artikel 5 des am 11. November 1918 abgeschlossenen Waffenstillstandsvertrages zwischen dem Deutschen Reich und den Alliierten übertrug die Verwaltungsaufsicht den Besatzungstruppen der Verbündeten und der Vereinigten Staaten von Amerika. Am 1. Dezember 1918 begann die Besetzung der Pfalz überwiegend durch französische Truppen. Am 27. Dezember 1918 wurden die Eisenbahn-, Post-, Telegraphen- und Telefonverbindungen mit dem rechtsrheinischen Gebiet eingestellt. Nach Einstellung der

Schiffahrt war zu Beginn des Jahres 1919 die Pfalz vollkommen vom Deutschen Reich abgesperrt."[7]

Der verlorene Krieg und die darauf folgende rigorose Abschottungspolitik der französischen Besatzungsbehörden brachten auch für Kaiserslautern und seine Industrie Stagnation bis weit in die zwanziger Jahre. Die Franzosen importierten, was ihnen möglich war, und sperrten den für die Pfalz bedeutenden Absatzmarkt Saar, was zu einer hohen Arbeitslosigkeit führte.

Bei der Neueinteilung des Verbandsgebiets Ende August 1919 in Heilbronn mußte die West-Gruppe, die in einen Neckar-Kreis und in einen Rhein-Kreis unterteilt war, nochmals aufgesplittet werden, da die französischen Besatzer auch weiterhin keinen Spielbetrieb zwischen links- und rechtsrheinischen Mannschaften zuließen. Aus Kostengründen orientierte sich der FVK in der ersten Bezirksliga-Saison 1919/20 zum Bezirk Saar hin, da die meisten Anfahrten nach Saarbrücken, Neunkirchen und Pirmasens nicht allzu beschwerlich waren. Das hielt die Lauterer, die hinter Saar 05 Saarbrücken und Borussia Neunkirchen den dritten Platz belegten, aber nicht davon ab, mit dem FK Pirmasens und der SG Pirmasens in der folgenden Saison in den Bezirk Pfalz zu wechseln. Dafür gab es einen guten Grund, denn der proletarische Lokalrivale VfR Kaiserslautern hatte nur ein Jahr nach seiner Entstehung aus der Fusion zwischen der SpVgg. und dem FC Bayern die Meisterschaft der Kreisliga Hinterpfalz errungen und den Aufstieg geschafft.

■ Zwischen den Kriegen – Auf und Ab beim FVK

Hatte der VfR sein Erfolgserlebnis mit dem Aufstieg und dem Kauf der Sportstätte Eselsfürth, so begannen für den FVK die düstersten Zeiten seines kurzen Bestehens. Die Pachtkosten für die Spielanlage „Am Waldschlößchen" waren zu hoch geworden, so daß der Verein sich nach einem neuen Domizil umsehen mußte. Er fand es hinter dem Hauptbahnhof oberhalb eines Steinbruchs, und einer der Vorstände, Cornel Mildenberger, erstellte den Plan. So zogen die Mitglieder in ihrer freien Zeit mit Pickel und Spaten über die Malzstraße zum Betzenberg und schufen ihr neues „Stadion". Während die bereits etablierten Fußballklubs also selbst zur Tat schritten und über eigenes Gelände verfügten, feilschten die „Kleinen" weiterhin um allzu knappe Vergabezeiten. Im Frühjahr 1921 sandten der FC Olympia 1911, der SV Phönix 1910 und der Sportclub 1920 höflichste Eingaben an das Bürgermeisteramt.[8]

Die Mannschaft des FV Kaiserslautern in den 20er Jahren; im Torwartdreß Albert Dusch, der spätere Bundesliga- und FIFA-Schiedsrichter.

Dem VfR, der im Hinspiel beim FVK noch mit 2:3 unterlegen war, gelang zwar im Rückspiel ein 4:0, doch wurde der Sieg annulliert und das Spiel für den FVK gewertet.[9] Der VfR wurde Neunter hinter dem FVK und landete auf einem Abstiegsplatz. Doch die sogenannte „Liga-Inflation" – die zehn Bezirke wurden in zwei Gruppen neu geordnet – rettete den VfR vorläufig vor der Kreisliga. Kaum ein Jahr verging ohne Änderung des Spielmodus. Als nach der Saison 1922/23 nur die jeweils vier besten jeder Gruppe für die ab dann wieder eingleisige Bezirksliga qualifiziert waren, saßen der VfR als Fünfter und der FVK als Siebter im selben sinkenden Boot.

Acht Jahre dauerte das Martyrium des FVK, der zweimal als Meister der Kreisliga in der Aufstiegsrunde zur Bezirksliga scheiterte. Bereits 1923/24 gelang der Sprung in die Aufstiegsrunde. Doch der FVK, der gegen Darmstadt 98 und Germania 04 Ludwigshafen noch mithalten konnte, mußte die Überlegenheit des Mannheimer Vorstadtklubs VfL Neckarau anerkennen, der erstklassig wurde. Der FVK unterlag im Entscheidungsspiel um den zweiten Aufsteiger Darmstadt mit 2:4. Im Jahr darauf reichte es hinter dem VfR Pirmasens nur zum zweiten Platz. Und 1925/26 bahnte sich für die „Schnääker" schreckliches Unheil an. Der VfR Kaiserslautern schnappte dem FVK die Meisterschaft weg. Aber auch der VfR, der inzwischen von der Eselsfürth zur Wormser Höhe umgezogen war, scheiterte im Aufstiegskampf.

Mitten in diese mageren Jahre fiel das 25jährige Jubiläum des FVK. Ein großes Festprogramm im Juni 1925 mit Freundschaftsspielen gegen den

FV Nürnberg und den VfR Kaiserslautern täuschte über die wahre Stimmung beim FVK hinweg. In der Vereins-Zeitschrift vom 28. Februar 1925, die mittlerweile regelmäßig erschien, sinnierte Ernst Deepenbrock über „Die Geselligkeit im Sportsleben" und schlug dabei Töne an, die bald offiziell üblich werden sollten: „Auch die Vereinszeitung leistet Erziehungsarbeit, indem sie einen bestimmten, eigentümlich ausgeprägten Sportsgeist und Gemeinschaftssinn vermittelt, anregt und pflegt.

Erziehung zum „deutschen Wesen"

... Das Fest soll einen ausgeprägten Stil haben, der der Gesellschaft im besonderen und deutschen Wesen im allgemeinen angemessen ist. ... Der Wert einer solchen geselligen Veranstaltung ... liegt in der Tatsache, daß die Geselligkeit die guten und edlen Kräfte der Menschen begeisternd anregt, das Empfinden und das Bewußtsein stärkt, der Gemeinschaft innerlich verpflichtet zu sein, ihr anzugehören. ... Wer könnte leugnen, daß damit nicht nur ein wichtiges Stück Erziehungsarbeit zur Sportgemeinschaft, sondern darüber hinaus zur Volksgemeinschaft geleistet würde."[10] Eine profane Klage über den langweiligen Verlauf der Kreisliga schloß sich an, sogenannte „Rohheiten" der Gegner wurden beklagt. Triumphierend ging es weiter: „Kurz nacheinander wurden zwei weitere Treffer (am 1.2.1925 gegen FC Olympia Kaiserslautern) herausgeholt und der Endsieg einwandfrei errungen."[11] Eindeutig fanden hier sprachliche Elemente des herannahenden Faschismus bereits Eingang in die Alltagssprache und in den Sport.

Angesichts der französischen Dauerbesatzung und inflationärer Tendenzen verstärkten sich die rückwärtsgewandten Sehnsüchte zusehends. In der Ausgabe vom 31. März 1925 belehrte ein ungenannter Leitartikler unter dem zunächst unverdächtigen Titel „Die Nachkriegszeit und ihre Einwirkung auf den Fußballsport" seine Leser: „Der junge Mensch von 1914 war kein Sklave, aber er war geleitet und lernte gehorchen, um später befehlen zu können. ... Wenn ich mir heute so manches frühreife und vorlaute Bürschchen betrachte... Ist es denn möglich, mit derartigen Elementen in einem Sportverein ... vorwärtszukommen oder nicht unterzugehen?"[12] In der Zeit wirtschaftlichen Niedergangs sei „eine Menschengattung in die Vereine hereingekommen", die die Gemeinschaft störte, prügelt der Autor auf „Neureiche" und „Inflationsgewinnler" ein, wen immer er damit auch gemeint hat. „Bald sind auch diese Spezies Mensch aus unseren Reihen verschwunden. ... Es bedarf schwerer Arbeit unserer Verbands- und der einsichtsvollen Vereinsvorstände, die durch diese ehemaligen Neureichen gesunkene Moral unserer Spieler und Passiven wieder zu heben. ...

Jede vernünftige Vereinsleitung wird selbst vor Radikalmitteln nicht zurückschrecken dürfen, um diesen Geist des Mammons, der Fäulnis und des Verderbens aus ihren Reihen auf immerdar zu bannen und die Idee des großen Sportgedankens wieder zum Leben zu erwecken."[13]

Mit diesen und ähnlichen Begriffen aus dem Wörterbuch des Unmenschen wurden einige Jahre später das Ende des jüdischen Unternehmertums in Kaiserslautern forciert und 1940 die letzten jüdischen Bürgerinnen und Bürger aus der Stadt heraus nach Ludwigshafen gebracht, bevor sie in das Konzentrationslager Gurs in Südwestfrankreich transportiert wurden – Endstation Auschwitz. Schon 1928 war in Kaiserslautern erstmals ein jüdischer Friedhof geschändet worden.

Ungeachtet der menschenverachtenden und markigen Worte der Meinungsführer im Verein gefiel sich der FVK sportlich weiterhin im Mittelmaß. Auch in der Saison 1926/27 reichte es hinter dem VfR Pirmasens nur zum zweiten Platz. Im Jahr darauf klappte es endlich mit der Meisterschaft, aber in der Aufstiegsrunde scheiterte der FVK an Saar 05 Saarbrücken und an der SpVgg. Oberstein. Doch das größte anzunehmende Unglück stand dem FVK ein Jahr später ins Haus. Der VfR Kaiserslautern beendete die Kreisliga als Erster und stieg in die Bezirksliga Rhein-Saar auf. Erstmals gab es in Kaiserslautern einen Fußballverein, der eine Klasse höher spielte als der FVK. Aber die Spieler von der Wormser Höhe gaben nur ein kurzes Intermezzo und stiegen eine Spielzeit danach wieder ab.

In diesen Tagen, an denen die Lauterer Fußballer und ihre Anhänger die bittere Erfahrung machen mußten, sich mit den regionalen Größen aus Pirmasens, Saarbrücken und Neunkirchen nicht messen zu können, entstand die Idee von der Zusammenführung der zersplitterten Kräfte. Doch dieses Ansinnen stieß beim VfR auf wenig Resonanz. So kam es am 28. Mai 1929 zur Fusion zwischen dem FVK und dem SV Phönix 1910. Bereits im ersten Anlauf reichte es zur Meisterschaft. Punktgleich lag der FV/Phönix am Ende der Aufstiegsrunde mit dem VfB Dillingen auf Platz 1. Das Entscheidungsspiel gewannen die Saarländer 2:1. Schon im Jahr darauf revanchierten sich die Lauterer und gewannen als Dritter der Aufstiegsrunde das Entscheidungsspiel gegen den Tabellenletzten der Bezirksliga, den VfB Dillingen mit 2:1.

Der FV/Phönix Kaiserslautern spielte in folgender Aufstellung:
▶ Gebhardt, Jung, Scheidel, Kirchner, Berndt, Gödtel, Prinz, Konrad, Schaub, Zängry, Diehl.

Zur Halbzeit hatte der FV/Phönix mit 0:1 zurückgelegen, ehe Zängry eine Steilvorlage von Berndt zum Ausgleich nutzte und später nach einer

Flanke von Diehl auch den Siegtreffer erzielte. „Noch klingt das unaufhörliche Jubelgeschrei der Lautringer Expedition einem in den Ohren. Man muß es der sympathischen, fairen Mannschaft gönnen, daß es ihr gelungen ist, endlich nach so langer, langer Unterbrechung die Erstklassigkeit ihrem mit so reicher Tradition gesegnetem Verein wiedergewonnen zu haben", schrieb die *Südwestdeutsche Sportzeitung* am 27. Juni 1931 über das Spiel, das bei großer Hitze im Neunkircher Ellenfeldstadion stattgefunden hatte.

Nach diesem lang ersehnten Erfolg beschloß die Jahreshauptversammlung noch im gleichen Jahr die Änderung des umständlichen und viel zu langen Namen in 1. FC Kaiserslautern.

In der Pfalz und in Kaiserslautern herrschte große Freude, nicht nur über die Erfolge der Fußballer. Im Sommer 1930 waren die französischen Besatzer abgezogen, was zu einer spürbaren wirtschaftlichen Liberalisierung geführt hatte. Trotzdem waren die Auswirkungen der Weltwirtschaftskrise auch in der Mitte der Pfalz zu spüren. Zum einen mehrten sich die Übergriffe auf angebliche Separatisten, denen man nun vorwarf, sie hätten zu eng mit den Besatzern zusammengearbeitet und die Pfalz an Frankreich „verkaufen" wollen. Zum anderen fanden die Nationalsozialisten gerade in dem lange französisch besetzten und fremdbestimmten Landstrich ein bereitetes Terrain. Bei der Reichstagswahl am 14. September 1930 wurde die NSDAP erstmals stärkste Partei. Mit 24,3 % der Stimmen lag sie vor der SPD mit 23,4 %, dem Zentrum mit 12,1 % und der KPD mit 16,0 %.

Von diesem Erfolg beflügelt, kam Hitler am 23. November 1930 zum Gauparteitag nach Kaiserslautern und hielt auf dem Stiftsplatz eine Rede. Kontinuierlich steigerten die Nazis in der Folge ihren Stimmenanteil über jeweils 43,5 % bei den Landtagswahlen und den Reichstagswahlen 1932 bis zu der entscheidenden Reichstagswahl am 5. März 1933, die der NSDAP und der mit ihr verbündeten „Kampffront Schwarz-Weiß-Rot" mit 50,4 % die absolute Mehrheit brachte. Der Mittelstand und Teile der Arbeiterschaft hatten auch in Kaiserslautern zum Aufstieg und Sieg der Nazis beigetragen. Gauleiter war Josef Bürckel, der auch für die Deportation der pfälzischen Juden nach Gurs verantwortlich war und ebenso wie Hitler alsbald zum Ehrenbürger der Stadt ernannt wurde. Am 10. März 1933 wurden das Stadthaus und das Gewerkschaftshaus besetzt, im Juni 1933 die SPD verboten.

■ Der 1. FC Kaiserslautern im Faschismus

In seiner ersten Bezirksliga-Saison überraschte der 1. FCK mit einem vierten Platz und erreichte 1932/33 als Tabellenzweiter hinter dem FK Pirmasens sogar die Endrunde um die Süddeutsche Meisterschaft. Dort landete er mit nur einem Sieg auf dem letzten Tabellenplatz.

Dies war die letzte Bezirksliga-Saison, denn die Nazis machten auch vor dem Fußball nicht halt. Nach der Machtergreifung schalteten sie die Sportverbände gleich. Das Land wurde in 16 Gaue unterteilt, analog dazu wurden 16 Gauligen gebildet, deren Meister für die Endrunde um die Deutsche Meisterschaft qualifiziert waren. Der 1. FCK spielte mit Mannschaften aus Südhessen, dem Saarland und der Pfalz im Gau 13 Südwest. Lokalrivale VfR und Nachbar MTSK (die spätere TSG) wie auch der Sportclub 1920 und die Reichsbahn (der spätere ESC West) spielten eine Klasse tiefer in der Bezirksklasse Mittelpfalz.

In den Jahren bis zum Beginn des 2. Weltkriegs hatte der 1. FCK nicht viel Freude an der Gauliga. Nach einem siebten Platz im ersten Jahr reichte es in der Saison 1934/35 nur zu Platz 10 – Abstieg in die Bezirksklasse. Die Nerven lagen in dieser Spielzeit auf dem Betzenberg so blank, daß es beim Spiel gegen Saar 05 Saarbrücken am 27. Januar 1935 zu Zuschauerausschreitungen kam, die dem Verein eine scharfe Verurteilung durch den Gaurechtswart und eine Menge Ärger einbrachten. Das Stadion wurde bis zum Erlaß eines endgültigen Urteils für alle Spiele mit Ausnahme der Begegnungen der Jugendmannschaften gesperrt.

Im darauffolgenden Jahr gab es in der Bezirksklasse viele interessante Lokalderbies. Den verbissensten Kampf lieferten sich hier die Erzrivalen 1. FCK und VfR. Die *Pfälzische Presse* bemerkte am 6. Januar 1936, „so mancher anständige Sportanhänger, der diesem Spiel als Zuschauer beigewohnt hat, wird nur mit Abscheu an diesen Kampf zurückdenken. Das Spiel war zweifellos ein Kampf, ... aber er wurde nicht ritterlich durchgeführt. ... Zu allem Überfluß gefielen sich auch noch einige Fanatiker in besonders ausfallenden Redensarten, so daß die Spieler von außen auch noch verhetzt wurden."[14] Die *NSZ Rheinfront,* das Parteiblatt der NSDAP, setzte noch einen drauf. „Wenn sich heute noch feige Elemente in den Reihen des deutschen Fußballsports herumdrücken, die ebenso hinterhältig wie gewissenlos und leichtfertig mit der Gesundheit ihrer Gegner spielen, so hat diese *Sorte* von 'Fußballern' im deutschen Sport einfach nichts mehr zu suchen. ... Beschämend blieb es, daß die Mannschaft der Rasenspieler beim Gruß am Schluß des Treffens es nicht der Mühe wert fanden, in gera-

▶ VEREINSPORTRÄT

Der Stadtteilklub ESC West Kaiserslautern

Der ESC West Kaiserslautern ist der Klub des westlichen Stadtteils Bahnheim. Sein Einzugsgebiet ist die nähere Umgebung des Quartiers um die Reichswaldstraße und die Lothringer Dell. Hier bildeten sich seine Vorläufervereine. Die 1911 gegründete FG Kaiserslautern und der FC Weststern vereinigten sich 1921 zum SC 1911/12 Kaiserslautern, der wiederum mit dem SC 1920 zum Sportclub Kaiserslautern fusionierte.

1929 wurde der Reichsbahn-TSV gegründet, dem alsbald die Sportfreunde VfL Kaiserslautern beitraten, worauf sich der Verein Reichsbahnsportfreunde VfL nannte. Als die Besatzungsmacht 1945 die Behördensportvereine wegen nationalsozialistischer Unterwanderung verbot, rief Fritz Becker den Sportclub wieder ins Leben. Als das Verbot nach langen Verhandlungen wieder aufgehoben wurde, schlossen sich die Eisenbahnsportler neu zusammen. 1951 kam es dann zur Fusion von Sportclub und Eisenbahner TSV zum ESC West Kaiserslautern, der zeitweise in der 2. Amateurliga Hinterpfalz spielte und heute in der Bezirksklasse Nord seinen Platz gefunden hat.

Aus dem ESC West Kaiserslautern ging der FCK-Profi Uwe Fuchs hervor. Der ESC West unterhält wie der 1. FCK auch eine portugiesische Mannschaft, den ESC West Portugiesen, die in der Kreisliga Kaiserslautern spielt. ■

der geschlossener Front zum Gegner Aufstellung zu nehmen und so das ohnehin nicht erhebende Bild mit einer weiteren Unsportlichkeit abschloß."[15]

Das Spiel endete 3:0 für den 1. FCK, der sich auch die Meisterschaft sichern konnte, aber in der Aufstiegsrunde zur Gauliga scheiterte. Besonders demütigend war dabei das 0:5 auf dem Betzenberg gegen Rotweiß Frankfurt, bei dem auch FCK-Verteidiger Pirrung nach einem Foul vom Platz gestellt worden war. Umgezogen, kehrte der Bestrafte später im Anzug auf das Spielfeld zurück und schlug einen gegnerischen Spieler mit einem Faustschlag nieder. Wieder forderte die *NSZ Rheinfront* erzieherische Maßnahmen zur „Aufrechterhaltung von Zucht und Ordnung". „Fußballspieler, die keine Sportsleute sind, sondern sich vollkommen unbeherrscht benehmen, haben in den Reihen des Reichsbundes keinen Platz mehr. Ein Verein hat von sich aus dafür zu sorgen, daß Menschen, die dem Sport nur schaden, aus seinen Reihen ausgeschlossen werden."[16] Der 1. FCK verpaßte sein Ziel, den Aufstieg, und das *Pfälzer Tageblatt* konstatierte, in Kaiserslautern, der ehemaligen Fußballhochburg, werde gegenwärtig (nur) ein mittelguter Fußball gespielt.

Der Sportplatz Betzenberg hoch über der Stadt wurde in diesen Tagen einer weiteren Nutzung zugeführt. Der 1. FCK erklärte sich bereit, das Gelände „zur Veranstaltung von öffentlichen Feierlichkeiten, namentlich Jugendfeiern, Sportfeiern, Schulfeiern, Sonnwendfeiern u.a. ... zur Verfügung zu stellen".[17] Wie resignativ die Stimmung beim 1. FCK war, wurde wenig später bei einer außerordentlichen Hauptversammlung deutlich, als ein neuer Vorstand zu wählen war. Eindringlich wurde appelliert, Vergangenes abzuschließen und am Wiederaufbau mitzuwirken. Der neue Vorsitzende August Nebling bat, alles Kritisieren und Nörgeln zu unterlassen.

Im Jahr darauf war der 1. FCK wieder in der Gauliga, und die Ehrungen und Festveranstaltungen nahmen kein Ende. Der Ehrenvorsitzende Otto Candidus bedankte sich dafür bei der Stadtverwaltung und versicherte sie „der weiteren Mitarbeit im Sinne von Führer, Volk und Vaterland".[18] Von heroischen Leistungen war die Rede, doch schon ein Jahr später mußten die Aufsteiger des Vorjahres, der 1. FCK und Opel Rüsselsheim, gemeinsam wieder in die Bezirksklasse zurück. Bis zuletzt keimte Hoffnung, die Gauliga zu erhalten, da der FV Saarbrücken am Saisonende noch drei (!) Nachholspiele absolvieren mußte. Wochenlang war die Zukunft des 1. FCK ungewiß, war unklar, in welcher Klasse es im nächsten Spieljahr weitergehen würde. Aber der FV Saarbrücken gewann alle drei Spiele, und dem 1. FCK blieb nichts übrig, als sich auf das Gastspiel der weltberühmten englischen Amateurelf Corinthians London zu konzentrieren. Die *Pfälzische Presse* schwärmte: „Die englische Fußballbehörde ... gibt (daher) nur den besten englischen Mannschaften die Erlaubnis, auf dem Festland zu spielen."[19] Die Londoner gewannen mit 5:2 gegen eine Kaiserslauterer Stadtelf. Hätten sie gewußt, was mit dem Reinerlös dieses Spieles geschehen würde, sie wären wohl kaum angetreten. Die *Pfälzische Presse* weiter: „Das Treffen wurde vom Reichsbund für Leibesübungen nur deshalb abgeschlossen, um ... einer Reihe von Kaiserslauterer Turnern und Sportlern die Fahrt zum Deutschen Turn- und Sportfest in Breslau, jener gewaltigen Heer- und Leistungsschau ... zu ermöglichen."[20]

Nach der Enttäuschung über den neuerlichen Abstieg des 1. FCK war ein Rückschritt in der Spielstärke der Lauterer Mannschaften insgesamt zu bemerken. In ihrer Großmannssucht propagierten die Nazis prompt über ihre *NSZ Rheinfront* die Gründung einer „großen, verschworenen Kaiserslauterer Fußballfamilie". Neben dem 1. FCK und dem VfR sollten auch der Sportclub und der FV Olympia in diesen Kreis einbezogen werden. Mit markigen Worten wurden die gebrandmarkt, die von einem Zusammenschluß aus Gründen der unterschiedlichen Traditionen nichts wissen wollten. „Selbstverständlich wird es auch an geknickten Fanatikern nicht fehlen, die jetzt ihr lautes Wehgeschrei erheben, weil ihr 'Klübchen' jetzt in einer großen leistungsfähigen Gemeinschaft aufgeht. Erbost und verärgert werden sie sich abwenden. Leichten Herzens wird man aber über diese verstaubten und eingerosteten Kleinigkeitskrämer hinweggehen können, und mit dem gefundenen Stamm einsatzbereiter Kämpfer für die deutschen Leibesübungen wird der kommende Großverein die neue Gemeinschaft aufbauen."[21] In den vorbereitenden Besprechungen hatten sich die betroffenen Vereine übereinstimmend positiv zu diesen Plänen geäußert. Auch einen Namen für das künstliche Gebilde hatte man schon gefunden: Fußball-Sport-Verein Kaiserslautern. Wieder zog die *NSZ Rheinfront* über die Gegner des Kolosses her. „Wenn jeder sein Teil dazu beiträgt und die ewigen Stänkerer rücksichtslos entfernt sind, dann werden unsere Fußballfreunde an dem neuen Verein ihre helle Freude haben."[22] Doch die Nazis setzten ihren hochtrabenden Plänen selbst ein Ende. Wegen angeblicher kommunistischer Neigungen verboten sie den Sportclub, dessen Aktive fast geschlossen zur TSG 1861 Kaiserslautern (vormals MTSK) überwechselten, der sich zuvor schon der komplette FV Olympia angeschlossen hatte. Die TSG aber war zu einem Zusammenschluß zu einem Großverein nicht zu bewegen.

▶ VEREINSPORTRÄT

Die TSG Kaiserslautern, der große Stadtverein

In der TSG Kaiserslautern, die 1861 als Turnverein gegründet wurde und die heute einer der mitgliederstärksten Vereine der Pfalz ist, spielt der Fußball erst seit 1922 eine Rolle. Der Pfalz VfB spielte auf dem Platz an der Reichswaldstraße. 1925 drohte der Verein unterzugehen, als fast die komplette Mannschaft zum FVK überwechselte. Doch nach schweren Jahren in der C-, B- und A-Klasse erreichte der Pfalz VfB 1930 die Kreisliga Hinterpfalz.

1933 fusionierte der Verein mit dem Männerturnverein 1894 zum Männer-Turn- und Sportverein 1894/1933 (MTSK), der sich dann mit dem TV 1861 Kaiserslautern zur TSG vereinigte. Von 1939/40-1943/44 wurde die TSG ununterbrochen Meister der Bezirksliga Mittelpfalz, verpaßte aber stets den Aufstieg in die Gauliga. Nach dem 2. Weltkrieg verblieb die TSG im Amateurbereich, hielt sich lange in der 2. Amateurliga Hinterpfalz, bevor es zum Zusammentreffen mit dem VfR und dem ESC West in der Bezirksklasse Nord Westpfalz kam. Im Gegensatz zum VfR, der sein Reservoir hauptsächlich im Osten der Stadt hat oder zum ESC West, der ein Quartiersverein ist, ist die TSG wegen ihres breiten Sportangebots der Verein der ganzen Stadt – wie der 1. FCK, nur ausschließlich für den Amateursport. Dem Aufstieg in die Bezirksliga Westpfalz 1993 folgte 1996 der Aufstieg in die Landesliga West, wo sich die TSG in der Saison 1997/98 auf einem Mittelfeldplatz einrichtete. ■

Wahrscheinlich verhinderten auch die alten Animositäten zwischen dem 1. FCK und dem VfR die Verwirklichung der Nazi-Ziele. In der Generalversammlung des 1. FCK im Juli 1938 spielte all dies keine Rolle mehr. Der von der *NSZ Rheinfront* so bezeichnete „Vereinsführer Bürgermeister Pg. Albrecht" sprach im Gegenteil davon, der 1. FCK solle in Zukunft das Sammelbecken der sportbegeisterten Jugend sein.

■ Fritz Walter taucht auf

Einer dieser sportbegeisterten Jugendlichen feierte in der Saison 1938/39 in der Bezirksklasse sein Debüt: der gerade 18 Jahre junge Fritz Walter. Bereits in seinem ersten Spiel gegen den SV Niederauerbach schoß er beim 8:1-Sieg vier Tore und begeisterte mit seinem überlegten Spiel. Am 20. März 1939 hatte der 1. FCK sein Ziel erreicht. Mit einem 3:0 gegen die SG 46 Neustadt war die Meisterschaft perfekt. Im anschließenden Aufstiegsspiel gegen die SG Burbach sicherte sich der 1. FCK erneut die Gauliga und die Erstklassigkeit, die bis 1996 nicht mehr verlorenging. Beim 4:0 gegen die Saarbrücker Vorstädter war Fritz Walter ein weiteres Mal mit drei Toren der Matchwinner.

Auch wenn der Rückblick manches verklärt, dürfte doch sicher sein, daß Fritz Walter schon als kickendes Kind seine Beobachter beeindruckt hatte. In einer Festschrift zum 50jährigen Bestehen des 1. FCK heißt es: „Man wird sich an die Zeit erinnern können, in der ein kleiner, strubbeliger Stöpke einen Kinderball mit unnachahmlichem Geschick durch eine Gasse Lauterns von Kanalloch zu Kanalloch jonglierte. Schon damals war er unter der kleinsten Lauterer Fußballjugend ein Könner, der respektiert wurde. So wuchs ein schmächtiges Kerlchen heran, das in der Schüler- und Jugendmannschaft durch seinen Instinktfußball und seine Ballbehandlung den Blick der Fachleute auf sich lenkte."

Bei Walter ergänzten sich planvolles Verhalten und Intuition. Er bewies auf allen Positionen, die er besetzte, seine Klasse. Wer sich die heutigen Verkehrsverhältnisse in Kaiserslautern vor Augen hält und die Möglichkeiten der Kinder zum unorganisierten, freien Fußballspiel sieht, dem muß angst und bange werden um die Talente von morgen, die nur noch in den Ausbildungszentren der Vereine heranreifen können, weil auf der Straße zwar Platz für Autos, aber nicht für bolzende Kinder ist.

Englische Mannschaften mieden zu dieser Zeit Deutschland aus guten Gründen. So kam es am 25. Juni 1939 auf dem Betzenberg zu einem internationalen Freundschaftsspiel gegen Lazio Rom. „Lazio ist der Name der

Provinz, in welcher Rom als Hauptstadt des faschistischen Italiens liegt",[23] belehrte das Stadionprogramm die Zuschauer und wies die Römer mit dem Mittelstürmer der italienischen Weltmeisterelf von 1938, Silvio Piola, als „Fußballweltmeisterklasse" aus. Gegen „die Gäste aus dem befreundeten Italien"[24] war die 1:4-Niederlage ohne Scham und Schmerz zu ertragen. Fast fröhlich ging es im Spielbericht zu.

Obwohl Neuling, wurde der 1. FCK im Spieljahr 1939/40 auf Anhieb Meister der Gauliga bei nur einer Niederlage. Beim 13:6 gegen Wormatia Worms und beim 10:1 gegen GfL Darmstadt bekamen die Zuschauer bereits einen Vorgeschmack auf das, was Fritz Walter und Werner Baßler in späteren Oberligazeiten darbieten würden. Der 1. FCK spielte in seiner Stammbesetzung mit:
▶ Ernst Gebhardt, Willi Hörhammer, Heinz Folz, Willi Müller, Heinrich Hergert, Heinrich Schaub, Jakob Marker, Georg Heimer, Werner Baßler, Fritz Walter, Walter Ininger.

Das Endspiel um die Bezirksmeisterschaft gegen Kickers Offenbach endete am 14. April 1940 in Kaiserslautern 1:1. Beim Rückspiel auf dem Bieberer Berg stand es zur Pause 2:1 für den 1. FCK. Als Jakob Marker zwei Minuten nach Wiederanpfiff das 3:1 erzielte, ging ein Ruck durch die Kickers-Elf, die innerhalb von zehn Minuten auf 4:3 davonzog. Am Ende stand es 6:3, aber den Lauterern wurde allseits attestiert, daß sie nicht schlechter gewesen seien als die Gewinner.

Zu dieser Zeit befanden sich bereits mehrere aktive und passive FCKler als Soldaten im Krieg. Der Verein fühlte sich verpflichtet, sie über die Geschehnisse zu Hause auf dem Laufenden zu halten. „In unauslöschlicher Verbundenheit zum 1. FCK" rief „Kamerad Candidus" ihnen ein Heil Hitler! entgegen und schloß mit einem „Sieg Heil für den deutschen Sport sowie Heimat und Vaterland." Zur sportlichen Entwicklung bemerkte er folgendes: „Wir alle waren gespannt, ob wir in 'großer Gesellschaft' wie einst früher bestehen. ... Aber da kam der 'große Krieg' und statt Kämpfe auf dem grünen Rasen Kämpfe gegen das 'schamlose England' und das 'erbfeindliche Frankreich', die zunächst ihren 'Gefolgsmann Polen' gegen uns hetzten. ... Hipp, hipp, ho der xx ist k.o. oder 1, 2, 3 mit xx ist vorbei oder 2x4 = 8 der 'Betze' hat's gemacht. Ja ihr lieben Kameraden, das sind die Schlachtgesänge der Heimat. ... Sie donnern zwar nicht wie eure schweren Bomber oder die Sirenen der 'Stukas', aber sie klingen dem Verlierer auch auf Stunden noch in den Ohren."[25]

In der Saison 1940/41 gab es im Südwesten eine neue Einteilung. Die südhessischen Vereine wechselten in den Gau Hessen-Nassau und der Süd-

In der Schülerelf des 1. FC Kaiserslautern von 1932 standen mit Richard Schneider (5. v.l.), Fritz Walter (4. v.r.) und Werner Baßler (ganz rechts) drei Stützen der großen Mannschaft der 50er Jahre.

westen bildete zusammen mit dem Saarland den Gau Westmark. Der 1. FCK litt unter seiner Auswärtsschwäche und verlor beim späteren Meister, dem FV Saarbrücken mit 0:5. Dafür hielten sich die Lauterer im Tschammer-Pokal an Eintracht Kreuznach schadlos. Mit 20:0 wurden die Spieler von der Nahe nach Hause geschickt. Fritz Walter traf gleich elfmal und wurde erstmals zum Länderspiel am 14. Juli 1940 in die Nationalmannschaft berufen. In der nächsten Pokalrunde kam dann das Aus gegen Fortuna Düsseldorf. Beim 2:3 schoß wiederum Fritz Walter beide Tore.

Nach dem Einmarsch der Nazitruppen in Frankreich wurde Elsaß-Lothringen annektiert. Im August 1940 trat der 1. FCK „in alter Sportskameradschaft" beim FV Metz an. Das hohe 9:1 der Pfälzer war dem Chronisten der *NSZ Rheinfront* sichtlich peinlich: „(Durch diese Tatsache) hat das kämpferische Moment um den Sieg etwas in den Hintergrund zu treten, um einer für den Augenblick dringlicheren Idee zum Durchbruch zu verhelfen."[26] Der Metzer Oberbürgermeister Imbt führte aus, dieser Tag sei bedeutsam für das deutsche Metz, weil an ihm wieder deutscher Sport an diese Stadt herangeführt und damit wieder die Brücke geschlagen worden sei zu diesem 20 Jahre von Deutschland getrennten Land.

Durch Fritz Walters Aufstieg in die Nationalelf geriet Kaiserslautern auch in der überregionalen Presse in die Schlagzeilen. Der Düsseldorfer *Mittag* schrieb unter dem Titel „Es Walters Fritzke": „Es ist heute die Lokalberühmtheit in dem kleinen, versteckten Pfalzstädtchen, das von Bergen und Wäldern umsäumt, sich einer fast verträumen Abgeschiedenheit erfreut",[27] was die *Pfälzische Presse* zu einer empörten Replik veranlaßte.

In der Saison 1941/42 wurden die lothringischen Mannschaften in die Gauliga integriert. Nun ging es gegen den FV Metz und die TSG Saargemünd. Erneut erzielte der 1. FCK, in dessen Reihen jetzt auch schon Werner Kohlmeyer, Ernst Liebrich und Ottmar Walter standen, Kantersiege gegen die Konkurrenten. 13:1 gegen TuRa Ludwigshafen, 9:1 gegen den VfR Frankenthal, gar 26:0 gegen den kriegsgeschwächten FK Pirmasens, der im März 1942 seine Teilnahme an der Runde zurückzog. Mit sechs Punkten Vorsprung auf den FV Metz wurde der 1. FCK Meister und nahm an der Endrunde um die Deutsche Meisterschaft teil.

Kantersiege mit Kohlmeyer, Liebrich und den Walters

Von diesen Ereignissen und Erfolgen wurden die Lauterer, die sich im Krieg befanden, per „Heimatbrief" informiert. Im August 1941, vor der so erfolgreichen Saison, stimmte Peter Meyer, ein parteitreuer Schreiber, die fernen Anhänger auf die Entwicklung ein. „Zusammen mit den Kameraden aus Lothringen wird der saarpfälzische Sport ... den Neuaufbau des Sports innerhalb unserer südwestdeutschen Ecke aufnehmen. Wenn sich der Gauleiter selbst an die Spitze des westmärkischen Sports gestellt hat, so deshalb, weil die Kräfte zu einem planvollen Aufbau der deutschen politischen Leibesübungen zusammengeschlossen werden müssen. ... Es untersteht keinem Zweifel, daß mit Gauleiter Bürckel und seinem Beauftragten Oberbürgermeister Schwitzgebel ... die Leibesübungen innerhalb unserer Westmark Brauchtum auch des letzten Volksgenossen werden."[28]

Der 1. FCK sorgte weiter für torreiche Spiele. In einem Ausscheidungsspiel zur Deutschen Meisterschaft wurde der favorisierte badische Meister SV Waldhof mit 7:1 geschlagen, doch in der Vorrunde gab es beim 3:9 bei der damals besten deutschen Fußballmannschaft, dem FC Schalke 04, ein Debakel. In der Saison 1942/43 mußte der 1. FCK auf seine Besten verzichten. Fritz und Ottmar Walter und Werner Kohlmeyer waren eingezogen worden, und das machte sich in den Spielen gegen die stärkeren Konkurrenten bemerkbar. Spiele, die im Vorjahr noch knapp gewonnen wurden, gingen jetzt knapp verloren. So landete der 1. FCK am Ende nur auf Platz 5, während Meister FV Saarbrücken das Endspiel um die Deutsche Fußballmeisterschaft gegen den Dresdner SC erreichte, das er mit 0:3 verlor. Im Tschammer-Pokal war für den 1. FCK nach einem 2:3 gegen Kickers Offenbach Schluß.

Im letzten „normalen" Spieljahr, sofern man bei den Kriegsspielen überhaupt von normal reden konnte, wurde der 1. FCK Letzter der Gauliga und entging dem Abstieg nur, weil erneut eine Änderung bei der Einteilung der Spielklassen vorgenommen wurde. Das Reisen war wegen der Bedrohung durch Bombenangriffe und Tiefflieger zu gefährlich geworden. Die Gauliga Westmark sollte deshalb in zwei Staffeln aufgeteilt werden. In der Staffel Ost hätten die pfälzischen Vereine spielen sollen, doch nahm diese Liga nach den vorliegenden Informationen nie den Betrieb auf. Der 1. FCK bildete zusammen mit dem VfR eine Kriegsspielgemeinschaft, die aber lediglich zu zwei Freundschaftsspielen antrat.

1944 lag Kaiserslautern nach schweren Luftangriffen auf Wohngebiete und industrielle Anlagen in Schutt und Asche. Auch der Betzenberg war empfindlich getroffen worden. Am 20. März 1945 landeten erste US-Fronttruppen in Kaiserslautern, am 8. Mai war der Faschismus besiegt. Am 6. Juli 1945 wurde in Kaiserslautern auf Anordnung der Amerikaner ein Bürgerrat gebildet, der aus elf bürgerlichen Mitgliedern und zehn Vertretern von SPD und KPD bestand. Seine schwierige Aufgabe: Säuberung und Entnazifizierung der Stadt und ihrer Institutionen.

■ Anmerkungen

(1) Der frühere Leiter des Kaiserslauterer Stadtarchivs Heinz Friedel behauptete im Dezember 1978 in einem Schreiben an den 1. FCK, der Verein könne sein 80jähriges Jubiläum bereits 1979 feiern, da der FC Kaiserslautern 1900 seinerzeit aus dem Zusammenschluß der 1899 gegründeten Vereine Fußballclub Kaiserslautern und Fußballgesellschaft Kaiserslautern entstanden sei. Der Fußballclub Victoria 1899 findet bei Friedel ebensowenig Erwähnung wie der nach Erich Fuchs angeblich bereits 1896 entstandene Fußballclub Germania, der in allgemein zugänglichen Quellen nirgendwo erwähnt wird. Immerhin riefen Friedels Recherchen, die sich auf einen Brief des Fußballclub Bavaria 1902 an das „Wohllöbliche Bürgermeisteramt" vom 10. Mai 1906 stützten, den damaligen Geschäftsführer des 1. FCK, Thines, auf den Plan, der dem Stadtarchivar per Brief freundlich, aber bestimmt beschied, es gehe „sicher schlecht, nunmehr auf neuerer Erkenntnis ein neues Jubiläum zu feiern." Trotzdem war die Behauptung Friedels so interessant, daß der seinerzeitige Schatzmeister des 1. FCK, Günter Klingkowski, zwölf Jahre später, 1991 nach dem Gewinn der Deutschen Meisterschaft Stadtarchivar Gerd Rauland um eine dezidierte „Stellungnahme zur Frage des Gründungsjahres des 1. FCK" bat. Darin rät Rauland dem 1. FCK, seinen 100. Geburtstag für das Jahr 2000 zu planen, da keinerlei Belege für Friedels Behauptungen vorhanden sind. Außerdem stünden die Daten, auf die sich Friedel stütze, im Widerspruch zur Festschrift des Vorgängervereins FV Kaiserslautern von 1925. „Deren Verfasser hätte sich wohl kaum definitiv auf Ende Mai 1900 als Gründungsdatum festgelegt, wenn er dafür nicht hieb- und stichfeste Beweise ... zur Hand gehabt hätte." (Heinz Friedel, „Als der Fußball erstmals rollte", in: „Kaiserslautern – Stadt und Land 4/78")
(2) W. Kreilinger / Peter Lenk, „Bastion Betzenberg", Taunusstein 1991, S. 213
(3) Erhard Wiehn a.a.O., S. 683
(4) Heinz Friedel, „Die Entwicklung der Kaiserslauterer Industrie", in: Christmann/Friedel: „Kaiserslautern – einst und jetzt", Otterbach-Kaiserslautern 1971, zit. nach Wiehn, a.a.O. S. 678
(5) Stadtarchiv, „Akte A III 5313" Kaiserslautern
(6) Stadtarchiv, „Halbmonatsschrift des FV Kaiserslautern" 1. Jg., Nr. 1, S. 1
(7) Dr. G. Zeilinger, „Die Pionierzeit des Fußballspiels in Mannheim", Mannheim 1992, S. 197
(8) Stadtarchiv, Originalschreiben der Vereine
(9) Markus Röder, „Statistik des 1. FC 1900 Kaiserslautern e.V. von 1900-1994", Düsseldorf 1994, S. 28 f.
(10) Stadtarchiv, „Vereinszeitschrift des FV Kaiserslautern" vom 28.2.1925, 1. Jg., Nr. 2, S. 1
(11) Stadtarchiv, „Vereinszeitschrift des FV Kaiserslautern" vom 28.2.1925, 1. Jg., Nr. 2, S. 1
(12) Stadtarchiv, „Vereinszeitschrift des FV Kaiserslautern" vom 31.3.1925, 1. Jg., Nr. 3
(13) Stadtarchiv, „Vereinszeitschrift des FV Kaiserslautern" vom 31.3.1925, 1. Jg., Nr.3
(14) „Pfälzische Presse" vom 6.1.1936
(15) „NSZ Rheinfront" vom 6.1.1936
(16) „NSZ Rheinfront" vom 25.5.1936
(17) Stadtarchiv, Originalvertrag Stadt Kaiserslautern – 1. FCK
(18) „Pfälzische Presse" vom 3.7.1937
(19) „Pfälzische Presse" vom 13.4.1938
(20) „Pfälzische Presse" vom 13.4.1938
(21) „NSZ Rheinfront" vom 14.5.1938
(22) „NSZ Rheinfront" vom 25.5.1938
(23) „NSZ Rheinfront" vom 27.6.1939
(24) „NSZ Rheinfront" vom 27.6.1939
(25) Stadtarchiv, „2. Brief des 1. FC Kaiserslautern e.V. – Original"
(26) „NSZ Rheinfront" vom 12.8.1940
(27) „Pfälzische Presse" vom 28.10.1940
(28) Stadtarchiv, „Heimatbrief Nr. 20 vom August 1941 – Original"

1945 bis 1963
Konkurrenzlos durch die
50er Jahre

Wie Fritz Walter seinen Verein ganz nach oben brachte

■ 1945-1950: Die Anfänge

Während in Kaiserslautern die Nazis von den Schaltstellen der kommunalen Macht vertrieben wurden, kämpfte der 24 Jahre alte Fritz Walter zweitausend Kilometer weiter östlich in einem Kriegsgefangenenlager in Marmara-Szigett ums Überleben. Nur durch Zufall entging er dem oft tödlich endenden Transport nach Sibirien und zeigte dem Wachpersonal seine Fußballkünste. Die waren davon so angetan, daß sie ihn in ihre Mannschaft baten. Schließlich gelang es ihm sogar, seinen Bruder Ludwig vor der Zwangsarbeit zu retten. Mit ihm zusammen durfte er bald die Reise nach Hause antreten. Unterwegs machten sie in Wien Halt, wo bereits wieder Fußball gespielt wurde. Prompt erhielt Fritz ein Angebot von Rapid, dort zu bleiben und für den renommierten Klub zu spielen. Doch Fritz lehnte ab, und die beiden Brüder zogen weiter Richtung Pfalz. Bernhard Gnegel schildert in seinem 1953 erschienenen Buch „Fritz Walter – Die Geschichte eines Sportsmanns" die Ankunft der beiden in Kaiserslautern: „An einem Oktobertag 1945 sahen Fritz und Ludwig endlich wieder die Heimatstadt vor sich liegen. Der erste Anblick trieb dem Fritz die Tränen in die Augen. Trostlos war der Anblick. War das noch die alte Stadt? Verbrannt und verwüstet, mit kalten Fabrikschornsteinen und hungernden Menschen. ... Wenige Tage später stand Fritz zum ersten Male wieder auf dem Betzenberg. ... Von Panzern und schweren Lastern, die hier geparkt hatten, aufgewühlt. Es gab keinen 1. FC Kaiserslautern mehr und nur eine Handvoll der alten Kameraden. Der Verein mußte erst wieder auf die Beine gestellt werden, mußte bei der fremden Besatzung mühsam um seine Anerkennung kämpfen und dann ganz klein wieder anfangen."

Hans-Dieter Baroth beschreibt in „Anpfiff in Ruinen", wie sehr die Vereine der Willkür der französischen Besatzungsmacht, die das Saarland, die Pfalz und Teile Südbadens und Südwürttembergs dirigierte, ausgesetzt waren. Die Franzosen gaben die Spielflächen nur frei, wenn sie das wollten, so daß z.B. der 1. FCK, der erst im Winter 1945/46 den Betzenberg zurückerhielt, seine Spiele gegen Mannschaften aus dem Umkreis beim VfR auf dem Erbsenberg austragen mußte. Immerhin gelang es dem damaligen Vorsitzenden Paul Karch, der den Franzosen politisch integer erschien, die Genehmigung des französischen Kommandanten dafür zu erhalten, den Verein, der faktisch gar nicht mehr existierte, 46 Jahre nach seiner ersten Gründung erneut zu gründen.

Nachdem der Betzenberg wieder in den Händen des 1. FCK war, machte sich Fritz Walter mit seinen Mitstreitern an die Arbeit. Gemeinsam richteten sie das Spielfeld wieder her. Im Dezember 1945 vereinbarten die ehemaligen Gauligisten aus dem Südwesten Punktspiele nach dem Beispiel der Oberliga Süd, die am 4. November 1945 mit ihren Spielen begonnen hatte. Am 20. Januar 1946 nahm dieser Vorläufer der „Zonenliga" und der späteren Oberliga Südwest seinen Anfang. Dabei gerieten die Fahrten ins Umland recht abenteuerlich. „Diese Fahrten waren bei den gegebenen katastrophalen Verkehrsverhältnissen wahre Abenteuer, denn was mußte eine Mannschaft im Jahre 1946 alles auf sich nehmen, um zu einem auswärtigen Gegner zu gelangen!" (zit. n. Baroth).

Aus dieser Runde ging der 1. FC Saarbrücken mit 31:5 Punkten knapp vor dem 1. FCK mit 30:6 als Sieger und erster Südwestmeister hervor. In den Spielen um die Südwestdeutsche Meisterschaft gegen den Meister der Zone Süd, FC Rastatt, setzte sich der 1. FCS mit 5:0 und 4:4 durch. Doch mehr als der Titel eines Südwestdeutschen Meisters war in dieser improvisierten Spielzeit nicht drin. Über die eigene Besatzungszone hinaus gestatteten die Franzosen keinen Spielbetrieb. Dafür schufen sie im August 1946 das künstliche Land Rheinland-Pfalz und gaben so dem nördlichen Teil ihrer Einflußsphäre einen Namen. Nun nahm auch die zweigeteilte Zonenliga offiziell ihren Betrieb auf. In der Nordgruppe spielten die Vereine aus der Pfalz, dem Saarland, dem Rheinland und aus Rheinhessen. In der Südgruppe waren es die Vertreter aus Teilen Südbadens und Südwürttembergs sowie aus Hohenzollern. Aus der noch kleinen Runde mit Wormatia Worms, dem 1. FC Saarbrücken, Mainz 05, Phönix Ludwigshafen, Borussia Neunkirchen, TuS Neuendorf und dem FSV Trier-Kürenz ging der 1. FCK mit 23:5 Punkten und 75:15 Toren als Sieger hervor. In der Südgruppe setzte sich der VfL Konstanz gegen den SSV Reutlingen durch. Der 1. FCK entschied beide Endspiele mit 8:1 und 8:4 für sich.

In Kaiserslautern war inzwischen im September 1946 zum ersten Mal nach dem 2. Weltkrieg ein Gemeinderat demokratisch gewählt worden.

Dabei erhielten die SPD 13, die CDU 11, die Liberalen 8 und die KPD 4 Sitze. Zum dritten Beigeordneten und Verantwortlichen für den Wiederaufbau wurde Oskar Brill (KPD) gewählt. Aber die Franzosen ließen sich durch die demokratische Läuterung der Pfälzer nicht von ihrer autoritären Linie abbringen. Das Spieljahr 1947/48 war das vorläufig letzte mit saarländischer Beteiligung. Wieder wurde der 1. FCK mit 48:4 Punkten und 151:18 Toren Meister der Nordgruppe, in der jetzt 14 Mannschaften spielten.

Nach der Suspension des auf dem 2. Platz liegenden 1. FC Saarbrücken durch die Franzosen, war TuS Neuendorf als Dritter – nach Siegen gegen den FV Offenburg und den FC Rastatt – neben den Lauterern zweiter südwestdeutscher Teilnehmer an der im K.O.-System auf neutralen Plätzen ausgespielten Endrunde um die Deutsche Meisterschaft. Hier mußte der 1. FCK in der Vorrunde in Worms gegen den Südzweiten 1860 München spielen. Vor 38.000 Zuschauern gewannen die Roten Teufel erst in der Schlußphase deutlich mit 5:1 und wiederholten dieses Ergebnis eine Woche später in Wuppertal im Halbfinale gegen TuS Neuendorf. Endspielgegner am 8. August 1948 in Köln war vor 75.000 Zuschauern der 1. FC Nürnberg, der in Mannheim mit 3:2 nach Verlängerung gegen den FC St.Pauli gewonnen hatte.

In seinem zehnten Endspiel um die Deutsche Meisterschaft gewann der 1. FC Nürnberg zum siebten Mal den Titel mit 2:1 nach Toren von Winterstein, Pöschl und Uebelein, dem in der 62. Minute ein Eigentor unterlaufen

Der 1. FC Kaiserslautern 1948, im Jahr seines ersten Endspiels um die Deutsche Meisterschaft.

war. Matchwinner des „Club" war Torhüter Schaffer, der „die schwersten Bomben aus den Ecken holte", wie *Die Rheinpfalz* mit martialischen Worten berichtete. Die Lauterer Anstrengungen nützten nichts. Hinzu kam, daß der Schiedsrichter sie benachteiligte, als er derbe Fouls des Nürnbergers Kennemann an Baßler und Ottmar Walter nicht bestrafte.

Der 1. FC Kaiserslautern bestritt sein erstes Endspiel um die Deutsche Meisterschaft mit der folgenden Mannschaft:

▶ Hölz, Huppert, Kohlmeyer, E. Liebrich, W. Liebrich, Klee, Grewenig, F. Walter, O. Walter, Baßler und Christmann.

Damit war – bis auf Horst Eckel – der Kern jener Mannschaft gefunden, die in den kommenden Jahren für Furore sorgen sollte. Mit dem torgefährlichen Ottmar Walter, dem späteren „Weltstopper" Werner Liebrich und den konsequenten Manndeckern Werner Kohlmeyer und Ernst Liebrich – allesamt gebürtige Kaiserslauterer – hatte sich ein Kreis von überdurchschnittlichen Spielern gebildet, der in Fritz Walter seinen genialen Mittelpunkt hatte. Ohne Fritz Walter wäre der sportliche Aufstieg des 1. FCK undenkbar gewesen. Er wirkte als Organisator, als Spieler und zeitweilig auch als Trainer beim 1. FCK. In dieser Funktion unterstützte ihn für einige Zeit Sepp Herberger, der den Lauterern aufgrund der Nähe seines Wohnortes Weinheim besonders wohlgesonnen war.

Einzigartige Spielkultur unter Fritz Walters Regie

Mit dem gereiften Fritz Walter, der als Mittelfeldspieler auch noch Konkurrent seines torgefährlichen Bruders war und stets nahe an dessen Torquote herankam, entwickelte sich beim 1. FCK eine im Südwesten der 50er Jahre einzigartige Spielkultur. Solch ein geniales Zusammenspiel hatten die Menschen hier noch nicht gesehen: Mit einer starken Abwehr im Rükken, in der Werner Kohlmeyer und Werner Liebrich fast alles abräumten, führte Fritz Walter klug Regie, bereitete viele Tore vor, schoß nebenbei selbst welche und wurde als einer der ersten modernen Spielgestalter zum Vorbild späterer „Regisseure" wie Netzer, Overath oder Beckenbauer. Fritz Walters Kunst, Fußball zu zelebrieren und seine Mitspieler zu Höchstleistungen mitzureißen, trieb die Menschen zwischen Koblenz und Ludwigshafen in Scharen in die fortan überfüllten Fußballstadien. Vom ersten Spiel an, das der 1. FCK nach Kriegsende austrug, streifte die Mannschaft ihr altes Negativ-Image als Fahrstuhlteam der Gauliga ab. Der 1. FC Kaiserslautern wurde vor allem dank Fritz Walter zu einem großen Verein in Deutschland, und der 8. August 1948 war nur der erste Höhepunkt seines Aufstiegs.

Freute sich die Pfalz über das Erreichen des Endspiels und die Leistung des 1. FCK, so verfielen die saarländischen Vereine in Depression. Im Mai 1948 hatte der französische Fußballverband FFF nach einer Tagung in Paris, an der auch Vertreter der saarländischen Regierung und des saarländischen Sports teilnahmen, bekanntgegeben, daß den saarländischen Klubs künftig nach Abschluß der Meisterschaftsrunde 1947/48 nur noch Freundschaftsspiele gegen französische und internationale Mannschaften erlaubt seien. Der Saarländische Fußballbund (SFB) wurde gegründet, der VfB Neunkirchen, SV Saarbrücken und die SG Völklingen spielten in der Landesklasse Saar, während der spielstarke 1. FC Saarbrücken einen Sonderweg wählte und den Kräftevergleich mit renommierten europäischen Vereinsmannschaften suchte.

„Unser Fritz" beim Torschuß auf dem Betzenberg, 1949.

Ohne den saarländischen Konkurrenten hatte es der 1. FCK in der Saison 1948/49 leicht, Sieger der Nordgruppe der Oberliga zu werden. Auf dem Betzenberg waren zweistellige Ergebnisse fast die Regel: 14:0 gegen Eintracht Trier, 16:1 gegen die SpVgg. Weisenau, 12:0 gegen den ASV Oppau und 13:0 gegen die SG Gonsenheim. Wormatia Worms wurde mit 36:12 Punkten abgeschlagen Zweiter hinter dem 1. FCK mit 43:5. Dabei schossen die Lauterer fast doppelt so viele Tore (142:22) wie die Rheinhessen (75:24). Lediglich gegen den FK Pirmasens (0:2) und Phönix Ludwigshafen (0:1) zog der 1. FCK auswärts den Kürzeren. So nebenbei trainierte Fritz Walter den eine Klasse tiefer in der Kreisliga Hinterpfalz spielenden Lokalrivalen VfR und führte ihn zu Meisterschaft und Aufstieg, was nicht bei allen FCKlern auf Verständnis und Freude stieß.

Der Sieger der Südgruppe hieß diesmal Fortuna Freiburg, doch gegen den 1. FCK hatten die Breisgauer beim 0:4 und 3:6 keine Chance. Erneut fand die Endrunde um die Deutsche Meisterschaft im K.O.-System auf neutralen Plätzen statt. Der 1. FCK spielte in der ersten Runde in Bremen gegen den FC St. Pauli, der in der Qualifikation Bayern München ausgeschaltet hatte. Vor 35.000 Zuschauern brachte Ottmar Walter den 1. FCK in der 10. Minute in Führung, doch Woitas glich zwei Minuten vor der Halbzeit aus. Auch nach Verlängerung blieb es beim 1:1. Das Wiederholungsspiel in Düsseldorf gewann der 1. FCK mit 4:1 und zog ins Halbfinale gegen Borussia Dortmund ein. Vor 57.000 Zuschauern trennten sich beide 0:0, die Wiederholung in Köln gewann die Borussia mit 4:1. Im Spiel um den dritten Platz besiegten die „Roten Teufel" die Offenbacher Kickers vor 33.000 Zuschauern in Koblenz mit 2:1 nach Verlängerung. Meister wurde nicht Borussia Dortmund, sondern der rechtsrheinische Nachbar des 1. FCK, der VfR Mannheim, durch ein 3:2 vor 92.000 Zuschauern im Stuttgarter Neckarstadion. 540 Minuten hatten die Lauterer Spieler in der Endrunde auf dem Rasen gestanden, drei Verlängerungen und zwei Wiederholungsspiele hinter sich gebracht.

In der Saison 1949/50 wurden die beiden Gruppen der Oberliga Südwest auf je 16 Vereine erweitert. In Wormatia Worms hatte der 1. FCK eine ernstzunehmende Konkurrentin, die auf dem Betzenberg 2:1 gewann und nur aufgrund dummer Punktverluste bei schwächeren Mannschaften ihre Chance auf Platz 1 verspielte. Mit 51:9 Punkten und 104:21 Toren wurden die Wormser Zweiter hinter dem 1. FCK mit 54:6 Punkten und 157:24 Toren. Wieder gab es eine Menge von Kantersiegen, nicht nur auf dem Betzenberg. Beim VfR Kirn siegten die Lauterer mit 10:2, zu Hause gab es ein 12:3. Der ASV Landau fuhr mit 10:0 geschlagen nach Hause, der VfR Kaiserslautern verlor mit 9:1, der FV Engers 13:0 und der FSV Trier-Kürenz mit 18:0. Im letzten Jahr der zweigeteilten Oberliga Südwest besiegte der 1. FCK im Endspiel um die Südwestdeutsche Meisterschaft den SSV Reutlingen mit 6:1 nach Verlängerung. In der Endrunde um die Deutsche Meisterschaft war in Karlsruhe RW Essen der Gegner. Wieder benötigte der 1. FCK nach einem 2:2 nach Verlängerung ein Wiederholungsspiel, das er in Köln mit 3:2, ebenfalls nach Verlängerung, gewann. Das Viertelfinale war Endstation. 43.000 Zuschauer sahen in Nürnberg einen 5:2-Sieg des VfB Stuttgart, der durch ein 2:1 gegen die Offenbacher Kickers Deutscher Meister wurde.

1950 – der 1. FCK feierte sein 50jähriges Jubiläum – wurde die Oberliga Südwest eingleisig, doch die saarländischen Mannschaften durften immer noch nicht mitspielen. Die Südgruppe wurde in die Oberliga Süd und in die darunter angesiedelte Spielklasse integriert.

■ 1951 bis 1957: Meisterschaften, Meisterschaften...

Zu Beginn der Saison 1950/51 kam mit dem 31 Jahre alten gebürtigen Kaiserslauterer Richard Schneider ein neuer Trainer auf den Betzenberg. In der Mannschaft, die er übernahm, traf er bereits die fünf Spieler an, die knapp vier Jahre später gemeinsam Weltmeister wurden. Schneider hatte mit Fritz Walter in der Jugend und in der Gauliga gespielt, bevor zwei Meniskusoperationen für das Ende seiner Fußballerkarriere sorgten. Richard Schneider wurde in einem Jahrzehnt Betzenberg trotz Karlheinz Feldkamp, Friedel Rausch und Otto Rehhagel, allerdings unter anderen Bedingungen, zum erfolgreichsten Trainer des 1. FCK. Der Kaiserslauterer Stadtarchivar Gerd Rauland widmete Schneider am 28. April 1992, zehn Jahre nach seinem

Er ist der erfolgreichste Trainer des 1. FC Kaiserslautern: Richard Schneider wurde mit der Walter-Elf 1951 und 1953 Deutscher Meister und zwischen 1950 und 1961 siebenmal Südwestmeister.

Die Mannschaft des 1. FC Kaiserslautern nach dem 2:1 im Endspiel 1951.

Unterlegener Gegner am 2. Juli im Berliner Olympiastadion war Preußen Münster.

Tod, einen verdienten Nachruf in der *Rheinpfalz*. Schneider hatte bei Sepp Herberger an der Sporthochschule in Köln seinen Trainerschein gemacht, gemeinsam mit Helmut Johannsen und Helmut Schön. Nach seiner Zeit beim 1. FCK war Schneider noch bei Preußen Münster und beim SSV Reutlingen tätig, ehe er sieben Jahre vor seinem Tod wieder nach Kaiserslautern zurückkehrte. Auf dem Waldfriedhof befindet sich sein Grab; auf dem Betzenberg erinnert wenig an den „Meistermacher".

In der Saison 1950/51 hielt der 1. FCK die Wormser wieder stärker auf Distanz. Sieben Punkte Vorsprung bei 46:6 Punkten und 95:16 Toren sicherten erneut die Meisterschaft. Ottmar Walter wurde mit 28 Treffern erfolgreichster Torschütze der Oberliga Südwest.

Wie die Stadtliga Berlin durfte auch der Südwesten nur seinen Meister in die Endrunde um die Deutsche Meisterschaft schicken, die erstmals in zwei Vierergruppen mit Hin- und Rückspiel sowie anschließendem Finale der beiden Gruppenersten ausgetragen wurde. Während es in der Gruppe II bis zum letzten Spieltag spannend blieb und Preußen Münster, der 1. FC Nürnberg und der Hamburger SV jeweils 6:4 Punkte hatten, war in der Gruppe I die Entscheidung über den Finalisten längst gefallen. Nach anfänglichen Problemen beim 2:2 gegen die SpVgg. Fürth gewann der 1. FCK vier Spiele in Folge: 4:2 beim FC St. Pauli, 1:0 gegen Schalke 04, 2:0 zu Hause gegen St. Pauli und 3:1 in Fürth. Das letzte Spiel bei Schalke 04 ging mit 2:3 verloren, aber der 1. FCK war Erster mit 9:3 Punkten. Mit jeweils sechs Toren hatten Werner Baßler und Horst Eckel großen Anteil an diesem Erfolg. Erst in den letzten drei Spielminuten entschied sich, wer Endspielgegner des 1. FCK werden sollte. Eine mysteriöse Torflut von Preußen Münster bei Tennis Borussia Berlin (8:2) verhinderte die Neuauflage des Endspiels von 1948.

In seinem zweiten Finale um die Deutsche Meisterschaft siegte der 1. FCK vor 100.000 Zuschauern im Berliner Olympiastadion mit 2:1 gegen Preußen Münster. Nach einer grausamen ersten Halbzeit ging Münster mit dem sogenannten „100.000-DM-Sturm" kurz nach der Pause durch Gerritzen in Führung. Innerhalb von 13 Minuten schafften Fritz und Ottmar Walter die Wende. Eine Flanke von Fritz verwandelte Ottmar in der 61. Minute zum Ausgleich. In der 74. Minute lenkte wieder Ottmar eine Ecke seines Bruders mit dem Kopf ins Netz. Tore fielen danach trotz Chancen auf beiden Seiten keine mehr. „Kaiserslauterns größter Tag", titelte *Die Freiheit* am 2.7.1951. Die Meistermannschaft trat in folgender Aufstellung an:

▶ Adam, Rasch, Kohlmeyer, E. Liebrich, W. Liebrich, Jergens, Eckel, F. Walter, O. Walter, Baßler, Fuchs.

Nach seiner Rückkehr aus Berlin feierten die Pfalz und die Stadt Kaiserslautern den Deutschen Meister 1951, allen voran Fritz Walter.

Ottmar Walter, der verletzt ins Spiel gegangen war und nicht wußte, ob er die 90 Minuten überhaupt durchhalten würde (es gab noch nicht die Möglichkeit, einen Spieler auszuwechseln), wurde zum Gewinner des Spiels, war aber danach physisch am Ende und kämpfte gegen heftigen Brechreiz an.

Am Montag ging es mit dem Zug nach Hause. Schon in Ludwigshafen, wo ein Zwischenstop notwendig war, säumten jubelnde Menschen den Weg. Als der Zug am Abend in Kaiserslautern einfuhr, waren die Bahnsteige und die Straßen um den Bahnhof voll von Menschen. Das kleine Kaiserslautern begrüßte seine Meister mit Salut und Musik und chauffierte sie auf den Betzenberg, wo sich Zehntausende versammelt hatten, die mit der Mannschaft feierten.

Nach dem Kriegsende und den verheerenden Folgen der Bombardements für die pfälzischen Städte, nach all der Schafferei, um wieder nach oben zu kommen, war dieser Titel des 1. FCK auch der Titel aller Pfälzer, die sich ohnehin am Rand der Republik ein wenig mißachtet vorkamen und vorkommen. Alle Blicke richteten sich plötzlich auf die, die vorher keiner so recht ernstnahm. Kaiserslautern, damals eine Stadt, die noch nicht einmal 100.000 Einwohner hatte, in einem Bundesland ohne richtige Großstädte, ohne Metropole! Am darauffolgenden Sonntag veranstaltete die Stadt Kaiserslautern den Meistern zu Ehren einen Festakt in der Fruchthalle, an dem auch der Ministerpräsident von Rheinland-Pfalz, Peter Altmeier, teilnahm. Viel verdienen konnten die elf Meisterspieler mit ihrem Titel nicht. Die bei der Nähmaschinenfabrik Pfaff Beschäftigten wie Horst Eckel und Heinz Jergens hatten gar unbezahlten Urlaub für die Reise nach Berlin nehmen müssen, bekamen allerdings nach dem großen Erfolg von der Geschäftsleitung einen einwöchigen Urlaub in Italien spendiert. Doch mit Verträgen in Italien wurde es nichts. Zu heimatverbunden waren die Lauterer Spieler, als daß sie den gelegentlichen lukrativen Angeboten italienischer, französischer und spanischer Klubs gefolgt wären.

Es gab in diesen Tagen der Freude über den sportlichen Erfolg aber auch Neues aus Kaiserslautern, das bedrohlich wirkte und nachdenklich stimmte. Unter dem Datum 10.8.1951 bezieht sich das „Stadttagebuch" auf einen Artikel in der Tageszeitung *Die Freiheit,* die über „Kaiserslautern als Zentrum westlicher Verteidigung" berichtete. „Im Zuge dieser Vorbereitungen wurde unserer Stadt die für das Sicherheitsbedürfnis ihrer Bewohner bedenkliche Ehre zuteil, innerhalb der strategischen Planung für Europa an hervorragender Stelle genannt zu werden." Kaiserslautern rückte in den Blickpunkt der „Westpolitik" und wurde zum Hauptquartier des „Rhine Military Post", der in der Kaserne an der Straße nach Hochspeyer Quartier bezog. An allen Ecken und Enden der Stadt und in der ganzen Region machten sich die Amerikaner mit ihren militärischen Einrichtungen breit. Kaiserslautern verlor seinen vormals guten Ruf, wurde zu K-Town (Kee-Taun). Die Militärplaner hatten schlicht vergessen, für ihre GIs außerhalb der Dienstzeiten Möglichkeiten sinnvoller Freizeitbeschäftigung zu schaffen. So blühten Schwarzhandel und Prostitution. Immer öfter sah sich die Stadtverwaltung gezwungen, Aktionen gegen das „Dirnenunwesen" (Stadttagebuch), das sich nicht nur am Stadtrand, sondern auch in der Innenstadt breitmachte, durchzuführen. Auch aus diesem Grund weilte der Agitator Gottes, Pater Leppich, in Kaiserslautern, um gegen das „satanische Gesicht des Materialismus" zu wettern. Angesichts der Existenz ganzer Heerscharen von Roten Teufeln war das schon damals ein hoffnungsloses Unterfangen. Die Kaiserslauterer gewöhnten sich schnell an die neuen Verhältnisse, an die bald 50.000 Amerikaner und Amerikanerinnen. Der Schwerpunkt der Prostitution verlagerte sich später zum Straßenstrich an die Pariser Straße, an den Stadtausgang in Richtung Vogelweh und Einsiedlerhof.

Der Deutsche Meister 1. FCK tat sich schwer in der neuen Saison 1951/52, als erstmals wieder der 1. FC Saarbrücken und Borussia Neunkirchen in der Oberliga mitspielen durften. Das Saarland war Mitglied der FIFA und traf später in der Qualifikation zur Weltmeisterschaft 1954 auf die deutsche Nationalmannschaft. Der 1. FCK startete schwach mit Punktverlusten in Kreuznach und Trier und stand nach der Vorrunde mit vier Punkten Rückstand auf Tabellenführer TuS Neuendorf auf Platz 4. Der 1. FC Saarbrücken, der einige Spiele im Rückstand war, hatte gar acht Punkte Vorsprung. So kam der 1. FCK auch durch die Wiedereingliederung der Saarländer um die Chance, seinen Meistertitel verteidigen zu können. Zwar siegte der 1. FCK am 24. Spieltag vor 25.000 Zuschauern mit 3:1 gegen den 1. FCS, doch mehr als Platz 3 hinter dem 1. FCS und Neuendorf war trotz des Torverhältnisses von 102:36 nicht mehr drin. Das Spiel gegen den 1. FCS verwandelte die weite Umgebung des Betzenbergs in einen riesigen Parkplatz mit Autos aus dem Saargebiet mit dem Kennzeichen OE. Die Rheinpfalz berichtete am 18.2.1952 von einem historischen Spiel mit grenzüberschreitendem Charakter:

Über den Schlagbaum zum Betzenberg
Willkommener Besuch von der Saar – Lauterns großer Fußballtag

Man muß es den Saarländern lassen, sie haben sich nicht lumpen lassen! Sie wußten, was sie ihrer Fußballmannschaft am Sonntag schuldig waren. In Scharen, die zu Tausenden gingen, kletterten sie über die pfälzischen Schlagbäume, im Personenwagen, in Sonderzügen, mit Omnibussen, in Lastwagen, per Anhalter sogar wagten es jene, die bei Schnee und Eis die günstigen Verbindungen verpaßten. Aus dem hintersten Saarland kamen sie, von Merzig, Bous, Saarlautern, von den nahen Homburgern und den traditionellen „Saarbriggern", die tot oder lebendig ihre Kieselhumesbuwe begleiten müssen – ganz zu schweigen. Die Kontrollposten an den Paßübergängen waren versechsfacht und konnten bei dem Andrang nur einen flüchtigen Blick in die Papiere werfen.

„Vorwärts! ... meine Herrschaften, anschließen bitte!", das war die Parole am übersetzten Eichelscheidter Übergang. Wagen an Wagen, kolonnenweise, rückten sie an und ab. An sich lachte dem Pfälzer und dem Saarländer das Herz im Leibe, als sie wieder mal in der Praxis sahen, wie grau doch alle Theorie ist, wenn der Sport seine festen Bande um Länder und Menschen schließt, daß dann die Schlagbäume eigentlich ganz von alleine aufgehen.

Eine prächtige Vorstimmung herrschte in der Barbarossastadt, als ihre Freunde und Bekannten aus dem Saargebiet links der Mühlbach die Pariser Straße hereinrollten. Alles, was irgendwie eine leise Zusammengehörigkeit an diesem Tag verspürte, packte die Gelegenheit zum Besuch in der Pfalz beherzt beim Schopfe. In wievielen Lautringer Familien tauchte um die Mittagszeit das saarländische „Kattche" – weitläufig verwandt, versteht sich – auf, umgeben von einer Freundschaft, die an Herzlichkeit nichts zu wünschen übrig ließ.

Zwei vollgestopfte Sonderzüge bewältigten den Hauptverkehr, der sich vom Bahnhof gleich auf den Betzenberg ergoß, sodaß die Lautringer meist schon von Saarländern begrüßt wurden, als sie ihre Plätze einnahmen.

Für die in der Pfalz lebenden Saarländer war es natürlich Ehrensache, ihren Landsleuten schreiend und zurufend Rückhalt zu bieten, obwohl manch einer von ihnen zwischen die zwei berühmten Stühle zu sitzen kam: schrie er für seine Landsleute vom Kieselhumes, inmitten seiner Pfälzer Freunde, dann hatten diese ihm unmißverständlich angeraten: awei kriehscht'se! Schrie er den Betzenbergern zu und die Saarländer erkannten ihn, dann hieß es: Verräter!

Wie dem auch gewesen sein mag, geschrien wurde so und so! Und nach dem Spiele gab es noch hitzige Köpfe beim Pfälzer Wein, den kein Saarländer ausließ, er half die Enttäuschung über den Ausgang des Treffens hinabzuspülen..."

Meister 1. FC Saarbrücken setzte sich in der Endrunde um die Deutsche Meisterschaft gegen den 1. FC Nürnberg, den Hamburger SV und Schalke 04 durch und spielte im Endspiel gegen den VfB Stuttgart. Im Zweitstadion der Lauterer, dem Ludwigshafener Südweststadion, unterlag der 1. FCS vor 80.000 Zuschauern mit 2:3.

In der Saison 1952/53 verlor der 1. FCK nur zweimal. Beim 1. FC Saarbrücken gab es ein 1:2 und bei dessen Lokalrivalen Saar 05 ein 2:3. Mit 51:9 Punkten und 127:31 Toren beendete der 1. FCK die Spielzeit. Fritz Walter wurde mit 38 Treffern erfolgreichster Torschütze aller deutschen Oberligen. Aber in Kaiserslautern wuchsen die Sorgen. Die Dominanz des 1. FCK vor allem gegenüber weniger namhaften Gegnern lähmte das Interesse der Zuschauer. Lediglich gegen den 1. FCS (20.000), TuS Neuendorf (18.000) und den FK Pirmasens (9.000) drängten die Fans auf den Betzenberg, während sie gegen den FV Speyer (2.000), Saar 05 (1.000) und Hassia Bingen (3.000) zu Hause blieben, weil der 1. FCK ja doch klar gewinnen würde. Ein Phänomen zeigte sich: Die „Übermannschaft" der Liga hatte zu Hause keine Zuschauer, weil sie zu gut war. Gerade aus diesem Grund zogen die Anhänger der Auswärtsgegner in Scharen zu ihren Stadien. Zu Hause erreichte der 1. FCK einen Zuschauerschnitt von 5.857, während zu seinen Auswärtsspielen durchschnittlich 15.286 Fans kamen. Immerhin war die Endrunde um die Deutsche Meisterschaft nach dem Fauxpas vom vorigen Jahr erreicht. In Gruppe I dominierte der 1. FCK klar und wurde mit 11:1 Punkten Erster. Den einzigen Punktverlust gab es beim 2:2 gegen den

1. FC Köln. Im Finale gegen den VfB Stuttgart vor 80.000 Zuschauern in Berlin siegte der 1. FCK mit 4:1. Die Tore erzielten Fritz Walter, Wanger, Scheffler und Wenzel. „Die Roten Teufel spielten vollendet", titelte *Die Freiheit* am 22.6.1953. Unter den Zuschauern waren nur vier Tage nach dem niedergeschlagenen Volksaufstand im Ostteil der Stadt auch viele Fußballfans aus „Ostberlin und der Sowjetzone". Seinen zweiten deutschen Meistertitel holte der 1. FCK in folgender Aufstellung:
▶ Hölz, E. Liebrich, Kohlmeyer, Eckel, W. Liebrich, Render, Scheffler, F. Walter, O. Walter, Wenzel, Wanger.

»Die Roten Teufel spielten vollendet«

Erneut war der Empfang in Kaiserslautern überschwenglich. Aber eine Woche vor Beginn der Saison 1953/54 gab es auf dem Betzenberg im DFB-Pokal die erste Ernüchterung. Der Hamburger SV siegte gegen die komplette Meisterelf mit 3:2 und warf sie aus dem Wettbewerb. Auch der Start in die Saison geriet zum Flop. Ohne Fritz Walter verlor der 1. FCK beim VfR Frankenthal mit 2:4. Doch die anschließende Serie von 20:0 Punkten rückte die Verhältnisse im Südwesten wieder zurecht. Da der FK Pirmasens, der an 23 Spieltagen die Tabelle anführte, mit den Lauterern mithielt, gab es zwar in der absoluten Spitze mehr Spannung, aber darunter meist gähnende Langeweile, wenn es nicht gerade gegen den Abstieg ging.

1953 wird der 1. FCK zum zweiten Mal Deutscher Meister durch ein 4:1 gegen den VfB Stuttgart, wieder im Berliner Olympiastadion.

In Kaiserslautern waren die Menschen aus dem Häuschen und benannten ihre Stadt um in Walterslautern.

Die Dramaturgie des Spielplans führte am letzten Spieltag den FKP, der mit 51:7 Punkten einen Punkt vor dem 1. FCK lag, auf den Betzenberg. 30.000 Zuschauer sahen am 11.4.1954 schon in der dritten Spielminute das 1:0 für den 1. FCK durch Ottmar Walter. Danach bestimmte lange Zeit der FKP das Spiel, doch innerhalb von sieben Minuten sorgten Wenzel in der 76. und Scheffler in der 79. und 83. Minute für den viel zu hohen Sieg, der den Verlauf des Spiels nicht wiedergab. Die Pirmasenser standen nach ihrer so erfolgreich gespielten Saison mit leeren Händen da, denn nur der Erste war für die Endrunde um die Deutsche Meisterschaft qualifiziert. Bester Torschütze der Lauterer war diesmal Ottmar Walter mit 28 Treffern. Wegen der Weltmeisterschaft in der Schweiz fand die Endrunde nur auf Sparflamme statt. In zwei Dreiergruppen fiel die Entscheidung über die Finalisten auf neutralen Plätzen. Der 1. FCK gewann in Köln gegen Eintracht Frankfurt mit 1:0 und besiegte den 1. FC Köln in Stuttgart mit 4:3. Finalgegner am 23.5.1954 in Hamburg war Hannover 96, der sich gegen den Berliner SV 92 und den VfB Stuttgart durchgesetzt hatte.

Der 1. FCK spielte in der folgenden Aufstellung:
▶ Hölz, Baßler, Kohlmeyer, Eckel, W. Liebrich, Render, Scheffler, F. Walter, O. Walter, Wenzel, Wanger.

Schon nach 13 Minuten schoß Eckel das 1:0 für den 1. FCK. Kurz vor der Halbzeit ließ Ottmar Walter eine große Chance zum 2:0 aus. Fast im Gegenzug glich Tkotz für Hannover aus. Als Kohlmeyer zwei Minuten nach der Pause ein Eigentor passierte, war der 1. FCK mental am Boden. Innerhalb von sieben Minuten sorgten in der Schlußphase des Spiels Weweter (77.), Kruhl (81.) und Paetz (84.) für den sensationell hohen 5:1-Sieg von Hannover 96.

In der deutschen Sportpresse geriet Bundestrainer Sepp Herberger, der trotzdem an „seinen Lauterern" festhielt, unter Druck. Besonders in Norddeutschland wurde vehement gefordert, einige der Lauterer Spieler durch solche des neuen Deutschen Meisters zu ersetzen. Doch der gebürtige Kurpfälzer blieb stur – und der Erfolg gab ihm recht. Wenige Wochen später kehrten Horst Eckel, Werner Kohlmeyer, Werner Liebrich, Fritz und Ottmar Walter als Weltmeister nach Kaiserslautern zurück.

■ Die Weltmeister

Das 3:2 von Bern löste, bei aller kritischen Betrachtung angesichts nationaler Ausschweifungen andererorts, in der Pfalz eine eher regionale Euphorie aus, jenseits nationalistischer Entgleisungen. Die Region, die wegen ihrer

Der Autokorso mit den Weltmeistern auf dem Weg vom Hauptbahnhof zur Fruchthalle (von vorn: Ottmar Walter, Fritz Walter, Werner Liebrich und ganz hinten Werner Kohlmeyer).

benachteiligten geographischen Lage mit damals zwei Ländergrenzen zu Frankreich und zum Saarland von ihrem Umland abgeschnitten war und wenig Hoffnung auf wirtschaftlich bessere Zeiten haben durfte, schwebte nun plötzlich quasi als Mittelpunkt der Bundesrepublik Deutschland über den Wolken zwischen Hunsrück, Rhein und Wasgau. Weniger das Gefühl, der ganzen Welt etwas gezeigt und bewiesen zu haben, herrschte vor, denn der Stolz darauf, daß Kaiserslautern und die Pfalz die halbe Mannschaft gestellt und es dem Rest des Landes gezeigt hatten. „Wann kommen sie?" war an allen Ecken und Enden in Kaiserslautern zu hören. Und die Namen Fritz, Ottes, Fahrer (Liebrich), Eckel und Kohli machten Tag und Nacht die Runde. Zuschriften an den „Fußball-Walter" in „Waltershausen" oder an den „Fußball-Weltmeister Deutschland mit Sitz in Kaiserslautern" fanden ohne Probleme ihre Adressaten.

Oberbürgermeister Müller bat die Bevölkerung, die Häuser zu beflaggen. Hierzu wurden kostenlos Schmuckplakate des Zweibrücker Grafikers Sepp Semar ausgegeben. Die Geschäfte schlossen um 18 Uhr, der Unterricht an den Schulen fiel ganz aus. Am 7. Juli 1954 um 19.30 Uhr trafen die Weltmeister ein. Vom Hauptbahnhof fuhr der Autokorso zur Fruchthalle, wo Fritz Walter mit seinem bekannten Understatement den jubelnden Menschen offenbarte: „Wenn Sie noch wissen wollen, warum wir Weltmeister geworden sind: Wir wollten unserem Chef zu seinem hundertsten Länderspiel eine Überraschung bereiten."

In der Oberliga-Saison 1954/55 setzten die Pfälzer Weltmeister ihre Erfolge fort. Nach neun Spieltagen hatte der 1. FCK 18:0 Punkte, was für viele Zuschauer ein Grund war, den Betzenberg wegen mangelnder Spannung zu meiden. Der Durchschnitt fiel auf 5.547 Zuschauer pro Spiel, während auswärts jeder Fußballfan die Weltmeister von Bern sehen wollte. Mit 50:10 Punkten wurde der 1. FCK erneut Südwestmeister vor Wormatia Worms und dem 1. FC Saarbrücken, die punktgleich waren. Die Wormser verfügten aber über den besseren Torquotienten und nahmen über die Qualifikation an der Endrunde zur Deutschen Meisterschaft teil. Der 1. FCK hatte die Saison zeitweise ohne einen Teil seiner Weltmeister bestritten, nur Kohlmeyer machte alle 30 Spiele mit. Eckel war zehnmal dabei, Werner Liebrich absolvierte 25, Fritz Walter 21 und Ottmar Walter 18 Spiele. Bester Torschütze war Wenzel mit 23 Toren. Im DFB-Pokal kam der 1. FCK nach einem 5:2 bei Düren 99 und einem 7:0 gegen den 1. FC Köln bis in die Zwischenrunde, wo er gegen die Offenbacher Kickers mit 1:4 unterlag.

Bis auf Ottmar Walter waren in der Endrunde alle Nationalspieler dabei.

Doch erste Abnutzungserscheinungen machten sich bemerkbar. In den Heimspielen gegen den Hamburger SV und den SV Sodingen reichte es nur zu Unentschieden. Erst das abschließende 10:0 gegen Viktoria 89 Berlin sicherte den Gruppensieg. In Gruppe II war Wormatia Worms ohne Chance. RW Essen mit seinem Weltmeister Helmut Rahn erreichte schließlich das Endspiel am 26.6.1955 in Hannover gegen den 1. FCK. Durch ein irreguläres Kopfballtor von Penny Islacker verlor der 1. FCK fünf Minuten vor Schluß das Spiel mit 3:4. Alle Proteste nützten nichts. Der Spielausschuß des DFB verwarf die Lauterer Eingabe und lehnte ein Wiederholungsspiel ab. Dieses so unglücklich verlorene fünfte Endspiel um die Deutsche Meisterschaft war gleichzeitig das letzte des 1. FCK und eines Südwestvereins überhaupt.

In der Saison 1955/56 wurde der 1. FCK erst am 23. Spieltag von TuS Neuendorf gestoppt. Wieder kamen weniger Zuschauer als je zuvor, 5.413 pro Spiel, zum Betzenberg. Mit 53:7 Punkten landete der 1. FCK erneut auf Platz 1 vor den Neuendorfern. Bester Torschütze war wiederholt Wenzel mit 23 Toren. In der Endrunde hatte es der 1. FCK mit Schalke 04, Hannover 96 und dem Karlsruher SC zu tun. Nach dem 1:3 in Gelsenkirchen siegte der 1. FCK in Hannover mit 2:1. Aber der KSC überraschte und gewann in Ludwigshafen mit 1:0. Als es auch gegen Schalke nur ein 4:4 gab, nützten auch das 1:0 beim KSC und das 5:3 gegen Hannover nichts mehr. Zwar waren Schalke, der KSC und der 1. FCK punktgleich, doch der 1. FCK hatte den schlechtesten Torquotienten. Der KSC zog ins Endspiel ein und unterlag Borussia Dortmund mit 2:4.

Nach den zwei verlorenen Endspielen 1954 und 1955 und dem enttäuschenden Verlauf der Endrunde 1956 sank der Zuschauerschnitt auf dem Betzenberg noch weiter auf 5.133 pro Spiel. Selbst gegen den 1. FC Saarbrücken, der am Ende der Saison 1956/57 immerhin Tabellenzweiter wurde, kamen mitten in der Saison nur 10.000. Auch der FK Pirmasens zog nicht mehr. 5.000 kamen, aber das lag auch an der schlechten Plazierung des FKP.

Der in der Oberliga Südwest (noch) unterforderte 1. FCK erinnerte sich an das Beispiel des 1. FC Saarbrücken und suchte internationale Herausforderungen. Die Lauterer hatten das Pech, daß der Chefredakteur der französischen Sporttageszeitung *L'Equipe,* Gabriel Hanot, erst 1955/56 den Europapokal der Landesmeister initiierte. So blieb es RW Essen vorbehalten, als erster Deutscher Meister an diesem Wettbewerb teilzunehmen. Erst 1958 folgte der Messepokal, der später zum UEFA-Pokal wurde, jedoch war der 1. FCK hier nicht spielberechtigt, da Kaiserslautern keine

Messestadt war. Am 19.3.1957, mitten in der Saison, trat der 1. FCK in einem Freundschaftsspiel im Estadio Camp Nou gegen den späteren Gewinner des Messepokals, die Stadtelf Barcelona, an, die fast identisch war mit dem FC Barcelona. Vor 40.000 Zuschauern gewannen die Katalanen mit 3:2.

Schon im Oktober 1956 hatte der 1. FCK in Leipzig gegen die damals beste Mannschaft des ostdeutschen Fußballs, Wismut Karl-Marx-Stadt, mit 5:3 gewonnen. 120.000 Zuschauer im Zentralstadion freuten sich vor allem an Fritz Walters legendärem Hackentricktor nach einer Flanke seines Bruders Ottmar. Die *Pfälzische Volkszeitung* kommentierte am 8.10.1956: „Es ist gewiß keine geringe Anerkennung für die Walter-Elf, wenn man ihr bescheinigte, daß die Meisterelf Honved Budapest bei Einweihung des Leipziger Stadions nicht überzeugender das Fußballspielen demonstrierte wie die Roten Teufel aus der Pfalz."

Schließlich erreichte die Lauterer eine Einladung der „German-American Football Association" aus New York, der der 1. FCK im Mai 1957 zwischen Meisterschaft und Endrunde folgte.

Die Meisterschaft am Ende der Oberliga-Saison war vorläufig die letzte und leitete eine Phase der Einsicht in die Spielstärke der anderen Mannschaften, des langsamen Abschiednehmens von den Weltmeistern und der Notwendigkeit des Neuaufbaus ein.

In der Endrunde um die Deutsche Meisterschaft wurde der Hamburger SV in Gruppe I Erster. In der Gruppe II besiegte der 1. FCK zwar Hertha BSC Berlin in Wuppertal mit 14:1, unterlag aber gegen Borussia Dortmund in Hannover mit 2:3. In Augsburg gab es abschließend ein 1:4 gegen die Offenbacher Kickers. Deutscher Meister wurde Borussia Dortmund durch einen 4:1-Sieg gegen den Hamburger SV.

■ 1958 bis 1962: Der Abschied von der Spitze

Allmählich kamen einige der Weltmeister in die Jahre; andere Leistungsträger wie Baßler, Scheffler und Wanger spielten nicht mehr für den 1. FCK. Die neu hinzugekommenen Spieler wie Miksa, Mangold und Bauer konnten noch nicht entscheidend dazu beitragen, die bis dahin gültige Ausnahmestellung des 1. FCK in der Oberliga Südwest zu behaupten.

Die Saison 1957/58 begann mit einem 4:4 auf dem Betzenberg gegen Eintracht Kreuznach. Nach der Vorrunde lag der FK Pirmasens mit 27:3 Punkten sieben Punkte vor dem 1. FCK auf Platz 1. Die Auswärtspleiten häuften sich, der 1. FCK verlor dort, wo er noch wenige Jahre zuvor ein

Die Spieler des 1. FC Kaiserslautern vor dem Abflug in die USA 1957.

Wettschießen veranstaltet hatte – 0:5 bei TuRa Ludwigshafen, 0:1 beim FV Speyer, 1:2 in Kreuznach und 1:3 bei Saar 05 Saarbrücken. Die Liga war spannender geworden, doch auch dies war für die Lauterer Fußballanhänger kein Grund, zahlreicher auf den Betzenberg zu kommen. Jetzt waren die schlechten Leistungen der Mannschaft schuld. Nur noch 3.140 kamen, auch der souveräne Tabellenerste FKP zog nur 10.000 an. Am Ende wurde es noch knapp im Kampf um Platz 2. Borussia Neunkirchen strebte unaufhaltsam nach oben und holte aus seinen letzten neun Spielen 18:0 Punkte und 28:6 Tore. Das waren vier Tore zu wenig, denn der 1. FCK gewann sein letztes Spiel gegen den 1. FC Saarbrücken mit 6:2 und sicherte sich den zweiten Platz.

Die bevorstehende Weltmeisterschaft in Schweden, an der vom 1. FCK nur noch Horst Eckel und Fritz Walter teilnahmen, ließ erneut die Termine für die Endrunde um die Deutsche Meisterschaft knapp werden. Der 1. FCK mußte in Frankfurt in die Qualifikation gegen den 1. FC Köln. Die Kölner führten bereits mit 3:1, als Wodarzik und Wenzel in den letzten zehn Minuten noch der Ausgleich gelang. Am Tag darauf wurde das Spiel wiederholt, Köln gewann mit 3:0. Der 1. FCK war erstmals seit 1952 nicht in der Endrunde vertreten – ein Zustand, an den man sich auf dem Betzenberg erst gewöhnen mußte. Umso schmerzhafter aber war dieser Tiefschlag, weil Meister FKP in seiner Gruppe eine beachtliche Rolle spielte. Ein 2:2 gegen den 1. FC Nürnberg, ein 1:1 gegen den 1. FC Köln und das knappe 1:2 gegen den späteren Finalisten Hamburger SV konnten sich sehen lassen.

Der Abstieg von den Höhen des lange Jahre fast unbezwingbaren Betzenbergs hatte begonnen, der Glanz der Deutschen Meisterschaften und der älter gewordenen Weltmeister begannen mehr und mehr zu verblassen. Nun ging es darum, den freien Fall zu verhindern.

Die Saison 1958/59 verdeutlichte diese Entwicklung. Der FKP verteidigte seinen Meistertitel, und im jeweiligen Vierpunkteabstand folgten dahinter Borussia Neunkirchen und der 1. FCK. Von den Weltmeistern von 1954 waren zwar außer Werner Kohlmeyer noch alle am Ball, aber sie mußten Pausen einlegen und waren wegen Verletzungen nicht immer dabei. Fritz Walter fehlte bei acht Spielen, Bruder Ottmar bei 18, Eckel bei sechs. Allein Werner Liebrich hielt mit 27 Einsätzen fast die ganze Saison durch. Das entscheidende Spiel um den zweiten Platz verlor der 1. FCK zwei Spieltage vor Saisonende mit 2:4 bei Borussia Neunkirchen. Mit vier Punkten Vorsprung vor dem 1. FCK hatte die Borussia die Teilnahme an der Endrunde sicher.

Abschied von Fritz Walter

Nach dieser verkorksten Saison nahm Fritz Walter gleich mehrmals Abschied. Am 11. Mai 1959 kamen 25.000 Zuschauer ins Berliner Olympiastadion zum Spiel des 1. FCK gegen eine Kombination Berliner SV 92/Tennis Borussia Berlin. „Ich wollte mich von den Berlinern verabschieden und vom Olympiastadion, denn am 30. Juni ist endgültig Schluß. In Berlin sind wir schließlich zweimal Deutscher Meister geworden. So etwas vergißt man nicht", begründete Fritz Walter gegenüber der *Pfälzische Volkszeitung* seine Wahl des Spielortes. 5:1 gewannen die Lauterer, die auch das Abschiedsspiel auf dem Betzenberg gegen Racing Club Paris mit 4:2 für sich entschieden.

In der Endrunde um die Deutsche Meisterschaft scheiterte Borussia Neunkirchen bereits in der Qualifikation mit 3:6 an Werder Bremen. Meister FKP hielt mit und besiegte die Bremer mit 4:1 und den 1. FC Köln mit 4:0. Zwar spielte auch der FKP wegen seines zu kleinen Stadions, das nur 20.000 Zuschauer faßte, im Ludwigshafener Südweststadion, aber an die ganz großen Zeiten der Lauterer konnte „die Klub" nicht anknüpfen.

Die Saison 1959/60 wurde für den 1. FCK noch bitterer. Nach der Vorrunde krebste er mit 14:16 Punkten im Mittelfeld herum und war ohne

Tuchfühlung zu den führenden Mannschaften. Mit einem Aufgebot von 22 Spielern verfügte der 1. FCK nach dem Abgang von Fritz und Ottmar Walter über mehr Masse als Klasse, was nicht nur die ohnehin verwöhnten Zuschauer auf dem Betzenberg, sondern auch die in fremden Stadien sanktionierten. Nur noch 3.613 kamen in Kaiserslautern zu Spielen, auswärts zog der einstige Publikumsmagnet nur noch durchschnittlich 5.233 Zuschauer an. In der Rückrunde rappelte sich der 1. FCK zwar etwas auf, doch für Platz 2 reichte es nicht mehr. Der fünfte Platz hinter dem FKP, Borussia Neunkirchen, dem 1. FC Saarbrücken und Phönix Ludwigshafen war die schlechteste Plazierung des 1. FCK in der Oberliga Südwest.

In der Endrunde um die Deutsche Meisterschaft spielten der FKP und Borussia Neunkirchen nur eine marginale Rolle. Der FKP schloß mit 1:11 Punkten ab, Neunkirchen verdarb immerhin dem Karlsruher SC, gegen den er 3:1 Punkte holte, die Chance auf die Teilnahme am Endspiel. Deutscher Meister wurde der Hamburger SV durch ein 3:2 gegen den 1. FC Köln.

Zwar registrierten im 60. Jubiläumsjahr auch die Vereinsverantwortlichen des 1. FCK die Veränderungen der letzten Jahre, doch noch immer herrschten eher nostalgische Gefühle vor. Dem damaligen Oberbürgermeister Dr. Sommer gefiel es, sich in seinem Grußwort erneut mit der Vergangenheit zu befassen. „Die Roten Teufel unter unserem Fritz Walter sind eines der ruhmreichsten Kapitel der deutschen Fußballgeschichte..." Eben dieser Fritz Walter schreckte im November 1960 die Lauterer Öffentlichkeit. Der 1. FCK war erneut Mitte der Saison 1960/61 nur Mittelmaß und stand mit 16:14 Punkten auf Platz 6, fünf Punkte hinter den führenden Pirmasensern und Borussia Neunkirchen. Um den letzten verbliebenen Weltmeister und einzig erfahrenen Spieler Werner Liebrich war eine Reihe von jungen und unerfahrenen Spielern verpflichtet worden, die dem Druck, der auf ihnen lastete, nicht gewachsen waren. In Absprache mit dem Vorstand und im Einvernehmen mit Trainer Richard Schneider übernahm Fritz Walter die „diktatorische" Funktion, ohne Mitwirkung des Spielausschusses die Mannschaft alleine aufzustellen. Ziel Walters war es, „die Zugehörigkeit zur Oberliga zu erhalten". In dieser Notsituation stellte er – nicht zum letzten Mal – seine Erfahrung zur Verfügung, „denn der Ruf Kaiserslauterns als Fußballhochburg sei durch ihn und seine Kameraden zu mühevoll erworben, als daß er diesem Niedergang tatenlos zusehen könne" *(Die Rheinpfalz* vom 28.11.1960).

Die Intervention nützte. Dem 2:1 bei Phönix Ludwigshafen folgte ein 5:3 gegen dessen Lokalrivalen TuRa. Vor dem Spiel gegen die Sportfreunde

Saarbrücken am 11.12.1960 wandte sich Fritz Walter über die *Pfälzische Volkszeitung* an die Fußballanhänger in und um Kaiserslautern. „Jetzt geht es um den sportlichen Ruf der Barbarossastadt. Wir wollen hier in Kaiserslautern nicht unmögliche Forderungen an Spieler und Sportanhänger stellen... Sind wir doch ehrlich und gestehen unserer Mannschaft zu, daß sie willens ist, ihr Bestes zu geben." Doch die an bessere Zeiten gewöhnten Zuschauer ließen sich auch von Fritz Walter nicht umstimmen. Die Resonanz blieb gering, was auch darauf hindeutet, daß damals wie heute ein Großteil der FCK-Fans gar nicht in und um Kaiserslautern lebt(e). Unzufrieden und ungeduldig mit der neu formierten Mannschaft kamen nur noch 2.921 im Schnitt zu den Spielen. Unter Fritz Walters Betreuung holte der 1. FCK 24:10 Punkte und wurde noch Vierter hinter dem 1. FC Saarbrücken, Borussia Neunkirchen und dem FK Pirmasens. Die Probleme der Lauterer lagen vor allem im Angriff, denn 52 Tore waren fast die Hälfte weniger als früher. Beste Torschützen waren Feldmüller mit elf und Richter mit neun Toren, was die Malaise verdeutlicht.

Im DFB-Pokal hielt der 1. FCK mit. In der Vorrunde wurde der norddeutsche Oberligist Heider SV mit 2:0 geschlagen. Gegen Tasmania 1900 Berlin gelang ein 2:1 nach Verlängerung. Im Halbfinale siegte der 1. FCK bei Hamborn 07 ebenfalls mit 2:1. Endspielgegner war Werder Bremen. Beim 0:2 in Gelsenkirchen verpaßte der 1. FCK, sich für den ein Jahr zuvor geschaffenen Europapokal der Pokalsieger zu qualifizieren, wo die Bremer bis ins Viertelfinale kamen und dort an Atletico Madrid scheiterten.

Während Borussia Neunkirchen in der Qualifikation zur Endrunde um die Deutsche Meisterschaft mit 0:5 an Eintracht Frankfurt scheiterte, machte der 1. FC Saarbrücken in Gruppe I durch 3:1 Punkte gegen den späteren Finalisten Borussia Dortmund auf sich aufmerksam, landete aber mit 4:8 Punkten auf dem letzten Platz.

1960 hatte der DFB-Bundestag einen Antrag des Saarländischen Fußballverbandes angenommen, Maßnahmen zur Verminderung der Vereine mit Vertragsspielermannschaften zu ergreifen. Dies zielte auf die mittelfristige Abschaffung der Oberligen als regional höchste Spielklassen und die Einführung einer Eliteliga analog der Verhältnisse in den meisten Ländern Europas. Daß der Südwesten in einer Liga, die aus 16 bis 18 Mannschaften bestehen würde, nicht mehr als zwei Vertreter zugebilligt bekäme, war in Kaiserslautern, Pirmasens, Saarbrücken und Neunkirchen jedem klar. Und ausgerechnet in dieser entscheidenden Phase befand sich der 1. FCK auf dem absteigenden Ast und sah die erfolgreichere Konkurrenz aus den Nachbarstädten triumphieren. Doch vorerst existierte die Bundesliga nur in den Köpfen einiger innovativer Funktionäre, die sich freilich sicher sein konnten, daß ihr Verein dabei sein würde. Eine Anzahl von Bremsern versuchte indes, den Sturz ihrer Vereine in die Zweitklassigkeit zu verhindern.

In der Saison 1961/62 erklomm erstmals Borussia Neunkirchen die Spitze in der Oberliga Südwest. Bei den Hüttenstädtern spielte ein junger Mann aus Kaiserslautern, der 1960 nach dem Abstieg des VfR Kaiserslautern in die Regionalliga nach Neunkirchen gekommen war: Günther Kuntz. Mit 15 Toren landete er zwar weit hinter seinem Vereinskollegen Rudi Dörrenbecher, der es auf 37 Treffer brachte, aber Kuntz trug damit erheblich zum Erfolg der Borussia bei. Der 1. FCK startete schlecht mit 1:3 Punkten, einem blamablen 1:5 in Neuendorf und einem 1:1 gegen Wiederaufsteiger VfR Kaiserslautern. Nach der Vorrunde aber lagen die Roten Teufel mit 21:9 Punkten nur knapp hinter dem FKP mit 25:5 und Neunkirchen mit 23:7 Punkten. Doch Neunkirchen spielte danach konstant, gab nur noch fünf Zähler ab, während der 1. FCK sich durch die Auswärtsniederlagen in Worms, Neunkirchen und Pirmasens um Platz 2 brachte. Nur noch 1.000 Zuschauer sahen am letzten Spieltag die 1:2-Schlappe gegen TuRa Ludwigshafen. Dritter oder Vierter, darauf kam es nicht mehr an.

Wegen der Weltmeisterschaft in Chile wurden die Gruppenspiele der Endrunde um die Deutsche Meisterschaft wieder in einer einfachen Runde ausgetragen. Neunkirchen unterlag dreimal knapp: 2:3 gegen Schalke und gegen den 1. FC Nürnberg, 0:1 gegen Tasmania 1900 Berlin. Auch der FKP landete mit 0:6 Punkten auf dem letzten Platz. 3:6 gegen den Hamburger SV, 1:8 gegen Eintracht Frankfurt und 0:10 gegen den späteren Meister 1. FC Köln war die trostlose Bilanz des Südwestzweiten.

Wenige Wochen vor der endgültigen Entscheidung über die Einführung der Bundesliga am 28.7.1962 in Dortmund war der Fußball in Südwestdeutschland an einem Punkt, der im Leistungsvergleich mit den Spitzenvereinen aus den anderen Oberligen tiefer kaum hätte sein können.

Mit 103:26 Stimmen wurde das Ende der Oberligen beschlossen. Die Bundesliga sollte nicht mehr als 16 Vereine umfassen und nach folgendem Verteiler zusammengestellt werden: jeweils fünf Vereine aus den Oberligen Süd und West, drei aus der Oberliga Nord, zwei aus dem Südwesten und einer aus der Stadtliga Berlin. Über die Auswahl durfte noch gerätselt werden. Auch im Südwesten wurde heiß spekuliert.

1963: Ziel Bundesliga

Als die Saison 1962/63 begann, die für die Qualifikation zur Bundesliga mit entscheidend sein würde, war auch der letzte Lauterer Weltmeister aus der Mannschaft des 1. FCK verschwunden. Beim Spiel der Inter-Toto-Runde gegen den FC Nancy war der 36 Jahre alte Werner Liebrich nach 754 Spielen für seinen Verein verabschiedet worden. Das Ziel, die Qualifikation für die Bundesliga, mußte nun mit neuen, jüngeren Spielern anvisiert werden. Trainer Günter Brocker hatte eine junge Elf zusammen, die um die erfahrenen Neuzugänge Willy Reitgaßl und Erich Meier verstärkt worden war. Doch wieder hatte der 1. FCK einen katastrophalen Start und nach Niederlagen bei Saar 05 Saarbrücken und Wormatia Worms 4:4 Punke. Doch danach fing sich die Mannschaft angesichts des großen Ziels und lag nach der Vorrunde mit 22:8 Punkten punktgleich mit dem FK Pirmasens nur einen Punkt hinter dem 1. FC Saarbrücken.

Erst am 11. Januar 1963, sieben Monate vor Start der Bundesliga gab der DFB-Bundesligaausschuß die Namen der Vereine bekannt, die er bereits für die Bundesliga lizenziert hatte. Neben dem 1. FC Nürnberg, Eintracht Frankfurt, dem 1. FC Köln, Borussia Dortmund, Schalke 04, dem Hamburger SV, Werder Bremen und Hertha BSC Berlin gehörte überraschend auch der 1. FC Saarbrücken zu den Auserwählten. Der Ausschuß war der Meinung, allein der 1. FCS erfülle von den in Frage kommenden Südwestvereinen die technischen und wirtschaftlichen Voraussetzungen. Die Anträge von Wormatia Worms und Saar 05 Saarbrücken waren von vornherein abgelehnt worden. Im Südwesten blieb also ein freier Platz zu besetzen, um den der 1. FCK, der FKP und Borussia Neunkirchen streiten mußten.

Den 1. FCK beflügelten diese Neuigkeiten. Anstatt neidisch nach Saarbrücken zu blicken, knüpfte der 1. FCK an alte Zeiten an. Vor 2.000 Zuschauern gelang am 21.1.1963 ein 16:0 gegen den SV Niederlahnstein. Winfried Richter, ein 22jähriger Stürmer schoß vier Tore und wurde immer mehr zum neuen Torjäger der Lauterer. Als Tabellenführer 1. FC Saarbrücken zwei Wochen später bei Mainz 05 mit 1:2 verlor, setzte sich der 1. FCK an die Spitze und gab sie nicht mehr ab.

Doch die Voraussetzungen für die Bundesliga waren damit noch nicht erfüllt. Die Meisterschaft mit sechs Punkten Vorsprung vor den ausgebooteten Mannschaften aus Neunkirchen und Pirmasens genügte allein nicht. Zu den sportlichen Kriterien kamen andere hinzu. Neben der Gemeinnützigkeit, der ehrenamtlichen Leitung und der Unterhaltung von Amateur- und Jugendmannschaften mußte eine Platzanlage mit Flutlicht für minde-

Den heißen Kampf um den zweiten freien Platz für den Südwesten in der Bundesliga entschied der 1. FCK für sich. Am 3.2.1963 schlugen die Lauterer den FK Pirmasens mit 5:2.

stens 35.000 Zuschauer vorhanden sein. Außerdem mußte der Verein wirtschaftlich gesund und den erhöhten finanziellen Anforderungen der Zukunft gewachsen sein. Gerade darum gab es in Kaiserslautern engagierte und emotional geführte Diskussionen, da die Zuschauerzahlen der Oberligajahre nichts Gutes zu verheißen schienen. In einem Schreiben an Ministerpräsident Peter Altmeier bat der 1. FCK um einen Zuschuß von 750.000 DM zum Bau einer „bundesligareifen Sportanlage". Die Gesamtkosten bezifferte der Verein auf das Doppelte, wovon dem 1. FCK 425.000 DM aus dem Verkauf des alten Vereinsheimes sowie ein städtischer Zuschuß in Höhe von 200.000 DM zur Verfügung standen. Mit Hilfe dieser finanziellen Zuwendungen und des Einsatzes der US Army und der US Air Force, die Gerät zur Verfügung stellten, gelang es dem 1. FCK, sein Stadion bundesligatauglich herzurichten.

Von der Bundesliga erhofften sich die Lauterer auch eine Lösung des leidigen Zuschauerproblems, da jedes Spiel nun mit den Gruppenspielen aus den Endrunden vergleichbar sei. In dem lokalen Veranstaltungsblatt *Wohin heute* prophezeite man mit der Einführung der Bundesliga das Ende des Zuschauerschwunds im wegen der geringen Leistungsdichte besonders betroffenen Südwesten und Norden.

Sportlich ging die Saison mit zwei Paukenschlägen zu Ende. TuS Neuendorf wurde mit 8:2 geschlagen, und beim 9:1 beim Ludwigshafener SC war Winfried Richter fünfmal erfolgreich.

In der Endrunde um die Deutsche Meisterschaft war Borussia Neunkirchen erfolgreicher als der 1. FCK. Hätten die Borussen nach dem 3:0 gegen den HSV, dem 0:0 in Dortmund und dem 2:1 und 0:4 gegen 1860 München ihr Heimspiel gegen Dortmund nicht vergeigt (2:5), wären sie nach dem abschließenden 1:1 beim Hamburger SV Endspielgegner des 1. FC Köln gewesen. Der 1. FCK spielte im Ludwigshafener Südweststadion dreimal Unentschieden (1:1 gegen Hertha BSC Berlin und den 1. FC Köln, 2:2 gegen den 1. FC Nürnberg) und handelte sich auswärts drei deftige Niederlagen ein, die für die Bundesliga Schlimmes befürchten ließen (2:8 in Köln, 1:5 in Nürnberg, 0:3 in Berlin). Aber Borussia Neunkirchen nutzte sein Achtungserfolg in der Endrunde nichts, der 1. FCK begleitete den 1. FCS in die Bundesliga.

Die Tabelle der Oberliga Südwest von 1945 bis 1963 führt der 1. FC Kaiserslautern mit 784:212 Punkten an vor dem FK Pirmasens mit 641:327 und Wormatia Worms mit 590:406. Wormatia Worms war neben Mainz 05 der einzige Verein, der den 1. FCK durch alle Oberligajahre begleitete. Dem 1. FC Saarbrücken (573:263) und Borussia Neunkirchen (519:317) fehlten drei Jahre, in denen sie per französisches Dekret vom Spielbetrieb der Oberliga ausgeschlossen waren.

Insgesamt wurde der 1. FCK elfmal Meister der Oberliga Südwest, zweimal Zweiter, zweimal Dritter und zweimal Vierter sowie einmal Fünfter. Jeweils drei Meistertitel gingen an den 1. FC Saarbrücken und den FK Pirmasens, einmal stand Borussia Neunkirchen an der Spitze.

Das Kapitel „Oberliga Südwest" war also abgeschlossen. Trotz der Schwächen in den letzten Jahren wies die Gesamtbilanz den 1. FCK eindeutig als dominierenden Verein aus. Insofern war seine Qualifikation für die Bundesliga vollauf berechtigt. Doch daß der Verein zu jenem kleinen, erlauchten Gründerkreis gehören sollte, der 33 Jahre lang nicht absteigen würde, daran hatten in der Pfalz wohl nur die kühnsten Optimisten geglaubt.

1963 bis 1971
Der Kampf um die Existenz

Wie die „Klopper der Liga" sich ein ums andere Mal vor dem Abstieg retteten und die Ära der „harten Hunde" auf dem Betzenberg zu Ende ging

Die Stadt Kaiserslautern und der 1. FCK bereiteten sich sorgfältig auf die Bundesliga vor. Von allen Seiten kamen die Glückwünsche – Werner Liebrich und Fritz Walter gratulierten, aber auch der stellvertretende Fraktionsvorsitzende der CDU im Mainzer Landtag, Dr. Helmut Kohl, der den Ball für das erste Heimspiel in der neuen Spielklasse spendete. Selbst Fußballbanausen wie die Operettensängerin Ilka Behrend meldeten sich zu Wort. „Ich bin ein ausgesprochener Nichtfußballer und verstehe daher bezüglich der Chancen des 1. FCK in der Bundesliga so viel wie nichts, aber ich hoffe und wünsche, daß sich die FCK-Elf in der Bundesliga behaupten wird und halte die Daumen – toi, toi, toi!!!" In ihrer Wortwahl unterschied sich die Künstlerin kaum von den Kommentaren derer, die über mehr Sachverstand verfügten. Woher sollte man auch einschätzen können, wer warum wie stark sei, wer wen schlagen könnte oder auch nicht. Außer im DFB-Pokal und in den Endrunden um die Deutsche Meisterschaft gab es wenig Austausch zwischen den Mannschaften der fünf Oberligen. Nur im Westen war man sich sicher, daß die Südwestvereine bald verschwinden würden und die Liga fast zu einer reinen Westliga werden würde.

■ Saison 1963/64: Mit dem 12. Platz zufrieden

FCK-Trainer Günter Brocker erinnerte sich anläßlich „30 Jahre Bundesliga" im *Kicker Sportmagazin:* „Über die Eintrachtler wie Kreß, Höfer, Schämer oder die technisch hochbegabten Innenstürmer Huberts und Trimhold mußte ich meine Jungs erstmals intensiv aufklären. Die meisten kannten meine Spieler gar nicht..." Das galt umgekehrt zwar auch, aber die Mannschaften des Südens wurden neben denen des Westens als die spielstärksten eingeschätzt und mußten sich demnach nicht um vermeintlich schwächere Gegner kümmern. Ohne Angst, dafür mit den neu verpflichteten Spielern Willi Wrenger, Harald Braner und Jacobus „Co" Prins fuhr der 1. FCK, begleitet von einigen hundert treuen Fans, nach Frankfurt. Auf Prins, der von Ajax Amsterdam in die Pfalz gewechselt war, hatte der 1. FCK in der Internationalen Totorunde 1962 ein Auge geworfen. Ajax hatte den 1. FCK auf dem Betzenberg mit 5:4 und in Amsterdam mit 6:0 geschlagen. Prins war neben Petar Radenkovic von 1860 München, Aykut Ünyazici von Eintracht Braunschweig und Willi Huberts von Eintracht Frankfurt einer der ersten Ausländer in der Bundesliga. Von skurrilen Finanzierungsformen, geheimnisumwitterten Handgeldern und anderen merkwürdigen Geschäften im Zusammenhang mit diesem ungewöhnlichen Transfer sprechen alte Fans von damals noch heute. Der „Superfußballer" (Willi Wrenger über Prins) war ein Paradiesvogel, ein Genius und Filou und ein Exzentriker, der schon einmal vor der alten Holztribüne die Hose runterließ und den alten Knotterern seinen Arsch zeigte, wenn sie ihm mit ihrer Meckerei zu sehr auf den Geist gingen.

Obwohl Torhüter Wolfgang Schnarr und Rechtsaußen Walter Gawletta erheblich verletzt wurden, reichte es für den 1. FCK in seinem ersten Bundesligaspiel im Frankfurter Waldstadion zu einem 1:1. Die Lauterer spielten mit folgender Mannschaft:

▶ Schnarr, Kiefaber, Mangold, Wrenger, Neumann, Pulter, Gawletta, Reitgaßl, Richter, Prins, Braner.

Eine Woche später folgte vor 34.000 Zuschauern auf dem Betzenberg die Ernüchterung. Schalke 04 verdarb dem 1. FCK beim 3:2-Auswärtssieg die Heimpremiere. Mit der Heimstärke des 1. FCK war es noch nicht so weit her. Weitere Niederlagen gab es im Verlauf der Saison zu Hause gegen den VfB Stuttgart (1:3), den 1. FC Saarbrücken (2:4) und Borussia Dortmund (0:1). In Dortmund kassierten die Lauterer in diesem ersten Bundesligajahr auch ihre bis heute höchste Niederlage: 3:9 auf Schneeboden. Doch nach der Vorrunde waren alle in der Pfalz zufrieden. 16:14 Punkte waren weit mehr, als die meisten erwartet hatten. Für viele war der 1. FCK von vornherein ein sicherer Absteiger gewesen. Doch in der Rückrunde kam das Zittern um den Klassenverbleib. Erst das 1:0 in Braunschweig und das 3:3 gegen den bereits feststehenden Deutschen Meister 1. FC Köln brachten den 1. FCK in Sicherheit. Mit 26:34 Punkten und 48:69 Toren wurde der 1. FCK Zwölfter. Südwestrivale 1. FC Saarbrücken stieg zusammen mit Preußen Münster ab. Bester Torschütze war Erich Meier mit elf Toren.

Im DFB-Pokal besiegte der 1. FCK in der 1. Hauptrunde den Wuppertaler SV mit 2:0 und schied in der 2. Runde durch ein 2:4 bei 1860 München aus.

■ **Saison 1964/65: Rettung am letzten Spieltag**
Mit Helmut Kapitulski vom alten Oberligarivalen FK Pirmasens verpflichtete der 1. FCK für die neue Saison einen erfahrenen Spieler, der Akzente setzen und zudem Tore erzielen konnte. Mit neun Treffern war er der erfolgreichste Torschütze im zweitschwächsten Angriff der Liga. Der 1. FCK erwischte mit 9:3 Punkten einen optimalen Start. Aber schon zum Ende der Vorrunde grassierte die Krise auf dem Betzenberg. Am 21. Spieltag ging es mit dem 2:0 gegen Borussia Neunkirchen im Beisein des für die neue Saison bereits verpflichteten Trainers Gyula Lorant wieder etwas aufwärts. Ein Sieg im darauffolgenden Heimspiel gegen Borussia Dortmund hätte bei 21:23 Punkten Ruhe gebracht, doch die Gelb-Schwarzen siegten mit 3:1. Trainer Günter Brocker stieg daraufhin acht Spieltage früher als geplant den Betzenberg hinab. Sein designierter Nachfolger konnte ihn aber noch nicht beerben, da er noch in Köln über seiner Lizenz büffelte. Weltmeister Werner Liebrich sprang ein und war auch nicht erfolgreicher

Trainer Brocker mit seinen Neuzugängen 1964/65: (v.l.n.r.) Helmut Kapitulski, Wilfried Leydecker und Dietmar Schwager.

als Brocker. Am 8. Mai 1965 kamen 22.000 Zuschauer, um mit einem Sieg gegen den Karlsruher SC die Rettung des 1. FCK vor dem Abstieg zu feiern. Doch der KSC, selbst in Abstiegsgefahr, gewann 1:0. So mußte das letzte Spiel bei Eintracht Frankfurt entscheiden. Durch die Tore von Wrenger und Prins gewann der 1. FCK überraschend mit 2:1 und wurde noch 13.

Auf den Abstiegsplätzen 15 und 16 landeten der KSC und Schalke 04. Doch der Bundesligaskandal um Hertha BSC Berlin ersparte beiden den Abstieg. Hertha BSC wurde degradiert, Tasmania 1900 durfte als Meister der Berliner Stadtliga in die Bundesliga, die auf 18 Vereine aufgestockt wurde. In Kaiserslautern mutmaßten nicht wenige, daß hier eine Lex Schalke 04 geschaffen worden war und der 1. FCK als Tabellenletzter hätte absteigen müssen.

Ausschlaggebend für das schwache Abschneiden des 1. FCK war vor allem die (noch Jahre andauernde) Auswärtsschwäche mit zwei Siegen, zwei Unentschieden und elf Niederlagen. Aber auch auf dem Betzenberg waren die Lauterer noch keine Macht. Die Gäste mußten sich nicht allzusehr fürchten und verließen fünfmal als Sieger den Platz. Trotz der unerfreulichen sportlichen Situation gab es noch weit Betrüblicheres. Beim Spiel gegen den 1. FC Köln wurden zu viele Zuschauer auf die Südtribüne gelassen. Bei einem Gedränge wurde ein Zuschauer an einer Absperrkette zu Tode gedrückt.

Ruhe kehrte beim 1. FCK durch den Klassenverbleib nicht ein. Torhüter Horst-Dieter Strich, ein früher Seelenverwandter von Uli Stein und Claus Reitmaier, hatte in 17 Spielen 35 Gegentore kassiert, Wolfgang Schnarr bei 13 Spielen nur 16. Zwischen den beiden Torhütern kam es immer wieder zu Auseinandersetzungen, die schließlich darin gipfelten, daß Strich forderte, der Verein solle Schnarr freigeben. Umgekehrt fand es Schnarr geradezu abwegig, außer ihm einen zweiten guten Torwart zu beschäftigen. Strich überzog und mußte gehen, Schnarr blieb im Tor des 1. FCK. Der exzentrische Verlierer verabschiedete sich öffentlich per schwarzumrandeter Anzeige in der *Rheinpfalz*. Ein anderer Abschied war weniger auffällig. Co Prins ging zurück zu Ajax Amsterdam.

■ Saison 1965/66: Vier Platzverweise gegen Bayern

Auch unter dem neuen Trainer Gyula Lorant hielt die Auswärtsschwäche des 1. FCK an. Außer vier Unentschieden und einem 4:1 beim späteren Absteiger Borussia Neunkirchen gab es teilweise deftige Schlappen: 1:4 in

Bremen, Hamburg und Stuttgart, 0:6 in Frankfurt und 0:4 in Dortmund und Hannover.

Durch den Aufstieg von Bayern München und Borussia Mönchengladbach kam neuer Schwung in die Liga. Das Ende des Fußballs der 50er und 60er Jahre bahnte sich an, die Akzente verschoben sich zum Spielerischen, Kreativen. Aber beim 1. FCK wollte man von neuen Tendenzen, wie sie z.B. die Mönchengladbacher „Fohlen" aufzeigten, noch nichts wissen. Bei den Verpflichtungen neuer Spieler setzte sich die rustikale Linie durch. Uwe Klimaschefski kam von Hertha BSC, Dietmar Schwager vom alten Lokalrivalen VfR, und aus dem eigenen Nachwuchs bekam Herward Koppenhöfer eine Chance. Im Angriff wirbelte der Ex-Münsteraner Manfred Rummel neben Willy Reitgaßl und wurde mit mageren elf Treffern bester Torschütze des 1. FCK. Vom KSC kam Mittelfeldspieler Otto Geisert.

Tasmania 1900 Berlin war auf die Strapazen der Bundesliga nicht vorbereitet und wurde mit der ewigen Bundesliga-Minusbilanz von 8:60 Punkten Letzter. Zwei dieser Punkte hatten die Neuköllner dem 1. FCK zu verdanken. 0:0 auf dem Betzenberg, 1:1 im Olympiastadion: Sogar bei der schwächsten Bundesligamannschaft aller Zeiten gelang dem 1. FCK kein Auswärtssieg. Begleitet wurde Tasmania 1900 von Borussia Neunkirchen, die bereits mehrere Spieltage vor Schluß keine Chance mehr hatte, dem Abstieg zu entgehen und dem 1. FCK einen ruhigeren Endspurt als in den beiden Jahren zuvor bescherte. Mit 26:42 Punkten und 42:65 Toren landete der 1. FCK auf Platz 15. Auch unter Lorant fand die Mannschaft noch nicht zu ihrer späteren Heimstärke. Nur sieben Siegen standen sechs Unentschieden und vier Niederlagen gegenüber, davon zwei gegen die forschen Aufsteiger Bayern München (1:2) und Borussia Mönchengladbach (1:2).

Im DFB-Pokal schlug der 1. FCK im Viertelfinale Werder Bremen mit 3:1. Im Halbfinale beim Meidericher SV gab es eine 3:4-Niederlage. Das Endspiel gegen Bayern München war verpaßt worden.

Es wäre ein spektakuläres Finale geworden, denn das vorherige Ligaspiel gegen die Bayern war zum „Karten-Spiel" geworden. Neben dem Münchener Mittelfeldspieler Dieter Koulmann flogen drei Lauterer vom Platz. Die „bösen Buben vom Betzenberg" waren geboren, die „Klopper der Liga" geisterten durch die Sportteile der Zeitungen. Jürgen Neumann hatte es erwischt, weil er Dieter Brenninger, der ihn zuvor bespuckt hatte, einen Kopfstoß verpaßte. Gleiches tat auch Rauhbein Uwe Klimaschefski zumindest als Absicht kund und wurde für den berühmten strafbaren Versuch vom Platz gestellt. Von Willi Wrenger schließlich fühlte sich Schieds-

Er trainierte gleich zweimal den 1. FCK, von 1965 bis 1967 und von 1969 bis zum 23. Spieltag der Saison 1970/71: Gyula Lorant, der Jahre später in Griechenland auf der Trainerbank starb.

richter Herden bedroht. Der Lauterer hatte ihn am Arm festgehalten, um mit ihm über einen nicht gegebenen Elfmeter und dessen angebliche Berechtigung zu diskutieren. In Briefen an den DFB schilderten die drei Hitzköpfe ihre Sicht der Dinge und die *Pfälzische Volkszeitung* stellte trotzig klar: „FCK-Spieler sind keine Rabauken."

Bis zum Bundesliga-Abstieg 1996 hielt der 1. FCK den Rekord an Platzverweisen, wurde aber inzwischen vom 1. FC Köln überholt. Dabei geriet der 1. FCK vor allem durch Spiele wie jenes gegen Bayern München ins Gerede, denn insgesamt gehen nur 13 Platzverweise auf das Konto der Spieler aus der „Klopper-Ära": Klimaschefski und Wrenger (je 2) und Ankovic, Gawletta, Geisert, Kapitulski, Meier, Neumann, Prins, Schneider und Schwager (je 1). Spitzenreiter sind die Spieler von heute: Axel Roos und Martin Wagner mit je drei Ausschlüssen.

■ Saison 1966/67: Ein guter 5. Platz

Die Saison 1966/67 begann mit einem Höhepunkt. 15.000 Zuschauer kamen am 6. August 1966 zur Saisonpremiere, um den Europapokalsieger der Pokalsieger West Ham United zu sehen. Werner Liebrich begrüßte und ehrte die frischgebackenen Weltmeister Bobby Moore, Geoff Hurst und Martin Peters. Das Fußballspiel geriet darüber in den Hintergrund.

Der 1. FCK hatte seine Mannschaft für die neue Spielzeit rundum ergänzt und verstärkt. Ein solider, aber unauffälliger Abwehrspieler namens Otto Rehhagel kam von Hertha BSC, im Mittelfeld zog der torgefährliche Andrija Ankovic seine Kreise, und im Sturm wirbelte der vom KSC verpflichtete Gerhard Kentschke. Erstmals geriet die Auswärtsbilanz nicht ganz so katastrophal wie in den Jahren zuvor: 12:22 Punkte, 17:28 Tore bei drei Siegen, sechs Unentschieden und acht Niederlagen konnten sich sehen lassen. Nur das 0:5 bei Bayern München erinnerte an den alten Auswärtstrott.

Auf dem Betzenberg entwickelte sich der 1. FCK zu einer Macht. Zehn Siegen und sechs Unentschieden stand nur eine Niederlage gegen den amtierenden Deutschen Meister 1860 München (0:3) gegenüber. Der komfortable Punktestand nach fünf Spieltagen (9:1) war allerdings am Ende der Vorrunde nur noch Makulatur. Mit 18:16 Punkten war der 1. FCK braves Mittelmaß. Abstiegsgefahr drohte jedoch nie. Im Gegenteil: Hätte es zu dieser Zeit bereits den UEFA-Cup gegeben, der 1. FCK wäre am Ende der Saison als Fünfter mit 38:30 Punkten mit nur fünf Punkten Rückstand auf den überraschenden Meister Eintracht Braunschweig international dabei gewesen. Die besten Torschützen waren Willy Reitgaßl mit neun und Gerhard Kentschke mit acht Treffern.

Im DFB-Pokal war in der 2. Hauptrunde Endstation. Nach dem 2:1 gegen Hannover 96 reichte es gegen die Offenbacher Kickers nur zu einem 0:0 nach Verlängerung. Das Wiederholungsspiel auf dem Bieberer Berg verlor der 1. FCK wieder nach 120 Minuten mit 0:1.

Trotz der guten Leistungen in der Bundesliga kam der 1. FCK aber an seinen Zuschauerschnitt der ersten beiden Jahre (22.133/24.200) nicht heran. Das Publikum war bereits wieder verwöhnt und kam zahlreich nur gegen die „Großen". Borussia Dortmund, den 1. FC Köln, 1860 München, Eintracht Frankfurt und Bayern München wollten jeweils über 30.000 sehen. Dagegen lockten der MSV Duisburg, der 1. FC Nürnberg und Schalke 04 nur knapp über 10.000 Zuschauer auf den Betzenberg.

Den Pfälzern saß das Geld nicht mehr so locker im Portemonnaie. Die Rezession mit ihren Folgen Arbeitslosigkeit und Kurzarbeit traf auch viele pfälzische Betriebe. Die Menschen mußten kürzer treten und suchten sich folglich die Spiele aus, die sie sehen wollten. Zudem fand der Fußball im Fernsehen noch selten statt, so daß von hier kaum ein stimulierender Effekt ausging, sich solch ein packendes Spiel, wie es gerade übertragen worden war, auch einmal live anzusehen. So fehlte gelegentlich die Stimmung, die die Mannschaft in späteren Jahren bei vollem Stadion nach vorne peitschte und zu besonderen Leistungen animierte.

Der ungarische Trainer Lorant hatte in seinem zweiten und vorerst letzten Jahr in Kaiserslautern den Berg bestellt für seinen Nachfolger Otto Knefler, der aber an den hohen Erwartungen des Umfelds angesichts der überaus guten Plazierung der Mannschaft nur scheitern konnte.

■ Saison 1967/68: Das Jahr der Schlappen

Otto Knefler war ein ganz anderer Trainertyp als sein Vorgänger. Fast schien es, als sei seine Berufung ein Zeichen dafür, wie auch im Fußball die autoritären „harten Hunde" durch sanftere Typen mit quasi-demokratischem Anspruch peu à peu ersetzt würden. In Kaiserslautern gab es zwar noch keine Universität, von der der Protest antiautoritärer Avantgardisten auf den Betzenberg hätte überschwappen können, aber Heidelberg, Mannheim und Saarbrücken waren nah und auch hier waren revolutionäre Organisationen wie der „Sozialistische Deutsche Studentenbund" (SDS) aktiv. Doch Kneflers Stil hatte sich spätestens in der Rückrunde überlebt. Den entscheidenden Knacks, durch den das Selbstvertrauen schwand, hatte die Mannschaft am 10. Spieltag bekommen, als sie mit dem guten Punkteverhältnis von 12:6 nach Köln fuhr und mit 0:5 verlor. Nach dem 2:8 bei Borussia Mönchengladbach war es die zweite Schlappe, der sechs Spieltage vor Ende der Saison noch das blamable 0:7 beim MSV Duisburg folgte.

Nach 2:12 Punkten in Serie nach dem Beginn der Rückrunde mußte Knefler gehen. Egon Piechaczek, der frühere Assistent von Gyula Lorant übernahm. Er konnte zwar nichts gegen die Auswärtsmisere der Mannschaft tun, aber zumindest gelangen unter seiner Regie vier Siege und zwei Unentschieden auf dem Betzenberg. Ein Jahr später wäre der 1. FCK mit seinen bescheidenen 28:40 Punkten abgestiegen, aber diesmal waren der KSC (17:51) und Borussia Neunkirchen (19:49) mit weitem Abstand die Schlechtesten und rückten ab in die Regionalligen. Von den mageren 39 Toren des 1. FCK erzielten Gerd Roggensack, der den Verein nach nur einem Jahr wieder verließ, und Helmut Kapitulski, der nach vier Jahren Bundesliga genug hatte, jeweils zehn Treffer. Dem 1. FCK fehlte weiterhin ein echter Torjäger. Während auf dem Betzenberg gerade sechs Spiele gewonnen worden waren und der Berg alles andere als uneinnehmbar war, näherte sich auch die Auswärtsbilanz mit 7:27 Punkten wieder der Katastrophenmarke. Die neu verpflichteten Spieler Hansing, Windhausen und Hasebrink waren noch nicht die Verstärkungen, für die man sie in Kaiserslautern gehalten hatte.

Mehr noch als das schlechte Abschneiden der Mannschaft bedrückte das Präsidium, daß die in der BRD grassierende „Fußballmüdigkeit" auch den Betzenberg mehr und mehr befallen hatte. Dabei hatte man sich gerade von der Bundesliga einen lang anhaltenden Zuschauerboom versprochen. Der Zuschauerschnitt lag um sieben Prozent unter dem des Jahres 1966. Große Sprünge bei Spielereinkäufen konnte sich der 1. FCK deshalb nicht erlauben.

■ Saison 1968/69: Jürgen „Atze" Friedrich kommt

Nach dem Weggang von Kapitulski und Ankovic benötigte das Mittelfeld des 1. FCK einen neuen Lenker. Jürgen Rumor kam vom 1. FC Köln, um die Abwehr zu verstärken, und als künftiger Spielgestalter wurde der 24 Jahre alte Jürgen „Atze" Friedrich von Eintracht Frankfurt verpflichtet. Mit diesem Transfer gelang dem Präsidium des 1. FCK ein Glücksgriff, denn Friedrichs Spuren sind auch 30 Jahre nach seinem Erscheinen auf dem Betzenberg deutlich wahrnehmbar.

Nach dem 0:2 bei Bayern München zum Auftakt gewann der 1. FCK seine nächsten drei Heimspiele gegen Werder Bremen (1:0), den 1. FC Köln (4:0) und die Offenbacher Kickers (2:1). Zudem gelang bei Borussia Dortmund ein überraschender 3:2-Sieg. Aber nach 18 Spieltagen war die Mittelmäßigkeit wieder erreicht, und von da an ging es bergab. Das 3:2 von Dortmund verlor seinen Wert durch das 1:2 gegen die Borussia in Kaiserslautern. Gegen Schalke 04 und Eintracht Frankfurt reichte es wenige Spieltage vor Schluß nur zu zwei Unentschieden. Hatte zuvor lediglich Bayern München 25.000 Zuschauer angezogen, so kamen am vorletzten Spieltag genausoviele zum letzten Heimspiel gegen Eintracht Braunschweig. Mit 28:36 Punkten war der 1. FCK ein hoch gehandelter Abstiegskandidat, denn schlicht unvorstellbar war die Annahme, die Entscheidung, wer Offenbach in die Regionalliga begleite, würde zwischen dem 1. FC Köln und Meister 1. FC Nürnberg fallen. Für Entwarnung auf dem Betzenberg sorgten Hasebrink, Friedrich, Windhausen und Kentschke: 4:0 gegen Braunschweig. Punktgleich mit Borussia Dortmund landete der 1. FCK auf Platz 15 mit 30:38 Punkten. Und der 1. FC Nürnberg mußte tatsächlich absteigen.

Der 1. FCK hatte in dieser Saison drei torgefährliche Stürmer, die jedoch weit hinter dem Prädikat Torjäger zurückblieben: Hasebrink mit zwölf Toren, Windhausen mit elf und Kentschke mit zehn. Die sicherer gewordene Abwehr ließ nur zwei Gegentore mehr zu, als der eigene Sturm geschossen hatte. Aber auswärts lieferte der 1. FCK die Punkte weiter in schöner Regelmäßigkeit ab. 6:28 Punkte und zehn abgegebene Zähler zu Hause verdeutlichten, warum die Mannschaft abermals gegen den Abstieg kämpfen mußte. Insgesamt war es eine verrückte Saison, in der den Tabellenzweiten Alemannia Aachen (38:30) und Absteiger Nürnberg (29:39) nur neun Punkte trennten.

Jürgen „Atze" Friedrich trug mit seinen Toren gegen Hertha BSC (1:0) und Eintracht Frankfurt (2:2) entscheidend zum Klassenverbleib bei. Insgesamt erzielte er sieben Treffer. Vor allem beim „Skandalspiel" gegen seinen alten Verein Eintracht Frankfurt, als Schiedsrichter Schulenburg den 1. FCK verpfiffen hatte, riss er nach einem 0:2-Rückstand seine Mitspieler mit und das Spiel noch herum. Beim Freundschaftsspiel gegen Dukla Prag trug Friedrich mit einem Hattrick zum 4:0 bei.

Trotz der spannenden Saison und dem abermals vermiedenen Abstieg befand sich der 1. FCK in finanziellen Nöten. Die Investitionen zum Ausbau des Stadions und der schlechte Zuschauerzuspruch führten zu einem Minus von 560.000 DM, was für die damalige Zeit eine Menge Geld war. Über alles wurde nachgedacht: die Verbesserung des Service für die Zuschauer, die Änderung des Spielbetriebs der Bundesliga durch die Schaffung regionaler Gruppen und abschließendem Endspiel und sogar die Rückgabe der Lizenz.

Im DFB-Pokal gewann der 1. FCK beim Freiburger FC mit 1:0, schlug zu Hause Eintracht Frankfurt (1:0) und Werder Bremen (3:0). Im Halbfinale erkämpfte Schalke 04 auf dem Betzenberg ein 1:1 nach Verlängerung. Das Wiederholungsspiel gewannen die Knappen mit 3:1. Der 1. FCK hatte erneut das Endspiel gegen Bayern München verpaßt.

■ Saison 1969/70: Lorant kommt zurück

Zur neuen Saison kehrte Trainer Gyula Lorant zum Betzenberg zurück. Die Spieler Windhausen, Hasebrink, Klimaschefski und Koppenhöfer hatten den 1. FCK verlassen. Neu gekommen waren Karl-Heinz Vogt, Klaus Ackermann, Fritz Fuchs, Josef Pirrung und Dieter Krafczyk. Aber der auf dem Papier stärker gewordenen Mannschaft gelang es nicht, die notorische Auswärtsangst zu überwinden. Ein einziger Auswärtssieg mit 1:0 bei Absteiger 1860 München sprang heraus, und bei 8:26 Punkten mußte eine gute Heimbilanz die Klasse sichern. Aber auch auf dem Betzenberg reichte es nur zu 24:10 Punkten. Allerdings mußten die wiederum nicht allzu zahlreichen FCK-Anhänger nicht erneut bis zum Schluß um ihre Mannschaft zittern. Alemannia Aachen stand frühzeitig als Absteiger fest, und auch 1860 München konnte dem 1. FCK nicht gefährlich werden.

Keiner der neuen Roten Teufel erwies sich als Torjäger. Ackermann und Vogt schossen je zwei (!) Tore. Bester Torschütze war Geisert mit neun Treffern. Im DFB-Pokal war gleich in der 1. Hauptrunde Endstation. Der Wuppertaler SV brüskierte den 1. FCK mit 4:0.

Zu seinem 50. Geburtstag überreichte der damalige Ministerpräsident von Rheinland-Pfalz, Dr. Helmut Kohl, Fritz Walter das Bundesverdienstkreuz. Stiller Beobachter im Hintergrund ist Horst Eckel.

Im März 1970 wählte der 1. FCK ein neues Präsidium. Willi Müller, Schuhfabrikant aus Waldfischbach folgte auf den Direktor der Kammgarnspinnerei Hans Adolff. Müllers Ziel war es, die Nachwuchsspieler des 1. FCK stärker zu integrieren und eine bodenständige Bundesligamannschaft zu etablieren.

■ Saison 1970/71: Das Jahr des „Hexers"

Schnarr, Rumor und Geisert hatten ihre Karriere beim 1. FCK beendet bzw. den Verein verlassen. Als neue Torhüter verpflichteten die Lauterer den Jugoslawen Bratislav Dordevic und den Schalker Ersatzkeeper Josef Elting. Auch Schnarrs Vertreter Josef Stabel durfte bleiben. Für das Mittelfeld kam der jugoslawische Nationalspieler Idriz Hosic. Außerdem kickte mit Günther Reinders nach Kapitulskis Abgang wieder ein Spieler beim 1. FCK, der vom FK Pirmasens kam.

Bis zum zwölften Spieltag gewann der 1. FCK seine Heimspiele und verlor alle seine Auswärtsspiele. Aber bereits zu diesem Zeitpunkt hatte Karl-Heinz Vogt elf Treffer erzielt. Beim 4:0 gegen die Offenbacher Kickers hatte er sogar alle Tore geschossen. Fortan nannten ihn alle den „Hexer".

Nach drei Niederlagen in Folge in Frankfurt (2:3), gegen Mönchengladbach (0:1) und in Hamburg (0:1) wurde Gyula Lorant entlassen. Sein Nachfolger wurde Dietrich Weise, der verhindern konnte, daß der 1. FCK ins hintere Tabellendrittel abdriftete. Erstmals seit Jahren war die Zuschauerresonanz auf dem Betzenberg wieder gestiegen. Aber das Spieljahr, in dem der „Hexer" mit 25 Toren regierte, brachte auch einen Negativrekord, der bis heute gültig ist. Gegen den VfB Stuttgart sahen 8.000 Zuschauer am letzten Vorrundenspieltag eine 0:5-Niederlage. Trotzdem konnte sich die

Heimbilanz von 27:7 Punkten sehen lassen. Auswärts durfte man die Zahlen umdrehen, was am Saisonende den achten Platz mit 34:34 Punkten brachte.

Im DFB-Pokal siegte der 1. FCK mit viel Mühe 1:0 bei Borussia Neunkirchen. In der 2. Hauptrunde gab es auf dem Betzenberg ein 1:1 nach Verlängerung gegen Bayern München. Das Wiederholungsspiel ging mit 0:5 verloren.

Vom Aufgebot des 1. FCK zu Beginn der Bundesliga 1963 war 1971 nur noch Winfried Richter dabei, der allerdings nur die ersten beiden Jahre gespielt hatte und erst 1969 wieder zum 1. FCK zurückgekehrt war. Kiefaber, Mangold, Pulter, Schneider, Neumann und Bauer aus der Oberligazeit waren verschwunden. Auch die später hinzugekommenen rustikalen Wrenger und Klimaschefski waren nicht mehr dabei. Technisch versiertere Spieler wie Friedrich, Hosic und Pirrung gehörten jetzt dazu, und in Grundzügen war bereits das Gerüst erkennbar, mit dem zunächst Dietrich Weise und später dessen Nachfolger Erich Ribbeck arbeitete.

Der Wechsel von Gyula Lorant zu Dietrich Weise bedeutete das Ende einer Ära. Zählten Lorant und Piechaczek zu den Trainern alter Schule, die vor allem Disziplin von den Spielern forderten und ihnen wenig Freiheiten ließen, so kam mit Weise ein „sanfter" Vertreter seiner Berufsgruppe, von dem Idriz Hosic in den höchsten Tönen schwärmte: „Ich habe viele Trainer in Jugoslawien kennengelernt... Trainer Weise übertrifft sie alle an Intelligenz." Weise überzeugte, anstatt zu überreden und erreichte in seiner ersten und erfolgreichen Lauterer Arbeitsperiode ein bis dahin für utopisch gehaltenes Ziel, den UEFA-Cup. Vor allem aber brachte er den 1. FCK auf einen guten Weg, das ihm von vorurteilsbesessenen Journalisten angeheftete Etikett der „Klopper der Liga" abzulegen.

Mit den Manipulationen, die Offenbachs Präsident Canellas im Sommer 1971 ans Tageslicht brachte und damit den Bundesligaskandal öffentlich werden ließ, hatte der 1. FCK nichts zu tun. Trotz des permanenten Existenzkampfes in den ersten Bundesligajahren arbeiteten die FCK-Präsidien solide und versuchten, mit ihren begrenzten finanziellen Mitteln das Optimale zu erreichen. Und sie hatten Erfolg, sie erhielten den Menschen in der Pfalz den Bundesligafußball. Der 1. FCK war trotz aller Prophezeiungen aus dem Westen und Norden der Republik nicht abgestiegen, während mit Preußen Münster, Fortuna Düsseldorf, RW Essen (zweimal) und Alemannia Aachen gleich vier Westvereine fünf der 15 Absteiger der ersten acht Bundesligajahre stellten.

> **VEREINSPORTRÄT**

SV Alsenborn:
Der 1. FC Kaiserslautern-Land

Der Gedanke vom großen SV Alsenborn, der auch einmal in Europa von sich reden machen könnte, entstand im Frühjahr 1962 im Olympisch Stadion von Amsterdam. Fritz Walter, der 1959 seine Fußballer-Karriere beim 1. FCK beendet hatte, schaute sich gemeinsam mit dem Alsenborner Bauunternehmer Hannes Ruth das Endspiel um den Europapokal der Landesmeister zwischen Benfica Lissabon und Real Madrid (5:3) an. Drei Jahre später war der Siegeszug der Fußballer aus dem Zirkusdorf – der Stammsitz des Circus Althoff befindet sich hier – zwölf Kilometer östlich von Kaiserslautern nicht mehr aufzuhalten. Nach einem triumphalen Durchmarsch durch die 2. Amateurliga Westpfalz wurde der SVA auch Meister der 1. Amateurliga Südwest und stieg in die Regionalliga auf. Mit Otto Render, Mitglied der Lauterer Meisterelf von 1953, als Trainer und Fritz Walter als zeitweiligem Berater gelang 1968 erstmals die Südwestmeisterschaft vor den großen Konkurrenten aus den Städten Pirmasens, Saarbrücken und Ludwigshafen.

Wie in den Jahren danach, als für Alsenborn noch zweimal der Titel in der Regionalliga wahr wurde, tummelten sich in dem Dorfverein jede Menge Spieler, die zuvor beim 1. FCK gespielt hatten oder später dorthin wechselten:
▷ Willi Hölz, der Torhüter, beim 1. FCK von 1947 bis 1961
▷ Manfred Feldmüller, beim 1. FCK von 1960 bis 1964
▷ Werner Mangold, beim 1. FCK von 1954 bis 1966
▷ Fritz Fuchs, beim 1. FCK von 1969 bis 1975.

Diese Präsenz ehemaliger FCK-Spieler beim Nachbarn aus dem 2.350-Seelen-Dorf brachte dem SVA den Spitznamen „1. FC Kaiserslautern-Land" ein. Andere nannten den Klub, dessen Heimat Alsenborn man damals im Autoatlas noch vergeblich suchte, in Anlehnung an das später nicht unumstrittene Engagement Fritz Walters „Neo-Waltershausen". Für 160 DM Grundgehalt, mit Siegprämien wurden es im Höchstfall 400 DM, begnügten sich die Spieler angesichts des geringen Zuschaueraufkommens in der ländlichen Idylle. Das Fassungsvermögen des Stadions „Kinderlehre" (8.000) wurde so gut wie nie ausgeschöpft, aber auch der „große" 1. FCK hatte in der Hochzeit der Alsenborner Erfolge Grund zum Klagen. Der Zuschauerschnitt auf dem Betzenberg lag 1967/68 bei 13.559, 1968/69 bei 14.176 und 1969/70 bei 14.794, nicht gerade viel für Erstliga-Fußball ohne Konkurrenz weit und breit. Bei großen Spielen zog der SV Alsenborn, der zum 1. FCK immer ein gutes Verhältnis pflegte, ostwärts ins Ludwigshafener Südweststadion. Im April 1968 probte der SVA dort beim 0:0 gegen 1860 München den Ernstfall Bundesliga vor 21.000 Zuschauern. Doch mit dem Aufstieg wurde es nichts. Mit 8:8 Punkten reichte es nur zu einem Mittelplatz in der Aufstiegsrunde. Dabei hatte sich sogar der DFB schon auf den Tag X des Aufstiegs der Dorfmannschaft vorbereitet und eine Sondergenehmigung per „Lex Alsenborn" geschaffen. Sie hätte dem SVA erlaubt, seine Heimspiele in der Bundesliga in Ludwigshafen auszutragen, auch um dem 1. FCK weiträumig aus dem Weg zu gehen.

Das Jahr 1969 begann mit einer Sensation. Am 3. Januar schlug der SVA in seinem Stadion den Bundesligisten MSV Duisburg im DFB-Pokal mit 2:1. Pech bei der Auslosung brachte danach ein Auswärtsspiel bei Schalke 04, das mit 1:3 verlorenging. Wenige Wochen später geriet Fritz Walter wegen seiner jahrelangen Beraterrolle für die Alsenborner und in diesem Zusammenhang gemachter Äußerungen in seinem Buch „Alsenborn – Der Aufstieg einer Dorfmannschaft" ins Zwielicht. Fritz Walter stellte schließlich seine Beratertätigkeit ein. Die Gründe dafür waren eher in der Zusammenarbeit mit dem Trainer als im Finanziellen zu suchen. Der SV Alsenborn ließ sich sportlich nicht beeindrucken und startete, sieben Spieltage vor Saisonschluß mit zwei Spielen im Rückstand, die Aufholjagd gegenüber den nach Pluspunkten besser plazierten TuS Neuendorf und 1. FC Saarbrücken. Mitten hinein in diese Phase kam der plötzliche Tod von Trainer Otto Render bei einem Autounfall. Der 1. FCK zeigte sich als nobler Nachbar und bot den Alsenbornern an, ihnen zur Überbrückung einen Trainer zur Verfügung zu stellen. Aber der SVA fand eine andere, hausgemachte Lösung und wurde erneut Meister. Trotz der Querelen um Fritz Walter und des Schicksalsschlags durch den Tod des Trainers war der SVA der Bundesliga nie näher als 1969. Mit 10:6 Punkten reichte es in der Schlußabrechnung aber nur zum zweiten Platz, da RW Oberhausen, zweimal mit 4:1 gegen die Pfälzer siegreich, einen Punkt mehr verzeichnen konnte.

Der SV Alsenborn, 1968, 1969 und 1970 Meister der Regionalliga Südwest. Stehend 2. v.l. Fritz Fuchs (später 1. FCK), ganz rechts Trainer Otto Render.

1970 zeichnete sich ab, daß die große Ära des SVA zu Ende gehen würde. Gegenüber dem späteren Aufsteiger Arminia Bielefeld war Alsenborn nie ein ernsthafter Konkurrent. Was folgte, waren in den Jahren danach etliche glanzvolle Auftritte im DFB-Pokal gegen Borussia Mönchengladbach (1:1 n.V. und 1:3) und gegen Fortuna Düsseldorf (0:0 und 0:3).

Als 1973 die Einführung der 2. Bundesliga beschlossen wurde, war für die Alsenborner klar, daß sie dabei sein wollten. Am letzten Spieltag der Regionalliga Südwest fiel die Entscheidung. Der 1. FC Saarbrücken verlor zu Hause unerwartet mit 0:1 gegen den VfB Theley und fiel nach Qualifikationspunkten hinter den SV Alsenborn zurück. Geschafft! Fortan machten sich die Alsenborner daran, ihr Stadion auf ein Fassungsvermögen von 15.000 Zuschauern zu bringen. Doch aus fadenscheinigen „wirtschaftlichen Gründen" wurde der SV Alsenborn wieder aus der Liga hinauskatapultiert und der 1. FC Saarbrücken, der angeblich vor der Pleite stand, aufgenommen. Der Fall ging durch die Instanzen – Regionalverband, Landgericht, Oberlandesgericht, DFB-Bundesgericht. Wie schon bei der Gründung der Bundesliga 1963 war der 1. FC Saarbrücken ungerechterweise einer anderen, besserplazierten Mannschaft vorgezogen worden. Für den SV Alsenborn und seine Spieler ging es bergab. Zeitweilig war sogar von einem freiwilligen Rückzug in die B-Klasse die Rede, in der die Reservemannschaft spielte. Zwei Wochen vor dem Start der 2. Bundesliga schrieben die empörten und in ihrer Existenz bedrohten Spieler an den DFB: „Der SV Alsenborn war bereit, alle Bedingungen des DFB zu erfüllen. ... Was hat der 1. FC Saarbrücken überhaupt für ein Recht in der 2. Bundesliga zu spielen?" Doch die Anklage blieb ohne Resonanz bei den Verbandsoberen. Die Presse sprach vom „großen Betrug am kleinen Verein" und von der „Zerstörung des SV Alsenborn".

Viele Spieler wie Manfred Lenz, später Mittelfeldregisseur des FC 08 Homburg, verließen den Verein. So ließ der Absturz über die Südwestliga in die Bezirksliga nicht lange auf sich warten. Mit Lorenz Horr, dem großen Strategen aus besseren Alsenborner Tagen, als Trainer ging es 1983/84 fast noch einmal bis in die Oberliga, aber danach war der Crash total. Bis in die B-Klasse Ost Kaiserslautern ging es hinab, aus der 1993 der Wiederaufstieg in die A-Klasse Nord, jetzt Bezirksklasse Nord glückte. Dort nimmt der SV Alsenborn einen vorderen Mittelfeldplatz ein und wäre einem Aufstieg in die Bezirksliga West nicht abgeneigt.

Mit dem 1. FC Kaiserslautern, der den SV Alsenborn nach seiner Ausbootung aus der 2.Bundesliga als Konkurrent nicht mehr fürchten mußte, gibt es auch heute noch Berührungspunkte. Der Präsident des SV Alsenborn, Dirk Leibfried (30), der den Verein seit zehn Jahren erfolgreich führt, ist beim Bundesligisten für die Pressebetreuung und diverse Publikationen mitverantwortlich. Und der Doppelort Enkenbach-Alsenborn ist nicht nur für Fritz Walter hoch oben auf dem Berg mit Blick auf das ganze Dorf als Wohnort attraktiv, sondern auch für FCK-Profis. Ein Spieleraustausch zwischen beiden Klubs ist heute kaum noch denkbar, der Klassenunterschied zu groß. Aber das hielt den 1. FCK nicht davon ab, 1994 zum 75jährigen Jubiläum in Alsenborn aufzukreuzen und ganz nebenbei mit 12:2 zu gewinnen.

Wer weiß, wo der SV Alsenborn heute spielen würde, hätte 1968 der damalige Vorsitzende Dr. Dietzel die Vernunftehe mit Ludwigshafen und dem Südweststadion nicht kategorisch ausgeschlossen: „Einen FC Ludwigshafen-Alsenborn wird es nicht geben." Nur so aber hätte der SV Alsenborn im bezahlten Fußball neben dem großen Nachbarn 1. FCK auf Dauer überleben können. Mit einem großen Stadion, das damals noch weit mehr Zuschauer faßte als der Betzenberg, und einem riesigen Zuschauerreservoir aus dem Rhein-Neckar-Dreieck. Ein „SVA Kaiserslautern" neben dem 1. FC Kaiserslautern aber mußte für immer eine Utopie bleiben. ∎

1971 bis 1982
Der langsame Aufstieg zur Spitze

Wie Dietrich Weise, Erich Ribbeck und Karl-Heinz Feldkamp dem 1. FC Kaiserslautern ein neues Image verpaßten

Saison 1971/72: UEFA-Cup und Pokalfinale

Premiere in der neuen Saison: Erstmals erreichte der 1. FC Kaiserslautern einen europäischen Pokalwettbewerb. Der alte Messepokal war 1971 in die Regie der UEFA übergegangen, und die Bundesliga durfte vier Mannschaften für den Wettbewerb melden.

Die Roten Teufel begannen die Saison mit fast der gleichen Mannschaft wie im Vorjahr – kein Stammspieler hatte den Verein verlassen. Der prominenteste Neuzugang war Wolfgang Seel vom 1. FC Saarbrücken. Die gute Plazierung im Vorjahr und ein vielversprechender Saisonstart mit einem 1:0 gegen Borussia Mönchengladbach lockten wieder mehr Zuschauer auf den Betzenberg. Das Siegtor gegen den Angstgegner vom Niederrhein fiel auf kuriose Weise. Bitz' Schuß ging an den Pfosten und prallte von Torhüter Kleffs Rücken ins Tor. Nach zwei Unentschieden in den darauffolgenden Auswärtsspielen bei Werder Bremen (2:2) und bei Arminia Bielefeld (1:1) kamen 30.000 gegen den VfL Bochum, der mit 4:1 geschlagen wurde. Doch danach setzte es Niederlagen beim VfB Stuttgart (1:3) und gegen Bayern München (0:2). Über weite Strecken der Saison wechselten sich nun Heimsieg und Auswärtspleite ab. Deftige Schlappen waren keine mehr dabei, sieht man von dem 0:4 beim HSV ab. Die Abwehr mit Fritz Fuchs, Dietmar Schwager und Ernst Diehl hielt dicht, und Josef Elting etablierte sich zunächst als Stammtorhüter vor seinem Namensvetter Stabel. Dafür geriet der Motor des „Hexers" ins Stottern. Karl-Heinz Vogt schoß nur noch zehn Tore und mußte Idriz Hosic (13) die interne Torjägerkrone überlassen.

Obwohl die Mannschaft aus den letzten acht Spielen nur 6:10 Punkte holte, qualifizierte sie sich als Tabellensiebter mit 35:33 Punkten für den

UEFA-Cup. Der Abstand zwischen der Bundesligaspitze, die Bayern München (55:13) und Schalke 04 (52:16) bildeten, und den UEFA-Cup-Teilnehmern Borussia Mönchengladbach (43:25), 1. FC Köln (43:25), Eintracht Frankfurt (39:29) und 1. FCK (35:33) war schon gewaltig.

Doch der 1. FCK hatte auch die Chance, am Europapokal der Pokalsieger teilzunehmen. Zum zweiten Mal nach 1961 standen die Roten Teufel im DFB-Pokal-Finale. Der Weg dorthin war schwer, denn widersinnigerweise wurden die Pokalspiele nun mit Hin- und Rückspiel ausgetragen. Der 1. FCK setzte sich gegen den Wuppertaler SV mit 1:2 und 3:2 n.V. sowie 8:5 nach Elfmeterschießen durch, bezwang anschließend den VfB Stuttgart mit 3:4 und 3:1 und siegte gegen RW Oberhausen mit 1:3 und 5:0. Schließlich unterlag Werder Bremen zweimal mit 2:1. Doch im Finale hatte der 1. FCK gegen Schalke 04 keine Chance. Schon nach 32 Minuten stand es 2:0 durch Helmut Kremers und Scheer. Am Ende hieß es 5:0. Der 1. FCK trat mit folgender Mannschaft an:

▶ Elting, Reinders, Diehl, Schwager, Fuchs, Friedrich, Bitz, Hosic (Vogt), Pirrung, Seel, Ackermann.

Otto Rehhagel war in dieser Saison nur noch achtmal zum Einsatz gekommen. Seine kompromißlose Spielweise, als bissiger Verteidiger den Zweikampf zu suchen, forderte ihren Tribut. Nach insgesamt 200 Bundesligaspielen beendete ein lädiertes Knie die Karriere des 34jährigen. Eher unspektakulär verabschiedete sich Rehhagel aus Kaiserslautern, um beim 1. FC Saarbrücken seine Karriere als Trainer zu beginnen. Niemand ahnte, daß er 24 Jahre später als „König Otto" zurückkehren würde.

■ Saison 1972/73: UEFA-Cup-Premiere – Dietrich Weise geht

Die Saison 1972/73 war wieder eine „normale" 1. FCK-Saison. Mit 34:34 Punkten (26:8 zu Hause, 8:26 auswärts) wurde der neunte Tabellenplatz erreicht. Erstmals tauchte Klaus Toppmöller, der von Eintracht Trier zum 1. FCK gewechselt war, in den Spielberichten auf. Noch schoß er keine Tore, was sich aber bald ändern sollte.

Der Betzenberg garantierte wieder einmal für den Klassenverbleib, denn auswärts setzte es elf Niederlagen. Nur zweimal kehrten die Lauterer mit einem Sieg heim in die Pfalz. Beim MSV Duisburg (4:3) und bei Hannover 96 (3:2) kompensierte der 1. FCK die verlorenen Heimpunkte aus sechs Unentschieden und dem 0:1 gegen Eintracht Frankfurt. Wolfgang Seel mit elf und Idriz Hosic mit zehn Treffern waren die besten Angreifer. Sportlich in der Tabellenmitte, bereitete der erneut einsetzende Zuschauerschwund große Sorgen. Nur noch knapp über 12.000 kamen im Durchschnitt zu den Heimspielen. Ein Fehlbetrag in der Bilanz war die Folge.

Bei der Jahreshauptversammlung erregte aber ein anderes Thema die Gemüter. Trainer Dietrich Weise hatte ein Angebot von Eintracht Frankfurt angenommen und wurde bezichtigt, ein falsches Spiel mit dem 1. FCK getrieben zu haben. Weise selbst sah in seinem Handeln nichts Ehrenrühriges und wollte seinen Vertrag in Kaiserslautern bis zum Saisonende erfüllen. Doch vor dem letzten Spieltag wurde er wegen „vereinsschädigenden Verhaltens" entlassen. Gerd Schneider fuhr als Interimscoach mit der Mannschaft zum Spiel bei Hertha BSC Berlin. „Wir passen eben nicht zusammen", kommentierte Weise seinen Abschied. Dabei war es ihm gelungen, die Mannschaft jenseits von Abstiegsängsten im vorderen Mittelfeld zu etablieren.

Auch im DFB-Pokal gelangen Erfolge gegen die SpVgg. Bayreuth (2:4 und 4:0) und gegen den VfB Stuttgart (1:2 und 2:0 n.V.). Erst im Viertelfinale setzte sich Borussia Mönchengladbach zweimal mit 2:1 gegen den 1. FCK durch und gewann auch den Pokal durch das legendäre Netzer-Tor in der Verlängerung mit 2:1 gegen den 1. FC Köln.

Dafür feierte der 1. FCK eine gelungene Premiere im UEFA-Cup. Kaum einer hatte geglaubt, die Lauterer würden die 1. Runde überstehen, denn das favorisierte Stoke City hatte das Hinspiel mit 3:1 gewonnen. Doch vor 12.000 Zuschauern siegte der 1. FCK sensationell hoch mit 4:0. In der 2. Runde gelang bei der portugiesischen Werksmannschaft CUF Barreiro ein 3:1. Das 0:1 im Rückspiel änderte nichts am Erreichen der 3. Runde. Hier hieß der Gegner Ararat Yerevan aus der damaligen Sowjetrepublik Armenien. Im vollbesetzten Stadion Rasdan unterlag der 1. FCK mit 0:2. Für das Rückspiel, zu dem viele Armenier aus der Diaspora, vor allem aus Frankreich angereist waren, hatten die Gäste versucht, dem 1. FCK Angst zu machen. „So gut wie unser armenischer Cognac ist, werden wir auch spielen", tönten die Fußballer aus dem Transkaukasus. Als es nach 120 Minuten immer noch 2:0 für den 1. FCK stand, ging es ans Elfmeterschießen. Alle trafen, doch den letzten Elfmeter von Ararat hielt Torhüter Josef Stabel. Der 1. FCK stand im Viertelfinale. Hier hatten die Lauterer Pech, daß sie ausgerechnet auf die damals überragende Borussia Mönchengladbach trafen. Dem 1:2 auf dem Betzenberg folgte ein schlimmes 1:7 auf dem Bökelberg.

■ Saison 1973/74: Die Ära Ribbeck beginnt

Nachfolger Dietrich Weises als Trainer wurde Erich Ribbeck, der die Grundlagen schaffte für den Erfolg, den nach ihm Karl-Heinz Feldkamp mit dem 1. FCK hatte. Daß nicht schon unter Ribbeck der Vorstoß in die Spitze gelang, lag an dem Schicksalsschlag, der den 1. FCK mitten in seiner Saisonvorbereitung traf. Der Denker und Lenker des Lauterer Spiels, Jürgen „Atze" Friedrich brach sich im Freundschaftsspiel beim ASV Landau das Bein und kehrte wegen dieser schweren Verletzung nicht mehr in die Mannschaft zurück. Auch Idriz Hosic spielte nicht mehr für den 1. FCK, er war zum MSV Duisburg gewechselt. Der 1. FCK befand sich im Umbruch. Aus Schweden kam Roland Sandberg, von Borussia Mönchengladbach wurde Herbert Laumen verpflichtet. Zwischen den beiden Torhütern Stabel und Elting gab es einen fairen Konkurrenzkampf, keiner konnte sich entscheidend und endgültig gegen den anderen durchsetzen.

Der 1. FCK erwischte einen katastrophalen Saisonstart. Nach vier Spieltagen stand die Mannschaft mit 1:7 Punkten hinten. Doch allmählich klappte das Zusammenspiel der beiden Stürmer Klaus Toppmöller und Roland Sandberg, und auch Josef Pirrung und Herbert Laumen sorgten für Tore. Die kurze Hochzeit des „Hexers" Karl-Heinz Vogt war vorbei, er kam nur noch zweimal zum Einsatz. Am Ende der Vorrunde stand der 1. FCK mit 19:15 Punkten im vorderen Mittelfeld. Und unter dem neuen Trainer erzielte der 1. FCK seine bis dahin beste Auswärtsbilanz. Nur sechsmal gingen die Roten Teufel als Verlierer vom Platz. Daneben gab es sechs Unentschieden und fünf Siege. Vor allem aber schossen die Stürmer auswärts 39 Tore, nur zwei weniger als zu Hause, wo allerdings fünf Niederlagen den erneuten Vorstoß in den UEFA-Cup verhinderten. Der begeisternde Fußball der Torjäger Sandberg (19 Tore) und Toppmöller (21 Tore) zog auch wieder mehr Zuschauer an. Fast 18.000 kamen im Durchschnitt. Mit 38:30 Punkten und 80:69 Toren landete der 1. FCK einen Punkt hinter dem 1. FC Köln auf dem sechsten Platz.

Das verrückteste Spiel, das der Betzenberg je sah, fand am 20. Oktober 1973 statt. Der 1. FCK spielte gegen Bayern München in der Aufstellung:
▶ Elting, Huber, Diehl, Schwager, Fuchs, Toppmöller, Bitz, Laumen, Pirrung, Sandberg, Ackermann.

Nach 36 Minuten führten die Bayern durch die Tore von Bernd Gersdorff (2) und Gerd Müller mit 3:0. Pirrung gelang zwar in der 43. Minute das 1:3, aber Müller erhöhte in der 57. Minute auf 4:1. Alles aus? Nur eine Minute später verkürzte Toppmöller auf 2:4. Drei Minuten danach erzielte

Pirrung das Anschlußtor. Nach weiteren zwölf Minuten hieß es 4:4 durch den gleichen Spieler. Als sechs Minuten vor Schluß Ernst Diehl den 1. FCK mit 5:4 in Führung schoß, bebte der Berg. Bayern München war am Boden. Das 6:4 und 7:4 durch Laumen in der 87. und 89. Minute waren Anzeichen für die Resignation der Mannschaft, in der mit Maier, Beckenbauer, Schwarzenbeck, Hoeneß und Müller fünf kommende Weltmeister standen. Wie sehr das Erlebnis dieses außergewöhnlichen Spiels noch heute nachwirkt, beschreibt Michael Bauer in seinem „Fußballblues": „...dann war des Spiel aus un mir sin häämgeschob. E paar vun uns han die Bayere verschlaa. All war mer glicklich un zufriede. Die Punkte waren am Betzberch geblibb, un de Paul un ich, mir waren ganz schää staawisch. Am Sunndaach war mers de ganze Daach schlecht. Ich bin nur äämol korz ufgestann un hammer Bild am Sunndaach kaaf. Do hat dringestann, 35.000 am Betzeberch waren begeischtert. Ääner devun war ich."

Im DFB-Pokal ließ der 1. FCK kaum eine mögliche Verlängerung aus. Sowohl beim 5:3 gegen RW Essen als auch beim 1:1 bei Arminia Bielefeld. Das Wiederholungsspiel gewann der 1. FCK mit 3:0. Im Viertelfinale gab es ein 2:2 bei den Offenbacher Kickers, die schließlich auf dem Betzenberg mit 3:2 nach Verlängerung siegten.

Im Präsidium des 1. FCK machte man sich Sorgen wegen der Einführung der 2. Bundesligen zum kommenden Spieljahr. Allgemein wurden erneute Zuschauereinbußen befürchtet, da aus dem Umland sieben Mannschaften in der Gruppe Süd spielten (1. FC Saarbrücken, Borussia Neunkirchen, FC Homburg, Röchling Völklingen, FK Pirmasens, Wormatia Worms und Mainz 05). Doch die Befürchtungen erwiesen sich schnell als unbegründet, wie die kommende Saison zeigte.

■ Saison 1974/75: Ronnie Hellström kommt

Austragungsort der Fußball-Weltmeisterschaft 1974 war Kaiserslautern nicht geworden. Dafür verpflichteten die Lauterer auf Empfehlung von Roland Sandberg seinen schwedischen Nationalmannschaftskollegen Ronnie Hellström, der bei der WM der beste aller Torhüter war. Nach dem Turnier wäre Hellström für den 1. FCK unerschwinglich gewesen. In der Torhüter-Hierarchie gab es spätestens seit dem 2:4 der Schweden gegen Deutschland keine Zweifel mehr. Hellström war die Nummer 1, Stabel die Nummer 2. Neben Torhüter Elting hatten auch Reinders, Ackermann, Huber, Magnusson, Laumen und Vogt den Verein verlassen. Neu gekommen waren Hannes Riedl, Walter Frosch und Werner Melzer.

In Abstiegsgefahr geriet der 1. FCK nicht, aber er demonstrierte seinen Fans einen formidablen Rückfall in alte Zeiten. Der Saisonstart ging mit 2:8 Punkten völlig daneben. Am Ende standen 25:9 Heimpunkten 6:28 Auswärtspunkte gegenüber. Zwei dieser Auswärtszähler holte der 1. FCK ausgerechnet im Münchner Olympiastadion beim 5:2 gegen die Bayern. Nur eine Woche später verließen 37.000 Zuschauer schimpfend und verärgert den Betzenberg, nachdem der 1. FCK gegen die Offenbacher Kickers mit 1:2 verloren hatte. Prompt kamen zum nächsten Heimspiel gegen den VfB Stuttgart nur noch 7.000 und sahen das 6:0 mit drei Sandberg-Toren.

Ronnie Hellström hielt das Tor der Roten Teufel mit kleinen Unterbrechungen von 1974 bis 1984 sauber.

Am Ende der Saison belegte der 1. FCK mit 31:37 Punkten und 56:55 Toren den 13. Platz. Die Torfabrik war ins Stottern geraten. Hinter Sandberg mit 22 Toren klaffte eine große Lücke. Toppmöller, Riedl und Pirrung erzielten jeweils nur sechs Treffer.

Im DFB-Pokal erreichte der 1. FCK nach einem 4:3 bei Schweinfurt 05 und dem 7:1 gegen den Spandauer SV die 3. Hauptrunde. Bei Fortuna Düsseldorf unterlagen die Roten Teufel mit 2:3 n.V.

■ Saison 1975/76: Wieder im Pokalfinale

In dieser Spielzeit tauchte erstmals Hans-Peter Briegel im Kader des 1. FCK auf. Erich Ribbeck hatte den ehemaligen Leichtathleten des TV Rodenbach in einem Spiel auf dem Dorf gesehen und dafür gesorgt, daß das Kraftpaket zu den Amateuren des 1. FCK geholt wurde. Für seine prophetischen Worte „Auf ihn wartet eine beispiellose Karriere" erntete Ribbeck zunächst nur Kopfschütteln und Hohn. Wenn Briegel bei den Profis eingewechselt wurde, gab es Pfiffe zuhauf. Als Linksaußen rannte er den Platz rauf und runter und erntete dafür Gelächter. Doch Ribbeck hielt an Briegel fest, auch als später einmal Eintracht Trier an dem Spieler Interesse zeigte. Neben Briegel waren Heinz Stickel und Klaus Scheer zum 1. FCK gekommen. Dietmar Schwager und Hermann Bitz waren nicht mehr im Kader.

Der Saisonstart war erneut nicht berauschend. 3:7 Punkte und eine anhaltende Auswärtsschwäche verhießen nichts Gutes. Erst eine Serie von 10:2 Punkten zum Ende der Vorrunde brachte den 1. FCK ins vordere Mittelfeld. Auch die beinahe obligatorische Heimniederlage gegen Borussia Mönchengladbach (0:3) bremste die Roten Teufel nicht in ihrem Höhenflug. Den Sprung ganz nach oben verdarben sie sich selbst, als sie vier Spieltage vor Schluß 37:23 Punkte hatten und alle restlichen Spiele verloren. Deutscher Meister wurde Borussia Mönchengladbach mit 45:23 Punkten. Der 1. FCK beendete die Saison als Siebter mit 37:31 Punkten. Das reichte für einen Platz im UEFA-Cup, denn Bayern München hatte gegen AS Saint-Etienne mit 1:0 den Europapokal der Landesmeister gewonnen und startete als Titelverteidiger zusammen mit der Borussia in diesem Wettbewerb.

Erfolgreichster Torschütze war Klaus Toppmöller, der in den letzten beiden Spielen pausierte, mit 22 Treffern vor Roland Sandberg mit 17.

Von allen Seiten war der 1. FCK in dieser Saison gelobt worden, weil sich zu dem kämpferischen Element mehr und mehr spielerische Fertigkeiten einstellten. Die „Klopper der Liga" gab es nicht mehr, sie waren out. Der Ruf der „bösen Buben vom Betzenberg" hatte sich zumindest teilweise verflüchtigt. Was die Anhänger des 1. FCK zudem in Euphorie versetzte, war die Tatsache, daß mit Werner Melzer, Günter Kroth, Walter Frosch, Ernst Diehl, Peter Schwarz, Heinz Wilhelmi, Hannes Riedl, Josef Stabel und Josef Pirrung neun „echte" Pfälzer in der Mannschaft standen.

Die Begeisterung hatte ihren Grund auch in den Erfolgen im DFB-Pokal. In den ersten drei Runden hatte es der 1. FCK mit leichten Gegnern zu tun. Gegen den VfR Mannheim gab es ein 2:0, beim Blumenthaler SV ein 5:1 und bei Westfalia Herne gelang ein 3:1. Danach hatte der 1. FCK Losglück. Durch ein 2:0 gegen Eintracht Braunschweig zog er ins Viertelfinale ein, wo Fortuna Düsseldorf mit 3:0 geschlagen wurde. Fast wäre der Halbfinalgegner aus dem Südwesten gekommen. Röchling Völklingen hatte bei Hertha BSC 1:1 n.V. gespielt. Aber die Berliner siegten an der Saar mit 2:1. Doch der 1. FCK schaffte auch diese Hürde und gewann 4:2 gegen Berlin. Endspielgegner in Frankfurt war der HSV, der sich mit 2:2 n.V. und

1:0 gegen Bayern München durchgesetzt hatte. Das Spiel vor 61.000 Zuschauern und unter fast subtropischen Bedingungen bestritt der 1. FCK in folgender Aufstellung:
▶ Hellström, Kroth, Melzer, Diehl, Frosch, Riedl, Stickel (Schwarz), Scheer, Meier, Pirrung (Wilhelmi), Sandberg.

Auf Klaus Toppmöller mußte Erich Ribbeck wegen einer Verletzung verzichten. Die Entscheidung war bereits nach 45 Minuten gefallen. Peter Nogly in der 22. Minute und Ole Björnmose in der 37. hatten den HSV mit 2:0 in Führung gebracht. Mehr Tore fielen nicht in diesem Spiel, denn die Hitze ließ es nicht zu. Alle waren froh, als das Spiel endlich vorbei war.

Der HSV krönte seinen Pokalsieg ein Jahr später mit dem Gewinn des Europapokals der Pokalsieger durch ein 2:0 in Amsterdam gegen den RSC Anderlecht. Der 1. FCK hatte es auch in seinem dritten Pokalfinale nicht geschafft, den „Pott" nach Kaiserslautern zu holen. Anstatt im Europapokal der Pokalsieger spielte der 1. FCK in der neuen Saison um den UEFA-Cup.

■ **Saison 1976/77: Ein neuer Präsident**

Mit dem Tanz auf drei Hochzeiten kam auch die Ernüchterung auf den Betzenberg zurück. Nach zwölf Spielen hatte der 1. FCK 8:16 Punkte. Drei Heimspiele (1:2 gegen Borussia Mönchengladbach, 0:2 gegen Hertha BSC Berlin und 0:1 gegen Fortuna Düsseldorf) wurden verloren, auswärts gelang nur ein einziges Unentschieden beim 1:1 in Karlsruhe. 12:22 Punkte zur Halbzeit der Runde hießen Alarm auf dem Betzenberg.

Zudem plagte den 1. FCK Ärger besonderer Art. Das Spiel gegen Fortuna Düsseldorf hatte Schiedsrichter Rudolf Frickel nach 76 Minuten beim Stand von 0:1 abgebrochen, weil er sich gefährdet fühlte. „Ich bin doch kein Bauernschiedsrichter, das lasse ich mir nicht gefallen", kommentierte er die Tatsache, daß drei Flachmänner von den Zuschauerrängen in seine Richtung geworfen worden waren. Alle Proteste nutzten nichts. Es blieb beim ersten Spielabbruch in der Bundesliga. Die Düsseldorfer stellten zudem dem Lauterer Publikum kein gutes Zeugnis aus, was den Schiedsrichter in seiner Argumentation unterstützte. „Die Zuschauer auf dem Betzenberg erwiesen sich wie bei unseren früheren Gastspielen ... als unsachlich und undiszipliniert", scherte Fortuna-Vizepräsident Hans Noack alle über einen Kamm. Das Spiel wurde mit 0:2 Punkten und 0:2 Toren gegen den 1. FCK gewertet. Um eine Platzsperre kam man herum, mußte aber zusätzlich noch 8.000 DM Strafe zahlen.

Als es sportlich nicht mehr gut lief, fing es auch im Präsidium zu rumoren an. Schnell geriet Erich Ribbeck in die Schußlinie des Präsidenten. Als die Präsidiumsmitglieder Udo Sopp und Dr. Walter Greiner mit Interna an die Öffentlichkeit gingen und behaupteten, das Präsidium habe über die Ablösung Ribbecks, die Präsident Müller betreibe, beraten, war das Tischtuch zwischen den Präsidialen zerschnitten. „Entweder geht Trainer Ribbeck oder ich trete zurück", polterte Müller. Wie rauh das Klima in diesen Dezembertagen 1976 auf dem Betzenberg war, verdeutlicht der Maulkorb, den Müller dem angezählten Trainer verpaßte. „Sie sind nicht gefragt. Melden Sie sich erst einmal zurück. Ich habe Sie nicht gesehen!", herrschte Müller Ribbeck an. Der barsche Führungsstil des Schuhfabrikanten wurde zunehmend kritisiert.

Als am 7. März 1977 bei der Jahreshauptversammlung mit dem ehemaligen FCK-Spieler Jürgen „Atze" Friedrich ein Gegenkandidat zu Müller auftrat, waren die Mitglieder in zwei Lager gespalten. Verwaltungsrat und Gesamtvorstand standen fest zu Müller, während Vizepräsident Sopp Friedrich unterstützte. Der Herausforderer, gerade 32 Jahre alt, forderte eine zeitgemäße Führung des Vereins und ein modernes Management sowie eine verbesserte Öffentlichkeitsarbeit und eine klare Personalkonzeption für die Bundesligamannschaft, um Fehlinvestitionen künftig zu vermeiden. Nach seinen Chancen bei der Wahl befragt, äußerte sich Friedrich in der *Rheinpfalz*. „Ich scheue mich nicht vor einer Niederlage – sonst würde ich ja wohl auch nicht kandidieren, zumal die Intrigen der letzten Tage doch recht gehässig waren." Der junge „Modernisierer" kippte den alten Konservativen durch dessen eigene Ungeschicklichkeit. Müller behauptete, Friedrich habe ihm bei einer Unterredung gesagt, er wolle eigentlich gar nicht kandidieren, man habe ihn dazu gedrängt. Er habe daraufhin Friedrichs Angebot, die Lizenzspielerabteilung zu übernehmen, angenommen. Erst vor der Versammlung sei Friedrich gekommen und habe erneut erklärt, es sei der Wille seiner Freunde, daß er kandidiere. Diese verleumderischen Äußerungen konterte Friedrich geschickt. „Ich habe bisher kein diskriminierendes Wort gegen Herrn Müller gesagt. ... Aber das meine ich mit Führungsstil." *(Die Rheinpfalz)*. War die Stimmung im großen Saal der „Neue Eintracht" zuvor noch pro Müller, so entstand jetzt heftige Unruhe. Friedrich erntete Beifall für seine Worte und „Atze"-„Atze"-Rufe hallten durch den Raum. Mit 357:349 Stimmen läutete die Versammlung die erste der Ären Friedrich beim 1. FCK ein. Der „Modernisierung" des 1. FC Kaiserslautern stand nun nichts mehr im Wege.

Knapper Sieg für den Modernisierer

In der Rückrunde erzielte der 1. FCK 17:17 Punkte und rettete sich zwei Spieltage vor Schluß endgültig vor dem Abstieg. Im Durchschnitt kamen etwas mehr als 20.000 Zuschauer auf den Betzenberg, wo erneut Klaus Toppmöller mit 19 Toren am besten getroffen hatte. Roland Sandberg litt an einer schweren Knieverletzung, die ihn am Ende der Saison zum Sportinvaliden machte. Hinter Toppmöller klaffte eine riesige Lücke. Josef Pirrung folgte mit acht Treffern. Im DFB-Pokal traf der 1. FCK in der 1. Runde wieder auf den VfR Mannheim und siegte mit 1:0. Dem 1:1 n.V. bei den Stuttgarter Kickers folgte ein 3:1 im Wiederholungsspiel. Mit dem gleichen Ergebnis unterlag der 1. FCK in der 3. Runde bei Bayer Uerdingen.

Im UEFA-Cup mußte der 1. FCK in der 1. Runde nach Zypern zu Paralimni Famagusta. Dem 3:1 dort folgte ein 8:0 auf dem Betzenberg. In der 2. Runde wartete mit Feyenoord Rotterdam ein zu starker Gegner auf die Pfälzer. Nach dem 2:2 im Hinspiel verlor der 1. FCK in Rotterdam mit 0:5.

■ Saison 1977/78: Ernüchterung zu Ribbecks Abschied

Die Saison war geprägt von der Ankündigung Erich Ribbecks, den Betzenberg nach fünf Jahren zu verlassen, um eine Trainertätigkeit beim DFB anzutreten. Beim 1. FCK schaute man sich frühzeitig nach einem passenden Nachfolger um, der den eingeschlagenen Weg fortsetzen sollte. Die Wahl fiel schließlich auf Karl-Heinz Feldkamp, der Arminia Bielefeld erfolgreich trainierte und zurück in die Bundesliga führte.

Das letzte Ribbeck-Jahr war gleichzeitig das erste Jahr ohne Roland Sandberg, für den sein Landsmann Benny Wendt verpflichtet wurde. Zur weiteren Belebung des spielerischen Elements kam Rainer Geye von Fortuna Düsseldorf, und Hans Günter Neues von RW Essen sollte die Abwehr verstärken. Die gute Heimbilanz mit 27:7 Punkten bewahrte den 1. FCK vor einem Rückfall in alte Zeiten, denn auswärts setzte es elf Niederlagen. Nur dreimal verließ der 1. FCK, in Frankfurt (3:1), Bochum (1:0) und St. Pauli (3:0), als Sieger fremde Stadien. Trotz der Heimpleite mit 0:4 gegen den VfB Stuttgart kamen die Lauterer nach der Vorrunde auf 21:13 Punkte. Doch in der Rückrunde wurde durch schlechte Auswärtsleistungen und Heimniederlagen gegen Borussia Mönchengladbach (0:3) und den 1. FC Köln (0:2) der mögliche Platz im UEFA-Cup verspielt. Krönender Abschluß einer durchwachsenen Spielzeit war das 5:0 gegen Bayern München am letzten Spieltag vor 25.000 Zuschauern. Klaus Toppmöller gelangen dabei drei Treffer. Mit 21 Toren war er wiederum erfolgreichster

Schütze. Benny Wendt traf nur zweimal und war noch kein adäquater Ersatz für Sandberg.

Im DFB-Pokal siegte der 1. FCK in der 1. Runde beim FSV Oggersheim mit 3:0. Wacker 04 Berlin wurde in der 2. Runde mit 4:1 geschlagen. In der 3. Runde unterlag der 1. FCK beim MSV Duisburg mit 1:2.

Im ersten Jahr unter dem neuen Präsidenten Friedrich ging es wirtschaftlich bergauf. Der Verein erwirtschaftete einen kleinen Gewinn und nahm im Zusammenwirken mit Stadt und Land bereits Kurs in Richtung Ausbau des Stadions. Die Vision vom Sportpark Betzenberg nahm Gestalt an.

■ Saison 1978/79: Pokal-Aus im „Zweitstadion"

Das erste Jahr unter dem neuen Trainer Karl-Heinz Feldkamp begann für Kaiserslauterer Verhältnisse traumhaft. Zur weiteren Verstärkung des Mittelfelds war Hannes Bongartz von Schalke 04 gekommen. Den 1. FCK schmerzte aber, daß Abwehrspieler Ernst Diehl seine Karriere wegen einer Verletzung beenden mußte. Es war ein Start nach Maß. Vor 38.000 Zuschauern im Ludwigshafener „Exil" – der Betzenberg wurde noch umgebaut – wurde der VfB Stuttgart mit 5:1 deklassiert. Dem anschließenden 3:0 bei Hertha BSC Berlin folgte zwar wieder in Ludwigshafen ein 1:1 gegen den 1. FC Köln, aber mit zwei Unentschieden bei Darmstadt 98 (2:2) und Eintracht Braunschweig (0:0) blieb der 1. FCK weiter oben. Plötzlich gelangen Erfolge auch dort, wo der 1. FCK jahrelang den Prügelknaben gespielt hatte. Ein Beispiel war das 3:2 bei Borussia Dortmund. Erst am 15. Spieltag kassierten die Roten Teufel ihre erste Niederlage, die dafür gleich deftig ausfiel. Der Tabellenführer, der mit 23:5 Punkten auf den Bökelberg gekommen war, unterlag Borussia Mönchengladbach mit 1:5. Der guten Moral tat dies keinen Abbruch. Das 4:0 eine Woche später gegen Werder Bremen und das 2:2 beim VfL Bochum zeugten von einer intakten Mannschaft, die nach Abschluß der Vorrunde auf Platz 1 stand.

In der Rückrunde blieben weitere Auswärtssiege aus. Mit jeweils 0:3 gab es beim VfB Stuttgart und beim HSV zwei deftige Rückschläge. Nach dem 1:3 beim MSV Duisburg schwanden bei vielen die Hoffnungen auf den großen Coup. Als es schließlich ums Ganze ging und nur noch vier Spieltage vor ihr lagen, versagten der Mannschaft, die im Kampf um die Meisterschaft gänzlich unerfahren war, die Nerven. 0:1 bei Bayern München, 1:3 gegen Borussia Mönchengladbach, 1:3 bei Werder Bremen und, vor nur noch 12.500 Zuschauern, 1:1 gegen den VfL Bochum: Das gab 1:7

Punkte. Der Traum von der Meisterschaft war vorbei. Mit 43:25 Punkten und 62:47 Toren wurde der 1. FCK Dritter und qualifizierte sich für den UEFA-Cup. Mit 17 Treffern war wieder Klaus Toppmöller, der allerdings wegen eines Platzverweises zum Saisonende gefehlt hatte, bester Torschütze.

Im DFB-Pokal schlug der 1. FCK Preußen Berlin mit 7:0 und gewann in der 2. Runde bei Eintracht Trier 1:0. In der 3. Runde war Südwest Ludwigshafen im Südweststadion Gastgeber der Lauterer. Bereits in der 1. Minute geriet der 1. FCK in seinem „Zweitstadion" in Rückstand. Noch in der ersten Halbzeit sah Hans-Peter Briegel die Rote Karte wegen eines Foulspiels. Nach dem Ausgleich durch Werner Melzer Mitte der zweiten Halbzeit glaubten die meisten der traditionell FCK-freundlichen Ludwigshafener Zuschauer an die Wende. Doch in der 78. Minute erzielte Willi Kiefer, später Profi beim SV Waldhof und bei Stade Reims, das 2:1 und feierte sein Tor mit einem Salto. Als es in der 90. Minute Elfmeter für den 1. FCK gab, glaubten alle an eine Verlängerung. Aber Torhüter Dieter Herrmann hielt. Der 1. FCK war an Südwest Ludwigshafen gescheitert.

■ Saison 1979/80: Klaus Toppmöllers Abschied

Der 1. FCK schlug in seiner Personalpolitik andere Wege ein und weigerte sich, horrende Summen für neue Spieler zu bezahlen. Aus diesem Grund scheiterten die Transfers von Peter Geyer von Borussia Dortmund (800.000 DM) und Horst Ehrmanntraut vom FC Homburg (400.000 DM). Präsident Friedrich sagte der Preistreiberei in der Bundesliga den Kampf an und setzte im Einvernehmen mit Trainer Karl-Heinz Feldkamp auf Amateure und Nachwuchsspieler. Michael Dusek, Axel Brummer, Wolfgang und Arno Wolf und Jörn Kaminke kamen. Außerdem stieß der DDR-Auswahlspieler Lutz Eigendorf zum 1. FCK. Ein Substanzverlust in der Mannschaft war nicht zu befürchten, denn keiner der Stammspieler hatte den Verein verlassen.

Dennoch tat sich die Mannschaft, die an den Leistungen der vorangegangenen Saison gemessen wurde, schwer und beendete die Vorrunde mit 15:19 Punkten. Auswärts gelangen nur zwei Unentschieden beim MSV Duisburg (1:1) und beim VfL Bochum (0:0). So wogen die Punktverluste auf dem Betzenberg besonders schwer. In der Rückrunde bäumte sich die Mannschaft nach den beiden Schlappen bei Borussia Dortmund (2:6) und bei Eintracht Frankfurt (1:6) auf und holte 26:8 Punkte. An den möglichen Gewinn der Meisterschaft wie im Vorjahr dachte schon sehr früh keiner

Klaus Toppmöller in Aktion; er wird wohl der beste Torschütze des 1. FCK zu Bundesligazeiten bleiben.

mehr, da Bayern München nach 34 Spieltagen weniger Verlustpunkte (50:18) hatte als der 1. FCK nach Ende der Vorrunde. Punkt- und torgleich mit dem VfB Stuttgart belegten die Roten Teufel den 3. Platz und qualifizierten sich erneut für den UEFA-Cup. Bester Torschütze war Rainer Geye mit 17 Treffern vor Benny Wendt mit 12 und Hans Günter Neues mit 10.

Klaus Toppmöller verletzte sich schwer am Knie und kam nur fünfmal zum Einsatz. „Toppi", wie ihn seine Fans an guten Tagen riefen, verließ am Ende der Saison die Pfalz, um bei den Dallas Tornados in der US-Liga zum Karriere-Ende noch gutes Geld zu verdienen – und sich auf dem Kunstrasen dort sein ohnehin lädiertes Knie vollends zu ruinieren. Toppmüller ist bis heute der erfolgreichste Bundesligastürmer des FCK: In 204 Spielen schoß er 108 Tore.

Im DFB-Pokal blamierte sich der 1. FCK bis auf die Knochen. Nach dem 2:0 gegen den MSV Duisburg verlor die Mannschaft beim Zweitligisten Darmstadt 98 mit 0:4. Besser lief es im UEFA-Cup. Die Lauterer kamen gegen den FC Zürich mit 3:1 auf dem Letzigrund und mit 5:1 zu Hause weiter. Bei Sporting Lissabon gab es ein 1:1. Auf dem Betzenberg verloren die Portugiesen trotz Unterstützung durch ein paar hundert Landsleute mit 0:2. Auch die 3. Runde überstand der 1. FCK ohne Probleme gegen die ungarische Mannschaft Diosgyör Miskolc. Dem 2:0 auswärts folgte ein 6:1 zu Hause. Danach wurde der UEFA-Pokal beinahe zu einer bundesdeutschen Veranstaltung. Im Viertelfinale hatte der 1. FCK Pech, daß ihm Bayern München als Gegner zugelost wurde. Zwar wurden die Bayern mit 1:0 nach Hause geschickt, aber im Olympiastadion verlor der 1. FCK mit 1:4. Die Bayern schieden eine Runde später gegen Eintracht Frankfurt aus, die unter Trainer Friedel Rausch gegen Borussia Mönchengladbach mit 2:3 und 1:0 den UEFA-Cup gewann.

■ Saison 1980/81: Das vierte Pokalfinale

Als Ersatz für Klaus Toppmöller kamen Friedhelm Funkel und Erhard Hofeditz. Jürgen Groh war zum HSV gewechselt, mit dem er 1983 den Europapokal der Landesmeister gewann.

Der 1. FCK erwischte einen guten Start mit 14:4 Punkten. Vermeidbare Niederlagen bei Bayer Uerdingen (0:1) und gegen Arminia Bielefeld (1:3) verhinderten eine noch bessere Vorrundenbilanz als 22:12 Punkte. Der 1. FCK hatte zwar Rückstand auf Bayern München, war aber vorne mit dabei und bewies auf dem Betzenberg seine Stärke. Auswärts holten die Roten Teufel 16:18 Punkte und belegten am Saisonende mit 44:24 Punkten, mit denen auch schon Mannschaften Meister geworden waren, den 4. Platz. Bayern München gewann den Titel mit 53:15 Punkten. Bester Torschütze des 1. FCK war Friedhelm Funkel mit 13 Treffern vor Rainer Geye mit 11. Trotz der guten Leistungen schwankten die Zuschauerzahlen noch immer stark. Im Durchschnitt kamen 25.000 auf den Betzenberg. Der Dauerkartenboom ließ jedenfalls noch lange auf sich warten.

Im DFB-Pokal setzte sich der 1. FCK selbstbewußt über alle Angstgegner hinweg. Zuerst wurden der VfR Heilbronn mit 3:0 und die SG Egelsbach mit 3:1 besiegt. Dann kam Bayern München nach Kaiserslautern und verlor 2:1. In der 4. Runde gelang ein 4:0 gegen Alemannia Aachen, bevor im Viertelfinale Borussia Mönchengladbach auf dem Betzenberg aufkreuzte. Doch der 1. FCK vergaß mit einem Mal alle früheren Negativerlebnisse und siegte 3:1. Nur noch Eintracht Braunschweig stand im Weg. Das 3:2 gegen die Niedersachsen bedeutete den Einzug ins Finale gegen Eintracht Frankfurt im Stuttgarter Neckarstadion. Der 1. FCK spielte in folgender Aufstellung:

▶ Hellström, W. Wolf, Dusek, Melzer, Briegel, Neues, Geye, Funkel, Wendt, Bongartz, Hofeditz.

Innerhalb von zwei Minuten entschieden Willi Neuberger und Ronald Borchers das Spiel kurz vor der Pause zugunsten der Eintracht. Bum Kun Chas 3:0 in der 64. Minute war der endgültige K.O. Erst in der 90. Minute schoß Rainer Geye das 3:1. Der 1. FCK war in seinem vierten Pokalfinale zum vierten Mal gescheitert.

Im UEFA-Cup erwischte der 1. FCK mit dem RSC Anderlecht ein schweres Los. Nach dem 1:0 auf dem Betzenberg waren die Aussichten auf ein Weiterkommen gering. Doch mit einem 2:3 in Brüssel qualifizierte sich der 1. FCK für die 2. Runde. Aber irgendwie hatten die Lauterer in diesem Jahr die belgische Seuche. Der nächste Gegner hieß Standard Lüttich. Dem 1:2 auf dem Betzenberg folgte das gleiche Ergebnis im Stade Sclessin. Das Aus in der 2. Runde!

■ Saison 1981/82: Abschied und Jahrhundertspiel

Kurz vor Beginn der Saison brach sich Ronnie Hellström bei einem Testspiel das Schultergelenk. Es folgten lange Monate der Rekonvaleszenz. Armin Reichel, Hellströms Ersatzmann seit Josef Stabels verletzungsbedingtem Ausscheiden, übernahm die Nummer 1. Neu in die Mannschaft kam der über eine Million teure Norbert Eilenfeldt von Arminia Bielefeld, dazu vom 1. FC Saarbrücken der gerade 20 Jahre alte Andreas Brehme. Dafür gehörten Wendt, Riedl, Meier und Pirrung dem Aufgebot nicht mehr an.

Auch auf höherer Ebene kündigten sich mehrere Abschiede an. Präsident Jürgen „Atze" Friedrich hielt die Zeit für eine schöpferische Pause für gekommen, und Karl-Heinz Feldkamp entschied sich dafür, nach vier Jahren etwas Neues anzupacken.

Der 1. FCK startete durchwachsen in die neue Saison. Mit zwölf Siegen und fünf Unentschieden blieb er auf dem Betzenberg zwar ungeschlagen, doch auswärts traten immer wieder die alten Schwächen zutage. Nach der Vorrunde stand der 1. FCK mit 16:18 Punkten auf einem Mittelplatz, am Ende aber mit 42:26 auf Platz 4. In der Vorrunde hatte die Mannschaft die Chance auf die Meisterschaft verspielt. 20:2 Punkte aus den letzten elf Spielen reichten nicht, um Meister HSV, der 48:20 Punkte hatte, noch zu gefährden. Immerhin bescherte Karl-Heinz Feldkamp zum vierten Mal in vier Trainerjahren der Pfalz einen Platz im UEFA-Cup.

Bester Torschütze war mit 13 Treffern Hans-Peter Briegel, der sich in der Nationalmannschaft etabliert hatte, 1980 Europameister geworden war und weiter an seiner „beispiellosen Karriere" (Ribbeck) bastelte.

Bereits im Spätsommer 1981 mußte Friedrichs Nachfolger als Präsident gewählt werden. Als aussichtsreichster Kandidat präsentierte sich der seitherige Vizepräsident Udo Sopp, Kirchenrat der Protestantischen Landeskirche der Pfalz. Doch daneben tauchte auch ein bekannter ehemaliger Spieler des 1. FCK auf: Klaus Toppmöller, der aus den USA an die Mosel zurückgekehrt war. Doch als es ans Wählen ging, war Sopp ohne Gegenkandidat und wurde mit großer Mehrheit neuer Präsident des 1. FC Kaiserslautern. Der Abschied von Friedrich, der Kaiserslautern als Geschäftsmann freilich erhalten blieb, fiel der Versammlung nicht leicht. Mit Ovationen wurde der „Modernisierer" des 1. FCK gefeiert und gebührend verabschiedet.

Bereits knapp drei Monate später traten die Unterschiede zwischen Friedrich und Sopp und der damit verbundene Klimawechsel im Verein und zwischen Verein und Öffentlichkeit deutlich zutage. Durch die mehrfache Ungleichbehandlung der Lokaljournalisten im Zusammenhang mit den Personalien Andreas Brehme und Karl-Heinz Feldkamp verdarb es sich Udo Sopp mit einem Teil der regionalen Presse. „Die Ära Friedrich hat ein abruptes Ende erfahren, der 1. FCK schlägt neuerdings wieder tief", fühlte sich *Die Rheinpfalz* von den Methoden Sopps brüskiert.

Im November 1981 stand fest, daß Karl-Heinz Feldkamp den 1. FCK zum Saisonende verlassen würde. Wie Werder Bremen 1995, als Otto Rehhagels Wechsel zu Bayern München bekanntgegeben wurde, erfuhr auch der 1. FCK einen Motivationsschub, um dem Trainer einen würdigen Abgang zu bereiten.

Im UEFA-Cup steigerten sich die Roten Teufel zu ihrer bis dahin besten Leistung im internationalen Vergleich. In der 1. Runde wurde Akademik Sofia mit 1:0 und 2:1 bezwungen. Bei Spartak Moskau verlor der 1. FCK zwar mit 1:2, aber im Rückspiel unterlagen die Russen mit 0:4. In der 3. Runde ging es nach Belgien zum SC Lokeren. Dem 0:1 auswärts folgte ein klares 4:1 auf dem Betzenberg. Im Viertelfinale wurde der 1. FCK Real Madrid zugelost. Die ganze Pfalz freute sich auf den Auftritt der Spanier mit dem deutschen Nationalspieler Ulli Stielike. Doch zuvor ging es nach Chamartin ins ausverkaufte Estadio Bernabeu, wo Real bis zur 85. Minute mit 3:0 führte und sich schon sicher im Halbfinale wähnte. Ein verwandelter Foulelfmeter von Norbert Eilenfeldt brachte das 3:1. Dieses Ergebnis machte die Aufgabe des 1. FCK im Rückspiel nicht ganz aussichtslos. In Kaiserslautern setzte ein solcher Run auf Karten ein, daß man die doppelte Anzahl Zuschauer hätte haben können.

Der 1. FCK spielte mit folgender Aufstellung:
▶ Hellström, Melzer, Wolf, Briegel, Brehme, Geye, Bongartz, Dusek, Eilenfeldt (Brummer), Funkel (Eigendorf), Hofeditz.

Vor 34.500 Zuschauern erwischte der 1. FCK einen optimalen Start, hatte den Vorsprung Reals bereits nach 17 Minuten ausgeglichen und war faktisch eine Runde weiter. Beide Treffer hatte Friedhelm Funkel erzielt.

Norbert Eilenfeld jubelt, Real Madrid ist geschlagen!

Doch der 1. FCK zog sich nicht zurück, denn ein Tor der Spanier hätte wieder das Aus bedeutet. Nach einem Wiederholungsfoul sah Isidoro in der 32. Minute die Rote Karte. Als Cunningham acht Minuten später gegen Funkel nachtrat, hatte Real nur noch neun Spieler auf dem Platz. Wütend und entnervt kämpften die Favoriten gegen ihr Ausscheiden an. Doch das

3:0 durch Bongartz in der 50. und Eilenfeldts 4:0 in der 57. Minute brachten eine Vorentscheidung auf dem Betzenberg, der bereits überschwenglich feierte. Einmal mußten die Lauterer noch zittern, als Real einen Elfmeter zugesprochen bekam. Doch Ronnie Hellström wehrte den Strafstoß in der 60. Minute ab. Von da an war die Moral Reals endgültig gebrochen. In der 73. Minute erhöhte Rainer Geye sogar noch auf 5:0.

Die spanische Presse fiel am nächsten Tag hämisch über Real her. *ABC* sah „ein miserables Spiel (der Elf), von dem man nur Gallego, Stielike und Camacho ausnehmen kann. ... Nach Europa zu reisen und sich lächerlich zu machen, ist unerträglich, zumal es um die Verteidigung des Namens Real Madrid geht." Zu den drei Platzverweisen – Pineda hatte in der 67. Minute ebenfalls Rot gesehen – bemerkte *Diario 16:* „Real Madrid kann nicht einmal mehr verlieren." Und *El Pais* führte das skandalöse Debakel auf das „Deutschen-Syndrom" zurück. „Real Madrid wurde in Kaiserslautern gedemütigt. ... Der deutsche Fußball löst seit dem unglücklichen Ausscheiden 1980 mit 1:5 in Hamburg bei Real Komplexe aus. Und dazu scheint sogar noch die Stärke Stielikes beizutragen. Bei seinen Mannschaftskollegen stellt der deutsche Spieler einen Mythos dar."

„Real wurde in Kaiserslautern gedemütigt"

Ulli Stielike sieht dies mit zeitlichem Abstand anders. „Wir sind ja nicht nur in Kaiserslautern untergegangen, sondern auch mit 1:5 in Hamburg. Das hat gar nichts mit dem 1. FCK zu tun, sondern mit den deutschen Mannschaften an und für sich. ... Wir sind in beiden Spielen untergegangen, weil wir als Mannschaft nicht funktioniert haben." An das Stadion Betzenberg, das er von einigen Gastspielen mit Borussia Mönchengladbach kannte, hat er besondere Erinnerungen. „Das war sicherlich furchterregend wegen der Enge des Stadions und auch aufgrund der Tatsache, daß das Publikum des 1. FCK sehr frenetisch ist, seine Mannschaft mit allem unterstützt."

Im Halbfinale traf der 1. FCK zuerst zu Hause auf IFK Göteborg. Hofeditz' Tor zum 1:0 blieb die einzige Ausbeute, die Schweden glichen durch Corneliusson aus und schufen sich eine gute Ausgangsposition für das Rückspiel im Ullevi-Stadion. Dort stand es nach 90 Minuten 1:1 – Verlängerung. Ein umstrittener Elfmeter nach einem Rempler von Dusek gegen den späteren Lauterer Torbjörn Nilsson bescherte IFK zehn Minuten vor Schluß den Sieg. Das Endspiel 1. FCK gegen HSV, der sich gegen Radnicki Nis mit 1:2 und 5:1 durchgesetzt hatte, war geplatzt. Einziger Trost: Auch der HSV zog gegen die Schweden mit 0:1 und 0:3 den Kürzeren.

Das Erreichen des UEFA-Cup-Finals hätte die Ära Feldkamp von 1978-1982 krönen können. Aber auch so konnte sich die Bilanz des erfolgreichen Trainers sehen lassen: Zwei 3. und zwei 4. Plätze in der Bundesliga, vier Qualifikationen für den UEFA-Cup, das Erreichen des Pokalfinals 1981 und die Berufung Hans-Peter Briegels in die Nationalmannschaft. Was fehlte, war das berühmte Tüpfelchen auf dem „i": ein Titel, mit dem der 1. FCK und die ganze Pfalz an den Ruhm der Meister von 1951 und 1953 und der Weltmeister von 1954 hätten anknüpfen können.

Karl-Heinz Feldkamp hatte fortgesetzt, was Erich Ribbeck begonnen hatte. Die Mannschaft war kontinuierlich ergänzt worden um technisch versierte und kampfbereite Spieler. Was Ribbeck unter anderen Bedingungen und über weite Strecken seines Engagements unter einem anderen Präsidium versagt blieb, schaffte Feldkamp unter veränderten Prämissen: den 1. FCK als Spitzenmannschaft in der Bundesliga zu etablieren und ihn dauerhaft ins europäische Geschäft zu integrieren. Dazu stellte der 1. FCK mit Hans-Peter Briegel einen Spieler zur Nationalmannschaft ab, der sich dort einen unumstrittenen Stammplatz als „Walz aus der Palz" gesichert hatte. Der 1. FC Kaiserslautern war wieder in den positiven Schlagzeilen.

Was man von der Stadt Kaiserslautern nicht unbedingt behaupten konnte. Zwar waren die Horrorberichte der 50er und 60er Jahre über das "deutsche Problem Kaiserslautern" und „Babylon mitten in Deutschland" Vergangenheit, aber nun wagte sich der Journalist Jürgen Roth in die sozialpolitische Offensive. In seinem Buch „Armut in der Bundesrepublik" und in der Wochenzeitung *Die Zeit* prangerte er die Lebensverhältnisse in Kaiserslauterns sozialem Brennpunkt Kalkofen an. „Es dürfte kaum eine andere Kommune geben, die ihre sozialen Pflichten so vernachlässigt. 25.000 Menschen leben in unzumutbaren Wohnungen. In punkto Ignoranz gegenüber der sozialen Misere nimmt Kaiserslautern in der BRD einen Spitzenplatz ein." Roth übertrieb dabei maßlos, operierte mit Zahlen, deren Herkunft sein Geheimnis blieben, und argumentierte an den Bedürfnissen der Bewohner des sozialen Brennpunkts im Lauterer Osten glatt vorbei.

Im Obdachlosengebiet Kalkofen, zu dem auch die Mennonitenstraße und die Friedenstraße gehören, leben ca. 1.200 Einwohner. Vor Jahren gründeten fußballbegeisterte Bewohner die Thekenmannschaft 2. FC Kaiserslautern, nachdem der ursprüngliche Wunsch, sich an einen Verein anzugliedern, nicht realisiert werden konnte. *Der* Kalkofen-Verein ist nicht der VfR Kaiserslautern, der seinen Ursprung im Lauterer Osten nicht weit von hier hat, sondern der VfL Kaiserslautern aus der Kreisliga, der am

Kniebrech beheimatet ist. Kinder und Jugendliche mit fußballerischen Ambitionen und höheren Ansprüchen tendieren heute allerdings auch zur DJK Eintracht Kaiserslautern. Auch Anhänger des 1. FCK gibt es am Kalkofen zuhauf. Sogar solche, die mit Fahnen zu Auswärtsspielen aufbrechen, obwohl sie finanziell „am Stock gehen". Viele von ihnen sind auch in Fanklubs aktiv.

Erich Platz, der im Volksmund auch „Bürgermeister vom Kalkofen" genannt wird, vom Allgemeinen Sozialen Dienst der Stadt Kaiserslautern, sieht in seinem Bezirk einen „gesunden Sozialadel zum Teil in vierter oder fünfter Generation". Die Subkultur des Wohngebietes mit seinen eigenen Normen bietet auch Sicherheit, so daß viele nicht wegziehen, aber andere, die einst weggegangen sind, gerne wieder zurückkommen würden. Jetzt stehen Mittel von Land, Bund und EU bereit, um den sozialen Brennpunkt aufzulösen, das Wohngebiet zu sanieren und eine noch intensivere Gemeinwesenarbeit aufzubauen. In den 70er Jahren veranstaltete die Bewohnerinitiative anläßlich ihres Bewohnerfestes eine Autogrammstunde mit dem damaligen Profi des 1. FCK, Hannes Riedl. Es war der Renner.

1982 bis 1990
Die mageren Jahre

Wie der 1. FCK sich finanziell übernahm, Jürgen „Atze"
Friedrich als Präsident zurückkehrte und Wolfram
Wuttke den Aufstand probte

■ Saison 1982/83: Klassemannschaft ohne Klassetrainer

Der neue Trainer Rudi Kröner, der von Hessen Kassel gekommen war, übernahm bei seinem Amtsantritt eine Klassemannschaft, die mit Thomas Allofs und Torbjörn Nilsson gezielt verstärkt worden war. Vor Torhüter Armin Reichel, der Hellström vertrat, stand eine zuverlässige Abwehr mit Wolfgang Wolf, Hans-Peter Briegel, Michael Dusek und Werner Melzer. Andreas Brehme, Hannes Bongartz, Rainer Geye, Norbert Eilenfeldt und Thomas Allofs drängten sich im Mittelfeld, derweil im Sturm der Schwede Nilsson und Dieter Kitzmann den Ton angaben.

Der 1. FCK startete schlecht und hatte 5:9 Punkte nach sieben Spieltagen. Gegen Hertha BSC Berlin (2:2) und Borussia Dortmund (0:2) patzte man zu Hause, und sofort sank die Zuschauerzahl um über 4.000. Die Mannschaft dümpelte im Mittelfeld der Tabelle herum, und das war weder interessant noch spannend. Das 3:1 gegen Fortuna Düsseldorf brachte die Wende. Bis zum Ende der Vorrunde holte der 1. FCK 15:5 Punkte und hatte plötzlich wieder Chancen auf einen UEFA-Cup-Platz. Beim 0:4 in Dortmund am 21. Spieltag riß die Serie, und als vier Spiele später bei Fortuna Düsseldorf mit 1:2 verloren wurde, mußte Rudi Kröner gehen. Drei Tage zuvor war der 1. FCK auch im UEFA-Cup ausgeschieden, zudem hatte der FSV Frankfurt die Lauterer schon in der ersten Hauptrunde des DFB-Pokals mit 3:2 eliminiert. Obwohl mit 30:20 Punkten weiter gute Chancen bestanden, wieder am UEFA-Cup teilzunehmen, traute man dem Feldkamp-Nachfolger nicht mehr zu, die Mannschaft weiter motivieren zu können. Der heutige Amateur- und Jugendkoordinator Ernst Diehl, mit 314 Spielen ein erfahrener Mann der Bundesliga, übernahm das Training bis zum Saisonende. Dank Briegels Tor gelang sogar ein 1:0-Sieg bei Bayern München. Trotz der 2:3-Heimniederlage gegen den VfB Stuttgart am letzten Spieltag war der 1. FCK als Sechster für den UEFA-Cup qualifiziert, da der 1. FC Köln das Pokalfinale 1:0 gegen Fortuna Köln gewonnen hatte.

Neben der Heimbilanz von 28:6 Punkten bei nur zwei Unentschieden und zwei Niederlagen war der 1. FCK stolz auf elf Remis und einen Sieg auf fremden Plätzen. Beste Torschützen waren Norbert Eilenfeldt und Thomas Allofs mit je elf Treffern. Torbjörn Nilsson erzielte neun Tore und blieb hinter den hohen Erwartungen zurück.

Im UEFA-Cup schlug der 1. FCK in der ersten Runde Trabzonspor aus der Türkei mit 3:0 und 3:0. Sensationell gewannen die Roten Teufel anschließend beim SSC Neapel mit 2:1. Durch das 2:0 zu Hause ging es in die 3. Runde gegen den FC Sevilla. Das 0:1 im Stadion Sanchez Pizjuan machte der 1. FCK mit einem 4:0 auf dem Betzenberg mehr als wett und traf im Viertelfinale auf Universitatea Craiova aus Rumänien. Unkonzentriertheiten führten nach dem 3:0 zu zwei Gegentoren, die dem 1. FCK zum Verhängnis wurden. In Craiova nutzte Negrila in der 82. Minute einen Fehler von Dusek zum 1:0. Damit waren die Rumänen und nicht der 1. FCK im Halbfinale. Die Folgen bekam vor allem Trainer Kröner wenige Tage später zu spüren. Er mußte seinen Hut nehmen.

Norbert Thines versucht, mit einem gepflegten Feuer den Nebel vor dem Spiel gegen den SSC Neapel zu vertreiben.

Gleiches empfahl die Friedens- und Ökologiebewegung in der Pfalz, angeführt von den Grünen, auch den amerikanischen Streitkräften. Auf einer Rheinland-Pfalz-Karte verdeutlichten sie die militärische Belastung der Westpfalz und vor allem des Raums Kaiserslautern. „Rheinland-Pfalz, der größte Flugzeugträger der NATO", war kein Slogan der Grünen oder der DKP, sondern ein Ausspruch des damaligen Ministerpräsidenten Dr. Bernhard Vogel. Um Kaiserslautern herum befanden sich in Sembach, Ramstein und Zweibrücken Geschwader der 17. Luftflotte der US Air Force. Dazu kamen Waffendepots in Miesau und Weilerbach, wo auch Atomsprengköpfe vermutet wurden. Auch das 1990 unter strengsten Sicherheitsvorkehrungen geräumte Giftgaslager in Fischbach bei Dahn lag quasi vor den Toren Kaiserslauterns. Noch heute beherbergt die Pfalz die US-Kommandozentrale in Europa. In Ramstein liegt das Hauptquartier der US Air Force (USAFE) und das der alliierten Luftstreitkräfte in Mitteleuropa (AAFCE). Im Kriegsfall sah das Szenario vor, diese Zentralen in den Kindsbacher Atombunker zu verlegen, eine perfekt angelegte unterirdische Stadt mit eigener Infrastruktur, nur wenigen Geheimnisträgern zugänglich. Noch heute, da die Amerikaner viele Standorte verlassen haben, kämpfen die betroffenen Kommunen gegen die hinterlassenen Altlasten: Naturzerstörung durch Manöver und verseuchte Böden durch unsachgemäßen Umgang mit Schadstoffen, vor allem Flugbenzin.

■ Saison 1983/84: Abschied von Ronnie Hellström

Nach den Millionentransfers von Eilenfeldt, Nilsson und Thomas Allofs konnte der 1. FCK 1983 keine großen finanziellen Sprünge machen. Die Kassen waren leer. Als Trainer kam Dietrich Weise zurück auf den Betzenberg. Mit einer durch junge Spieler ergänzten Mannschaft wollte er, wie einst in den Jahren 1971 bis 1973, erfolgreich sein.

Mit dem SV Waldhof Mannheim hatte der 1. FCK in der Kurpfalz Konkurrenz bekommen, zumal die Mannheimer mangels bundesligatauglichem Stadion vom DFB eine Ausnahmegenehmigung erhielten, wonach sie im Ludwigshafener Südweststadion spielen durften. Darüber echauffierte sich der Präsident des 1. FCK, Udo Sopp, derart, daß ein unproduktiver Dauerstreit mit seinem Waldhöfer Kollegen Wilhelm Grüber jr. die Folge war. Der 1. FCK befürchtete Zuschauereinbußen und übersah das Prinzip der guten Nachbarschaft. Daß der Zuschauerschnitt des 1. FCK von 21.363 im Vorjahr auf 19.018 sank, lag weniger an der Attraktivität des SV Waldhof als daran, daß der 1. FCK schlecht in die Saison startete und sie genauso enttäuschend beendete. Zwar gelang am 11. Spieltag ein 2:0 gegen die Waldhöfer, aber Dietrich Weise hatte doch schon nach kurzer Zeit eingesehen, daß die Zeit seit seinem ersten Engagement in Kaiserslautern nicht stehengeblieben war. Ernst Diehl folgte ihm für einen Spieltag nach, bevor Manfred Krafft auf den Betzenberg emporkletterte. Auch ihm, einem wenig kreativen Typ seines Genres, gelang es nicht, die Mannschaft zu stabilisieren. Immerhin holte er bis zum Ende der Vorrunde 6:4 Punkte und vermied ein weiteres Abgleiten in der Tabelle.

Am Ende der Saison stand der 1. FCK mit 30:38 Punkten auf Platz 12, einen Platz schlechter als der SV Waldhof, der einen Punkt mehr hatte. Insbesondere auswärts war der 1. FCK wieder fast regelmäßig leer ausgegangen. Drei Siegen und einem Unentschieden standen 13 Niederlagen gegenüber. Aber auch auf dem Betzenberg fühlten sich die Gegner zunehmend wohl. Neun Siege, fünf Unentschieden und drei Niederlagen machten zusammen elf Verlustpunkte. Von einem UEFA-Cup-Platz war der 1. FCK weit entfernt. Dabei hatten Thomas Allofs mit 15 und Torbjörn Nilsson mit 13 Toren den Erwartungen entsprochen, aber das Torverhältnis von 68:69 sagte alles: In der Abwehr stimmte es nicht.

Auch im DFB-Pokal schaffte es der 1. FCK nur bis in die 2. Hauptrunde. Dem 2:1 n.V. beim MSV Duisburg folgte ein 4:5 n.V. beim Karlsruher SC.

Im UEFA-Cup kümmerte sich Udo Sopp zwar zuvorkommend und charmant um den Präsidenten des FC Watford, Elton John, aber das 3:1 aus dem Hinspiel reichte nicht, um weiterzukommen. Die Londoner Vorstädter gewannen das Rückspiel klar mit 3:0.

Die Saison war verkorkst, der Pfeil zeigte für den 1. FCK nach unten. Das internationale Geschäft, an das man sich gewöhnt hatte, fiel für Jahre

Udo Sopps freundliche Geste nützte nichts, Elton Johns FC Watford schaltete den 1. FCK im UEFA-Cup aus.

Ronnie Hellström mit Sohn Erland.

aus. Hinzu kam ein schwerwiegender personeller Einschnitt. Torhüter Ronnie Hellström verabschiedete sich nach zehn Jahren vom Betzenberg. Er blieb mit Abstand der beliebteste Ausländer, der bisher den Dreß des 1. FCK trug. Die Zuneigung war gegenseitig. Das langgezogene „Ronniiie" der Westkurve war Hellström lieber als die Dollars, die er bei Cosmos New York hätte verdienen können. Auch Pele und Beckenbauer konnten ihn nicht locken. „Drei- bis viermal im Jahr bin ich in Kaiserslautern", läßt sich Hellström auch heute noch bei den alten Kollegen, manchmal zusammen mit Roland Sandberg blikken.

Bei der Jahreshauptversammlung des 1. FCK geriet die Ablösesumme für Friedhelm Funkel, der zu Bayer Uerdingen gewechselt war, zum Anlaß für Streitigkeiten. Das Präsidium hatte die 300.000 DM Ablöse ins Vorjahr datiert, um damit die schlechte Bilanz zu schönen, was der Verwaltungsrat rügte. Schließlich mußte Udo Sopp klein beigeben und den Transfererlös in das neue Geschäftsjahr übertragen. Mit Otto Bauer hatte Sopp bei der Neuwahl des Präsidiums einen ernstzunehmenden Gegenkandidaten, der nur mit 240:273 Stimmen gegen den Kirchenrat unterlag. Der aber war der eigentliche Verlierer, denn er war nun angeschlagen und sollte bald in neue Schwierigkeiten geraten.

■ 1984/85: Friedrichs Rückkehr

Um rote Zahlen zu vermeiden – sie waren zurückzuführen auf den Zuschauerrückgang und auf die Pleiten im DFB-Pokal und im UEFA-Cup –, verkaufte der 1. FCK nach Beginn des Dauerkartenverkaufs zum Ärger vieler Anhänger Hans-Peter Briegel an Hellas Verona.

2,24 Millionen DM brachte der überraschende Transfer dem 1. FCK ein, der bei der Rückkehr von Torbjörn Nilsson nach Schweden drauflegte.

Hans-Peter Briegel in einer seiner typischen Szenen. 1984 war es damit auf dem Betzenberg aus, Briegel wechselte zu Hellas Verona.

Zwei Jahre zuvor für 1,2 Millionen DM verpflichtet, brachte der Stürmer nur noch 198.000 DM in die Kasse. Zudem gelangten Details über Thomas Allofs üppigen Vertrag an die Öffentlichkeit. 400.000 DM pro Jahr waren dem ehemaligen Düsseldorfer garantiert worden. Neben Briegel und Nilsson war auch Hannes Bongartz nicht mehr im Aufgebot. Als Nachfolger für Ronnie Hellström war der zweite Torhüter des 1. FC Köln hinter Harald Schumacher, Gerry Ehrmann, verpflichtet worden. Außerdem sollten Gerd Bold und Markus Schupp die Mannschaft verstärken. Was zunächst auch zu gelingen schien...

Als im November 1984 die Jahreshauptversammlung stattfand, stand der 1. FCK mit 15:9 Punkten auf dem 2. Tabellenplatz. Alle schlugen versöhnliche Töne an. *Die Rheinpfalz* überschrieb ihren Kommentar mit „Friede, Freude, Eierkuchen". Doch der Frieden währte nur kurz. Der „Krafftsche Kampffußball" *(Kicker Sportmagazin)* ging an die Substanz. 3:13 Punkte in Folge brachten erneut Unruhe, und als am 24. Spieltag Borussia Mönchengladbach den 1. FCK mit 7:0 blamierte, kam es im Präsidium zum finalen Knall. Zumal die finanzielle Lage angespannt war und der Zuschauerschnitt zu wünschen übrig ließ. Schließlich kamen alle Präsidiumsmitglieder ihrer Abwahl durch Rücktritt zuvor – mit Ausnahme von

Präsident Sopp. In der prekären Lage bat der Verwaltungsrat Sopps Vorgänger Jürgen „Atze" Friedrich, noch einmal Verantwortung für den Verein zu übernehmen. Mit Friedrich, der am 23. April 1985 zum zweiten Mal Präsident des 1. FCK wurde, kam auch Norbert Thines als Vizepräsident zurück auf den Betzenberg. Für Udo Sopp geriet der Abend seines Abgangs zum unverhofften Triumph. Er rechnete mit seinen Gegnern im Verwaltungsrat, dem Vorsitzenden Dr. Hans Jung und Oberbürgermeister Theo Vondano, ab und erhielt überschwenglichen Beifall. Die Folge: „Der Verwaltungsrat 'überlebte' die Sitzung nicht und wurde abgewählt. Der Weg zur Fortsetzung der Modernisierung des 1. FCK war frei. Doch zuvor war harte Arbeit gefragt. Bei einem Schuldenstand von 5,3 Millionen DM ohne Bautätigkeiten hatte Jürgen „Atze" Friedrich eine schwierige Aufgabe vor sich.

Fußballerisch blieb auf dem Betzenberg alles beim alten. Im DFB-Pokal schied der 1. FCK schon in der ersten Runde mit 0:5 bei Bayer Leverkusen aus. Die nötigen Punkte zum Klassenverbleib bzw. zur Vermeidung der Relegationsspiele holte die Mannschaft zu Hause mit eindrucksvollen Siegen: 5:2 gegen den VfL Bochum, 5:0 gegen Borussia Dortmund, 6:1 gegen Bayer Uerdingen und 6:0 gegen den 1. FC Köln. Wie im Vorjahr landete der 1. FCK im Mittelfeld der Tabelle – 11. Platz mit 33:35 Punkten und einem Zuschauerschnitt von 17.030. Der SV Waldhof plazierte sich erheblich besser und verpaßte als 6. mit 37:31 Punkten (Zuschauerschnitt: 19.324) nur knapp einen UEFA-Cup-Platz. Bester Torschütze des 1. FCK war Thomas Allofs mit 19 Treffern, der so wenigstens das tat, wofür er nach Meinung vieler für viel zuviel Geld verpflichtet worden war.

Der neue „alte" Präsident Jürgen „Atze" Friedrich (ganz rechts) mit seinen beiden Stellvertretern Otwin Dohn (ganz links) und Dieter Jurkschat (2. v. r.) und Geschäftsführer Norbert Thines.

■ Saison 1985/86: Zittern auch unter Bongartz

Schon vor seiner erneuten Wahl zum Präsidenten hatte Jürgen „Atze" Friedrich anklingen lassen, daß der ehemalige FCK-Profi Hannes Bongartz in Zukunft eine besondere Rolle beim 1. FCK spielen könnte. Zwar glaubten einige, der „Spargeltarzan" käme als Manager wieder, doch Bongartz machte seinen Trainerschein und wurde Nachfolger von Manfred Krafft, dem es nicht gelungen war, die Mannschaft aus der Lethargie des Mittelmaßes herauszuführen.

Personell fast unverändert stand der 1. FCK nach elf Spieltagen mit 14:8 Punkten im vorderen Mittelfeld. Aber eine schwarze Serie von 6:24 Punkten ohne Sieg ließ die Roten Teufel zum klammheimlichen Kandidaten für das Relegationsspiel werden. Auch der kurz vor Ende der Vorrunde für 75.000 DM vom HSV ausgeliehene Mittelfeldspieler Wolfram Wuttke, dem Ernst Happel attestiert hatte, ihm sei „ins Hirn geschissen", konnte sich bis dahin noch nicht entscheidend in die Mannschaft einbringen. Schließlich holte der 1. FCK in einem Kraftakt 7:1 Punkte aus den letzten vier Spielen, die sogar noch zum 11. Tabellenplatz mit 30:38 Punkten reichten. Der 16., Borussia Dortmund, hatte allerdings nur zwei Zähler weniger. Das erneute Zittern auf dem Betzenberg war auf neun nicht gewonnene

Wolfran Wuttke bei einem seiner unnachahmlichen Antritte.

Heimspiele zurückzuführen. Außerdem gab es elf Auswärtsniederlagen, die bei der damaligen Leistungsdichte im Mittelfeld der Tabelle und der Schwäche der beiden Absteiger eine Mannschaft schnell in die Nähe des Relegationsplatzes bringen konnten. Wieder war Thomas Allofs mit 16 Treffern bester Torschütze. In der Zuschauerbilanz überflügelte der 1. FCK dank der Auftritte des Wolfram Wuttke und der Spannung im Abstiegskampf erstmals den SV Waldhof. 16.536 kamen im Schnitt, während nur noch 15.447 im Südweststadion zuschauten.

Im DFB-Pokal kam der 1. FCK durch Siege gegen Eintracht Frankfurt (3:1), den 1. FC Köln (4:1 n.V.) und beim SSV Ulm 46 (4:3 n.V.) bis ins Viertelfinale. Souverän mit 3:0 setzte sich hier Bayern München auf dem Betzenberg durch.

Am Ende der Saison gab es eine Zäsur. Rainer Geye beendete mit 36 Jahren seine erfolgreiche Karriere, und Thomas Allofs wurde an den 1. FC Köln verkauft, wo auch sein Bruder Klaus spielte. Der inzwischen zum Stammspieler in der Nationalelf avancierte Andreas Brehme ging nicht zum HSV, wie zuvor vermutet, sondern für 1,7 Millionen DM zu Bayern München. Die Rollenverteilung für die neue Saison war klar. Wolfram Wuttke geriet zur Schaltstation und Machtfigur in Bongartz' neuformiertem Team.

■ Saison 1986/87: Knapp am UEFA-Cup-Platz vorbei

„Zurück zum berühmt-berüchtigten Pfälzer Kampfgeist heißt es auf dem Betzenberg, wo sich so wenig aus- und berechnen läßt. Vielleicht macht gerade das die Roten Teufel in ihrem 24. Bundesligajahr für die Konkurrenz unberechenbar." Diese Prognose des *Kicker Sportmagazin* erwies sich als richtig. Hannes Bongartz hatte fast ein Dutzend neue Spieler zu integrieren, darunter Harald Kohr (Eintracht Trier), Jürgen Groh (zurück vom HSV und Trabzonspor), Sergio Allievi (Wattenscheid 09), Frank Hartmann (Schalke 04) und Kay Friedmann (FC Homburg). Doch die wegen der prominenten Abgänge vermeintlich geschwächte Mannschaft fand schnell zusammen und begeisterte die Zuschauer, die wieder in Scharen auf den Betzenberg kamen. 27.396 waren es im Durchschnitt, während 60 Kilometer weiter der SV Waldhof nur noch 13.471 pro Spiel anzog. Auch leistungsmäßig kehrten sich die Verhältnisse um. Die Waldhöfer krebsten im unteren Mittelfeld herum, während der 1. FCK erstmals wieder Ambitionen auf einen Platz im internationalen Fußball hegen durfte.

Die Roten Teufel begeisterten vor allem durch ihre Spielweise. Als sie gegen den SV Waldhof nach einer knappen Stunde mit 1:2 zurücklagen,

Thomas Allofs schaut Rainer Geye bei seinem engagierten Einsatz zu.

Abschied für sieben Jahre und eine Weltmeisterschaft: Andreas Brehme wechselte 1986 zu Bayern München und kam 1993 ablösefrei von Real Saragossa zum 1. FCK zurück.

mobilisierten sie ihre Kräfte, kamen durch Dieter Trunk zum Ausgleich und in der 89. Minute durch Sergio Allievi zum verdient erkämpften 3:2. Fünf Wochen danach stellte Frank Hartmann beim 5:1 gegen seinen alten Verein Schalke 04 einen heute noch gültigen Rekord auf. Er schoß alle fünf Lauterer Tore! Rückschläge gab es auch, etwa das 1:3 gegen Werder Bremen am dritten Rückrundenspieltag. Oder die 2:3-Niederlage gegen Borussia Dortmund fünf Spieltage vor Saisonende.

Das vielleicht spektakulärste Spiel der Saison fand am 15. April 1987 im Ludwigshafener Südweststadion gegen den SV Waldhof statt. Gerry Ehrmann hielt in der 34. und in der 82. Minute je einen Foulelfmeter von Fritz Walter und Jörg Neun, konnte aber dennoch das 3:4 gegen den ungeliebten Rivalen nicht verhindern. Von der 61. bis zur 82. Minute hatte der 1. FCK mit 3:2 geführt, bis Fritz Walter das 3:3 erzielte und Gerry Ehrmann eine Minute vor Schluß mit einem Black-Out gegen Martin Trieb den vierten Elfmeter für die Waldhöfer verursachte. Im Mittelpunkt der Kritik stand der unbeherrschte Torhüter, der in der aufgeheizten Atmosphäre völlig ausgeflippt war.

Durch die gestiegene Akzeptanz des 1. FCK beim Publikum erwirtschaftete der Verein einen Gewinn von 1,7 Millionen DM und senkte seine Schulden auf 4,3 Millionen DM. Noch vor Ende der Saison begab sich Präsident Friedrich auf Tour und kam mit einem Werbevertrag über 4 Millionen DM von Cesar W. Lüthi aus Kreuzlingen zurück. Friedrich hatte erkannt, daß der Spielbetrieb in der Bundesliga auch für den 1. FCK künftig nicht mehr allein durch Zuschauereinnahmen abzudecken sein würde.

Die Saison hätte noch erfolgreicher enden können, wenn der bereits feststehende Meisterschaftszweite HSV am letzten Spieltag nicht mit 4:0 den Betzenberg gestürmt hätte. Bei einem Sieg wäre der 1. FCK erstmals seit 1983 wieder für den UEFA-Cup qualifiziert gewesen. Acht Jahre später behauptete der damalige HSV-Keeper Uli Stein, Kaiserslauterns Trainer Hannes Bongartz habe ihm vor dem Spiel 250.000 DM angeboten, wenn er „mal daneben greifen" würde. Die eher vagen Vorwürfe wurden im September 1995 Anlaß für ein Ermittlungsverfahren des DFB-Anklägers Horst Hilpert gegen Bongartz (nicht aber gegen den 1. FCK), das schließlich im Sand verlief.

■ Saison 1987/88: Ein überraschender Rücktritt

Neu verpflichtet wurden der Isländer Larus Gudmundsson (Bayer Uerdingen), Franco Foda (zurück vom 1. FC Saarbrücken über Arminia Bielefeld),

Hannes Bongartz pfeift, doch niemand scheint auf ihn zu hören.

Michael Nushöhr (VfB Stuttgart) und Michael Schulz (VfB Oldenburg). Nushöhr und Gudmundsson waren Fehleinkäufe, denn beide spielten nur jeweils sieben Mal. Foda und Schulz fügten sich problemlos in die Mannschaft ein. Das gleiche verlangte man auch von Wolfram Wuttke, der zwar eine große Saison 1986/87 gespielt, aber oft zu wenig mannschaftsdienlich agiert hatte. „Wuttke muß das Arbeiten lernen", forderte das *Kicker Sportmagazin* vor der neuen Saison, wolle er seinen zwei Länderspieleinsätzen gegen Spanien und Israel weitere folgen lassen.

Der Start in die neue Spielzeit verlief enttäuschend. Zwei Unentschieden zu Hause gegen Eintracht Frankfurt (2:2) und Werder Bremen (0:0) sowie Niederlagen beim 1. FC Köln (1:2) und bei Schalke 04 (0:5) katapultierten den 1. FCK erst mal nach unten. Nach sieben Auswärtsspielen ohne Punktgewinn ging die Reise 30 Kilometer westwärts zum FC Homburg. Die jeweilige Führung der Saarpfälzer durch Thomas Stickroth und Tom Dooley hatten Allievi und Roos ausgeglichen. In der 88. Minute entschied sich Trainer Bongartz' Zukunft. Uwe Freiler traf für den FCH zum 3:2. Nur zwei Wochen zuvor hatte Wolfram Wuttke einen Eklat provoziert, als er beim Spiel gegen Blau-Weiß 90 Berlin mit seiner Auswechslung nicht einverstanden war, die Kapitänsbinde herunterriß und vor die Ersatzbank warf. Schon hier war die Autorität des Trainers unterwandert worden, doch der Verein hatte noch keinen Anlaß zum Handeln gesehen.

Bongartz' Nachfolger wurde der ehemalige Torhüter des 1. FCK, Josef Stabel. Das darauffolgende Heimspiel gegen den 1. FC Nürnberg ging mit 1:2 verloren, in Mönchengladbach gab es ein unglückliches 0:1. Der 1. FCK war Tabellenletzter und kämpfte fortan um seine Existenz. Als zu Beginn der Rückrunde 7:1 Punkte in Serie gelangen, gab es wieder Hoffnung, doch eine erneute Reihe von acht sieglosen Spielen machten trübe Aussichten auf den Klassenverbleib vor dem Gastspiel des Deutschen Meisters Bayern München. Zudem mußte der 1. FCK in diesem Spiel auf Ehrmann, Roos, Hartmann, Schulz und Allievi verzichten. Eine Niederlage wäre bei dann drei Punkten Rückstand auf den 15., den Karlsruher SC, wahrscheinlich schon der Abstieg gewesen. Doch Frank Lelle und zweimal Harald Kohr zerstörten beim 3:1 Bayerns letzte Hoffnungen auf eine erfolgreiche Titelverteidigung und schafften Anschluß an den KSC. Nur drei Tage später gewann der 1. FCK beim SV Waldhof mit 2:0. Am 6. Mai 1988, einem Freitagabend, kam der FC Homburg auf den fast ausverkauften Betzenberg und verlor nach großer Gegenwehr mit 0:1. Noch war der 1. FCK nicht vor dem Abstieg gerettet. Drei Mannschaften, der KSC, der 1. FCK und der SV Waldhof, kamen noch für die Relegationsspiele in Betracht. Nur ein Sieg im letzten Spiel gegen Borussia Mönchengladbach bedeutete zweifelsfrei den Klassenverbleib. Aber die auf dem Betzenberg über all die Jahre so erfolgreichen Gladbacher führten zur Halbzeit mit 2:1. Roos, Friedmann, Allievi und Wuttke schafften die Wende. Der 1. FCK siegte mit 5:2 und blieb in der Bundesliga. Bester Torschütze der Roten Teufel war Harald Kohr mit 16 Treffern.

Mitten in die Freude über das Erreichte platzte dann die Nachricht vom Rücktritt des Präsidenten. Jürgen „Atze" Friedrich war das Ehrenamt, in dem er sich zunehmend alleingelassen fühlte, leid. Er hatte keinen Spaß mehr daran. Aber sein Schritt stieß fast überall, vor allem wegen des Zeitpunkts, auf Kopfschütteln. Er selbst bekannte später: „Die Art des Rücktritts war sicherlich nicht gerade die intelligenteste. Man hätte das ein bißchen anders machen können." Am 6. Juni 1988 wurde Norbert Thines zu seinem Nachfolger gewählt. Rainer Geye, der seit 1987 dem Verwaltungsrat angehörte, wurde Vizepräsident, Günter Klingkowski Schatzmeister.

■ Saison 1988/89: Wuttke contra Stabel

Trainer Josef Stabel gab als Ziel für die neue Saison einen Mittelfeldplatz aus. Nach dem großen Zittern bis zum letzten Spieltag und der Trennung von Moser, Wolf, Gudmundsson, Dusek und Nushöhr sollte die Mannschaft stabiler werden und sich langsam wieder nach oben tasten. Vom Absteiger FC Homburg kam Tom Dooley, von Darmstadt 98 Libero Karl-Heinz Emig. Eine andere, nicht sportliche Personalentscheidung war jedoch von viel größerem Gewicht. Klaus Fuchs, bis dahin Beamter der Stadtverwaltung Bad Dürkheim, gab seinen sicheren Posten auf und wechselte als Geschäftsführer zum 1. FCK, was nicht ohne Risiko war, denn die sportliche und wirtschaftliche Entwicklung war nicht voraussehbar.

In diesem Sommer 1988 überschattete in der Westpfalz ein tragisches Ereignis alle anderen Vorgänge. Beim traditionellen Flugtag der US Air

Josef Stabel jubelte nicht lange. Nach eineinhalb Jahren mußte er Gerd Roggensack Platz machen.

Force auf der Ramsteiner Air Base kamen über 50 Menschen ums Leben, als die italienische Flugkunststaffel „Frecce Tricolore" bei einem ihrer Kunststücke „patzte". Die Opfer verbrannten bei lebendigem Leibe oder wurden für ihr ganzes Leben entstellt. Der 1. FCK handelte schnell, arrangierte ein Benefizspiel gegen eine Amateurauswahl des Südwestdeutschen Fußballverbandes, aber nur 543 Zuschauer zahlten Eintritt zugunsten der Hinterbliebenen.

Zum Ende der Vorrunde hatte Josef Stabel sein Ziel erreicht. Der 1. FCK stand mit 17:17 Punkten in der Mitte der Tabelle. Glanzstück der Vorrunde war dabei der 4:0-Sieg beim SV Waldhof. In seiner beruhigenden Mittelmäßigkeit, die aber auch motivationshemmend wirkte, verharrte der 1. FCK bis zum Saisonende. Auch Bruno Labbadia, der zu Beginn der Rückrunde vom HSV gekommen war, konnte die Distanz zur Spitzengruppe (noch) nicht überwinden helfen. Trainer Stabel, der bereits nach fünf Spieltagen und 3:7 Punkten in die Kritik geraten war, geriet während der Saison mehrmals mit Wolfram Wuttke aneinander, der sich über alle anderen erhob und dabei auch den Trainer nicht ausnahm: „Von einem Ersatztorwart lasse ich mir doch nichts sagen, was will der mir denn beibringen?" Anstatt Wuttke schnellstens aus dem Kader zu werfen, entschied man sich beim 1. FCK für einen Trainerwechsel am Saisonende. 33:35 Punkte und ein niemals gefährdeter Klassenverbleib waren zu wenig für Stabel, um sich im Amt zu halten. Mit dem 9. Tabellenplatz verabschiedete er sich zum FC Homburg.

Bester Torschütze des 1. FCK war Harald Kohr mit 13 Treffern, der den Verein verließ und zum VfB Stuttgart wechselte, wo er allerdings wegen einer Verletzung nicht zum Zuge kam. Daraufhin entbrannte ein Streit zwischen dem 1. FCK und dem VfB wegen der Ablösesumme. Der junge Mario Basler, der im letzten Saisonspiel bei Bayer Leverkusen (1:0) erstmals zum Einsatz gekommen war, wurde an RW Essen abgegeben, Michael Schulz für 2,1 Millionen DM zu Borussia Dortmund transferiert. Mußte Schulz verkauft werden, um die nicht eingegangene Ablösesumme für Kohr zu kompensieren, handelte es sich im Fall Basler eher um eine vorausschauende disziplinarische Maßnahme. Basler nahm schon damals den Mund reichlich voll. Er war zwar ein vielversprechendes Talent, trug aber auch Unruhe in die Mannschaft. Mit Wolfram Wuttke war dieser Part beim 1. FCK jedoch bereits besetzt.

Im DFB-Pokal setzte sich der 1. FCK gegen den FC St. Pauli mit 2:1 durch und besiegte die Offenbacher Kickers mit 5:0. Beim 3:2 beim SV Wehen taten sich die Lauterer schwer und schieden danach im Viertelfinale beim VfB Stuttgart mit 0:4 aus.

■ Saison 1989/90 (I): Vorwärts in den Abgrund

Unter dem neuen Trainer Gerd Roggensack, der von Arminia Bielefeld gekommen war und in den 60er Jahren beim 1. FCK gespielt hatte, schwebte der 1. FCK nach drei Spieltagen im siebten Himmel. Lobeshymnen ergossen sich über den neuen Coach mit dem smarten Lächeln. Mit Stefan Kuntz hatte der 1. FCK einen Spieler verpflichtet, der als Linksaußen nicht nur Tore erzielen konnte, sondern sich auch mit der Region identifizierte. Der bei Borussia Neunkirchen groß gewordene Polizeibeamte fand über den VfL Bochum und Bayer Uerdingen den Weg zurück in seine nähere Heimat. Außerdem kamen Reinhard Stumpf (Offenbacher Kickers), Uwe Scherr (FC Augsburg) und Marco Haber aus der eigenen Jugend neu in die Mannschaft.

5:1 Punkte hatte der 1. FCK gegen Borussia Mönchengladbach (2:1), beim FC Homburg (2:2) und gegen den Karlsruher SC (5:1) geholt. Doch gleich folgte die kalte Dusche. Nach dem 1:4 beim 1. FC Köln, dem schlimmen 2:3 gegen den SV Waldhof und dem 0:3 beim HSV fand sich der 1. FCK auf dem Boden der Tatsachen wieder und in der Mittelmäßigkeit, der man entkommen wollte. Der Trainer war kein Wundermann, seine Mannschaft keine Spitzenelf, sondern, wie man am Ende der Vorrunde sah, ein Abstiegskandidat. Mit 13:21 Punkten stand der 1. FCK auf dem vorletzten Platz vor Borussia Mönchengladbach mit 11:23. Im ersten Spiel der Rückrunde mußte der 1. FCK zum Bökelberg, unterlag dort mit 1:3 und trug nun die Rote Laterne des Tabellenschlußlichts. Das 3:1 gegen den FC Homburg und das 0:0 beim KSC brachten etwas Entspannung, aber der erste große Knall hatte sich schon vor dem Spiel in Karlsruhe ereignet. Wolfram Wuttke war wegen seiner ständigen Eskapaden suspendiert worden und sollte sich einen neuen Verein suchen, den er in Espanol Barcelona bald fand. Um die Mannschaft zu verstärken, kamen Demir Hotic (VfB Stuttgart) und Bjarne Goldbaek (Schalke 04). Jewgeni Shakov (Dnjepr Dnjepropetrovsk) war bereits zuvor in die Kategorie Noteinkäufe einzureihen.

Nach dem 1:2 beim 1. FC Köln hatten Mannschaft und Trainer neun Wochen Zeit, auszuspannen und sich auf die restlichen Spiele der Rückrunde vorzubereiten. Der nächste Spieltag war der Fastnachtssamstag. Und an dem sollte sich so einiges ändern.

1990 bis 1995
Teuflische Jahre

Wie Karl-Heinz Feldkamp eine Region vor dem Nichts rettete und Friedel Rausch seine Idylle in der Schweiz verließ

■ Saison (1989)/90 (II): Pokalsieg statt Abstieg

Am 24. Februar 1990 tobte in der ganzen Kurpfalz der Karneval. In Mannheim liefen die letzten logistischen Vorbereitungen für den großen Fastnachtsumzug der Schwesterstädte Mannheim und Ludwigshafen. Am Tag darauf sollten 400.000 Pfälzer und Badener in die Quadratestadt kommen. Doch noch ein anderes Ereignis zog viele über den Rhein. Der 1. FC Kaiserslautern gastierte im ersten Spiel nach der Winterpause beim SV Waldhof, der wieder in das Stadion am Alsenweg nach Mannheim zurückgekehrt war. Der SVW stand mit 21:21 Punkten im Mittelfeld, während der 1. FCK mit 16:26 einen Abstiegsplatz einnahm. Noch zwei Tage vor dem Spiel wähnte Trainer Roggensack seine Mannschaft „in guter Verfassung". Das kleine Stadion platzte aus allen Nähten, und im Minutentakt stürzte der SV Waldhof die ungeliebten Lauterer in den Abgrund der Tabelle. Freiler (16.), Franck (21. und 33.) und Müller (30.) besorgten schon bis zur Pause den Endstand von 4:0. Ein bemitleidenswerter Trainer nahm in der Pressekonferenz mutterseelenallein auf dem Podium Platz, wohl ahnend, was ihn noch am gleichen Abend erwarten würde. Derweil stand Stefan Kuntz, der in der 63. Minute ausgewechselt worden war, in den Katakomben und versprach, von nun ab werde die Mannschaft alles geben, um den Verein vor dem Abstieg zu bewahren. „Ich lebe und sterbe für diesen Verein", gab Kuntz ein beeindruckendes Zeichen der Identifikation mit dem 1. FCK.

Mit Trainer Roggensack hatte es am Abend ein schnelles Ende. Über Funktelefon hatten die mitgereisten Funktionäre des 1. FCK mit Rainer Geye Kontakt aufgenommen, der in München auf einer Sportartikelmesse weilte. Der bemühte sich um eine Verbindung zu Karl-Heinz Feldkamp in Ägypten und hatte Glück. Feldkamp ließ sich überzeugen, das angenehme und unbeschwertere Leben am Nil aufzugeben und zu versuchen, den

1. FCK vor dem Abstieg zu retten. „Alles vorbei für Fritz Walters Enkel?" hatte die *taz* getitelt und das Schreckensgespenst des Abstiegs konkret werden lassen: „Ein Abstieg der Lauterer, womöglich noch zusammen mit dem Nachbarn Homburg, ließe in der ohnehin strukturschwachen (ab)rüstungsgeplagten Westpfalz ein traditionsreiches Identifikationsobjekt ins Nichts entschwinden und die wenigen noch schwach brennenden Lichter ausgehen."

Nach dem nächsten Spiel gegen den HSV war man fast versucht, das Fragezeichen der *taz*-Überschrift zu tilgen. Wenn auch Feldkamp nichts mehr bewirken könnte, wer denn dann? Doch die Fans ließen klugerweise den Coach bei ihrer Kritik außen vor und drangsalierten Vizepräsident Rainer Geye mit dem Slogan „Wir sind das Volk – Geye raus!" Mit 1:3 hatte der 1. FCK gegen einen schwachen HSV verloren. 16:30 Punkte bedeuteten den letzten Platz. Fünf Spieltage später hatte der 1. FCK 25:31 Punkte. Zwar schwebte er immer noch in Abstiegsgefahr. Doch ohne den 9:1-Zwischenspurt wäre eine Rettung aller Wahrscheinlichkeit nach nicht mehr möglich gewesen. Dem 1:1 bei Eintracht Frankfurt folgte ein glückliches 2:1 gegen den VfL Bochum, das Lelle und Kuntz erst in der 75. bzw. 85. Minute sicherten. Durch ein Tor von Hotic sprang beim VfB Stuttgart ein 1:0 heraus, ehe der 1. FCK den Vorteil hatte, zwei Heimspiele nacheinander zu haben. Wieder erzielte Kuntz neun Minuten vor Schluß das 2:1-Siegtor gegen Bayer Uerdingen. Und wieder Kuntz traf auch beim 1:0 gegen Fortuna Düsseldorf.

Danach gab es eine einkalkulierte 0:3-Niederlage bei Bayern München, die der Moral der Mannschaft nicht schadete. Feldkamp war es gelungen, seinen Spielern Selbstbewußtsein und Zuversicht zu vermitteln. Der nächste Gegner auf dem Betzenberg, Bayer Leverkusen hatte noch große Ziele, aber auch hier trafen Kuntz in der 14. und Labbadia in der 67. Minute zum verdienten 2:0. Nach dem 2:0-Sieg beim FC St. Pauli war der Klassenverbleib so gut wie geschafft, denn der FC Homburg hatte sich bereits aufgegeben, und dem SV Waldhof war ausgerechnet nach dem 4:0 gegen den 1. FCK nach und nach die Puste ausgegangen. Das 0:4 beim KSC und das 0:6 beim 1. FC Köln gab den Mannheimern den Rest, zumal der 1. FCK beim 2:2 gegen Werder Bremen und beim 2:2 bei Borussia Dortmund weiter fleißig Punkte sammelte. Daß das letzte Spiel gegen den 1. FC Nürnberg mit 0:2 verloren ging, war ohne Bedeutung und verhinderte lediglich, daß der 1. FCK fast sensationell noch Tabellenachter geworden wäre. So landeten die Roten Teufel mit zwei Punkten Vorsprung auf Relegationsteilnehmer VfL Bochum auf dem zwölften Platz, während der SV Waldhof nach 3:21 Punkten in Folge absteigen mußte. Waldhof-Trainer Günter Sebert hatte Wahrsagerqualitäten bewiesen. „Wir haben heute den ersten Absteiger gesehen", waren seine Worte nach dem 4:0 gegen den 1. FCK. Nur in der Mannschaft hatte er sich geirrt.

Bester Torschütze des 1. FCK war mit Abstand Stefan Kuntz mit 15 Treffern. Seine Aussprache mit Trainer Karl-Heinz Feldkamp, mit dem er sich in gemeinsamen Uerdinger Zeiten überworfen hatte, hatte sich ausgezahlt. Kuntz war der verlängerte Arm des Trainers auf dem Platz. Der Zuschauerschnitt sprang in den entscheidenden Wochen auf 25.428. Von Konkurrenz durch den SV Waldhof war keine Rede mehr, der kickte vor gerade mal 12.161 pro Spiel.

■ Berlin, Berlin, wir fahren nach Berlin

Im DFB-Pokal überstand der 1. FCK die ersten beiden Runden bei Bayer Leverkusen (1:0) und Mainz 05 (3:1) nur mit Mühe. Ging das Bundesliga-Heimspiel gegen den 1. FC Köln verloren, so revanchierten sich die Lauterer im Pokal und zogen durch ein 2:1 ins Viertelfinale gegen Fortuna Düsseldorf ein. Nach dem 3:1 auf dem Betzenberg war im Halbfinale der Amateur-Oberligist Offenbacher Kickers der Gegner. Durch ein Tor von Tom Dooley gewann der 1. FCK glücklich mit 1:0 und fuhr als krasser Außenseiter zum Finale gegen Werder Bremen nach Berlin.

Doch der 1. FCK überraschte Werder und führte nach einer halben Stunde durch Tore von Labbadia (2) und Kuntz mit 3:0. Nach der Pause ließen in der Hitze die Kräfte nach, während Werder die letzten Reserven mobilisierte. Neubarths 1:3 in der 54. Minute ließ nichts Gutes für die Pfälzer ahnen. Als Manfred Burgsmüller in der 72. Minute das Anschlußtor erzielte, zitterte die ganze Pfalz um den 1. FCK. Zu Recht, denn die Bremer waren mehrmals nahe am Ausgleich dran, während der 1. FCK den Schlußpfiff herbeisehnte. Dann war es endlich soweit. In seinem fünften Pokalfinale hatte der 1. FC Kaiserslautern den „Pott" gewonnen. Ohne Hektik und voller Stolz feierte man nun erst den Pokalsieg und wenig später das 90jährige Bestehen des 1. FCK.

Als es nach der Sommerpause im Super-Cup in Karlsruhe gegen Meister Bayern München ging, waren mit dem WM-Libero der CSFR, Miroslav Kadlec, Rainer Ernst und Guido Hoffmann die Neuzugänge bereits mit dabei. Das unbedeutende Spiel verlor der 1. FCK mit 1:4.

Stefan Kuntz und Bruno Labbadia präsentieren den Fans in der Lauterer City den Pokal.

■ **Saison 1990/91: Die Demontage von Bayern München**

Nach dem knapp vermiedenen Abstieg und dem überraschenden Pokalgewinn war der 1. FCK schwer einzuschätzen. Zum einen glaubte und hoffte man, in der neuen Saison mit dem Abstieg nichts mehr zu tun zu haben, zum anderen warnte vor allem Trainer Karl-Heinz Feldkamp vor zu hohen

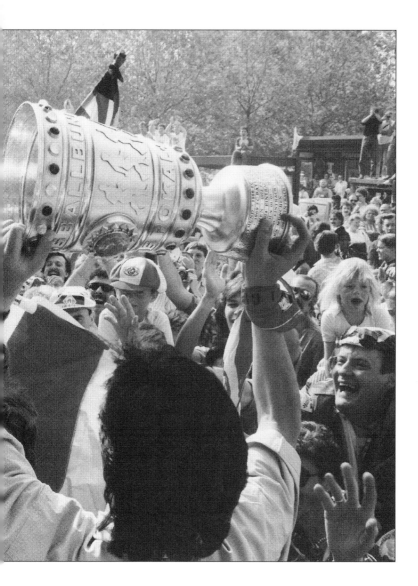

Erwartungen. „30 oder 31 Punkte sind machbar. Wer uns hochputschen will, muß uns andere Möglichkeiten bieten", ließ er über das *Kicker Sportmagazin* verbreiten. Die ersten Spiele waren so schwer, daß im schlimmsten Fall gar mit 0:6 Punkten gerechnet werden mußte. Überraschend gewann der 1. FCK beim HSV aber mit 3:1 und siegte nach dem fast traditionellen 1:1 gegen Eintracht Frankfurt auch bei Borussia Dortmund mit 2:0. Im anschließenden Heimspiel gegen Hertha BSC Berlin erklomm der 1. FCK nach dem glücklichen 4:3 an einem Freitagabend im August die Tabellenspitze. „Wir sind Tabellenführer", entfuhr es Südwestfunk-Moderatorin Judith Kauffmann in einem Moment ausgelassener Freude direkt nach dem Schlußpfiff. Zweimal hatten die Berliner geführt, bevor Stefan Kuntz in der 74. Minute den 1. FCK erstmals nach vorne brachte. Doch Lünsmann glich in der selben Minute aus. Obwohl Hertha-Spieler Holzer hinterher schwor, Kadlec außerhalb des Strafraums zu Fall gebracht zu haben, pfiff Schiedsrichter Löwer kurz vor Schluß Elfmeter. Kuntz' 4:3 war der unglückliche K.O. für Hertha BSC, deren Trainer Werner Fuchs bekannte, seine Mannschaft tue ihm sehr leid.

Aber die Ernüchterung folgte eine Woche später. Der 1. FCK unterlag bei Bayern München mit 0:4. Drei Siege in Folge gegen den 1. FC Nürnberg (3:1), bei Bayer Uerdingen (7:3) und gegen Bayer Leverkusen (2:1) stärkten die Moral der Mannschaft, die nun 13:3 Punkte hatte. Beim FC St. Pauli fiel das unglückliche 0:1 erst in der 90. Minute. Nach dem 2:0 gegen den VfB Stuttgart bahnte sich auch beim KSC eine Pleite à la Bayern an. Die Karlsruher führten schnell mit 3:0 und gewannen schließlich mit 4:2. Das Wort Meisterschaft führte nun, da die altbekannte Auswärtsschwäche wieder auftrat, keiner mehr auf dem Betzenberg im Munde. Um möglichst weit oben mitzuspielen, hätte es auch zweier Heimsiege gegen Wattenscheid 09 und Fortuna Düsseldorf bedurft. Doch gegen die Bongartz-Elf gab es nur mit viel Mühe ein 1:1. Am Ende waren die Lauterer sogar froh über den einen Punkt, und daß das Spiel nicht abgebrochen worden war. Beim Stand von 0:1 war Schiedsrichter Dr. Umbach vor dem Block 6 plötzlich zusammengebrochen. Viele der 28.599 Zuschauer befürchteten, den Referee habe der plötzliche Herztod ereilt, denn er war wie ein Baum umgefallen. Ein Feuerzeug aus Block 6 hatte ihn unglücklich getroffen, doch Dr. Umbach erholte sich erstaunlich schnell von dem Zwischenfall und leitete das Spiel weiter. Danach wurden vor den Fan-Blöcken aus Sicherheitsgründen die grünen Fangnetze wieder installiert, die erst zu Beginn der Saison entfernt worden waren. „Gegen Dummheit hilft kein Netz", schrieb die *taz* in Voraussicht und ahnte schon fliegende Weißwürste, Bierdeckel und anderes mehr voraus. Nach dem 1:1 gegen den Aufsteiger aus Wattenscheid und dem 0:0 gegen Düsseldorf siegte der 1. FCK beim VfL Bochum mit 2:0 und freute sich auf das Gastspiel von Werder Bremen. Ein echtes Spitzenspiel, denn Werder führte mit einem Punkt Vorsprung vor dem 1. FCK die Tabelle an. Jedes Ergebnis war denkbar, doch für den 1. FCK ging es darum, nach erlittenen Enttäuschungen in der Meisterschaft weiter mitzuhalten.

Im DFB-Pokal hatte es der Cup-Verteidiger in der ersten Runde mit den Amateuren von Südwest Ludwigshafen zu tun, die mit 7:1 besiegt wurden. Danach kam der 1. FC Köln auf den Betzenberg. Dessen Trainer Erich Rutemöller hatte die Stimmung mit unsachlichen Bemerkungen angeheizt: „Auf dem Betzenberg erwartet uns die Hölle, ich fürchte um das Leben von Bodo Illgner!" Über den Betzenberg war zwar schon zuvor manches Unpassende und Unzutreffende gesagt worden, meist von Leuten, die sich diese Atmosphäre im eigenen Stadion wünschen würden, aber derart unverfroren und dreist hatte sich noch keiner geäußert. Am Ende hatte der 1. FC Köln zum Entsetzen des 1. FCK und seiner Anhänger in einem hochklassigen Spiel mit 2:1 gewonnen, und Rutemöller nahm – Illgner war noch am Leben – seine maßlosen Übertreibungen mit scheinbarem Bedauern zurück. Der Titelverteidiger war ausgeschieden.

Auch im Europapokal der Pokalsieger hatte der 1. FCK kein Glück. Bereits in der 1. Runde trafen die Lauterer auf den Cupsieger des Vorjahres und damaligen Tabellenführer der Serie A, Sampdoria Genua. Das 1:0 im Hinspiel reichte nicht. Zwar spielten die Genuesen zum Schluß nur noch mit acht Feldspielern – Bonetti und Lanna sahen Rot –, doch mehr als das Kopfballtor von Stefan Kuntz in der 75. Minute sprang nicht heraus. Sampdoria-Trainer Vujadin Boskov, der schon mit Real Madrid acht Jahre zuvor in Kaiserslautern verloren und damals drei Spieler vom Platz gestellt bekommen hatte, verweigerte den Auftritt in der Pressekonferenz und diktierte der *Gazetta dello Sport:* „Jedesmal, wenn ich Kaiserslautern sehe, gibt es Fausthiebe und Rippenstöße. Es ist nicht würdig, das Land der Weltmeister zu vertreten." Beim Rückspiel in Genua glich der Rasen im Stadion Luigi Ferraris eher einem See als einem Fußballplatz. Das Spiel fand trotzdem statt und endete 2:0 für Sampdoria, das im Viertelfinale gegen Legia Warschau ausschied.

Der durch Erkrankungen und Verletzungen stark geschwächte 1. FCK – Stefan Kuntz war ständiger Gast im REHA-Zentrum und Bruno Labbadia wurde einen hartnäckigen Virus nicht los – begann stark gegen Werder Bremen und ging durch Guido Hoffmann früh in Führung. 1:0 stand es auch noch nach 90 Minuten. Der 1. FCK war neuer Tabellenführer und hätte drei Wochen später auch als Tabellenerster in die Winterpause gehen können. Durch das 2:2 bei Borussia Mönchengladbach war der erste Platz wieder weg, und das letzte Spiel der Vorrunde gegen den 1. FC Köln fiel wegen starker Schneefälle gleich mehrmals aus. Der 1. FCK überwinterte mit 22:10 Punkten. Ihr Trainingslager schlugen die Roten Teufel in der Bretagne auf, wo das Klima dem in der pfälzischen Heimat am ähnlichsten war, weniger naß, etwas wärmer, aber nicht so heiß wie im Süden Spaniens oder in Lateinamerika.

Gegen den auch noch ambitionierten HSV lief im ersten Spiel nach der langen Winterpause nicht viel zusammen. 80 Minuten mußten die Zuschauer warten, bis Stefan Kuntz das 1:0 gelang. HSV-Torhüter Richard Golz hatte einen Abstoß leichtsinnig verhauen und Labbadia direkt vor die Füße gespielt. Der konnte zwar völlig verdutzt nichts damit anfangen, aber Kuntz war im dritten Versuch erfolgreich. Eintracht Frankfurt, ebenfalls noch mit Chancen auf den Titel, ging eine Woche später mit dem überragenden Andreas Möller wie die Feuerwehr zu Werke. In einem interessan-

Bruno Labbadia in einem seiner letzten Spiele für den 1. FCK auf dem Betzenberg.

ten Spiel voller Esprit führte die Eintracht zur Pause durch drei Möller-Tore mit 3:2. Der 1. FCK hielt gut mit, kassierte aber durch Uwe Bein in der 51. Minute das 2:4. Als Kadlec 17 Minuten vor Schluß auf 3:4 verkürzte, war alles wieder offen. Doch trotz vieler Chancen reichte es nicht mehr zum Ausgleich.

Jedes Spiel war nun plötzlich entscheidend, denn an der Spitze ging es weiterhin sehr eng zu. Der nächste Gegner war Borussia Dortmund, die durch Sergej Gorlukowitsch in Führung ging. Zwar glich Stumpf noch vor der Pause aus, doch Michael Rummenigge schockte die Lauterer nach einer Stunde mit dem 1:2. Kurz zuvor hatte Ernst einen Foulelfmeter verschossen. Aber der 1. FCK gab sich trotzdem nicht auf und kam in der 80. Minute durch Winkler zum glücklichen 2:2 gegen die beste Auswärtself der Bundesliga. Durch Tore von Hotic und Kuntz gewann der 1. FCK anschließend 2:0 bei Hertha BSC Berlin.

Der 19. und der 23. März wurden zu entscheidenden Tagen für den 1. FCK. Zunächst wurde am 19.3. das Spiel gegen den 1. FC Köln nachgeholt. Mit dem 2:2 nach 0:2-Führung der Kölner waren am Ende beide zufrieden, die Lauterer über das Unentschieden und die Kölner über einen gewonnenen Punkt. Herbstmeister war nun inoffiziell und nachträglich endgültig Werder Bremen, aber schon vier Tage später bot sich dem 1. FCK gegen Bayern München die Chance, im direkten Aufeinandertreffen den aktuellen Tabellenführer zu stürzen und selbst die Spitze zu übernehmen.

Den Krimi vor 38.500 Zuschauern hätte kein Dramaturg besser inszenieren können. Schon nach vier Minuten ging Bayern durch Wohlfarth mit 1:0 in Führung und spielte derart souverän auf, daß weitere Tore nur eine Frage der Zeit schienen. Doch nach 60 Minuten gelang Hotic der Ausgleich, und fünf Minuten später sah Bender Rot. Danach geriet Bayern unter Dauerdruck und spürte die Unterstützung der Zuschauer für den 1. FCK. Stefan Kuntz war es, der den 1. FCK in der 85. Minute an die Tabellenspitze schoß. „Wir

Stefan Kuntz schießt den 1. FCK an die Tabellenspitze

sind es ja schon gewohnt, mit zehn Mann zu spielen, aber heute haben wir mit zehn gegen zwölf gespielt", schob Bayern-Trainer Jupp Heynckes die Verantwortung für die Niederlage Schiedsrichter Assenmacher zu, der Stefan Kuntz in der ersten Halbzeit nach einer angeblichen Tätlichkeit nur Gelb gezeigt hatte. Das brachte den Bayern-Coach derart auf die Palme und in Rage, daß er sich mit einem übereifrigen Platzordner anlegte und diesem in den Hintern trat. „Roter Heynckes randaliert in Rage", schrieb die *taz* und in der *FAZ* spuckten „die Großmeister des deutschen Fußballs

... Gift und Galle". Bösartig behauptete Stefan Effenberg in seiner Wut und Enttäuschung, die Lauterer könnten „doch nur Ecken schießen und einwerfen". Die *Süddeutsche Zeitung* verstieg sich, das Ende der Alleinherrschaft der Münchner Bayern vor Augen, unter dem Titel „Sägen und Bolzen" zu einem besonders perfiden Kommentar: „Jede Liga hat den Tabellenführer, den sie verdient. Und die Bundesliga muß sich langsam damit anfreunden, daß das auf den ersten Blick einfach gestrickte Ecken- und Flankenflickwerk aus Kaiserslautern zum Saisonende ein ausreichendes Punktepolster für den Meisterbrief ergibt."

Die Lauterer ignorierten das ebenso wie das ewige Gerede von der Provinz, von Wein und Wäldern und daß Bundeskanzler Kohl und Umweltminister Töpfer zu ihren Fans zählten. Sie überstanden die rheinland-pfälzischen Osterferien mit einem überzeugenden und, wie das *Kicker Sportmagazin* schrieb, „spielerisch tadellosen" 4:1 beim 1. FC Nürnberg und dem 2:0 zu Hause gegen Bayer Uerdingen. Es folgte das schwere Auswärtsspiel bei Bayer Leverkusen, wo Ernst schon nach zehn Minuten ein Eigentor unterlief. Als Schreier nach einer knappen Stunde auf 2:0 erhöhte, war das Spiel für viele gelaufen. Doch mit einem unglaublichen Tor, erzielt nach zwei Umfallern aus unmöglicher Position, brachte Labbadia den 1. FCK auf 1:2 heran. Als alle auf den Schlußpfiff gefaßt waren, nahm sich Schupp ein Herz und traf mit einem trockenen Schuß aus 35 Metern – 2:2. Mit zehn Mann, Libero Kadlec hatte bereits nach 24 Minuten die Rote Karte gesehen, hatte der 1. FCK unendlich viel für seine Moral getan.

Nur noch neun Spiele waren zu absolvieren, und so geriet jede Partie zum entscheidenden Match. Gegen den FC St. Pauli rannte der 1. FCK unaufhörlich in Richtung Hamburger Tor, doch davor stand eine schier undurchdringliche Mauer. Als man sich schon mit dem 0:0 abgefunden hatte, verlängerte Stumpf in der 83. Minute einen Eckball zu Labbadia, der doch noch das 1:0 erzielte. Die *FAZ* sprach vom „Pfälzer Traumpaar", doch Labbadia lag mit Vizepräsident Rainer Geye wegen seiner Vertragsmodalitäten im Clinch. Das anschließende 2:2 beim VfB Stuttgart entlockte Karl Allgöwer eine plausible Erklärung des anhaltenden Erfolgs des 1. FCK. „Das ist eine Sache der Psyche. Wenn du solche Erfolge hast, denkst du nicht an eine Niederlage. Der FCK hat hier in Stuttgart noch nie so gut gespielt wie heute." Der Vorsprung auf Werder Bremen betrug jetzt drei, auf Bayern München schon vier Punkte. Im Heimspiel gegen den KSC bekamen die Zuschauer auf dem Betzenberg einen Vorgeschmack auf die Dramatik der allerletzten Spiele. Durch Tore von Scholl und Schüttrle führte der KSC bereits nach 25 Minuten mit 2:0 und hätte gar auf 3:0 oder

4:0 erhöhen können. Doch Scherr gelang nach einer halben Stunde das Anschlußtor und Hotic schoß in der 68. Minute den Ausgleich. Als etliche Zuschauer, zufrieden mit dem einen Punkt, bereits das Stadion verlassen hatten, schreckte sie ein kollektiver Freudenschrei auf. Schiedsrichter Dardenne hatte lange nachspielen lassen, und Kuntz war in der 94. Minute das 3:2 gelungen, was KSC-Trainer Winfried Schäfer in Wut versetzte. Doch die beiden torlosen Unentschieden in Wattenscheid und in Düsseldorf ließen Bayern München, das zudem die bessere Tordifferenz hatte, auf zwei Punkte herankommen. Auch gegen den VfL Bochum geriet der 1. FCK erst einmal in Rückstand, und irgendwie beschlich so manchen die Ahnung, die erste Heimniederlage der Saison sei nicht mehr fern. Doch Kuntz (2), Goldbaek und Scherr sorgten noch für das klare 4:1.

Nun galt alle Konzentration dem Spiel bei Werder Bremen, das keine Chance mehr auf die Meisterschaft hatte, dessen Fans aber seit langem mit den Lauterer Fans verbrüdert waren. Bayern München gastierte gleichzeitig bei Wattenscheid 09, wo außer dem früheren Lauterer Trainer Hannes Bongartz noch mehrere ehemalige Spieler des 1. FCK im Aufgebot waren. Das 0:1 durch Klaus Allofs in der 16. Minute machte Hoffmann zehn Minuten später wieder wett. Schupp gelang nach 63 Minuten das 2:1. Zu diesem Zeitpunkt führte auch Wattenscheid mit 2:1, doch Wohlfarth schoß in der 87. Minute den Ausgleich. Eine Minute vor Schluß aber jubelten Lauterer und Wattenscheider gemeinsam, denn Fink hatte das 3:2 gegen die Bayern erzielt. Der 1. FCK war fast am Ziel, und Stefan Effenberg sprach: „Wir waren heute zu dumm, Meister zu werden!" Zumal der 1. FCK in den letzten Spielen auf seinen verletzten Libero Miroslav Kadlec verzichten mußte, dessen Part Stefan Kuntz übernommen hatte. Doch Verletzungen hatte der 1. FCK schon in der Vorrunde ohne Murren und Meckern hingenommen und weggesteckt. Die Liste der Spieler, die in den ersten 17 Spielen seltener zum Einsatz gekommen waren, war lang:

▷ Bruno Labbadia   5 Spiele   Virusinfektion
▷ Stefan Kuntz   10 Spiele   Bänderriß
▷ Reinhard Stumpf   7 Spiele   Lungenriß
▷ Markus Kranz   10 Spiele   Kapselriß
▷ Roger Lutz   3 Spiele   Achillessehnenriß
▷ Rainer Ernst   9 Spiele
▷ Demir Hotic   13 Spiele   Rotsperre

Trainer Karl-Heinz Feldkamp beklagte sich auch nicht, als Stefan Kuntz beim letzten Heimspiel gegen Borussia Mönchengladbach wegen einer

Gelbsperre fehlte. Kadlec war ohnehin nicht dabei und wurde durch Rainer Ernst ersetzt. 38.500 Zuschauer im ausverkauften Fritz-Walter-Stadion waren voller Vorfreude auf die Meisterschaftsfeier, die nach dem Spiel geplant war. In der ganzen Stadt und darüberhinaus herrschte Volksfeststimmung. Was sollte jetzt noch schiefgehen? Bundesligachronisten warnten. Immerhin hatte die Borussia in 25 gemeinsamen Bundesligajahren 25:25 Punkte auf dem Betzenberg erreicht, die beste Bilanz aller Mannschaften in Kaiserslautern. „Bleiben Sie nach dem Spiel auf Ihren Plätzen. Die Mannschaft wird eine Ehrenrunde laufen. Danach öffnen wir die Fluchttore und feiern gemeinsam mit unseren Spielern!" Nichts war's aber mit Udo Scholz' optimistischer Ankündigung. Kastenmaier zum ersten: In der 9. Minute zog der Ex-Münchner von rechts ab, und Ehrmann kullerte der Ball durch die Hände ins Netz. Kastenmaier zum zweiten: In der 20. Minute donnerte er einen Freistoß unhaltbar zum 0:2 ins Tor. Gegen Köln und gegen den KSC hatte der 1. FCK das Spiel noch umbiegen können, aber gegen Mönchengladbach wirkten alle wie paralysiert, auch das Publikum. Nichts lief, und Bayern München führte beim 1. FC Nürnberg mit 1:0. Dabei blieb es bis zum Schluß, während es in Kaiserslautern noch einmal dramatisch wurde. Zunächst machte Wynhoff scheinbar alles klar – 0:3. Doch danach wachte der 1. FCK viel zu spät auf. Kranz verkürzte per Foulelfmeter – wie sonst – auf 1:3, und Labbadia gelang in der Schlußminute gar noch das 2:3. Der Kaufmännische Direktor des 1. FCK, Klaus Fuchs sagte später, er habe das Schlimmste befürchtet, wäre in dieser Atmosphäre noch das 3:3 gefallen. Der 1. FCK hatte es auf dem Fuß, doch Kamps' Hand rettete zur Ecke und der Borussia den Sieg.

Die Spieler des 1. FCK schlugen die Hände vor die Augen, auf den Rängen weinten die Fans, manche blieben noch stundenlang im Stadion sitzen und konnten es nicht fassen. Das große Fest war ausgefallen. Ein ehemaliger Spieler von Bayern München, Thomas Kastenmaier, der vor dem Spiel offen erklärt hatte, Bayern zum Meister machen zu wollen, hatte der ganzen Pfalz die Wahnsinnsfete verdorben. Ein Neustädter Fan hatte seinen Urlaub in Teneriffa unterbrochen und war zurückgejettet, um den gleichen Weg samstags darauf noch einmal zurückzulegen. Bayern München hatte zwar noch zwei Punkte Rückstand, empfing aber am letzten Spieltag Bayer Uerdingen, während der 1. FCK zum 1. FC Köln mußte, der noch eine Chance auf eine Teilnahme am UEFA-Cup hatte. Auf Uerdingen durften sich die Lauterer nicht verlassen, denn die waren schon abgestiegen. So ließ sich Karl-Heinz Feldkamp etwas ganz Besonderes einfallen, um beim großen „Finale" im Müngersdorfer Stadion den Gegner zu überraschen.

Köln-Müngersdorf, 15.6.1991, 17.30 Uhr: Der 1. FC Kaiserslautern ist Deutscher Meister, 40.000 Fans aus der Pfalz feiern auf den Rängen und auf dem Rasen.

Hotic und Labbadia fehlten. Der 1. FCK spielte mit folgender Aufstellung:
▶ Ehrmann – Kuntz – Lutz, Friedmann – Schupp, Scherr, Dooley, Haber, Kranz – Winkler (Ernst), Hoffmann (Labbadia).

Außer 40.000 Fans, die den 1. FCK nach Köln begleitet hatten, fieberten auch ca. 3.000 Zuhausegebliebene auf dem St.-Martinsplatz in Kaiserslautern mit und freuten sich bereits in der 4. Minute über Habers 1:0. Zur Halbzeit stand es sensationell 4:1, aber noch überwog die Skepsis. Als Greiner eine Minute nach der Pause das 2:4 erzielte, setzte noch einmal für eine halbe Stunde das große Bangen ein. Erst in der 78. Minute machte Haber alles klar. Das 5:2 war die Meisterschaft, und Schupp setzte in der Schlußminute noch einen drauf – 6:2.

Der Deutsche Meister 1991 hieß 1. FC Kaiserslautern. Und der Vater des Erfolges war zweifelsohne Trainer Kalli Feldkamp, dessen „abgeklärte Gelassenheit" nicht nur die taz rühmte: „Seit er aus Kairo wie-

Karl-Heinz Feldkamp ist am Ziel und schaut zufrieden auf sein Werk zurück.

Stolz hält Stefan Kuntz die Meisterschale hoch.

derkehrte, verbreitet er eine Aura orientalischen Gleichmuts, an der sämtliche psychologischen Tricks der Konkurrenz einfach abprallen. Unerschütterlich glaubte er daran, daß sein Kismet die Meisterschaft war, und nur so konnte es ihm gelingen, die namenloseste Mannschaft seit Eintracht Braunschweig 1967 zum Titel zu führen."

Nach all den vielen Feierlichkeiten in Köln, auf dem Dampfer und in Kaiserslautern zog sich der Präsident des 1. FCK, Norbert Thines zu Exerzitien in das polnische Kloster Kutowazowa zurück. Statt den Kopf hoch zu tragen, wie das andere in solchen Situationen selbstgefällig tun, ging Thines in sich, hörte in sich hinein, um neue Kraft zu schöpfen für die schwere Zeit, die nach so großen Erfolgen unweigerlich auf einen zuzukommen pflegt.

■ Saison 1991/92: Der verpaßte Sprung in die europäische Spitze

Dem Gewinn seiner dritten Deutschen Meisterschaft fügte der 1. FCK vor Beginn der neuen Saison den Sieg im Supercup hinzu. Die Mannschaft hatte ein völlig neues Gesicht erhalten. Labbadia war für 1,8 Mio. DM zu Bayern München gewechselt, Schupp für 500.000 DM zu Wattenscheid 09, Friedmann für 800.000 DM zum 1. FC Nürnberg und der glücklose Ernst ging für 600.000 DM zu Girondins Bordeaux. Für sie kamen Marcel Witeczek für 2 Mio. DM und Wolfgang Funkel für 800.000 DM von Bayer Uerdingen, Oliver Schäfer für 430.000 DM vom SC Freiburg und Thomas Vogel für 900.000 DM von RW Erfurt. Der Transfer von Vogel erwies sich hinterher als teurer Flop, und auch Witeczek wurde nie so populär wie vor ihm Labbadia. Durch die Integration der Oberliga Nordost, der ehemaligen DDR-Oberliga, in den westdeutschen Profifußball fand der Supercup mit Halbfinale und Finale statt. Der 1. FCK schlug den Meister der Oberliga Nordost, Hansa Rostock, mit 2:1 und gewann das Endspiel gegen Werder Bremen mit 3:1. Anders als diverse Trophäensammler schmückte der 1. FCK seinen Briefkopf nicht mit diesem wertlosen Titel. Auch daß der 1. FCK zur „Mannschaft des Jahres" gewählt, Stefan Kuntz „Fußballer des Jahres" und Karl-Heinz Feldkamp „Trainer des Jahres" wurden, nahm man in der Pfalz mit Freude, aber nicht überheblich auf.

Vor dem Deutschen Meister, der nun beweisen mußte, daß er kein Zufallsmeister war und auch im internationalen Fußball bestehen konnte, lag eine Saison mit 38 Bundesligaspielen, da zu den Aufsteigern MSV Duisburg und Stuttgarter Kickers die Ostvereine Hansa Rostock und Dynamo Dresden hinzukamen. Schon das erste Spiel führte den 1. FCK nach Sachsen, wo er durch ein Tor von Dooley mit viel Mühe 1:0 siegte. Im anschließenden Heimspiel gegen den VfL Bochum mußten die Lauterer froh sein, daß sie nach dem 1:1 durch Türr nicht noch beide Punkte verloren. Beim 1. FC Köln reichte es gerade noch zu einem 1:1, und danach überraschten die Stuttgarter Kickers auf dem Betzenberg und verloren nur knapp mit 3:4. Beim 0:0 gegen den HSV drei Tage später zeigte sich das Lauterer Dilemma in der Saison nach dem Gewinn der Meisterschaft sehr deutlich. Der 1. FCK rang mehr mit der Last des Titels als mit seinem jeweiligen Gegner. Feldkamp hatte das Tempo aus dem Spiel genommen und das ungestüme Anrennen mit dem Risiko, gefährliche Konter zu bekommen, durch eine rationalere Spielart ersetzt. Vielen Zuschauern gefiel dies überhaupt nicht, doch noch lag der 1. FCK mit 7:3 Punkten mit an der Spitze.

Aber die nächsten vier Auswärtsspiele brachten 0:8 Punkte. Besonders das 1:4 beim VfB Stuttgart und das 0:1 bei Wattenscheid 09 zeigten, daß der 1. FCK in den alten Trott zurückgefallen war: Zu Hause hui, auswärts pfui! Immerhin gab der überraschend hohe 4:0-Sieg gegen Borussia Dortmund die nötige Power, in der 1. Runde des Europapokals der Landesmeister den bulgarischen Vertreter FC Etar Tarnovo zu bezwingen. Ohne Kadlec, Stumpf, Scherr, Kuntz, Roos, Goldbaek, Lelle, Hoffmann und Vogel siegte der 1. FCK auf dem Betzenberg durch zwei Tore von Wolfgang Funkel mit 2:0. Das Rückspiel endete 1:1. Vor der 2. Runde gegen den FC Barcelona, der sich gegen den Meister der Oberliga Nordost, Hansa Rostock, durchgesetzt hatte, überzeugte der 1. FCK durch das 2:1 gegen Bayer Leverkusen und das 1:1 beim MSV Duisburg. Mit 16:12 Punkten hatten die Lauterer zumindest Anschluß an die führenden Teams gefunden. Zwischen den beiden Treffen mit den Katalanen gewann der 1. FCK gegen den KSC mit 3:0 und bei Werder Bremen mit 2:0. Zu diesen Erfolgen sollte nun auch noch die Qualifikation für die neue „Champions League" dazukommen.

„Die Hölle, das sind die anderen" – mit diesem Zitat von Jean Paul Sartre leitete Matti Lieske in der *taz* seinen Stimmungsbericht vom Hinspiel im Stadion Nou Camp ein. Karl-Heinz Feldkamp wagte es, dem Philosophen vehement zu widersprechen. „Das Nou Camp wird das Inferno für uns, aber unser Stadion wird das Inferno für den FC Barcelona!" Vor 65.000 Zuschauern begann der FC Barcelona überhastet und nervös, während der 1. FCK durchdachte Angriffe startete. Nach einem ungültigen Abseitstor des Bulgaren Hristo Stoitschkov tobten die Zuschauer, und die Lauterer ließen sich davon beeindrucken. Der Baske Aitor Beguiristain traf kurz vor der Pause in der 42. und kurz danach in der 52. Minute das Tor, und ab da fühlte sich der FC Barcelona seiner Sache sicher. Auf der Gegenseite vergab Guido Hoffmann drei gute Chancen. Fanatiker und ungerechte Beobachter des Spiels kreiden ihm heute noch an, daß er nur das Außennetz traf, als er schon an Torhüter Andoni Zubizarreta vorbei war.

Trotzdem war Karl-Heinz Feldkamp zuversichtlich für das Rückspiel. Das *Kicker Sportmagazin* sprach von der „Bergprüfung für Barcelona" und zog Vergleiche mit anderen europäischen Mannschaften, die ihren Vorsprung in Kaiserslautern nicht verteidigen konnten: RSC Anderlecht, FC Sevilla und Real Madrid beispielsweise. Stefan Kuntz hatte fünf Jahre vorher im UEFA-Cup zweimal mit Bayer Uerdingen gegen den FC Barcelona verloren und machte sich Mut: „So viele Chancen wie im Hinspiel hatten wir mit Uerdingen in beiden Spielen nicht." Die Dramaturgie war klar, Barcelona sollte kein Tor schießen, und der 1. FCK ein schnelles 1:0 vorlegen. Dann würde das Publikum die Mannschaft in die Endrunde der Champions League schreien. Dem 1. FCK winkte für diesen Fall eine garantierte Mindesteinnahme von zehn Mio. DM, die dem Verein auf Jahre hinaus so viel Handlungsspielraum gegeben hätte, um dauerhaft in der Spitze mitzuspielen. Die Endrunde wurde in zwei Vierergruppen ausgespielt, deren jeweiliger Sieger ins Finale kam. Die beiden Mannschaften spielten mit folgenden Aufstellungen:

▶ 1. FCK: Ehrmann – Funkel – Schäfer, Haber – Scherr, Goldbaek, Hotic, Hoffmann, Lelle (Kranz) – Witeczek, Kuntz.

▶ FCB: Zubizarreta – Koeman – Nando, Cristobal – Eusebio, Guardiola (Nadal), Bakero, Beguiristain (Serna), Witschge – Stoitschkov, Laudrup.

Bereits zwei Stunden, bevor der Schiedsrichter das Spiel anpfiff, war das Fritz-Walter-Stadion gut gefüllt. Der 1. FCK dominierte von Anfang an und hatte eine Chance nach der anderen. In der 35. Minute erzielte Demir Hotic endlich das 1:0. Vier Minuten nach der Pause gelang dem Bosnier das 2:0. Nun zeigten die Barceloniner im goldgelben Outfit ihre technischen

Uwe Scherr und Marcel Witeczek beim Europapokalspiel 1. FCK gegen FC Barcelona.

Fertigkeiten und eröffneten dem 1. FCK die Gelegenheit zu Kontern. Wie in der 76. Minute, als Bjarne Goldbaek über rechts kam und im richtigen Moment abzog – 3:0! Wenige Minuten später rettete Zubizarreta seine Mannschaft vor dem endgültigen K.O., als er einen Schuß von Goldbaek mit einem Reflex zur Ecke lenkte. Auf den Tribünen träumten sie bereits von Benfica Lissabon, Dynamo Kiew und Sparta Prag, als Koeman zum Freistoß kam. Der gerade eingewechselte Kranz war in der 89. Minute einen Moment unaufmerksam, und Bakero stellte den Verlauf des Spiels auf den Kopf – 3:1.

Im Stadion wurde es still, der fassungslose Karl-Heinz Feldkamp schlug die Hände vor sein Gesicht, und aus den Gesichtern der Fans wich die Farbe. Wenige Minuten nach dem Abpfiff füllte sich der Bahnsteig fünf des Hauptbahnhofs Kaiserslautern mit Menschen, die ausschauten, als seien sie nach harter Arbeit unter Tage aus dem Stollen gekommen. Fast hatte man den FC Barcelona so weit gehabt wie 1982 Real Madrid. Glücklicher als der FC Barcelona an diesem Abend im November konnte man ein

Spiel nicht umbiegen. Aber der 1. FCK hatte an diesem Abend trotz des traurigen Ausgangs bewiesen, daß er kein Zufallsmeister war.

In der Kabine der Roten Teufel ging es lebhaft zu. Goldbaek hörte Vorwürfe, weil er das vierte Tor nicht gemacht hatte. Für andere war Kranz wegen seiner Unaufmerksamkeit der Sündenbock, für wieder andere Guido Hoffmann wegen der vergebenen Chancen im Hinspiel. Stefan Kuntz sagte, er könne keinen Trost spenden, weil er selber Trost brauche, und gab zu, daß es in der Kabine sehr laut gewesen sei: „Wir hätten Kaiserslautern nicht nur in Europa bekannt machen können, wir wären auch auf Dauer respektiert worden." In der *FAZ* verglich Karl-Heinz Feldkamp seine Stimmung mit der nach dem 2:3 gegen Borussia Mönchengladbach: „Aber diesmal können wir nichts mehr rausreißen."

Alles gewagt, alles gegeben, alles verloren

Der 1. FCK hatte gegen den FC Barcelona alles gewagt und alles gegeben und in einer Sekunde alles, was schon gewonnen schien, verloren. Als der FC Barcelona sechs Monate später durch ein 1:0 n.V. gegen Sampdoria Genua Europapokalsieger wurde, waren viele Lauterer in Gedanken im Londoner Wembley-Stadion. Die Gruppe war nicht so stark besetzt gewesen, daß nicht auch der 1. FCK eine Chance gehabt hätte, das Endspiel zu erreichen.

Das erste „normale" Spiel nach dem unglücklichen Aus fand nur drei Tage später gegen Hansa Rostock statt. Der 1. FCK wirkte noch verunsichert, aber Hansa konnte seine Chancen zu Beginn des Spiels nicht nutzen. Mit einem Kraftakt zeigten die Lauterer dann, daß das Leben in der Bundesliga für sie auch nach der verpaßten Champions League weiterging. Doch dem 3:0 gegen Rostock folgten das 0:1 bei Fortuna Düsseldorf und ein 1:1 gegen Schalke 04. Trotzdem lag der 1. FCK mit 23:15 Punkten hinter Eintracht Frankfurt mit 23:15 und Borussia Dortmund sowie dem VfB Stuttgart mit je 24:14 aussichtsreich auf dem vierten Platz. Auch der Start in die Rückrunde gelang mit 9:3 Punkten aus den ersten sechs Spielen. Erst am Fastnachtssamstag wurden die Roten Teufel beim 1. FC Nürnberg entzaubert. Schon nach elf Minuten stand es 2:0 für den 1. FCN, der am Ende mit 3:2 siegte. Das 4:0 über Bayern München gab zwar wieder etwas Hoffnung, obwohl Vogel durch ein brutales Foul von Jan Wouters für lange Zeit ausfiel. Aber das nächste Spiel bei Borussia Dortmund verlor der 1. FCK fast ohne Gegenwehr mit 1:3. Gegen den VfB Stuttgart stand der 1. FCK am Scheideweg. Nur mit einem Sieg war der Anschluß an das führende Trio Dortmund, Frankfurt und Stuttgart zu halten. Aber vor 38.000 enttäuschten Zuschauern endete das Spiel 0:0, und dabei hatte der 1. FCK auch noch

Glück, weil Matthias Sammer in der 89. Minute nur die Latte traf. Der spätere Meister spielte meisterlich, während der 1. FCK schon erste Zeichen von Resignation im Kampf um die Verteidigung seines Titels erkennen ließ. Nach dem Spiel suchten alle Reporteraugen Karl-Heinz Feldkamp – vergeblich! Erstmals hatte es Pfiffe gegen ihn gegeben. An seiner Stelle stand Co-Trainer Rainer Hollmann in der Pressekonferenz und ließ sich erst nach hartnäckigem Fragen entlocken, wohin sich der Meistermacher verkrochen hatte. Rückenschmerzen, oft psychosomatischer Natur, plagten ihn derart schlimm, daß er schon zwei Stunden nach dem Abpfiff des Spiels mit Ehefrau Helma nach Spanien fliegen wollte. Erstmals seit der 1. FCK Deutscher Meister geworden war, konfrontierten die Fans die Roten Teufel mit „Aufhören!-Aufhören!"-Rufen. Dem anschließenden 0:1 in Mönchengladbach, das die allerletzten Hoffnungen zunichte machte, folgte auf dem Betzenberg das 3:2 gegen Wattenscheid 09. Beim 0:3 eine Woche später bei Bayer Leverkusen wehrte sich der 1. FCK fast nicht mehr gegen die Niederlage. „Ausgebrannte Teufel", schrieb die *taz,* denn keine einzige Torchance hatte sich der Meister, der sich schon aufgegeben hatte, erarbeitet.

Auch im DFB-Pokal war nach den mühevollen Siegen beim MSV Duisburg (2:0 n.V.), beim FC Homburg (0:0 n.V. und 3:1 n. 11m-Schießen) und beim SC Bamberg (1:0) im Viertelfinale Schluß. Bei Werder Bremen unterlag der 1. FCK mit 0:2.

Inzwischen war sogar der Platz im UEFA-Cup ernsthaft gefährdet, denn der 1. FC Nürnberg lauerte darauf, daß der 1. FCK ausrutschen würde. Nach dem 1:2 beim KSC und dem 2:2 gegen Werder Bremen war die Krise nicht mehr schönzureden. Ursachenforscher fanden heraus, der 1. FCK habe durch die Transfers zu Beginn der Saison die Mannschaft eines wichtigen Teils ihrer pfälzischen Identität beraubt. Immerhin waren Friedmann, Labbadia und Schupp gegangen, die allesamt aus der Region stammten. Ersetzt wurden sie durch Spieler, denen solche Bindungen fremd waren. Noch im Pokalendspiel zwei Jahre vorher hatten sechs Pfälzer, zwei (Rhein)-Hessen und ein Saarländer in der Mannschaft gestanden. Beim 1. FCK 1992 kickten aber nur noch vier Spieler aus der näheren Umgebung. „Nicht, daß die 38.500 auf dem Betzenberg etwas gegen Zugereiste hätten", meinte die *taz,* „nein, aber die Pfälzer im roten Dreß tragen mit ihm die Seele des Pfälzer Fußballs spazieren." Vorbei schien die Zeit, da die Journalisten der Lokal- und Regionalpresse ihre Interviews in Mundart hätten führen können. Ein „Multi-Kulti-Team" hatte die pfälzische Identität in eine Krise gestürzt.

Das 1:0 bei Hansa Rostock und das 2:0 gegen Fortuna Düsseldorf erhielten die Chance auf den UEFA-Cup-Platz, der schließlich auch trotz des 0:2 im letzten Spiel bei Schalke 04 erreicht wurde. Mit 44:32 Punkten beendete der 1. FCK punktgleich mit dem Vierten, dem 1. FC Köln, die Saison als Fünfter, acht Punkte hinter Meister VfB Stuttgart und dem Zweiten Borussia Dortmund, die ebenfalls punktgleich waren. Beste Torschützen des 1. FCK waren Kuntz mit elf und Hotic mit zehn Treffern. Sofort nach dem Schlußpfiff im Gelsenkirchener Parkstadion drehte sich das Transferkarussell weiter. Uwe Scherr hatte bereits das neue Trikot übergestreift, das ihm sein neuer Präsident Günter Eichberg gereicht hatte. Außer ihm verließen Markus Kranz und Reinhard Stumpf den Verein.

Auf dem Betzenberg waren alle auf ein drittes volles Jahr mit Trainer Karl-Heinz Feldkamp eingestellt, als der bekanntgab, er werde den 1. FCK verlassen. „Vielleicht hat der glänzende Rhetoriker ... gemerkt, daß dieser 1. FCK als Mannschaft ausgepowert ist. Psychisch und physisch", analysierte *Die Rheinpfalz* und berief sich auf einen nicht genannten Verantwortlichen eines anderen Bundesligaklubs: „Ein Trainer wie Feldkamp quetscht ein Team leistungsmäßig total aus. Nach zwei Jahren mußt du entweder die Mannschaft oder den Trainer wechseln." Feldkamp selbst legte die Meßlatte hoch: „Ich möchte beim 1. FCK ein Maß setzen, das nicht zu überbieten ist. Jedem Nachfolger sollen die Schuhe, die ich hinterlasse, zu groß sein."

Bezogen auf seinen Nachfolger erwies sich Feldkamp hier als brillanter Wahrsager. Das Bild des großen Meistermachers aber hatte vor allem durch das manchmal selbstherrliche und zynische Verhalten Feldkamps immer mehr gelitten. Es war eben nicht nur der kranke Rücken, der zwickte. Dahinter stand viel mehr. Längst stimmte es nicht mehr zwischen ihm und einem Teil der Mannschaft. Scherr wurde gedemütigt, Haber brüskiert, als beide vor Lehrgängen der Nationalmannschaft bzw. der U 21 von der Tribüne aus zuschauen mußten. Das wöchentliche Wechselspiel, im Jahr zuvor wegen der vielen Verletzten plausibel und bewährt, verunsicherte nun alle. Tom Dooley untersagte Feldkamp gar eine Reise zum US-Nationalteam. Außerdem begann er die Dinge, die im Argen lagen, schönzureden. Nach Auswärtspleiten schüttelte er den Kopf und lobte eine Woche später nach einem Heimsieg sich und seine Spieler in den höchsten Tönen, übersah Schwächen und reagierte oft barsch auf kritische Fragen. „Ich werde mich erholen", waren seine Abschiedsworte, denen er eine Drohung folgen ließ, die er aber nicht wahr werden ließ: „Doch dann muß Kaiserslautern damit rechnen, daß ich wieder in die Bundesliga gehe."

■ Saison 1992/93: Absturz mit Zobel

Das Präsidium des 1. FCK reagierte sofort auf Feldkamps Ausstieg und stellte wenige Tage danach seinen Nachfolger vor: Rainer Zobel. Der mit den Stuttgarter Kickers nach einem Jahr wieder aus der Bundesliga Abgestiegene, der einer ganz anderen Trainergeneration als sein Vorgänger angehörte, war der Auserwählte. Schon als Zobel präsentiert wurde, verglichen ihn einige Journalisten mit dem zwei Jahre vorher gescheiterten „Softie" Gerd Roggensack. Während der Saison gab Zobel so manches Rätsel auf, etwa als er dem 1. FCK und seinen Zuschauern die „offensive Kontrolle" schmackhaft machen wollte. Seine Bemerkungen, die einen zu Anfang noch schmunzeln ließen, verfehlten immer mehr ihre Wirkung, weil immer weniger Leute sie verstanden. Viele schüttelten nur noch den Kopf und wandten sich ab.

Dabei startete der 1. FCK nicht schlecht. Durch ein Kopfballtor des Schweden Jan Eriksson, der nach der EM 1992 nach Kaiserslautern gekommen war, gewann der 1. FCK sein erstes Spiel gegen den 1. FC Köln mit 1:0. Das 0:1 bei Bayern München eine Woche später stand ebenso auf der Rechnung wie die Niederlage in gleicher Höhe bei Borussia Dortmund. Dazwischen gelang gegen Wattenscheid ein klares 4:1. Nach diesen vier Spielen war die Mannschaft aber so verunsichert, daß sie zu Hause gegen Borussia Mönchengladbach nur 0:0 spielte und anschließend beim 1. FC Saarbrücken erstmals in gemeinsamen Bundesligazeiten ein Spiel verlor. Der US-Amerikaner Eric Wynalda schoß beide Tore gegen eine Lauterer Mannschaft, die sich nicht einmal wehrte. Mit 5:7 Punkten stand der 1. FCK auf dem 12. Platz.

Schon bei diesem Spiel wurde klar, daß es in der Mannschaft nicht stimmte. Nach internen Neidkampagnen und Intrigen war Stefan Kuntz nicht wieder zum Kapitän gewählt worden. Wolfgang Funkel konnte die Rolle, die der Torjäger vorher perfekt gespielt hatte, nicht wirkungsvoll ausfüllen. Demir Hotic hatte Sorgen mit Rainer Zobel, ebenso Tom Dooley, der von seinem Trainer permanent mit „Na, du US-Nationalspieler!" angemacht wurde. Die Ordnung in der Mannschaft war abhanden gekommen, keiner fühlte sich mehr verantwortlich für das Ganze, was den 1. FCK in der Meistersaison so stark gemacht hatte.

Nur eine Woche später schied der 1. FCK im DFB-Pokal mit 0:1 bei Bayer Leverkusen aus. Schon in der 1. Runde hatten die Roten Teufel Mühe, den BSV Brandenburg mit 2:0 zu schlagen.

Auch der erste Auftritt im UEFA-Cup beruhigte kaum die aufgebrachten Gemüter. Zwar verlor Fram Reykjavik zu Hause mit 0:3 und auf dem Betzenberg mit 0:4. Doch anstatt den Zuschauern ein schönes Spiel mit gelungenen Kombinationen und vielen Torszenen zu zeigen, spielte der 1. FCK eine lustlose Partie pflichtgemäß zu Ende. Diese Tendenz setzte sich auch in der Bundesliga fort. Die 9:11-Punkte, weit entfernt von der Spitze und den UEFA-Cup-Plätzen, waren kein gutes Omen für das UEFA-Cup-Spiel der zweiten Runde gegen Sheffield Wednesday. Die „Owls" aus der Geburtsstadt Joe Cockers zeigten keinen Respekt vor dem 1. FCK, bei dem der verletzte Stefan Kuntz fehlte. Kuntz kam fast symbolisch für den Zustand der Mannschaft auf Krücken ins Stadion gehumpelt. Schon nach fünf Minuten köpfte Hirst auf Zuspiel von Waddle das 1:0 für die Engländer. Im direkten Gegenzug meinte es der Schiedsrichter gut mit dem 1. FCK, als Marcel Witeczek am Strafraum fiel. Den Elfmeter verwandelte Wolfgang Funkel zum 1:1. „The penalty was outside the penalty-box", haderte Wednesday-Manager Trevor Francis mit dem Referee, denn das Tor ermutigte den 1. FCK, noch mehr zu wagen. Als Hirst zwei Minuten vor der Pause Marco Haber in die Wade trat und dafür vom Platz gestellt wurde, nutzte der 1. FCK die Situation aus. Kurz nach der Halbzeit, in der 51. und 53. Minute, entschieden Marcus Marin und Marcel Witeczek das Spiel. Trotz des 1:3 war Trevor Francis zuversichtlich, beim Rückspiel („See you at Hillsborough") alles klar machen zu können.

Für den 1. FCK ging es am folgenden Samstag gegen den KSC darum, seinen Punktestand endlich auszugleichen. Aber Torhüter Gerry Ehrmann verletzte sich, und das Chaos war perfekt. Mit 1:3 lag der 1. FCK zurück und schaffte es trotz aller Anstrengungen nicht mehr auszugleichen. Das 2:3 war ein Warnschuß, denn nun drohte der freie Fall nach unten. Doch in den nächsten vier Spielen riß sich der 1. FCK aus der Krise. Beim VfL Bochum gab es ein 3:1, Schalke 04 verlor mit 3:0, und bei Bayer Uerdingen gelang ein 5:0-Sieg. Mit 15:13 Punkten war jetzt sogar der Anschluß nach oben wieder möglich. Dazwischen stand die Reise nach Sheffield an. Ein 2:0 hätte den Engländern gereicht, um weiterzukommen. Nach 27 Minuten lagen alle Chancen bei Wednesday, das durch Wilson mit 1:0 führte. Auch ohne den kopfballstarken Wolfgang Funkel stand die Abwehr des 1. FCK mit Kadlec, Ritter und Dooley sicher vor Torhüter Michael Serr. Marcel Witeczek glich dann in der 63. Minute aus, aber Sheridan brachte Wednesday durch einen Freistoß erneut in Führung. Eine Verlängerung schien möglich. Aber der eingewechselte Michael Zeyer schoß in einem seiner besten Spiele im Dreß des 1. FCK 14 Minuten vor Schluß das 2:2. Der 1. FCK war in der dritten Runde.

Nach 6:0 Punkten in Folge in der Meisterschaft machte sich der 1. FCK auf zu seinem nächsten UEFA-Cup-Gegner Ajax Amsterdam. Der Titelverteidiger hatte sich in den beiden ersten Runden mit jeweils zwei Siegen gegen Austria Salzburg und Vitoria Guimares durchgesetzt. Ajax' Bilanz gegen deutsche Mannschaften im Europapokal las sich alles andere als gut für den 1. FCK. In bis dahin elf direkten Vergleichen mit Teams aus der Bundesliga und der DDR-Oberliga konnte sich nur Bayern München 1980/81 im Europapokal der Landesmeister mit 5:1 und 1:2 behaupten. Keiner deutschen Mannschaft war in Amsterdam ein Unentschieden oder gar ein Sieg geglückt. Auch der 1. FCK hatte seine Erfahrungen mit Ajax gemacht. 1962 unterlagen die Roten Teufel den Holländern in der Inter-Toto-Runde mit 4:5 und 0:6. 1965 im Ablösespiel für Co Prins setzte sich Ajax knapp mit 2:1 durch.

Im Ajax-Team 1992 standen mit Dennis Bergkamp, Marciano Vink und Wim Jonk drei Spieler, die wenige Monate später den Verein verließen und nach Italien wechselten. Jari Litmanen, der junge Finne und damals noch das große Talent, kam gegen den 1. FCK noch nicht zum Einsatz. Zur Vorbereitung auf das Hinspiel im Olympisch Stadion von Amsterdam verordnete Rainer Zobel seinen Spielern den Besuch des Eishockeyspiels Düsseldorfer EG – EC Ratingen. Der 1. FCK nahm sich aber kein gutes Beispiel, denn, was für Eishockey nicht ungewöhnlich wäre, schon nach 35 Sekunden führte Ajax durch ein Tor von Edgar Davids mit 1:0. Sieben Minuten vor Schluß erhöhte Wim Jonk auf 2:0, mit dem der 1. FCK noch gut davongekommen war. In völliger Verkennung der Realität zeigte sich Rainer Zobel nach dem Spiel nicht unzufrieden, während Ajax-Coach Louis van Gaal davon überzeugt war, daß Ajax weiterkommen würde. „In Kaiserslautern wird Ajax ein Hexenkessel erwarten. Mit unserem Kampfgeist drehen wir das Ding noch um", machte Rainer Zobel sich und seiner technisch unterlegenen Mannschaft Mut.

Leider verließ ihn seine Courage am Abend des 8. Dezember 1992 und wich angesichts der vielen verletzten FCK-Spieler einer Hasenfuß-Strategie. Louis van Gaal wunderte sich nach dem Spiel, daß Zobel Marcel Witeczek auf Ajax-Stürmer Marc Overmars angesetzt, ihn so mit Defensivaufgaben betraut und ihm die Wirkung nach vorne genommen hatte. Dort waren Vogel und Marin Ausfälle, und im Mittelfeld erwischte Goldbaek einen schwarzen Tag. Schon zur Halbzeit war das Spiel entschieden. Bergkamp hatte sich in der 42. Minute mit Hilfe eines Schlags ins Gesicht von Thomas Ritter durchgesetzt und den Ball zu Overmars weitergegeben. Dessen Flanke verwandelte Rob Alflen zum 0:1. Dabei blieb es bis zum

Schlußpfiff. Der 1. FCK hatte keine Anstalten gemacht, sich gegen die Niederlage und das Aus im UEFA-Cup zu wehren. Vier Tore gegen Ajax in 45 Minuten zu erzielen war zwar unmöglich, aber sie versuchten es nicht einmal, und Zobel sah ratlos zu.

So gerieten das Spiel zur Nebensache und die Auseinandersetzungen der beiden Fan-Gruppen zur Hauptsache. Beide Seiten standen sich in ihren dumpfen Parolen in nichts nach. Bereits am Nachmittag war es in der Lauterer Innenstadt zur Randale gekommen, etliche Fans beider Seiten wurden festgenommen. Im Stadion brodelte der Haß weiter. Die Ajax-Fans, viele ausgestattet mit Fahnen mit dem jüdischen Stern, bespuckten vor ihrem Block stehende Polizisten und beschimpften die Zuschauer als „Nazis". Die Fans auf der Westtribüne skandierten jedesmal, wenn ein schwarzer Ajax-Spieler sich ihrer Seite des Spielfelds näherte: „Haut den Neger tot!" Es gab aber auch Fans des 1. FCK, die dem entgegensteuerten, aber mit ihren „Nazis-raus!"-Rufen akustisch leider nicht weit über ihren Block hinauskamen. Louis van Gaal äußerte sich nach dem Spiel zu den Sprechchören auf beiden Seiten: „Das ist nicht so gut, aber es sind vielleicht

Auch Jan Erikssons engagierter Einsatz änderte nichts daran, daß Ajax Amsterdam verdient ins Viertelfinale gegen AJ Auxerre einzog.

1.000 Menschen von 27.000. Es ist gut, daß die Mehrheit das nicht tut." Die Mehrheit hatte das beschämende Treiben in beiden Fan-Blöcken geduldet. Sie hatte geschwiegen in einer Zeit, als in Deutschland die Übergriffe auf Ausländer und die Brandanschläge auf ihre Häuser und Wohnungen zunahmen. „Als Anne Frank und ihre Familie am 4. August 1944 aus dem Amsterdam Hinterhuis in ein deutsches Konzentrationslager verschleppt wurde, gab es in Deutschland auch eine schweigende Mehrheit", mahnte die *taz*, während Harald Stenger den Vorkommnissen in der *Frankfurter Rundschau* einen bemerkenswerten Kommentar widmete:

Ausschreitungen: Neue Dimension

Das UEFA-Pokal-Gastspiel von Ajax Amsterdam beim 1. FC Kaiserslautern hatte nicht nur einen sportlichen Aspekt. Was sich auf und rund um den Betzenberg abspielte, stand wieder einmal im Zeichen von Krawallen und dem Aufmarsch eines verstärkten Polizei-Aufgebots. Die Bilanz der unerfreulichen Begleiterscheinungen liest sich wie so oft bei solchen Ereignissen: 31 niederländische und zehn deutsche Hooligans wurden festgenommen, da vor und nach der Begegnung teilweise alkoholisierte Gewalttäter in der Innenstadt randalierten; zu Last gelegt werden ihnen Sachbeschädigung, Diebstahl und Körperverletzung. Wenig Aufmerksamkeit in den Nachbetrachtungen werden jenem Phänomen geschenkt, daß der Ajax-Fanblock im Fritz-Walter-Stadion lautstark den Schlachtruf „Nazis" skandierte.

Gerade diese Töne der rund 3.500 niederländischen Schlachtenbummler waren die eigentlich „neue Qualität" der Auseinandersetzungen. Gewiß sind bei internationalen Fußballvergleichen von jeher gelegentlich unterschwellig antideutsche, an die NS-Zeit erinnernde Rufe zu hören gewesen, aber sie waren noch nie so deutlich und geballt wie bei dem Spiel in Kaiserslautern. In einer Zeit, in der hierzulande Ausländerhaß und brutale Gewalt gegen Fremde zu berechtigter Sorge veranlassen, können Reaktionen wie die auf dem Betzenberg kaum erstaunen. Es bleibt die Frage, wie sie zu bewerten sind.

Es wäre ein Fehler, die 'Stimmungsmache' der Mehrheit der in die Pfalz gereisten Amsterdamer Anhänger nicht als politisch motivierte Antwort auf den Rechtsruck in diesem Lande einzustufen...

Der Bundesliga-Alltag bietet viele Beispiele, wo durch Hetztiraden der Gegner getroffen werden soll. Ob gesungen oder skandiert. Nun wurde auf internationaler Ebene eine neue Dimension erreicht. Gesellschaftliche Mißstände lieferten den Aufhänger dafür. Wieder einmal hat sich gezeigt, daß der Sport keine 'Insel der Glückseligkeit' ist."

Das Ausscheiden aus dem UEFA-Cup war nicht die einzige Pleite dieser Tage. Anstatt in den zwei Heimspielen gegen den HSV und Eintracht Frankfurt aus 15 Pluspunkten 19 zu machen, um wieder an die Spitze anzuschließen, vergab Rainer Zobel gegen den HSV durch falsches Auswechseln einen wichtigen Zähler. Die Hamburger lagen bereits 0:2 zurück und kamen noch zum Ausgleich. Gegen Eintracht Frankfurt erfuhr die verunsicherte Mannschaft ihre Grenzen und unterlag verdient mit 0:2. Aber auf der Pfälzer Achterbahn ging es nun wieder nach oben: 3:1 bei Dynamo Dresden, 3:0 beim 1. FC Köln. Danach war Winterpause, und wieder verleiteten 20:16 Punkte manchen, an höhere Ziele wie die Qualifikation für den UEFA-Cup zu denken.

Das erste Spiel im neuen Jahr fand ausgerechnet gegen Bayern München statt, wo mit Schupp und Labbadia zwei Spieler aus der Meistermannschaft des 1. FCK 1991 dabei waren. Vor dem Spiel verteilten der Fanbeirat des 1. FCK und die IG Metall Kaiserslautern 20.000 Rote Karten anläßlich der Kampagne „Rote Karte dem Rassismus". Das störte die Münchner aber wenig. Schon nach neun Minuten köpfte Wohlfarth das 0:1. Bayern, das die bessere Mannschaft war, erteilte dem 1. FCK eine Lektion. Mit überforderten Spielern wollte Rainer Zobel den technisch brillanten Bayern spielerisch beikommen – ein Unterfangen, das von vornherein schief gehen mußte. Schupp erhöhte nach 57 Minuten auf 0:2. Auch Kuntz' Anschlußtor in der 73. Minute und Wohlfarths Platzverweis schockte die Bayern nicht. Matthäus' Hackentrick kurz vor Schluß nahm Jorginho auf und schoß das 1:3. Es war der erste Sieg der Bayern auf dem Betzenberg seit dem 2. November 1985! Und es war die dritte Heimniederlage des 1. FCK unter Rainer Zobel, dessen Bilanz in Kaiserslautern mit 12:8 Punkten mehr als durchwachsen war. „Ist der Betzenberg zu hoch für Sie?" fragte das *Kicker Sportmagazin* den hilflosen Trainer.

Der freie Fall ins Mittelfeld jenseits aller Hoffnungen auf einen UEFA-Cup-Platz war perfekt, als der 1. FCK keines seiner nächsten sieben Spiele gewann: 0:1 bei Wattenscheid 09, 0:0 gegen Borussia Dortmund, die wenige Tage später im UEFA-Cup gegen Ajax-Bezwinger AJ Auxerre spielte, 1:1 gegen den spieltechnisch besseren 1. FC Saarbrücken, 0:1 bei Werder Bremen. Zwei torlose Unentschieden zu Hause gegen den VfB Stuttgart und beim 1. FC Nürnberg folgten. Beim Spiel gegen die Schwaben präsentierte der 1. FCK wenigstens einen Lichtblick. Ciriaco Sforza, für die darauffolgende Saison für 2,4 Mio. DM von Grasshoppers Zürich verpflichtet, stellte sich in Kaiserslautern vor. Trotz des trostlosen Unentschieden verteilte der Schweizer Komplimente: „Wenn der 1. FCK seine guten Spieler hält, dann ist im nächsten Jahr doch einiges drin." Immer mehr in die Kritik geriet Rainer Zobel, der sich ein ums andere Mal als Großmeister der Beschwichtigungsversuche erwies und selbst grausame Darbietungen seiner Mannschaft schönzureden wußte. Auch in seiner direkten Umgebung geriet er immer mehr in die Isolation. Der Mann der lockeren Sprüche („Früher als Spieler bei den Bayern habe ich drei Päckchen am Tag geraucht, heute ist es nur noch eines!") wurde einsam in der Pfalz, wo man Sprüche nur solange akzeptiert, wie es mit dem Erfolg stimmt. Die Angst ging zudem um auf dem Betzenberg, wo der UEFA-Cup-Platz eingeplant war und jetzt sogar noch der Klassenverbleib in Gefahr geraten konnte. Seit dem 13. November 1992 war der 1. FCK zu Hause ohne Sieg – eine unglaubliche Bilanz! Zudem rebellierten immer mehr Spieler gegen den unbeliebten Trainer.

Spieler rebellieren gegen Rainer Zobel

Marcus Marin sagte auf einem Treffen Ludwigshafener Fanklubs: „Wir sind eine Intrigentruppe!" Und Demir Hotic bezeichnete Zobel als „Lachnummer, link und hinterfotzig".

Mit dem 4:0 gegen Bayer Leverkusen vermied die Mannschaft ein weiteres Abrutschen in der Tabelle und bewahrte Zobel zunächst vor der möglichen Entlassung. Nach dem 1:1 beim KSC und dem 3:1 gegen den VfL Bochum hatte der 1. FCK 30:28 Punkte und war nach hinten gesichert. Noch wäre mit allerletzter Anstrengung und höchster Konzentration ein UEFA-Cup-Platz möglich gewesen, doch prompt verloren die Roten Teufel ihr nächstes Spiel bei Schalke 04 mit 0:4. Dem 2:1 gegen Bayer Uerdingen folgte ein 2:2 beim HSV und eine 0:3-Niederlage bei Eintracht Frankfurt. Als das letzte Spiel gegen Dynamo Dresden mit 2:0 gewonnen war, ahnte noch niemand, daß es wenige Tage später wichtige Neuigkeiten auf dem Betzenberg geben würde. Mit 35:33 Punkten landeten die Lauterer auf dem achten Platz und verpaßten den internationalen Wettbewerb um Längen. Ausgerechnet der regionale Rivale KSC hatte sich als Sechster für den UEFA-Cup qualifiziert, was Fans und Verantwortliche des 1. FCK besonders wurmte. Bester Torschütze der Lauterer war Marcel Witeczek mit mageren zehn Treffern vor dem lange verletzten Kuntz und Marin mit jeweils sechs Toren.

Bereits am Montag nach dem Spiel gegen Dresden zog der 1. FCK die Notbremse und entband Rainer Zobel von seiner Aufgabe als Trainer. Mit ihm mußte auch Co-Trainer Dieter Demuth gehen. „Wir haben uns die Entscheidung reiflich überlegt und sind zu dem Schluß gekommen, daß für Zobel und Demuth der Druck in der neuen Saison zu hoch gewesen wäre", begründete Vizepräsident Rainer Geye die vorzeitige Trennung. Geye bekannte, bereits nach den verlorenen Spielen gegen Eintracht Frankfurt und Ajax Amsterdam über Maßnahmen nachgedacht zu haben. Übers Knie brechen wollte er aber nichts, auch nicht nach der ausgesprochenen Trennung: „Wir werden uns Zeit lassen bei der Trainersuche und rechtzeitig einen Neuen präsentieren."

■ Saison 1993/94: Der neue Feldkamp heißt Friedel Rausch

Zwei Wochen nach der Trennung von Rainer Zobel hatte der 1. FCK einen neuen Trainer gefunden. Der umworbene Wunschkandidat Klaus Augenthaler, Co-Trainer von Bayern München, hatte abgesagt. Gilbert Gress (Racing Club Strasbourg), Ulli Stielike (Xamax Neuchâtel) und Christoph Daum (VfB Stuttgart) wollten ihre Verträge bei ihren Vereinen erfüllen. Überraschend kam dann der Name Friedel Rausch ins Gespräch, der den Schweizer B-Nationalligisten FC Basel trainierte und gerade knapp am Aufstieg vorbeigeschrammt war. Rausch, der für den Meidericher SV in der Oberliga West und für Schalke 04 in der Bundesliga gespielt hatte, war nach seiner Laufbahn als Spieler Jugendtrainer, Co-Trainer unter Max Merkel und schließlich Cheftrainer bei den Gelsenkirchenern gewesen. 1979 war er zur Frankfurter Eintracht gewechselt, mit der er 1980 UEFA-Cup-Sieger wurde. Im selben Jahr unterschrieb er einen Vertrag bei Fenerbahce Istanbul und war seither Bundesliga-abstinent. Zwei Jahren Türkei folgten zwei Jahre bei Iraklis Saloniki in Griechenland und ein Gastspiel bei Maastricht VV, ehe er 1984 zum FC Luzern in die Schweiz wechselte. Hier wurde er Meister und Pokalsieger, ehe die Mannschaft in die Nationalliga B absteigen mußte. 1992 folgte dann der Wechsel zum FC Basel, der ihn nur ungern für den 1. FC Kaiserslautern freigab. „Noch alles beim alten hier", waren Rauschs erste Worte, als er das Betzenberg-Restaurant betrat. Angebote aus der Bundesliga habe er immer wieder gehabt, „aber mein Traumverein ist nicht darunter gewesen". Rausch unterzeichnete für ein Jahr, weil er sich nicht langfristig binden wollte und bekannte sich zu den Zielen des 1. FCK, der in der neuen Saison einen UEFA-Cup-Platz erreichen wollte. „Ich habe mir zum Ziel gesetzt, wie der Raymond Goethals mit 72 Jahren den Europacup [der Landesmeister, d.A.] zu gewinnen, vielleicht schaffe ich's ja", verkündete der optimistische Trainer, der voller Tatendrang war und Aufbruchstimmung auf dem Betzenberg verbreitete.

Mit Rainer Zobel verabschiedeten sich auch sechs Spieler vom 1. FCK: Marcel Witeczek (für sechs Mio. DM zu Bayern München), Frank Lelle (zum FC Homburg), Tom Dooley (zum US-Team nach Mission Viejo), Guido Hoffmann (zum SV Wehen/ Hessen), Demir Hotic (zu Fenerbahce Istanbul) und Bernhard Winkler (zu 1860 München). Von Borussia Dortmund kam Michael Lusch, von den Stuttgarter Kickers Claus Reitmaier, der Gerry Ehrmann im Tor Konkurrenz machen sollte. Aus der eigenen Jugend rückte Thomas Hengen in den Kader.

Andreas Brehme, der bei Real Saragossa Probleme mit dem jungen Trainer Victor Fernandez hatte, kam ablösefrei zum 1. FCK zurück, den er 1986 verlassen hatte. Zusammen mit Ciriaco Sforza sorgte er für einen Boom beim Ansturm auf die Dauerkarten. Mit Andreas Brehme kam ein gestandener, aber pflegeleichter Fußballprofi zurück zum Betzenberg, der sich von seinen ehemaligen Mitspielern bei Inter Mailand, Lothar Matthäus und Jürgen Klinsmann, in mancher Hinsicht

So jubelt Trainer Friedel Rausch, wenn der 1. FCK 4:0 gegen Bayern München gewinnt.

positiv abhob. Anders als der geschwätzige Franke Matthäus, der sich verbal stets in die erste Reihe drängt, und Sunnyboy Klinsi, der nur scheinbar bescheiden sein Sympatho-Image pflegt, war Brehme ein bodenständiger Fußballer geblieben, der zum Abschluß seiner großen Karriere nirgends besser hinpaßte als nach Kaiserslautern. Bevor er mit 17 Jahren in der Amateurelf von Barmbek-Uhlenhorst spielte, machte er die Mittlere Reife und eine Lehre als Kfz-Mechaniker. Vater Bernd vermittelte ihn in den Südwesten, zuerst zum 1. FC Saarbrücken, wo er Jürgen „Atze" Friedrich auffiel, der ihn zum Betzenberg lotste. „Ich war kein komplizierter Junge, meine Eltern hatten es leicht mit mir." Diese Worte galten auch lange für sein Verhältnis zu seinem Trainer Friedel Rausch. Auf Brehme war immer Verlaß, vor allem in entscheidenden Situationen. 86 Länderspiele hatte er absolviert und 1990 beim WM-Finale in Rom Deutschland per Elfmeter zum

Weltmeister gemacht. Ähnlich Spektakuläres wollte er zum Abschluß seiner Laufbahn noch einmal erleben. „Wir wollen den UEFA-Cup holen!", erklärte er kurz und bündig jedem, der es hören wollte, sein ganz privates Saisonziel 1995/96. Selten lag er so daneben.

Der Start in die Saison 1993/94 gelang. Nach dem spielerisch überzeugenden 2:0 beim 1. FC Köln kamen mitten in den Sommerferien über 35.000 Zuschauer zum ersten Heimspiel mit Rausch und Sforza, aber noch ohne den verletzten Brehme, und sahen einen 4:2-Sieg des 1. FCK gegen Borussia Mönchengladbach. Als Tabellenführer fuhr der 1. FCK mit 4:0 Punkten zum Gipfeltreffen nach Frankfurt. Über 10.000 Fans aus der Pfalz kamen ins Waldstadion und sahen, wie Anthony Yeboahs Tor in der 16. Minute das Spiel zugunsten der Eintracht entschied. Die bessere Mannschaft hatte verloren, und die lokaler Lobhudeleien unverdächtige *FAZ* bemerkte, der 1. FCK habe „alles mitgebracht, um in Frankfurt zu gewinnen. Kaiserslautern hatte mehr von der Partie, spielte den gepflegteren Fußball mit endlos-fließenden Kombinationen und einem überragenden Ciriaco Sforza im Mittelfeld." Nur eine Woche später kam der Deutsche Meister Werder Bremen auf den Betzenberg. Wenige Tage nach dem überzeugenden, aber krafttraubenden 6:2 n.V. im DFB-Pokal beim VfB Stuttgart begann der 1. FCK stürmisch, doch Stefan Kuntz scheiterte am Pfosten. Dort landete auch Wolfgang Funkels Elfmeter, den Oliver Reck an Kuntz verschuldet hatte. Das 1:0 für Werder kurz vor der Pause fiel völlig überraschend. Uli Borowka überraschte Gerry Ehrmann mit einem gefühlvollen Heber, den ihm keiner zugetraut hätte. Nach Erikssons Ausgleich in der 72. Minute patzte Ehrmann, als er einen Schuß von Rufer nur abklatschte und Herzog zum 1:2 abstaubte. Auch das dritte Bremer Tor entstand aus einem Fehler Ehrmanns. Das 2:3 durch Kadlecs Freistoß in der 88. Minute war nur noch Ergebniskosmetik. Aus der Tabellenführung mit 4:0 Punkten war ein Mittelfeldplatz mit 4:4 geworden, obwohl die Mannschaft gut gespielt, aber kein Glück hatte. Friedel Rausch war es „fast schon peinlich, wenn mir schon wieder nach einer Niederlage für eine gute Leistung gratuliert wird."

Gegen Schalke 04 gab endlich Andreas Brehme seinen Einstand auf dem Betzenberg. Schon als er sich warmlief, wurde er mit „Andy"-„Andy"-Rufen gefeiert. Brehme brachte Ruhe in das hektische Spiel, das ohne ihn vielleicht verloren worden wäre. Alle waren mit dem 0:0 zufrieden. Harte Arbeit lag hinter den Roten Teufeln, als sie mit einem 3:2-Sieg vom SC Freiburg zurückkamen. Dabei hatte der 1. FCK Glück, daß Schiedsrichter Dardenne den Freiburgern ein reguläres Tor aberkannte, als es 1:1 stand.

Kein Glück brachte Prinz Saud Almanyan aus den Vereinigten Arabischen Emiraten Bayer Leverkusen. Er war extra zum Spiel der Leverkusener nach Kaiserslautern angereist. „Ich habe mich bei jedem Torjubel bei dem Prinzen entschuldigt, so wie sich das für einen Normalbürger gehört", flachste Präsident Norbert Thines nach dem 3:2 bei einem Pils.

Eintracht Frankfurt lag zwar einsam an der Spitze der Tabelle, aber ein klein bißchen Anschluß konnte der 1. FCK durch diesen wichtigen Sieg halten. Doch im nächsten Auswärtsspiel bei Dynamo Dresden gab es gleich wieder einen Rückschlag. Nach desolater Leistung unterlag der 1. FCK mit 1:3. Der VfB Stuttgart mußte eine Woche später dafür büßen. Stefan Kuntz erzielte drei Tore gegen Eike Immel, der insgesamt fünfmal den Ball aus dem Netz holen mußte. Die Saison blieb durchwachsen, und nach dem 0:4 bei Bayern München drohte Trainer Friedel Rausch mit Konsequenzen. „Die Münchener haben uns klar die Grenzen aufgezeigt. ... Zur Spitzenmannschaft fehlt uns eben noch einiges", bedauerte Rausch die Schlappe gegenüber dem *Kicker Sportmagazin*. Erst haarsträubende Fehler der Wattenscheider in der Schlußphase sicherten im nächsten Heimspiel ein vermeintlich klares, aber tatsächlich glückliches 4:1 in einem schwachen Spiel. Längst hatten die Verantwortlichen beim 1. FCK erkannt, daß weder Uwe Fuchs noch Marcus Marin die richtigen Partner für Stefan Kuntz im Sturm waren. „Doch sagen Sie mir mal, wen wir kaufen sollen. Es ist ja keiner da!", beklagte Norbert Thines die Situation auf dem Spielermarkt.

Beim folgenden Auswärtsspiel bei Borussia Dortmund hatten sich beide Mannschaften schon mit einem 1:1 abgefunden, als dem ehemaligen Lauterer Michael Schulz drei Minuten vor Schluß durch die Beine einiger Dortmunder und Lauterer Spieler das 2:1 glückte. Nach dem 3:0 gegen den HSV hatte der 1. FCK ansehnliche 21:13 Punkte, zumal Eintracht Frankfurt gerade seine Krise nahm und durch zwei Heimniederlagen nacheinander die Bundesliga wieder spannend machte. Sowohl der 1. FCK als auch die Eintracht hätten bei einem Sieg im letzten Spiel vor der Winterpause Tabellenführer werden können. Aber „in friedlicher Eintracht" trennten sich die beiden zum 14. Mal in der Bundesliga 1:1 und überließen Bayer Leverkusen die zweifelhafte Ehre, als Tabellenerster zu überwintern. Während der damalige hessische Umweltminister und Hobbykicker Joschka Fischer feststellte, Kaiserslautern habe einen Punkt verloren und Frankfurt einen gewonnen, war dem rheinland-pfälzischen Ministerpräsidenten Rudolf Scharping deutlich anzumerken, daß er das Ausbleiben eines Siegers genoß. 1. FCK-Landesvater und Duzfreund seines SPD-Genossen und Eintracht-Trainers Klaus Toppmöller – das war nun doch

Stefan Kuntz: Mit 31 Jahren wurde er Nationalspieler.

nicht unter einen pfälzisch-hessischen Hut zu bringen. Für einen Spieler erfüllte sich mit dem Schlußpfiff ein Traum: Stefan Kuntz durfte die USA-Reise der Nationalmannschaft mitmachen und kam dort sogar zu seinen ersten Einsätzen in Länderspielen. Derweil machten sich Friedel Rausch und Rainer Geye auf nach Prag, um Pavel Kuka für 1,5 Mio. DM vom finanziell ins Schlittern geratenen tschechischen Erstligisten Slavia Prag zu verpflichten.

Im DFB-Pokal hatte der 1. FCK nach einem mühevollen 3:1 n.V. bei Eintracht Haiger auch Borussia Mönchengladbach auswärts mit 3:2 besiegt. Das Viertelfinalspiel in Bremen war im November aus fadenscheinigen Gründen von Werder abgesagt worden. Angeblich war der Rasen des Weserstadions unbespielbar, doch tatsächlich lag für manche der Verdacht nahe, daß Werder wegen seiner vielen angeschlagenen Spieler nicht antreten wollte. Durch Werders Teilnahme an der Champions League fand sich 1993 kein Termin mehr, um das Spiel neu anzusetzen. Unglücklich war vor allem, daß der 1. FCK Anfang Februar innerhalb von vier Tagen zweimal bei Werder Bremen spielen mußte, erst im Pokal, dann in der Meisterschaft.

Diese undurchsichtige Geschichte trug maßgeblich dazu bei, daß sich das Verhältnis der Fans zueinander merklich verschlechterte. Das Pokalspiel wurde zum Krimi. Sforza schoß das 0:1, Rufer glich aus und Bode gelang in der Verlängerung das 2:1. Alles schien verloren, zumal der 1. FCK Gerry Ehrmann durch eine Rote Karte verloren hatte. Aber Axel Roos glückte doch noch das 2:2: Elfmeterschießen! Andreas Brehme verschoß und Thorsten Legat tat es ihm nach. Den entscheidenden Fehlschuß tat Thomas Ritter, der zu schwach schoß und an Reck scheiterte. „Beide Mannschaften waren gut, aber wir waren am Ende die Deppen!", war Friedel Rausch nach dem Spiel völlig frustriert. Sehnsüchtig wartete er auf die Spielerlaubnis für Pavel Kuka, der auch im Bundesligaspiel an gleicher Stelle noch nicht eingesetzt werden durfte. Anders als im Pokalspiel enttäuschte der 1. FCK am Samstag darauf und verlor verdient mit 0:2.

Zum ungünstigsten Zeitpunkt geriet nun beim 1. FCK der Fußball etwas in den Hintergrund und ein unnötiger Disput in die Schlagzeilen. Schon beim Neujahrsempfang hatte sich Stefan Kuntz erstaunt gezeigt, daß Rainer Geye noch nicht wegen der Verlängerung seines Vertrags auf ihn zugekommen sei. Aus einer Boulevardzeitung entnahmen die Fans schließlich die vermeintlichen Gründe für dieses Verhalten. Kuntz reagierte stocksauer und warf Geye „unterste Schublade" vor: „Ich lasse mir meinen Namen nicht kaputtmachen." Geye hatte gefordert, Kuntz solle „erst mal wieder Leistung bringen." Außerdem hatte das Blatt Zahlen veröffentlicht, die nach Kuntz' Angaben so nicht stimmten und den Neid auf ihn schüren sollten. Norbert Thines vermittelte schließlich, und der Streit fand ein Ende. Kuntz verlängerte seinen Vertrag zu gleichen Bezügen für weitere zwei Jahre. Das „Wintertheater auf dem Betzenberg" *(ADN)* schadete der Mannschaft nicht. Das Auswärtsspiel beim 1. FC Nürnberg gewann der 1. FCK mit 2:0, und gegen den starken KSC gab es ein 0:0. Doch in Schalke fiel der 1. FCK wieder in alte Verhaltensweisen zurück und ergab sich in die 0:2-Niederlage.

Wintertheater auf dem Betzenberg

Zum nächsten Spiel gegen den SC Freiburg war alles auf dem Betzenberg neu. Pavel Kuka gab endlich sein Debüt, und das Dach der alten Nordtribüne war verschwunden. Die Mannschaften zogen sich in Containern um, die Kabinen waren genauso weg wie der Pressetreff und die VIP-Räume. Der Weg aufs Spielfeld führte durch eine Baustelle. Fußball Anno März 1994 fand in Kaiserslautern im Ambiente der frühen 60er Jahre statt, als an gleicher Stelle noch die alte Holztribüne stand. Zeitgleich mit dem Dach war auch der langjährige Stadionsprecher Udo Scholz nicht mehr da, der über finanzielle Unregelmäßigkeiten gestolpert war und dem der 1. FCK eine goldene Brücke gebaut hatte, um sich in beiderseitigem Einvernehmen zu trennen. Ersetzt wurde Scholz durch Horst Schömbs, einen Bankkaufmann, der als Stadionsprecher von Mainz 05 entsprechende Vorerfahrungen im Umgang mit den Fans hatte.

Der SC Freiburg hielt gut mit, griff aber, als es nach Wagners 1:0 mit dem Ausgleich nicht klappte, zu unfairen Mitteln. Fouls an Sforza und Kuka pfiff Schiedsrichter Führer nicht und mußte beim Gang zu seinem Container von der Polizei geschützt werden. Leider verletzte sich Stefan Kuntz schon nach 23 Minuten, und so konnte die Premiere des neuen Stürmer-Duos Kuntz und Kuka nicht stattfinden. Der Prager war dennoch zufrieden: „Wir haben gewinnen", versuchte er sich erstmals in Deutsch und dachte bereits an das nächste Spiel bei Bayer Leverkusen. Dort war der 1. FCK die bessere Mannschaft, vergab aber zu viele Chancen und verlor mit 2:3. Der UEFA-Cup-Platz war gefährdet, und an höhere Ziele wie die Meisterschaft dachte nun ernsthaft keiner mehr. Erst recht nicht, als gegen Dynamo Dresden nur ein 0:0 heraussprang. Doch beim VfB Stuttgart riß sich die Mannschaft aus ihrer Lethargie und spielte 1:1. Auch gegen den VfB Leipzig drohte ein 0:0, doch Sforza erlöste die Fans zwei Minuten vor Schluß nach Vorarbeit von Lusch mit dem 1:0. Dieser Sieg war der Auftakt

Der zweifache Torschütze Pavel Kuka narrt Lothar Matthäus.

zu einer unglaublichen Serie. Eine Woche danach erlitt der MSV Duisburg auf dem eigenen Platz eine 1:7-Schlappe. Nach seinem ersten Treffer in Leverkusen schoß Kuka drei Tore gegen die „Zebras". Am darauffolgenden Donnerstag kam Tabellenführer Bayern München auf den Betzenberg. Nach diesem denkwürdigen Spiel lag der 1. FCK nur noch zwei Punkte und zwei Tore hinter den Bayern. Nie zuvor hatte Franz Beckenbauer als Trainer oder als Teamchef, sei es mit Olympique Marseille oder mit der deutschen Nationalmannschaft, so hoch verloren. 4:0 gewann der 1. FCK durch Tore von Wagner, Sforza und Kuka (2). Sprachlos verzog sich der „Kaiser" und stellte sich nicht einmal den Fragen der Presse.

Zwar gewann Bayern sein nächstes Heimspiel gegen den 1. FC Nürnberg mit 2:1, doch ein Regelverstoß machte es notwendig, daß dieses Spiel neu angesetzt wurde. Der 1. FCK hatte am Abend zuvor bei Wattenscheid 09 mit 2:0 gewonnen. Vor dem Spiel gegen Borussia Dortmund war der 1. FCK nach Pluspunkten gleichauf mit Bayern München, das ein Spiel im Rückstand war. Die Lauterer hatten nun einen psychologischen Vorteil, denn sie hatten einen unheimlichen Lauf, während Bayern durch das 0:4 und durch die Auseinandersetzungen um das falsche Tor gegen den 1. FCN verunsichert war. Auch die Dortmunder konnten den 1. FCK nicht stoppen und verloren mit 0:2. 70 Kilometer weiter südöstlich gab sich zur gleichen Zeit der KSC im Karlsruher Wildparkstadion mit einem 1:1 gegen die Bayern zufrieden und verlor einen wichtigen Punkt im Kampf um einen UEFA-Cup-Platz. Bayern München hatte jetzt 40:24 Punkte, der 1. FCK war Tabellenführer mit 41:25. Doch das Wiederholungsspiel gegen den 1. FCN gewannen die Münchner nach einer schwachen ersten Halbzeit noch klar mit 5:0, womit sie nicht nur einen Punkt vor dem 1. FCK lagen, sondern auch die bessere Tordifferenz besaßen.

Trotzdem fuhren 20.000 Fans des 1. FCK am 7. Mai zum letzten Spiel nach Hamburg. Bayern München hatte es zur gleichen Zeit mit Schalke 04 zu tun, das den Abstieg bereits vermieden hatte. Die Schalker spielten in der ersten Halbzeit gut mit und vergaben drei klare Torchancen. Nach der Pause schossen die Bayern zwei Tore und entschieden die Meisterschaft für sich. Aber der 1. FCK hing sich beim HSV noch voll rein und machte in der letzten Minute aus dem 1:1 noch ein 3:1 durch die Tore von Kuntz und Wagner. Durch sein Tor in der 90. Minute wurde Stefan Kuntz gemeinsam mit Anthony Yeboah bester Torschütze der Saison mit jeweils 18 Treffern. Um einen Punkt und ein paar Tore hatte der 1. FCK die Meisterschaft verfehlt, nach 12:0 Punkten aus den letzten sechs Spielen. Der Endspurt war zu spät gekommen, und die Frage tat sich auf: Was wäre gewesen, wenn

Pavel Kuka, der in seinen zehn Spielen acht Tore erzielt hatte, früher für den 1. FCK hätte spielen können? Aber in der Pfalz freuten sich die Fans über diesen zweiten Platz mehr als die Münchner über die Meisterschaft. Am Sonntag versammelten sich 25.000 Fans vor dem Rathaus von Kaiserslautern und feierten ihre Mannschaft. „Ich möchte mit Kaiserslautern Meister werden, vielleicht dann im nächsten Jahr", motivierte Friedel Rausch sich und die Anhänger für die neue Saison.

Doch dazwischen lag für die einen Urlaub, für die anderen die Weltmeisterschaft in den USA und für einige die Suche nach einem neuen Verein. Der zum Reservespieler degradierte, aber auch lange Zeit verletzte Schwede Jan Eriksson tendierte zu einem Wechsel nach England und freute sich außer über sein Baby auf die WM. Die Verletzung, die erneut aufbrach, verhinderte seine Teilnahme, das Thema England war vorläufig erledigt. Miroslav Kadlec und Pavel Kuka schauten traurig drein. Hauchdünn nur hatte das Team der Tschechen und der Slowaken die Teilnahme an der WM verpaßt. Ciriaco Sforza sah sich bereits bei Lazio Rom, doch die Vereine konnten sich nicht über die Ablösesumme einigen. So fuhr der Schweizer erst einmal zu seiner Nationalmannschaft, die sich erstmals seit 1966 wieder für ein WM-Endturnier qualifiziert hatte. Für Stefan Kuntz hielt das Bangen um sein WM-Ticket immer noch an. Doch am Tag danach wußte er, daß er mit Andreas Brehme und Martin Wagner zum Aufgebot für die WM gehörte. Drei Lauterer bei einer Weltmeisterschaft hatte es lange nicht mehr gegeben. Alle kamen zum Einsatz, mit wechselndem Erfolg, aber nie gemeinsam.

Trotz eines Jahres ohne die Einnahmen aus dem UEFA-Cup und ohne große Spiele gegen internationale Gegner hatten die Fans in der Pfalz ein begeisterndes Fußballjahr 1993/94 auf dem Betzenberg erlebt, das zweitbeste des 1. FCK überhaupt. An das erfolglose Zobel-Intermezzo verschwendete keiner mehr einen Gedanken.

■ Saison 1994/95: Abschied von Kuntz und Sforza

Der Etat des 1. FCK für die neue Saison betrug 22 Mio. DM und war der bis dahin höchste der Vereinsgeschichte. Der unzufriedene Torhüter Claus Reitmaier wechselte für 1,6 Mio. DM zum KSC; Marcus Marin, der sich ebenfalls in der Pfalz nicht wohl fühlte, ging für 950.000 DM zum FC Sion in die Schweiz. Thorsten Lieberknecht wurde an den SV Waldhof Mannheim ausgeliehen, und für Jan Eriksson wurde nach dem geplatzten Wechsel zum FC Everton ein neuer Verein gesucht. Später lieh AIK Stockholm den Schweden aus und gab ihn an Servette Genf weiter. Als Mann hinter Gerry Ehrmann kam Andreas Reinke für 950.000 DM vom FC St. Pauli. Außer den beiden Jugendspielern Cem Karaca und Thomas Riedl wurden Dirk Flock von den Stuttgarter Kickers und Matthias Hamann von Eintracht Trier verpflichtet. Die drei Top-Einkäufe kamen aus dem Osten: Dirk Anders wechselte für 1,6 Mio. DM vom Absteiger VfB Leipzig, während Peter Nowak und Olaf Marschall Geld in die leere Kasse von Dynamo Dresden brachten. Marschall war der bis dahin teuerste Transfer des 1. FCK überhaupt und kostete 2,97 Mio. DM. Für Nowak mußten 1,35 Mio. DM überwiesen werden.

Ohne Glanz, aber erfolgreich nahm der 1. FCK die erste Hürde im DFB-Pokal bei der SG Egelsbach. Nach dem 2:0 hofften die Lauterer nach drei Jahren ohne Pokalheimspiel auf ein günstiges Los. Das brachte zwar tatsächlich ein Heimspiel, aber dafür hieß der Gegner Borussia Dortmund. Vorher wurde aber mit dem 1:0 gegen die Glasgow Rangers die neue Nordtribüne, die natürlich längst noch nicht fertig war, offiziell eingeweiht. Auch die Premiere in der Bundesliga gelang mit dem 1:0 bei Bayer Leverkusen. Gegen Eintracht Frankfurt hatte der 1. FCK Glück, als Schiedsrichter Osmers in der 82. Minute Elfmeter pfiff. Stefan Kuntz glich die Führung der Frankfurter durch Yeboah aus. Bei Borussia Dortmund gab es eine Woche später eine 1:2-Niederlage. Mit 3:3 Punkten stand der 1. FCK nun im Mittelfeld der Tabelle und wußte noch gar nicht so recht, wo er eigentlich im Vergleich mit den anderen stand.

Als nächster Gegner kam der gut gestartete VfB Stuttgart auf den Betzenberg, der aber bereits ohne seinen verletzten Brasilianer Giovane Elber spielen mußte. Der VfB spielte und ließ den Ball geschickt laufen, der 1. FCK machte die Tore. Durch Sforza und Kadlec führten die Lauterer nach 35 Minuten mit 2:0. Nachdem Strunz die Stuttgarter noch vor der Pause auf 2:1 herangebracht hatte, schoß Sforza in der 75. Minute ein Tor, das zwar wichtig für den 1. FCK war, das aber der Schweizer hinterher verfluchte. Er nahm den Ball mit der Hand mit, was nur der Schiedsrichter nicht sah, und wurde in den folgenden Wochen und Monaten als Betrüger und Schlitzohr gebrandmarkt und gar vor den DFB gezerrt, wo er aber ohne Strafe davonkam. Gleich nach dem Schlußpfiff (3:2) hatte Sforza den Fehler begangen, sein Tun als profihaft zu verkaufen. Mit etwas Abstand zum Geschehen kam die Reue.

Wenig später gastierte der 1. FCK im unwirtlichen, weil kalten Island bei IA Akranes, seinem ersten UEFA-Cup-Gegner. Das 4:0 ließ den Isländern für das Rückspiel in Kaiserslautern keine Chance. Von nun an waren

Das folgenschwere Handspiel von Ciriaco Sforza im Spiel gegen den VfB Stuttgart.

englische Wochen auf dem Betzenberg angesagt. Borussia Dortmund kam zum Pokalspiel und beschwerte sich nach 120 Minuten, die gelb-schwarzen Spieler seien „Freiwild" gewesen und der Schiedsrichter habe mehrere brutale Fouls gegen Andreas Möller nur mit Gelben Karten bestraft. Dabei hatte ausgerechnet Möller Hektik ins Spiel gebracht, als er Ciriaco Sforza seinen Ellenbogen in dessen Rippen stieß, worauf Sforza den Rest der regulären Spielzeit im Städtischen Klinikum verbringen mußte. Fortan wälzten sich im Minutentakt hüben und drüben Spieler mit schmerzverzerrten Gesichtern auf dem Rasen. Zehn Gelbe und eine Gelb-Rote Karte zeugten von einem ultimativen Pokalfight ohne Wenn und Aber. Tore fielen auch noch. In der 38. Minute profitierte Chapuisat von einer Unaufmerksamkeit Brehmes und schoß nach einer Flanke von Povlsen das 0:1. Drei Minuten nach der Pause glich Dirk Anders aus, verletzte sich aber bei seinem Schuß so schwer, daß er vom Platz getragen werden mußte. Als Povlsen in der 57. Minute das 1:2 gelang, sahen die Dortmunder lange Zeit wie der sichere Sieger aus. Doch dann unterlief Bodo Schmidt zwei Minuten vor Schluß ein Handspiel, und Andreas Brehme verwandelte den Elfmeter zum 2:2 – Verlängerung! Die Borussia ging durch Sammer erneut in Führung. Doch Thomas Franck war in der 80. Minute vom Platz gestellt worden, und in der Folge taten sich unter dem Dauerdruck der Lauterer immer mehr Löcher in der BVB-Abwehr auf. Nur zwei Minuten nach dem 2:3 knallte Miroslav Kadlec den Ball zum 3:3 ins Netz. Elfmeterschießen, auch das noch! schoß es durch die Köpfe der 30.000. Doch in der 102. Minute hielt Olaf Marschall, der verletzt weiterspielte, weil keine Auswechslung mehr möglich war, seinen Fuß an eine Flanke von Brehme – 4:3! Den schönsten Spielzug krönte Pavel Kuka nach präziser Hereingabe von Marco Haber mit dem entscheidenden 5:3. Eine Minute vor Schluß folgte das 6:3 durch Martin Wagner, das aber dem Verlauf des Spiels nicht mehr entsprach. Am Rande des Rasens hatten sich während des Spiels, angeheizt von akrobatischen Sprungübungen des BVB-Co-Trainers Michael Henke, dessen Chef Ottmar Hitzfeld und Lauterns Trainer Friedel Rausch gegenseitig mit verbalen und nonverbalen Nettigkeiten bedacht. Am Ende fanden beide das alles gar nicht so schlimm, weil sie das schon aus ihrer gemeinsamen Zeit in der Schweizer Nationalliga A gewohnt seien. Rausch bezeichnete Hitzfeld später als „Wolf im Schafspelz" und hielt ein Plädoyer für seinen Fußball: „Die Härte ist nun mal Bestandteil unseres schönen Männersports."

Motivationsprobleme gab es gegen IA Akranes im Rückspiel des UEFA-Cup keine. Das Spiel stand eher unter dem Motto „Just for fun" und geriet zur fröhlichen Winkestunde für Fans, Spieler und Trainer. Mit dem 4:1 waren alle zufrieden, aber die Fans trauerten um ihre Westtribüne, die zum Teil mit Klappsitzen ausgestattet und ziemlich leer war. Die Stehplätze waren entsprechend reduziert worden, so daß ein Teil der Fans in die Osttribüne ausweichen mußte. Der 1. FCK ohne seine Westtribüne – für schwerere Spiele im UEFA-Cup mußte Schlimmes befürchtet werden!

Aber in Baden und der Pfalz fieberten zunächst alle dem Derby KSC – 1. FCK entgegen. Der KSC brauchte dringend einen Sieg, um mit seiner teuren Mannschaft um Thomas Häßler vorne dranzubleiben. Der 1. FCK wollte nicht verlieren, um selbst Anschluß zur Spitze zu halten. Claus Reitmaier im Tor des KSC schaute zur Halbzeit wie ein saurer Joghurt drein. Sforza, Kuka und Marschall hatten den 1. FCK mit 3:0 in Führung geschossen. Hätte Sforza direkt nach dem Wiederanpfiff das 4:0 erzielt, wäre der KSC als Verlierer vom Platz gegangen. So aber bauten die Lauterer die Karlsruher auf, als Wolfgang Funkel gegen Carl nachtrat und die Rote Karte sah. Dem 1. FCK fehlte ab da ein stabiles Element seiner starken Abwehr, und der KSC wurde zusehends offensiver. Zwischen der 74. und der 79. Minute glichen Bonan und Knup (2) zum 3:3 aus. Nach Spielende war Friedel Rausch froh, daß seine Mannschaft nicht noch verloren hatte.

Karlsruhe war der Anfang einer ganzen Reihe von Spielen, in denen der 1. FCK einen Vorsprung in den letzten 20 Minuten nicht verteidigen konnte. Auch gegen Bayern München sah der 1. FCK lange wie der Sieger aus, doch das 1:0 durch Kuka in der 9. Minute glich Zickler auf Zuspiel von Matthäus in der 77. Minute aus. Beinahe hätte Bayern das Spiel gar noch gewonnen. Innerhalb von fünf Tagen hatte der 1. FCK leichtsinnig zwei Punkte verschenkt, die ihm zum Sprung an die Tabellenspitze fehlten. Mit 11:5 Punkten reisten die Roten Teufel zu Dynamo Dresden und verloren mit 0:1. Kein Lauterer Spieler erreichte seine normale Form, und alle rannten ohne Konzept und Ordnung dem frühen Tor von Ekström hinterher.

In der zweiten Runde des UEFA-Cups hieß der Gegner des 1. FCK Odense BK aus Dänemark. Der 1. FCK unterschätzte die forschen Dänen, bei denen auch Michael Schjönberg am Ball war, und geriet in einem schwachen Spiel nach 72 Minuten in Rückstand. Sforza gelang drei Minuten später wenigstens noch der Ausgleich, aber den Zuschauern schwante bei diesem ungünstigen Ergebnis nichts Gutes. Auch das nächste Bundesligaspiel gegen Werder Bremen brachte dem 1. FCK keinen Sieg, obwohl er überlegen war. Das 1:0 durch Kuka glich Bestschastnich in der 73. Minute aus. Drei wichtige Spiele in Karlsruhe, gegen Bayern und gegen Werder hatte der 1. FCK zwischen der 70. und der 80. Minute durch unkonzentriertes Arbeiten noch aus der Hand gegeben und die Tabellenführung verpaßt. Beim VfL Bochum gelang rechtzeitig vor dem UEFA-Cup-Rückspiel in Odense ein 2:0-Sieg.

In Dänemark mußte der 1. FCK auf jeden Fall ein Tor schießen, um weiterzukommen bzw. eine Verlängerung zu erreichen. Aber obwohl Friedel Rausch Martin Wagner und Stefan Kuntz, beide Rekonvaleszenten, einwechselte, glückte den Roten Teufeln kein Treffer. Auch Odense BK blieb ohne Torerfolg, kam aber dank des auswärts erzielten Tores eine Runde weiter und schaltete dort Real Madrid aus, bevor der spätere UEFA-Cup-Sieger AC Parma Endstation war. Der 1. FCK rehabilitierte sich ein wenig im darauffolgenden Heimspiel gegen den SC Freiburg, bei dem es nach vielen schönen Spielzügen kurz vor Schluß 2:2 stand. Ein fragwürdiger Elfmeter, verursacht von Todt an Sforza, brachte dem 1. FCK durch Brehme noch den glücklichen 3:2-Sieg.

Im DFB-Pokal schloß der 1. FCK an das Spiel gegen Borussia Dortmund an. Zweitligist Fortuna Köln ging zwar bereits nach zehn Minuten in Führung und kam auch zwischenzeitlich zum 2:2, aber nach 76 Minuten stand es 5:2, und viele Zuschauer verließen, um den Stau zu umgehen, das Stadion. Sie verpaßten drei weitere Tore, denn der 1. FCK gewann mit 7:3 und bekam im Viertelfinale wiederum zu Hause den FC St. Pauli zugelost. Vorher mußten die Lauterer mit dem 0:4 bei Borussia Mönchengladbach ihre erste Schlappe in dieser Saison einstecken. Mit 22:12 Punkten zur Winterpause war der Sprung an die Tabellenspitze nur noch ein utopischer Traum.

Gegen Herbstmeister Borussia Dortmund ging es um die letzte Chance, noch einmal selbst in das Rennen um die Meisterschaft eingreifen zu können. Mehr noch als der Fußball stand die Frage im Vordergrund, wie sich die beiden Trainer nach den Vorkommnissen beim Pokalspiel verhalten würden. Aber Hitzfeld und Rausch nahmen dem Spiel den Charakter eines von gewissen Medien prophezeiten Ersatzkriegs und gaben sich die Hand. Auch Norbert Thines intervenierte erfolgreich bei den Fans, die lediglich Andreas Möller trotz Stefan Kuntz' Fürbitte weiterhin schmähten. Borussia Dortmund enttäuschte 90 Minuten lang und verlor durch Stefan Kuntz' Tor in der 45. Minute mit 0:1. Der 1. FCK leitete die Phase der Rückrunde ein, in der Borussia Dortmund zu wanken begann und der Vorsprung Punkt um Punkt zusammenschmolz. „Das war ein individueller Fehler von Bodo Schmidt, der immer wieder passieren kann", wollte Hitzfeld nach dem Spiel eine Mitverantwortung der Dortmunder Fans für dieses Gegentor nicht gelten lassen. Als nämlich Ciriaco Sforza, die Reizfigur des gelb-schwarzen Anhangs, kurz vor der Halbzeit mehrmals nacheinander vor dem BVB-Fan-Block zur Ecke schritt, kamen ihm dutzendweise westfälische Flachmänner entgegen. Der Aufforderung des Stadionsprechers, dies zu unterlassen, schloß sich spontan auch Matthias Sammer an, der gestikulierend für eine flaschenfreie Zone warb. Aber der Preis war (zu) hoch, die Konzentration kurzzeitig geschwunden. Ecke Sforza, Fehler Schmidt, Kopfball Kuntz: 1:0!

Ansonsten ließen die Unterstützer auf beiden Seiten entsprechend der Verhetzung in einer Wochenzeitung („Polizeischutz für Dortmund", „Warum dieser Haß?") und der täglichen Ekelgazette („1. Endspiel in der Hölle") keinen ihrer hochgeistigen Reime aus. Ihr Zorn entlud sich auf Andreas Möller („Haut den Möller um!") und Ciriaco Sforza („Sforza, du Arschloch"). „Die Vehemenz, mit der mit blutrotem Griffel die Gewalttätigkeiten vor, bei und nach dem Spiel geradezu herbeigeschrieben werden sollten, gibt aber angesichts der Vorfälle in Italien, Frankreich und Brasilien, wo Menschen im Umfeld des Fußballs zu Tode kamen, sehr zu denken", schrieb die *taz*. Und trauerte ein paar Tage später um die angeblich besten Fans der Republik. „Pokal ohne Pauli", war die deprimierende

Bilanz für mehr als 5.000 St.-Pauli-Fans, die der Westtribüne manche Lektion in phantasievoller und intelligenter Fanunterstützung gaben. Trotz der 2:4-Niederlage feierten sich die Fans noch lange nach Spielende selbst für ihr zahlreiches Erscheinen. Daß ihre Mannschaft das Halbfinale und damit letztlich auch das Endspiel in Berlin verpaßt hatte, hakten sie derb ab: „Wir scheißen auf Berlin!"

Nach diesem Sieg verließ die Roten Teufel das Losglück. Der 1. FCK bekam den schwersten der drei verbliebenen Halbfinalisten zugelost. Der 1. FC Köln spielte gegen den VfL Wolfsburg, und der 1. FCK mußte zu Borussia Mönchengladbach. Bis dahin ging es aber in der Bundesliga weiter um den Anschluß an die führenden Dortmunder und Bremer. Aus seinen nächsten fünf Spielen holte der 1. FCK 6:4 Punkte und blieb dabei ungeschlagen, verlor aber Boden im Kampf um die Meisterschaft. 2:2 beim VfB Stuttgart, 1:1 gegen Bayer Uerdingen, 1:0 bei Schalke 04, 0:0 gegen den KSC und 1:1 bei Bayern München – mindestens gegen Uerdingen und bei Bayern handelte es sich um unnötige Punktverluste. Danach war Dramatik pur angesagt: das eigentliche Endspiel um den DFB-Pokal, das eine ungeschickte Losfee zu früh gezogen hatte. Zwei gleich starke Mannschaften, die beide zeigten, daß sie zu den sechs besten Teams der Liga zählen, boten ein Spiel der etwas anderen Art mit offensivem Fußball und vielen Chancen, von denen der 1. FCK sogar ein paar mehr hatte. Doch keiner traf ins Tor, und so entschied Heiko Herrlich in der 101. Minute das Spiel zugunsten Borussias. Der 1. FCK war in der Folge so geschockt, daß er nichts mehr hinzusetzen konnte und das Endspiel knapp verpaßte.

Nachdem bereits beim Spiel gegen den KSC – es war das erste Heimspiel, nachdem Sforzas Wechsel zu Bayern München bekannt geworden war – erste Pfiffe gegen Sforza zu hören waren, steigerten sich die Mißfallensäußerungen gegen den Schweizer Nationalspieler gegen Dynamo Dresden ins Unerträgliche. Als ihm einige Pässe mißlangen, kam nicht nur von der Westtribüne ein kollektives „Sforza raus!". „Die auf der Nordtribüne sind noch schlimmer", seufzte Präsident Norbert Thines und verwies besonders auf einige betuchte Beobachter des Spiels, die kraft ihres Geldbeutels das Recht für sich in Anspruch nahmen, kräftig mitzupöbeln. In der Pressekonferenz distanzierte sich Friedel Rausch deutlich von den Schreihälsen: „Wenn das so weitergeht, kann ich den Ciri zu Hause nicht mehr aufstellen. Der Junge ist moralisch am Ende." Als daraufhin Pfiffe von der Wandelhalle der Nordtribüne nach oben schallten, platzte Rausch der Kragen. „Ich lasse nicht zu, daß mein

Zuschauer pöbeln: „Sforza raus"

Spieler systematisch fertiggemacht wird, und wenn das nicht aufhört, werde ich über das Ende meiner Tätigkeit als Trainer beim 1. FCK zum Ende der Saison nachdenken!" Das saß. Fragen beantwortete er keine mehr und entschwand schneller als je zuvor. Das Präsidium berief eilig eine Krisensitzung ein, an der auch der Trainer teilnahm. Eine halbe Stunde später verkündete Norbert Thines das Dementi. „Unser Trainer ist in einer seelisch nicht guten Verfassung. Er hat aber gesagt, daß er seinen Vertrag beim 1. FCK erfüllen wird." Die Osterfeiertage in der Pfalz waren gerettet.

Ein Sieg eine Woche später bei Werder Bremen hätte den 1. FCK bis auf einen Punkt an Borussia Dortmund herangebracht, das bei Bayern München mit 1:2 verloren hatte. Nach einer grandiosen ersten Halbzeit verspielten die Lauterer durch Leichtsinnsfehler ihre 2:0-Führung gegen die völlig überraschten Bremer und mußten am Ende froh über das 2:2 sein. Auch nach dem 3:1 gegen den VfL Bochum war für den 1. FCK die Meisterschaft noch greifbar. Borussia Dortmund führte mit 41:15 Punkten vor Werder Bremen (40:16) und dem 1. FCK (39:17). Aber in den folgenden drei Spielen brachten sich die Lauterer selbst um ihre letzte Chance, Meister zu werden, zumal Borussia Dortmund bei Werder Bremen verlor und Bremen in Schalke den Kürzeren zog. Schon nach fünf Minuten lag der 1. FCK beim SC Freiburg mit 0:1 zurück. Kuka gelang in der 34. Minute der Ausgleich. In der zweiten Halbzeit war das Spiel lange offen. Dann traf Marco Haber nur den Pfosten und weckte mit seinem Gewaltschuß das ganze Dreisamstadion auf. Cardosos Paß in der 68. Minute berechnete Flock falsch, und Heinrich kam frei zum Schuß – 2:1! Das 3:1 durch Kohl und das 4:1 wieder durch Heinrich brachten dem SCF den „ersten Sieg gegen Angstgegner Kaiserslautern", frohlockte die *Badische Zeitung.*

Gegen Borussia Mönchengladbach schien die Luft dann schon raus. Das 2:2 war ein gerechtes Ergebnis in einem Spiel zwischen zwei Mannschaften, die die Meisterschaft abgehakt hatten, aber noch um den Platz im UEFA-Cup spielten. Nach dem Spiel wähnte man sich atmosphärisch bereits am Ende der Saison angelangt. Doch das Ziel des 1. FCK geriet selbstverschuldet noch einmal in große Gefahr, als die Mannschaft nach einer 2:1-Führung beim MSV Duisburg überheblich wurde und prompt in den letzten 14 Minuten noch zwei Tore kassierte. Für Ciriaco Sforza, der nach dem Hin und Her um seinen Wechsel in ein Leistungsloch gefallen war, begann seine schlimmste Zeit in Kaiserslautern. Die Fans, die sich beim Spiel gegen den VfL Bochum auf Geheiß des Trainers allzu schnell mit ihm versöhnt hatten und gegen Borussia Mönchengladbach ein mit Handkuß garniertes Traumtor serviert bekamen, nahmen Sforza Passagen einer Reportage in der *Schweizer Illustrierten* übel. Darin hatte der Schweizer nicht, wie behauptet wurde, die Pfälzer pauschal als dumm bezeichnet, sich aber stellenweise ungeschickt und undiplomatisch geäußert, was nicht ohne Folgen blieb. „Sforza, jetzt reicht's!" war ein Flugblatt überschrieben, das mehrtausendfach vor dem Spiel gegen den HSV auf der Westtribüne verteilt wurde. Wegen der mäßigen Leistungen, vor allem aber um ihn vor den aufgebrachten Fans zu schützen, setzte Friedel Rausch Sforza auf die Bank und hielt daran auch beim Spiel gegen 1860 München fest. Das 4:1 gegen den HSV und das 3:1 bei den „Löwen" sicherten dem 1. FCK endgültig den Platz im UEFA-Cup.

Aber gleichzeitig geisterte ein Gerücht über den Betzenberg, das sich bald bestätigen sollte: Stefan Kuntz wechselte zum türkischen Meister Besiktas Istanbul! Christoph Daum, der damalige Trainer der Türken, der bereits den ehemaligen Torhüter von Bayern München, Raimund Aumann, in seinen Reihen hatte, soll den Kontakt geknüpft haben. „Mit Kuntz geht ein Stück Pfalz verloren", bedauerte Nicht-Pfälzer Rausch und spielte auf den hohen Imagewert seines Stürmers an, der sich über den Fußball hinaus auch auf dem gesellschaftlichen Parkett zu bewegen wußte. Doch ein unzufriedener Stefan Kuntz, der in dem Angebot aus der Türkei auch die Möglichkeit sah, noch einmal etwas ganz anderes und Neues zu machen, hätte dem 1. FCK in der neuen Saison nicht viel genützt. Zudem konnten weder Kuntz noch der 1. FCK das Angebot von Besiktas ablehnen, denn eine Ablösesumme von 3 Mio. DM hätte der 1. FCK nach Ablauf des Vertrags nie mehr bekommen, und Kuntz hätte damals nirgendwo anders einen Zweijahresvertrag mit Option für ein drittes Jahr für 3 Mio. DM jährlich erhalten. Für den 1. FCK blieb eine Menge Geld für den damals fast 33jährigen, aber auch die Ungewißheit, wer Kuntz in der Saison 1995/96 ersetzen sollte.

So machte sich vor dem letzten Spiel gegen den 1. FC Köln Schwermut bei vielen Zuschauern bemerkbar. Der Wechsel von Michael Lusch war nichts anderes als ein normaler Wechsel eines Spielers, der nach zwei Jahren in der Pfalz wieder zurück in den Westen wollte. Bei Marco Haber sagten viele: Schade, daß er geht, jetzt, wo er wieder zu sich selbst gefunden hat! Ciriaco Sforzas Veränderung zu Bayern München und deren Begleitumstände verdarben dem genialen Spielgestalter den verdienten rauschenden Abschied. Immerhin bekam er mehr Beifall als Pfiffe, doch keiner hätte damals geglaubt, daß er jemals als Spieler des 1. FCK zurückkehren würde. Aber Stefan Kuntz rückte alle in den Hintergrund. Transparente, Blumen, Geschenke, Schulterklopfen, Ratschläge... Mit ihm gaben die

Wie geht's weiter ohne Kuntz und Sforza – fragt man sich nicht nur auf der Westtribüne.

Fans des 1. FCK im doppelten Sinne ein Stück dieses 1. FCK auf: Ihn loslassen und resigniert die Entscheidung der Familie Kuntz akzeptieren, aber auch verziert wie ein liebevoll geschnürtes Paket für einen lieben Menschen, ihn mit den besten Wünschen nach Istanbul entlassen. Zum Abschluß seiner aktiven Zeit beim 1. FCK – eine passive könnte sich Kuntz irgendwann gut vorstellen – gelangen der Nr. 11 zwei Tore. Das dritte steuerte sein bester Freund in der Mannschaft, Marco Haber bei.

„Ganz nach oben in den Himmel zu kommen, haben wir nicht geschafft!" bilanzierte Trainer Friedel Rausch die Saison, die der 1. FCK mit 46:22 Punkten und 58:41 Toren als Tabellenvierter hinter Meister Borussia Dortmund, Werder Bremen und dem SC Freiburg beendete. Ärger empfand er nur über das verpaßte Pokalfinale und freute sich schon eine halbe Stunde nach Spielschluß auf die neue Saison. Das Lachen sollte ihm bald vergehen.

Und nicht nur ihm: Der Verein stand vor den dramatischsten Jahren seiner fast hundertjährigen Geschichte. Aber das steht auf einem anderen Blatt.

-Fan Express

die komfortable Reise zu den Auswärtsspielen des 1. FC Kaiserslautern

- bequemes Wagenmaterial
- kurze Fahrzeiten
- niedrige Fahrpreise
- „Fußballstimmung" auf Hin- und Rückreise
- viele Zustiegsmöglichkeiten zwischen Saar und Rhein

Buchung bei:
City Reisebüro - Udo Hell
Rathausstraße 3   66914 Waldmohr
Tel: 0 83 73 - 8 11 70   Fax: 0 63 73 - 81 17 99

STROM
FERNWÄRME
WASSER
VERKEHR

In der Saison '97/'98 beförderten die Busse des P+R Verkehrs über 220 000 Fans zu den Spielen auf den Betzenberg
sicher, bequem und stressfrei.

TECHNISCHE WERKE KAISERSLAUTERN

Hotel ✶ Restaurant ✶ Pizzeria

Isola Bella

Inhaber: Gaetano Vicino
Lauterstraße 22, 66631 Otterbach
Tel.: 0 63 01 / 93 36

Öffnungszeiten: täglich von 11.30 Uhr - 14.00 Uhr
und 17.00 Uhr - 23.30 Uhr
Dienstag ist Ruhetag

Vom „Waldschlößchen" zum High-Tech-Sportpark Betzenberg

Die Spielstätten des 1. FC Kaiserslautern und seiner Vorgänger

> *„Ohne dieses Stadion wären wir nie Meister geworden – weil der 1. FCK davor schon dreimal abgestiegen wäre!"*
> *Jürgen „Atze" Friedrich, Spieler des 1. FCK von 1968 – 1973, Präsident von 1977–1981 und 1985–1988, Mitglied des Aufsichtsrates seit 1996*

Ein Besuch in Kaiserslautern ist immer auch eine Konfrontation mit dem Betzenberg und dem Fritz-Walter-Stadion. Auch ohne Fußball. Auch an einem beliebigen Werktag, wenn die Fußgängerzone voller Menschen ist und nichts darauf hindeutet, daß hier einer der Renommier- und Gründungsvereine der Fußball-Bundesliga zu Hause ist. Die dichte Bebauung verdeckt hier die Sicht, doch nur für wenige Augenblicke verliert man den „Betze" aus den Augen.

Der imposante Neubau der Nordtribüne macht die von vielen so gefürchtete Spielstätte noch besser sichtbar. Muß man am Spieltag spätestens zwei Stunden vor Spielbeginn ärgerliche Staus in der Kantstraße und ein Gedränge beim Aufstieg in der Malzstraße in Kauf nehmen, so hat man am spielfreien Tag oder Wochenende beim Besuch des Sportparks Betzenberg hoch oben über der Stadt mehr Muße. Während unten in der Eisenbahnstraße, in der Fußgängerzone und in der Altstadt das kleine Großstadtleben leise pulsiert, liegt das Stadion mit seinen Nebenplätzen still da. Ganz allein ist man aber nie dort oben. Eilige Zulieferer für die Stadion-Gastronomie, hartnäckige Fans auf der leidigen Suche nach nicht mehr vorhandenen Eintrittskarten für das nächste Top-Spiel, Kiebitze vom letzten Training, die immer noch fachsimpelnd und knotternd am Zaun des Trainingsplatzes stehen und die Mannschaft für das nächste Spiel aufstellen – es herrscht ein reges Treiben auch abseits des Spielbetriebs. Dennoch ist es in solchen Stunden viel mehr „mein eigenes Stadion" als am Spieltag, wenn Zehntausende hier versammelt sind und den gleichen Anspruch erheben.

Viele Fans aus den umliegenden und weiter entfernten Regionen kennen wenig von dem Kaiserslautern da unten. Vielleicht die eine oder andere Kneipe, den Bahnhof, die Autobahnauffahrten... Weniger das Pfalztheater, die Pfalzgalerie, das Kulturzentrum Kammgarn. Kaiserslautern ist für sie schlicht der Betzenberg. Auch die Namensgebung zu Ehren Fritz Walters hat am Idiom der Fans und der Alt-Anhänger nichts geändert. Man geht nicht ins Fritz-Walter-Stadion, sondern „uff de Betze". „De Betze", das ist Kaiserslautern. Und „de Betze" stiftet jede Menge Identität, die die Menschen in diesem Landstrich so bitter nötig haben. Benachteiligt über Jahrzehnte durch die grenznahe Lage zu Frankreich und viele Jahre überwältigt von der Übermacht der US-Army, die überall in der Westpfalz präsent war, blieb den Menschen hier mangels eines dominanten Handels- und Kulturzentrums nur die Identifikation mit dem Fußball. Der Fußball hatte die Region in den fünfziger Jahren weithin bekannt gemacht und allen gezeigt: Dort hinter den Bergen Donnersberg und Kalmit wird guter Fußball gespielt in einem Stadion, in dem für Gastmannschaften schwer zu gewinnen ist. Auch als die Amerikaner nach dem endgültigen Ende der Ost-West-Konfrontation nach dem Fall der Mauer nach und nach aus der Pfalz abzogen und in den verbliebenen Einrichtungen eine zutiefst unsoziale Personalpolitik durchzogen, hatten die Menschen hier wieder jede Menge Trost nötig. Noch immer geistern Hiobsbotschaften durch die Wirtschaftsteile der regionalen Presse. Hier schließt eine Schuhfabrik, dort wird ein Betrieb ins Ausland verlagert. Und die Stadt nebendran ist finanziell am Ende. Alltag (nicht nur) in der Pfalz. Da tut es gut, den Betzenberg und den 1. FC Kaiserslautern zu haben.

Spieler kommen und gehen, Trainer auch, Präsidenten, Geschäftsführer, Funktionäre, Kartenabreißer und Würstchenverkäufer. Der „Betze" aber überdauert sie alle, tröstet über jeden noch so schweren Verlust eines geliebten und bewunderten Spielers hinweg. Mit Geld können andere Vereine den einen oder anderen Spieler aus Kaiserslautern weglocken, aber „de Betze" bleibt erhalten. Unerreicht, unbezahlbar, unerstürmbar, fast unabsteigbar und beinahe unbezwingbar.

■ „Ländel", „Waldschlößchen", „Eselsfürth", „Betzenberg"...

Wie all die anderen frühen Fußballklubs in Kaiserslautern spielte auch der FC Kaiserslautern 1900 anfangs auf der Platzanlage im „Ländel". Die schon beschriebene allgemeine Sport- und Spielplatznot veranlasste den Verein, frühzeitig zu handeln und ein Gelände für die eigenen Zwecke zu pachten.

Fortan rollte der Ball beim FC Kaiserslautern 1900 „Am Waldschlößchen", gar nicht weit entfernt vom späteren Spielort „Betzenberg". Die Fusionspartner von 1909, der FC Palatia und der FC Bavaria 02, spielten auf der „Sportanlage Eselsfürth" im Nordosten bzw. im „Ländel". Nach dem Zusammenschluß zum FVK benutzte der neue Verein sowohl den Platz „Am Waldschlößchen" als auch die „Sportanlage Eselsfürth". Als die Pachtkosten für das „Waldschlößchen" zu hoch wurden – die „Eselsfürth" war inzwischen aufgegeben worden – fand der FVK ein neues Gelände hinter dem Hauptbahnhof auf den „luftigen Höhen des Betzenbergs", wie die *Pfälzische Presse* schrieb. Die neue Anlage wurde aus wirtschaftlichen Grün-

Die Platzanlage im „Ländel".

Sportplatz Eselsfürth.

den teils gekauft und teils gepachtet und in Eigenarbeit zu einem neuen Sportplatz umgestaltet. Der damalige Vorsitzende Otto Candidus, der Baufachmann des Vereins, Cornel Mildenberger, und der zuständige Stadtbaurat Hussong sprachen sich gemeinsam für diesen Platz aus, nachdem Hussong behauptet hatte, die mangelhafte Wasserversorgung auf dem Berg schließe eine Wohnbebauung aus. Er irrte, und dies sollte in den neunziger Jahren noch schwerwiegende und teure Folgen haben. Dank des Einsatzes und des Opfermutes seiner Mitglieder konnte der FVK die Anlage in zwar primitivem Rahmen, aber zweckentsprechend ausrüsten. Der Verein gab Schuldscheine an seine Mitglieder aus, ein Sportplatzfond wurde gebildet. Ab dem 1.1.1920 gab es 5% Zinsen.

Allzubald wurde die Erfahrung gemacht, daß das sandige Spielfeld dringend umgestaltet werden mußte. 1926 wendete der Verein beträchtliche Mittel auf und schuf ein Jahr nach Fertigstellung der Südtribüne zum Jubiläum einen Rasenplatz. Aber es wurde auch notwendig, räumlich zu erweitern, um allen Bedürfnissen im Verein gerecht zu werden. Stückweise, wie es die Mittel erlaubten, wurde an der Ausgestaltung des Betzenbergs gearbeitet. Doch in der Nacht vom 22. auf den 23. November 1930 traf den FV/Phönix ein schwerer Schlag. Ein verheerender Orkan zerstörte die erst fünf Jahre alte Südtribüne.

Die Einführung des freiwilligen Arbeitsdienstes im Frühjahr 1932 bot eine Möglichkeit, den schon damals so bezeichneten „Sportpark Betzenberg" in Angriff zu nehmen. Durch die verbesserten sportlichen Leistungen erzielte der 1. FCK zudem höhere Einnahmen, die für die Beschaffung der Materialien aufgewendet wurden, die zum Ausbau gebraucht wurden. Zunächst wurden die südliche, erhöhte Seite grundlegend umgestaltet und Betonstufen eingebaut. Danach füllten die freiwilligen Helfer die Ostkurve auf und durchzogen sie ebenfalls mit Betonstufen, so daß hier 10.000 Zuschauer ungehinderte Sicht auf das Spielfeld hatten. Eine Reihe Kaiserslauterer Unternehmer ließ auf der Stadtseite des Sportparks, dem Standort der heutigen Nordtribüne, eine neue Tribüne entstehen, die in den ersten fünf Reihen völlig säulenfrei war. Um das Projekt abzurunden, wurden auch der steile Anstiegweg ausgebessert und zweckmäßige Kassenanlagen und eine Pforte installiert. Der Ausbau der Westkurve wurde neben weiteren Vorhaben rund um das Stadion bereits ins Auge gefaßt. Das Fassungsvermögen des Stadions betrug jetzt 18.000.

Weiteren Ausbauarbeiten setzte aber der Ausbruch des 2. Weltkriegs ein Ende. Auch der Betzenberg blieb nicht von massiven Kriegsfolgen verschont. So wie die Stadt und die Region darniederlagen, nachdem sie in den

Der neu angelegte Betzenberg wurde am 13. Mai 1920 eingeweiht.

letzten Kriegstagen noch gezielt zerbombt worden waren, zeigte auch der Betzenberg deutliche Spuren des Krieges. In seinem Buch „Anpfiff in Ruinen" über die Anfänge der deutschen Oberligen in der Nachkriegszeit berichtet Hans-Dieter Baroth von der Beschlagnahmung des Stadions durch die französischen Besatzungsstreitkräfte. „Die Franzosen beschlagnahmen auch den zerstörten Betzenberg, der einen anderen Namen erhält. Nach dem Befehlshaber der französischen Besatzungsstreitkräfte, General Goislard de Monsabert heißt er offiziell 'Stade Monsabert'. Die Bürger und Sportler der Stadt entwickeln ein eigenes Französisch – der Volksmund behauptet, 'Mon' laute in der anderen Sprache ähnlich wie 'Mont', also Berg, somit müsse 'Sabert' Betzen heißen: Stade Monsabert heiße deshalb immer noch Betzenberg."

Die Franzosen, die die wenige noch vorhandene Infrastruktur der Pfalz und des abgetrennten Saargebiets eher zerstören denn selbst nutzen wollten, betrachteten den Betzenberg nicht als Sportstätte. Seines Zwecks entfremdet, diente das Stadion als Abstell- und Reparaturplatz für schwere Militärlastwagen und wurde dementsprechend beschädigt. Als die Franzosen das Stadion im Winter 1945/46 im desolaten Zustand zurückgaben, war an Fußballspiele auf dem „Betze" zunächst nicht zu denken. Der Erbsenberg des VfR diente vorübergehend als Ausweichspielstätte. Gleichzeitig machten sich die Mannschaft und freiwillige Helfer an die Aufräumarbeiten und richteten den „Betze" wieder her, um an die alte Heimstätte zurückkehren zu können.

■ Erste Ausbaumaßnahmen

Schon in den Nachkriegsjahren rückten der DFB und seine Mitgliedsverbände den Vereinen, die von den Kriegsfolgen noch schwer gebeutelt waren und sich nur langsam davon erholten, mit allerlei Auflagen zu Leibe. Am 2. März 1953 berichtete der Präsident des 1. FC Kaiserslautern, Dr. Müller, der Mitgliederversammlung von einer „Verfügung, nach der ab 1. August diesen Jahres nur noch solche Vereine in der ersten Liga spielen dürfen, die über einen Platz von 70 und 105 Meter verfügen" *(Die Rheinpfalz)*. Da der Platz auf dem Betzenberg aber nur 68 Meter breit sei, brauche der 1. FCK für diese Umbaumaßnahme zwischen 160.000 und 170.000 DM. Der Verein hoffte dabei auf die Unterstützung des Totoverbandes und der Stadt und trug sich gar mit dem Gedanken, Bausteine zu verkaufen, um die Finanzierung zu erleichtern. In einem Schreiben an das Grundstücksamt bat Dr. Müller um die Überlassung eines Geländestreifens von ca. 65 bis 100 Metern auf dem Betzenberg in Richtung Stadtwald.

Bereits 1952 hatte sich der Präsident um den Kauf von vier auf dem Betzenberg gelegenen, stadteigenen Grundstücken bemüht. Da die vorhandenen Spielfelder nicht ausreichten, um den Übungs- und Wettkampfbetrieb der 25 Mannschaften der Fußball-, Handball- und Hockeyabteilungen aufzunehmen, sah man die Anlage eines neuen Spielfeldes vor. Der Erwerb der städtischen Grundstücke war darauf ausgerichtet, die Zuschauerterrassen zu vergrößern, um das Fassungsvermögen weiter zu erhöhen und Parkplätze für Fahrräder und Krafträder zu schaffen. Diese geplante Erweiterung des Stadions Betzenberg war für den 1. FCK aus sportlichen und wirtschaftlichen Gründen dringend notwendig, denn wie schon 1951 mußten auch 1953 nach der Südwestmeisterschaft die Endrundenspiele um die Deutsche Meisterschaft wegen zu geringer Zuschauerkapazität im Ludwigshafener Südweststadion ausgetragen werden. Die Kaiserslauterer Geschäftswelt und Gastronomie weinte den entgangenen Umsätzen nach. „Anstatt daß Zehntausende von auswärts nach Kaiserslautern kommen, fahren Tausende von Kaiserslautern nach Ludwigshafen. Die Stadt erhält keine Vergnügungssteuer, Gastwirtschaften und andere Unternehmen haben einen Einnahme-Ausfall, die Fußballfreunde aus Kaiserslautern und Umgebung müssen, wenn sie das Spiel sehen wollen, tiefer in die Tasche greifen." *(Pfälzische Volkszeitung* vom 29.4.1953)

Nach den vorliegenden Plänen sollte das Stadion Betzenberg für 40.000 Zuschauer, davon 8.500 Sitzplätze, ausgebaut werden, was aber nicht erreicht wurde. Die Kosten wurden auf ca. 300.000 DM veranschlagt, wovon der 1. FCK 100.000 DM selbst tragen wollte und die Stadt bat, eine Bürgschaft für ein Darlehen über die restlichen 200.000 DM zu übernehmen. Im Frühsommer 1953 begannen die Bauarbeiten, die bis zum 15. August abgeschlossen sein mußten, da hier bereits die neue Saison begann. An Nord- und Südseite des Spielfeldes wurden die notwendigen Korrekturen vorgenommen, insgesamt 5.000 Kubikmeter Boden verlagert. Auf der neuen Böschung entstanden neben 18 Reihen für Sitzplätze 25 Terrassen für Stehplätze.

„Wissen die Kaiserslauterer eigentlich", fragte *Die Rheinpfalz* am 20.6. 1953, „wie schön der Sportplatz Betzenberg gelegen ist, oder müssen erst Sportler und Journalisten aus aller Welt kommen, um es ihnen zu sagen?" Und philosophierte weiter: „Unter dem Junihimmel, der sich voll dicker Wolken über der Erde spannt, dehnt sich das Pfälzer Land. Weit geht der Blick von der Höhe der neuen Böschung hinüber bis Landstuhl, zum Potzberg und Eulenkopf. Von Norden grüßt der Donnersberg herüber, und im Osten blicken die Berge der Vorderpfalz zwischen den Hängen um Frankenstein hindurch. Ein Bild wunderbarer Größe läßt im Betrachter das Gefühl der Freiheit und des Gelöstseins von aller Erdenschwere aufkommen..."

Neun Jahre später, nach einigen mageren Spielzeiten nach dem Ende der Walter-Ära, klopfte der 1. FCK an das Tor zur neu entstehenden Bundesliga. Eine der Bedingungen des DFB für die Aufnahme in die Eliteklasse war ein Fassungsvermögen von mindestens 35.000 Zuschauern und eine Flutlichtanlage. Um den Antrag des 1. FCK, einen städtischen Zuschuß von 200.000 bis 250.000 DM für die Flutlichtanlage zu gewähren, gab es Auseinandersetzungen, wie sie sich bei späteren Anträgen wiederholen sollten. Der Stadtrat konnte sich nicht für einen Zuschuß erwärmen, favorisierte vielmehr eine Ausfallbürgschaft oder eine Darlehenshilfe. Mit überwältigender Mehrheit faßte man zu vorgeschrittener Stunde folgenden Beschluß: „Der Stadtrat von Kaiserslautern ist der festen Zuversicht, daß der ruhmreiche 1. FC Kaiserslautern angesichts seiner großen Leistungen und Erfolge im letzten Jahrzehnt in die Bundesliga aufgenommen und auf lange Zeit darin verbleiben wird. Um die in Südwestdeutschland zu erwartenden Großveranstaltungen in Kaiserslautern durchführen zu können, wird die Stadtverwaltung dem 1. FCK nach Kräften behilflich sein, um eine den Ansprüchen genügende Flutlichtanlage auf dem Betzenberg zu erstellen."

Zwischen dem Gewinn des Südwestmeistertitels 1963, der für die Bundesliga qualifizierte, und den Endrundenspielen um die Deutsche Meisterschaft, die letztmals in Ludwigshafen stattfanden, verwandelte sich der Betzenberg in eine monströse Großbaustelle. Die Südtribüne wurde überdacht und bot nun zusammen mit der Nordtribüne über 12.000 Zuschauern wetterfeste Sitz- und Stehplätze. Die Westkurve wurde in ihrer Halbovalform erhöht und erweitert. Die *Pfälzische Volkszeitung* vom 11.5.1963 bezifferte die Eigenmittel des 1. FCK auf ca. 500.000 DM und sah die „grundsätzliche Bereitschaft seitens der Landesregierung in Mainz, dem süddeutschen Bundesligisten in ausreichendem Maße zu helfen." Das Großprojekt wurde außerdem durch den Einsatz von US-Pioniereinheiten zügig vorangebracht. Am 12.6.1963, nur knapp zwei Monate vor dem Start der Bundesliga, lehnte die Stadtverwaltung die Gewährung eines verlorenen Zuschusses für die Flutlichtanlage ab, stellte den Verein vor die Wahl eines Darlehens oder einer selbstschuldnerischen Bürgschaft in Höhe von 200.000 DM. Außerdem setzten sich die Kaiserslauterer Landtagsabgeordneten für einen Landeszuschuß ein und argumentierten, der 1. FCK sei der einzige Verein des Landes, dem die Aufnahme in die Bundesliga gelungen sei.

Rechtzeitig zum Start in die erste Bundesligasaison war das Stadion fertig. Das Flutlicht sollte noch im selben Jahr folgen. Die Eintrittspreise von 1963 lesen sich für heutige Verhältnisse recht exotisch.

Stadion Betzenberg – Eintrittspreise für Spiele der Bundesliga

Nord-oder Südtribüne	DM 10,00
Vor-oder Freitribüne	DM 6,50
Tribünen-Stehplatz (Gerade)	DM 4,50
Stehplatz Kurve	DM 3,00
Kriegsversehrten-Sitzplatz	DM 4,50
Jugend	DM 1,50

Mitglieder erhielten zu jedem Spiel zwei Mitgliederkarten bei einer Ermäßigung von zwei DM auf die Nord- oder Südtribüne bzw. von einer DM auf den Tribünen-Stehplatz. Am 13. August 1963 waren die beiden Zusatztribünen angeliefert worden, deren Montage schnell abgeschlossen wurde, um die Bedingungen des DFB rechtzeitig zu erfüllen.

Die Flutlichtpremiere auf dem Betzenberg fand am 18.12.1963 gegen den damaligen Tabellenführer der Regionalliga Südwest, den alten Konkurrenten Wormatia Worms, statt. Die 400-Lux-Anlage galt damals als eine der besten Flutlichtanlagen Europas. Um eine absolute Blendungsfreiheit und eine Gleichmäßigkeit der Beleuchtung zu erreichen, wurde eine maximale Lichtpunkthöhe von 64 Metern gewählt. Zur Installierung waren 12.000 Meter Kabel verlegt worden. Wieder erhielt die einheimische Industrie Aufträge, die der Sicherung von Arbeitsplätzen in der strukturschwachen Region dienten. Doch Unbekannte sorgten beim großen Premierenabend für lange Gesichter. Mutmaßliche Flutlichtgegner zündeten im nahegelegenen Steinbruch Nebelkerzen. Nacheinander wurden Tore und Spielfeld von Nebelschwaden verschluckt, das Spiel unterbrochen. Nach zehn Minuten war der Spuk bzw. die Sabotage vorbei.

Als sich eineinhalb Jahre später herausstellte, daß das Flutlicht erheblich teurer geworden war als ursprünglich veranschlagt, und dem 1. FCK ca. 200.000 DM zur Restfinanzierung fehlten, stellte FCK-Präsident Dr. Karl-Heinz Brinkop in seiner Eigenschaft als SPD-Stadtrat den Antrag, die Stadt möge die Bürgschaft für einen Kredit in dieser Höhe bei der Stadtsparkasse übernehmen. Auch die CDU-Fraktion, in der FCK-Pressewart Hans Rottmüller damals schon eine führende Rolle spielte, verhielt sich diesem Wunsch des Vereins gegenüber freundlich. Besonders pikant aber war der Zeitpunkt dieses Begehrens, denn Brinkop war nur wenige Tage vor dem abstiegsentscheidenden Spiel bei Eintracht Frankfurt vorgeprescht. Der 1. FCK siegte mit 2:1, blieb in der Bundesliga, und der Weg für die Bürgschaft war frei.

Ein Jahr darauf gab es erneut Handlungsbedarf. Die alte Holztribüne wurde für baufällig befunden und mußte mit einem Kostenaufwand von ca. 170.000 DM neu gebaut werden. Laut klagten die FCK-Verantwortlichen über die damals fast ausschließlich als Bürde empfundene Tatsache, daß sich das Stadion Betzenberg in den Händen des Vereins befand. Während andere Vereine mit städtischen Stadien in ihre Mannschaften investieren konnten und so ihr Betriebskapital erhöhten, mußte der 1. FCK immer wieder hohe Beträge für den Ausbau seines Stadions aufwenden, die ihm für den Aufbau einer Mannschaft, die dauerhaft vorne mitspielen konnte, fehlten.

■ Verpaßte Chance? – WM 1974 auf dem Betzenberg

Als die FIFA 1969 die Fußball-Weltmeisterschaft 1974 an die Bundesrepublik Deutschland vergab, verzichtete die Stadt Kaiserslautern aus Rücksichtnahme auf Ludwigshafen, das über das größere Südweststadion verfügte, auf eine Bewerbung als potentieller Austragungsort. Die Lauterer, die jahrelang während ihrer Oberligazeit ihre Endrundenspiele in Ludwigshafen ausgetragen hatten, wollten aus Dankbarkeit und Loyalität unter Pfälzern nicht mit den Vorderpfälzern, die zudem aufgrund der BASF-Gewerbesteuereinnahmen als reichste Stadt in Rheinland-Pfalz galten, in Konkurrenz treten. Anstatt die Gegengerade des Südweststadions mit ihren unkomfortablen Sitzplätzen komplett zu überdachen, schlug Ludwigshafen in letzter Minute die Überdachung von 18.000 Stehplätzen vor, was beim Weltmeisterschaftskomitee des DFB auf Unverständnis stieß. Der damalige Oberbürgermeister der Chemiestadt, Dr. Werner Ludwig, erklärte zwar, alles getan zu haben, was möglich und vertretbar war, doch genau dies konnte man bezweifeln, denn Ludwigshafen unternahm zuletzt keinerlei Anstrengungen, um doch noch Austragungsort zu werden.

Als dies immer klarer wurde, reichte die Stadt Kaiserslautern unter enormem Zeitdruck und viel zu spät ihre Bewerbung ein. Kaiserslautern bot 1.000 überdachte Sitzplätze und 30.000 Stehplätze an – zu wenig! Der DFB hielt an den Grundsatzanforderungen der FIFA fest, wonach die WM-Stadien jeweils 50.000 bis 60.000 Zuschauer fassen sollten. *Die Rheinpfalz* bedauerte am 19.5.1971: „Kaiserslauterns Bewerbung kam zu spät, vielleicht auch nicht ausgereift genug; in jedem Falle aber haben die Lauterer in den wenigen Tagen und trotz der Ablehnung ihre Pläne energischer und zielbewußter verfolgt als Ludwigshafen in den zwei Jahren zuvor."

Knapp 25 Jahre danach weiß man, daß es ein Segen war, daß der DFB die Lauterer Bewerbung abgelehnt hat. Das Stadion Betzenberg wäre zu jener Zeit bei einem Fassungsvermögen von 50.000 bis 60.000 Zuschauern zur kalten Betonburg verkommen, voll besetzt vielleicht gegen Bayern München und im Europapokal, halb bis dreiviertel leer gegen Duisburg und Uerdingen. Von den Stadien, die der DFB damals berücksichtigte, gelten heute viele als anonyme, zuschauerfeindliche Schüsseln, die höchstens bei ausverkauftem Haus ein wenig Atmosphäre verbreiten. Die meisten aber sind viel zu groß geraten, zumal die Vereine, die darin spielen müssen, heute zum Teil nur noch zweitklassig sind. Von den Vertretern der damals zu einem möglichen Ausbau befragten Sportvereine äußerte sich allein der damalige Präsident der TSG Kaiserslautern, Bodo Heeren, in der *Rheinpfalz* vom 21.12.1971 ablehnend, aber realistisch. „Wenn wir hier ein Fußballstadion für 50.000 Zuschauer hätten, wäre das vielleicht alle zehn Jahre mal voll besetzt..." Fast 30 Jahre später sieht das allerdings etwas anders aus.

■ Der Ausbau geht weiter

1972 erhielt der 1. FCK für den dringend notwendigen Ausbau der Nordtribüne und der darunter liegenden Funktionsräume erneut Zuschüsse von Stadt und Land. Die Zustände in den Umkleidekabinen waren untragbar geworden. Die alte Holztribüne wurde abgerissen und die neue Tribüne bis hin zur Ostkurve erweitert. 8.600 Zuschauer fanden nun auf ihr Platz.

Nachdem Jürgen „Atze" Friedrich 1977 das Amt des Präsidenten des 1. FCK angetreten hatte, ging er gemeinsam mit seinen Kollegen daran, das Stadion Betzenberg als eine zusammenhängende Einheit zu konzipieren. Sukzessiv sollte das Stadion zu einer Spielstätte englischen Zuschnitts ausgebaut werden. Die mit diesem Ausbau befaßten Fachleute befürworteten aus Kostengründen eine rechteckige Lösung, da eine Fertigung mit runden Teilen erhebliche Schwierigkeiten bereitet hätte. Friedrich machte sich auf nach Mainz, um Zuschüsse aus dem Sozialministerium, dem damals noch der Sport angegliedert war, locker zu machen. Das Land erklärte sich zu einem Zuschuß in Höhe mehrerer Millionen bereit, wenn auch die Stadt sich beteiligen würde. Im Oktober 1978 war es soweit. Nach Umbauten, die die Verlegung der ersten beiden Heimspiele der Saison gegen den VfB Stuttgart und den 1. FC Köln ins Ludwigshafener Südweststadion notwendig machten, fand am 16.9.1978 die Premiere des neuen Betzenbergs statt. Nur 16 Wochen hatten die Baufirmen benötigt, um die 6,8 Millionen DM teure Osttribüne zu bauen.

In der zweiten Ära Friedrich von 1985 bis 1988 wurde der Ausbau der Westkurve angepackt. Der Präsident schrieb an den damaligen Ministerpräsidenten Dr. Bernhard Vogel und bat um Unterstützung des Landes Rheinland-Pfalz bei der beabsichtigten, aus Konkurrenzgründen notwendigen Baumaßnahme. Friedrich hatte richtig erkannt, daß der 1. FCK nur mit einem größeren und komfortableren Stadion auf Dauer in der Bundesliga mithalten könnte. Die Kosten bezifferte der 1. FCK auf 7,5 Millionen DM, die sich das Land, die Stadt und der Verein teilen könnten. Allerdings erhöhte sich dieser Betrag durch den Einbau einer Rasenheizung auf 8,9 Millionen DM, was in der Kaiserslauterer SPD-Fraktion einigen Wirbel verursachte. Deren Vorschlag, den städtischen Zuschuß um den Anteil für die Rasenheizung zu kürzen, stieß bei Friedrich auf Unverständnis, da die Kosten für einen nachträglichen Einbau höher gekommen wären. Schließlich trug das Land 4,5 Millionen, die Stadt steuerte 2 Millionen bei, und die restlichen 2,5 Millionen mußte der 1. FCK selbst aufbringen. Um die 25.000 Kubikmeter Erde verschwanden mit der altehrwürdigen Westkurve, die analog zur Osttribüne zur Westtribüne umgestaltet wurde.

Das Stadion hieß – Fritz Walter war am 31.10.1985 65 Jahre alt geworden – seit dem 2.11.1985 Fritz-Walter-Stadion. Die Ehrung galt dem größten Fußballer, den der 1. FCK je hervorgebracht hat, dem dies aber eher Last denn Ehre war, denn prompt ging das Spiel gegen Bayern München am gleichen Tag mit 0:2 verloren.

Trotz aller sportlichen Rückschläge machten sich die Verantwortlichen des 1. FCK bereits Gedanken über einen Ausbau der Nordtribüne. Die dafür notwendigen Flächen sicherte sich der Verein durch den gezielten Kauf von Grundstücken und durch Geländetausch. Nach einer gründlichen Flurbereinigung umfaßte das Vereinsgelände 90.987 Quadratmeter. Das Anlagevermögen des 1. FCK aus Grundstücken und Stadion betrug nach einem Bericht in der *Rheinpfalz* vom 13.9.1989 ca. 15 Millionen DM.

Als ein Jahr später der 90. Geburtstag des 1. FCK kurz bevorstand, kämpfte die Mannschaft mal wieder gegen den Abstieg, und bedeutende Literaten und Journalisten der Region wie Michael Bauer und Walter Schumacher machten sich und dem „Betze" Mut. In seinem „Gebet geje de Abstiech" flehte Bauer den Herrgott an, das nicht geschehen zu lassen, was einfach unmöglich erschien: Den „Betze" absteigen zu lassen.

„Uf de Tribüne wachst vielleicht bal Moos!
D' Sunn versinkt uns noch genau am Mittelkreis!
Dort, wo de Peter Briegel in soim rote Hemd
Erumgerennt is, blüht es Edelweiß...
Bewahr, oh Herr, de Betze vor dem Los!"

Dieses Gedicht in Pfälzer Mundart war weit mehr als ein Stoßgebet gen Himmel. Es verdeutlichte, daß mit einem Abstieg des 1. FCK auch das Stadion dort versinken würde, von wo es kein schnelles Auftauchen mehr geben würde. Bauer machte mit einfachen Worten vielen Menschen klar, was ihnen Verein und Stadion bedeuteten und was für Stadt, Region und Land auf dem Spiel stand.

Walter Schumacher, damals beim Südwestfunk, heute Regierungssprecher in Mainz, setzte in der Zeitschrift *Die Pfalz am Rhein* vom April 1990, als auf dem Betzenberg immer noch gebangt wurde, noch einen drauf.

„...lauter lautere laute Lauterer im Fußball-Himmel
feuern die Teufel mit Höllenfeuer an: „Betze!"
Der Betzenberg ist einfach das Höchste.
Ein Abstieg von dieser Höhe? Wirklich unmöglich!"

Das Fritz-Walter-Stadion vor dem Ausbau der Nordtribüne.

■ Die Modernisierung

Als das Präsidium des 1. FCK am 5.12.1990 das Modell für den Neubau der Nordtribüne vorstellte, konnte niemand ahnen, daß es mehr als vier Jahre dauern würde, bis alle Teile ineinander paßten. Damals ging der 1. FCK nämlich von einer „großen Lösung" aus und rechnete mit Gesamtkosten von etwa 40 Millionen DM. In das Projekt sollte ein Parkhaus mit drei Decks und 600 Stellplätzen unter der Nordtribüne integriert werden, jedoch wurde diese Variante aufgrund der Verkehrsbelastung für die Anwohner schnell und lautlos wieder fallengelassen. Der Verein zeigte sich aber selbstbewußt, als er offen darüber klagte, mit der in Aussicht gestellten Quotierung bei der Bezuschussung zwischen Stadt und Land nicht mehr zufrieden zu sein. Der damalige Schatzmeister und Vizepräsident Günter Klingkowski verwies auf die Rolle des 1. FCK als Steuerzahler und rechnete vor, in der Saison 1989/90 habe der Verein 4,5 Millionen DM an Steuern entrichtet. Mit den Stimmen von SPD und CDU beschloß der Stadtrat schließlich im April 1991 – der 1. FCK befand sich auf Meisterkurs – die Förderung des Neubaus der Nordtribüne mit 14 Millionen DM. Zuvor hatte bereits das Land Rheinland-Pfalz einen Zuschuß in gleicher Höhe bewilligt.

Doch nun begannen sich die Gegner des Neubaus der Nordtribüne zu formieren. Die „Interessengemeinschaft Obere Malzstraße" entstand und machte mit populistischen Mitteln gegen das Projekt mobil. Die ökologische Bedeutung des Steinbruchs, um den sich zuvor kaum jemand gekümmert hatte, wurde bemüht, ebenso die waghalsige und letztlich unbewiesene Behauptung, hier niste eine seltene und vom Aussterben bedrohte Eulenart. Die Anwohner der Hochhäuser in der Malzstraße hatten aber auch schlicht Angst, künftig beim Blick aus dem Fenster oder vom Balkon ein riesiges Monstrum aus Beton vor Augen zu haben. Noch immer ging der 1. FCK davon aus, daß in der Sommerpause vor der Saison 1992/93 die Tribüne, das Herzstück des Neubaus, erstellt werden könnte. Doch neue, kompetente Kritiker meldeten sich zu Wort. Der Planungsbeirat der Stadt Kaiserslautern, ein unabhängiges Fachgremium aus Architekten und Planern, rügte die vorgesehenen Ausmaße der neuen Nordtribüne in einer Expertise mit dem Titel „Eine Stadt verliert ihr Gesicht". Die beabsichtigten Eingriffe in die Felskante, den angrenzenden Wald und die dort liegenden Biotope hielt der Beirat für „stadtbildzerstörend" *(Die Rheinpfalz* vom 13.9.1991). Auch die Kreisgruppe Kaiserslautern des Bundes für Umwelt- und Naturschutz Deutschland (BUND) äußerte erhebliche Bedenken in einem Schreiben an den städtischen Baudezernenten Bernhard Deubig und forderte eine Umweltverträglichkeitsprüfung.

Nachdem der 1. FCK nach den zahlreichen Bedenken und Beschwerden die ursprünglichen Baupläne hatte abändern lassen, erteilte Deubig im November 1991 die Baugenehmigung. Nun aber wurden die Gerichte bemüht. Probleme bereitete vor allem das Fehlen eines ausreichenden Lärmgutachtens. Es kam zu einem vorübergehenden Baustopp, zu erheblichen Kostensteigerungen und zu einem Tauziehen um den städtischen Baukostenzuschuß.

Als die Nordtribüne mit all ihren Funktions- und Geschäftsräumen zum Rückrundenbeginn 1994/95 endlich fertig war, sprach man von Kosten von 51 Millionen DM für den gesamten Neubau, wie Norbert Thines am 17.3.1995 im DSF stolz verkündete. Somit wäre nach Abzug der Zuschüsse von Stadt und Land ein Eigenanteil des 1. FCK von 23 Millionen DM geblieben. Später sollte sich jedoch herausstellen, daß diese Zahlen zu optimistisch waren und der 1. FCK durch diese Bautätigkeit in erhebliche Turbulenzen geraten war.

Im Dezember 1997 bemühte sich der 1. FCK um eine Landesbürgschaft für einen Bankkredit zur Nachfinanzierung der Nordtribüne, die nach letzten Berechnungen 63 Millionen DM gekostet hatte. Der Bürgschaftsausschuß des Landes Rheinland-Pfalz sprach sich schließlich für einen Kredit in Höhe von 6 Mio. DM mit 70%iger Absicherung und einer Laufzeit von sechs Jahren aus. Während die Vertreter von SPD, FDP und CDU dem Antrag zustimmten, hielten die Grünen dagegen. Deren Fraktionsvorsitzende Ise Thomas kritisierte, „der FCK könne nicht als florierendes Sportunternehmen Landesmittel in Anspruch nehmen wollen wie ein in Not geratener Wirtschaftsbetrieb" *(Die Rheinpfalz)*. Dahinter stand die Vermutung, der 1. FCK könne den Kredit zum Kauf neuer Spieler verwenden. Also schlugen die Grünen den Roten Teufeln vor, doch „den Gang an die Börse in Erwägung zu ziehen". Diese Auseinandersetzung zeigte wieder einmal deutlich, wie unflexibel hierzulande gedacht, wie jeweils das Schlechte und Böse beim anderen vermutet wird.

Anders in Frankreich: Als der AJ Auxerre 1996 Französischer Meister wurde und an der Champions League teilnehmen durfte, waren alle Burgunder stolz, es den arroganten Parisern gezeigt zu haben. So wie die Pfälzer, wenn der 1. FCK gegen Bayern München gewinnt. Fast hätte die UEFA es damals geschafft, die Kicker aus der 40.000-Einwohnerstadt für die Champions League-Spiele aus ihrem Stadion zu vertreiben und ausgerechnet nach Paris (!) zu verpflanzen. Denn das Flutlicht im Stade Abbé Deschamps genügte nicht den Anforderungen der UEFA. Da aber taten sich viele Städtchen und kleine Dörfer rings um Auxerre zusammen, legten alle ein paar Franc auf den Tisch, und die Champions League war gerettet.

Konzipiert wurde die neue Nordtribüne nach der Besichtigung zahlreicher europäischer Vorzeigestadien wie das Philips-Stadion des PSV Eindhoven und das Constant Vanden Stock-Stadion des RSC Anderlecht, das über 28.063 Plätze, darunter 18.737 Sitzplätze, 6.900 Stehplätze, 1.583 Business-Seats und 406 Logenplätze, verfügt. Nach diesem Vorbild entstanden in der Nordtribüne zwölf Logen, die je nach Anordnung pro Jahr jeweils zwischen 54.000 und 65.000 DM einbringen. Lange bevor die Logen bezugsfertig waren, hatten sie bereits ihre Abnehmer gefunden. Auch die 6.000 DM teuren Business-Seats gingen zügig weg. Vom englischen Renommierklub Manchester United entlieh der 1. FCK die Idee des „Sponsor of the Day", bei dem eine Firma Geschäftsleute auf den Betzenberg einlädt, denen dort ein breites Angebot an Fußball, Unterhaltung und Bewirtschaftung offeriert wird.

Mit der Installierung zusätzlicher preisgünstiger Sitzplätze in den vorherigen Stehplatzblöcken zwei und drei wurde zwar das Stehplatzangebot insgesamt reduziert, jedoch bestand hier erwiesenermaßen eine große Nachfrage nach „bezahlbaren" und bequemen Plätzen auch für einkommensschwächere Fußballfans. Zusätzlich entstand zwischen Block fünf und der Südtribüne ein schmaler Streifen mit Sitzplätzen sowie Spielmöglichkeiten für Kleinkinder, der Familienblock, zu dem der Zutritt nur mit Kind möglich ist und für den keine Dauerkarten verkauft werden.

Wegen der unsinnigen (Sicherheits-?-)Auflagen der UEFA, die anscheinend nur für sichere westeuropäische, nicht aber für desolate osteuropäische Stadien (siehe Albanien) zu gelten scheinen, wurden zum Entsetzen der Fans 3.923 Klappsitze auf der Westtribüne montiert, um bei internationalen Spielen die 14.300 Stehplätze kurzerhand in 3.923 Sitzplätze und 6.328 Stehplätze umwandeln zu können.

Noch vor der Winterpause 1994/95 und den beiden Spielen gegen Werder Bremen und den SC Freiburg ging es auch den beiden alten Anzeigetafeln an den Kragen. Astrovision und Panarena-TV hielten pünktlich zum Länderspiel Deutschland – Albanien am 18.12.1994 Einzug auf dem Betzenberg. Das von Panasonic, einem Unternehmen der Matsushita Electric Japan, installierte High-Tech-System im Wert von ca. 8 Millionen DM kostete den 1. FCK keinen Pfennig und bietet viele neue audiovisuelle Möglichkeiten und Perspektiven bis hin zum Betzenberg-TV. Angrenzend an den neuen Presseraum entstand so ein komplettes Fernsehstudio, das neuesten technischen Anforderungen genügt.

Daß über all diesen baulichen und technischen Neuerungen auch die „normalen" Fans und Stehplatzbesucher nicht vergessen wurden, ehrt den damaligen Präsidenten des 1. FCK, Norbert Thines. Beim unermüdlichen Kampf gegen die totale „Versitzplatzung" stand der 1. FCK an der Spitze der Vereine, die durch den Erhalt von Stehplätzen die Fußball-Kultur in den Stadien retten wollten. Durch die Bewerbung des DFB um die Weltmeisterschaft 2006, für die auch das Fritz-Walter-Stadion Interesse angemeldet hat, sind aber all diese Bemühungen, die Stehplätze auf dem „Betze" zu retten, Makulatur. Eine realistische Bewerbung als Austragungsort wird es nur geben können, wenn alle Stehplätze verschwinden. Ob dies wegen fünf WM-Spielen zu rechtfertigen ist, wagen nicht nur hartgesottene Fans von der Westtribüne, die am meisten betroffen wären, zu bezweifeln. Trotz des Engagements gegen die „Versitzplatzung" hatte man beim 1. FCK keine Skrupel, Business-Seats, VIP-Logen und Goldene VIP-Cards in das Angebot aufzunehmen. Immerhin finden sie genügend Abnehmer, und mit den Einnahmen aus diesen lukrativen Geschäften können die günstigen Preise für Stehplätze und billigere Sitzplätze gehalten werden. Reich subventioniert Arm, Sozialismus à la FCK. Der finanzkräftige VIP erhält durch seinen Obolus dem Arbeitslosen sein Samstagnachmittagsvergnügen. Ein Stück demokratische Öffnung dokumentiert auch die Wandelhalle, nach dem Willen des Sponsors Karlsberg jetzt MIXery-Halle genannt, für alle Fans nach Spielschluß. Sie ist ein positives Beispiel dafür, wie man die totale Segregation der einzelnen Besuchergruppen im Stadion verhindern kann. Zumal zwei Stockwerke höher im Restaurantbereich am Spieltag off limits getagt wird. Nur Inhaber farbiger Bändchen dürfen eintreten und die Spielanalyse im feineren Rahmen miterleben.

Mit der Intimität auf der neuen Tribüne ist es nicht weit her. Mit den liebgewonnenen Kontakten zu den jahrelang gewohnten Nachbarn war es plötzlich ebenso vorbei wie mit dem fast hautnahen Kontakt der ganz unten sitzenden Zuschauer zu den Trainern. Auch die Nähe zum Spielfeld ist (notwendigerweise) etwas verlorengegangen. Die Journalisten, die früher auch mal eine originelle Bemerkung eines Zuschauers aufschnappen konnten, sind fast unter sich. Der Spielerbus quält sich nicht mehr wie früher um 14 Uhr durch die Trauben von Zuschauern hinter der alten Nordtribüne. Er hält am Fuß des Tribünenmonstrums, die Spieler gelangen unbehelligt, aber auch ohne aufmunternde und ermutigende Worte per Aufzug in ihre Kabine. Der Betzenberg, das Fritz-Walter-Stadion, hat sich sehr verändert. Es ist moderner und konkurrenzfähiger geworden. Mit dem Neubau der Nordtribüne hat der 1. FCK die Voraussetzungen geschaffen, künftig bei internationalen Ereignissen als Anbieter mitzuhalten. Dazu war auch die Schaffung einer Sicherheitszone zwischen Spielfeld und Zuschauerbereich notwendig.

Doch mit dem großen Erfolg nach dem Abstieg, mit dem direkten Aufstieg sowie der Teilnahme an der Champions League mußte der 1. FCK erneut reagieren und im günstigen Moment die letzte Problemzone im Stadion, die marode Südtribüne angehen. Ihr Abriß und der Neubau einer funktionsfähigen neuen und größeren Tribüne läßt dem 1. FCK und seinen Fans, die nach Dauerkarten Schlange stehen, neue Möglichkeiten für eine große Zukunft, die dieses Mal professioneller angepackt werden muß als nach der Meisterschaft 1991. Damals war mit Beginn der Saison 1991/92 die Euphorie verpufft, von der Präsenz des Deutschen Meisters nicht viel zu spüren gewesen. Es geht nicht nur um europäische Vereinswettbewerbe, sondern auch um Länderspiele, große Turniere und möglicherweise um die WM 2006. Der potentielle Spielort Kaiserslautern mußte handeln, um im Gespräch zu bleiben.

Die Fans am „Betze"

Neue Freundschaften, neues Fanzine und alte Probleme

„Müllmann und Staatsminister, Arbeitsloser und Bankdirektor, Pfälzer, Saarländer, Ausländer, Christ, Atheist, Moslem, Rollstuhlfahrer und Leistungssportler, Sponsor und Fanklub, Kind und Opa/Oma, Putzfrau, Student, Polizist, Winzer, reich und arm. Mitglied, Sympathisant und, und, und... Alle haben ihren Platz im Vereinsgefüge, finden ihre Akzeptanz, ein Stück 'Kultur', da frei aus dem Volke kommend!"
Norbert Thines, ehemaliger Präsident des 1. FC Kaiserslautern

„Das ist irgendwie ein verrücktes Volk, die Leute sind einfach Weltklasse... Daß ich das Glück hatte, in Kaiserslautern verpflichtet zu werden und alle zwei Wochen vor diesem Publikum spielen zu dürfen, das war für mich wirklich das Größte..."
Reinhard Stumpf, Co-Trainer, Mitglied der Meistermannschaft 1991

Als der 1. FC Kaiserslautern im Frühjahr 1996 mitten im Abstiegskampf steckte und die Lage fast hoffnungslos schien, machten in der Mitte der Pfalz die ersten Schreckenszenarien die Runde. Höchstens 15.000 Zuschauer, prophezeiten einige Männer der ersten Bundesligastunde, würden den Weg ins Fritz-Walter-Stadion finden, wenn die Gegner nicht mehr Bayern München und Borussia Dortmund, sondern SV Meppen und FSV Zwickau hießen.

Doch der Abstieg am 18. Mai 1996 bewirkte genau das Gegenteil. Die Zahl der Mitglieder stieg ebenso an wie die Zahl der offiziell registrierten Fanklubs, und das Stadion war zwar nicht immer ganz ausverkauft, aber 15.000 wären selbst noch gegen die eigenen Amateure gekommen.

■ Anfänge

Über 300 Fanklubs hat der 1. FCK heute, und durch die rasante Zunahme von Neugründungen sind auch die Aufgaben des Fanbeauftragten Hannes Riedl noch umfangreicher und intensiver geworden (siehe Interview).

Als die Bundesliga 1963 startete, gab es auch schon Fans und sogar schon einige Fanklubs, aber damals wurden solchermaßen Engagierte eher etwas mitleidig belächelt, weil man sie für leicht verrückt hielt. Der Verein kümmerte sich noch nicht um die versprengten Unterstützer. Fußball auf dem Betzenberg anno 1963/64 war eher eine nüchterne Angelegenheit für den 1. FCK. Der galt in jenen frühen Jahren nicht gerade als ästhetisches Vorbild, was die spielerische Variante des Fußballs angeht, sondern hatte manches Rauhbein wie Willi Wrenger oder später Uwe Klimaschefski in seinen Reihen. Deren Verhalten auf dem Rasen übertrug sich nicht selten auf die Anhänger, die zuweilen rauhbauzig auftraten und nicht nur gegnerische Fans, sondern auch zivilisierte Einheimische das Fürchten lehrten. Den schlechten Ruf des 1. FCK, eine „Kloppertruppe" zu sein, verstärkten Teile dieser Fangruppen durch ihr Auftreten bei Heim-, vor allem aber bei Auswärtsspielen.

■ Der Fanbeirat

Heute heimsen die Fans des 1. FCK, so es die als Gesamtheit überhaupt gibt, so manche Auszeichnung und Trophäe für die Art ihres Fanseins ein. Den lächerlichen SAT 1-Fuxx für „die besten Fans der Liga" etwa. Fanbeirat Alexander Lutz, Vertreter der Region Pirmasens-Zweibrücken, kann solchen pauschalen Lobpreisungen nichts abgewinnen: „Solange Leute unter uns sind, die dumme und rassistische Sprüche machen, halte ich von der Auszeichnung 'beste Fans der Liga' gar nichts." Tatsächlich macht der alltägliche Rassismus, Sexismus und Nationalismus auch vor der Westtribüne (aber nicht nur vor dieser) nicht halt.

Daß es aber im Gegenzug auch ein vielfältiges soziales und politisches Engagement gibt, ist wesentlich auf die Existenz des Fanbeirats zurückzuführen, der als Institution im Verein 1999 zehn Jahre alt wird.

Mitte der 70er Jahre, als Jürgen „Atze" Friedrich zum ersten Mal Präsident und Norbert Thines Geschäftsführer war, erkannte man beim 1. FCK „die Arbeit mit und für die Fans als soziale Aufgabe" (Thines). Im März 1977 rief der neugewählte Präsident zur ersten Fanklub-Veranstaltung des 1. FCK, und rund 100 „Delegierte" aus 44 Fanklubs kamen der Einladung nach. Mit den Worten: „Ihr seid unsere Außendienstmitarbeiter, ihr könnt für harmonische Zusammenarbeit sorgen innerhalb und außerhalb der Stadien", gelang es Friedrich, ein 'Wir-Gefühl' zu entfachen.

Die systematische Erfassung der Fanklubs hatte damit begonnen. Vorrangiges Ziel in den 70er Jahren war die Bekämpfung des sogenannten

Rowdytums. Der Verein setzte sogar Prämien aus für Fans, die Büchsenwerfer aus den eigenen Reihen dingfest machen halfen. Friedrich und Thines ging es auch darum, den eigenen Fans klar zu machen, daß die gegnerischen Anhänger Gäste und keine Feinde sind, die man beschimpft, beleidigt und in irgendeiner Weise beschädigt. Ihre Arbeit mündete im Juli 1989 – Friedrich hatte bereits seine zweite Präsidentschaft hinter sich und war 1988 zurückgetreten, sein Nachfolger hieß Norbert Thines – in einem ersten Kongreß der 1.-FCK-Fanklubs, aus dessen Mitte sich der erste Fanbeirat konstituierte.

Erster Fanbeauftragter des 1. FCK war Werner Süß, genau wie sein Nachfolger Harald Heidermann gleichzeitig auch Sicherheitsbeauftragter. Eine Doppelfunktion, die viele „fanfremde" Aufgaben beinhaltete, außerdem gerieten die beiden Tätigkeiten in Konflikt miteinander. Seit 1. April 1996 sind die Funktionen getrennt: Harald Heidermann versieht den Job des Sicherheitsbeauftragten, neuer Fanbeauftragter wurde Hannes Riedl, ehemaliger Profi beim 1. FCK. Und inzwischen gibt es auch einen Fanbeauftragten für Behinderte, Arnulf Weber, der ständigen Kontakt zu den Rollstuhlfahrern halten soll, die nach Norbert Thines' Rücktritt als Präsident etwas ohne Ansprechpartner dastanden.

Daß der Fanbeirat des 1. FCK Mitglied des „Bündnis Aktiver Fußball-Fans" (BAFF) ist, das vorher „Bündnis Antifaschistischer Fußball-Fans" hieß, ist keine Einzelaktion versprengter linker Fans, sondern findet Unterstützung und Zustimmung auch bei Riedl. Eine der ersten sichtbaren Aktionen des Fanbeirats gegen rechts war das Zeigen einer großen Fahne, auf der stand: „Rote Karte dem Rassismus". Dies war aussagekräftiger und vor allem politischer als das wachsweiche „Mein Freund ist Ausländer", mit dem der DFB sich dem Thema näherte. Auch der Aufkleber mit dem „Betzi" und der Aufschrift: „Ich stehe zum 1. FCK! Fußball braucht Stehplätze" prangt auf vielen Autos und Rucksäcken und klingt etwas mehrheitsfähiger als das ordinäre „Sitzen ist für'n Arsch!" Und das Verbot des

Mitführens neofaschistischer Embleme sowie des Aufhängens der Reichskriegsflagge ist beim 1. FCK keine Forderung, sondern seit langem in der Stadionordnung festgelegt. Der Slogan „Fans brauchen keine Zäune" hat dagegen (nicht nur) in Kaiserslautern an Bedeutung verloren und ist von der Angst um den totalen Verlust der Stehplätze in den Hintergrund gedrängt worden. Aber spätestens in der Vorbereitung auf die WM 2006, so der DFB den Zuschlag erhalten sollte, wird das Thema „Beseitigung der Zäune" auch im Fritz-Walter-Stadion auf der Tagesordnung stehen, da die FIFA entsprechenden Druck ausübt.

■ Fanfreundschaften

Wer an einem Spieltag mit dem Zug von Mannheim nach Kaiserslautern fährt, registriert von Haltestation zu Haltestation immer mehr Kuttenträger. Aber in das rote Meer der FCK-Schals, Mützen und Fahnen mischt sich bayrisches Weiß-Blau, das des TSV 1860 München. Die Fanfreundschaft mit den „Löwen" – mit dem Präsidenten Wildmoser und Trainer Lorant hat das nichts zu tun – hat die lange Liaison mit den Fans von Werder Bremen fast völlig in den Hintergrund gedrängt. Dies ging sogar so weit, daß im Herbst 1997, als die 60er mit 0:1 gegen Werder verloren, ein gellendes Pfeifkonzert von der Westtribüne zu hören war. Das hatte ein paar Jahre zuvor, als die Bremer dem FC Bayern die Meisterschaft weggeschnappt hatten, noch ganz anders geklungen. Und viele erinnern sich noch gern an das Pokalfinale 1990 in Berlin, als sich rote und grüne Fans trotz des 3:2 für den 1. FCK verbrüderten.

Inzwischen ist man beim Fanbeirat bestrebt, die Freundschaft mit Werder wieder etwas zu intensivieren. Aber eine Inflation an Fanfreundschaften wie etwa bei Borussia Dortmund soll es nicht geben.

■ Teuflisches Fanzine

Allerlei Einwände kritischer Fans gab es jahrelang gegen die dürftigen Publikationsmöglichkeiten im längst renovierungsbedürftigen Stadionheft *Hinein*. *Die Welle* hieß das ca. viermal im Jahr beigelegte Fanblatt, das stets dem Geschäftsführer vor Veröffentlichung vorgelegt werden mußte. Inzwischen gibt es *Die Welle* in dieser Form nicht mehr. Den Fans stehen in der neuen und informativen Stadionzeitschrift *play*, das *Hinein* 1996 abgelöst hat und den Ansprüchen eines Bundesligisten genügt, regelmäßig mehrere Seiten zur Verfügung.

Im November 1995, als die Stimmung wegen des schlechten Tabellenstandes nicht eben gut war, gründete eine Gruppe von Fans das „unabhängige Provinzine" *In Teufels Namen,* in Form und Machart orientiert am vielgelobten *Schalke Unser.* Vor dem Spiel gegen den SC Freiburg ging man in der Gaststätte „Benderhof" endlich das Abenteuer Fanzine an. Der Nr. 0, die am 23. März 1996 zum Spiel gegen Werder Bremen erschien, gingen auch Gespräche mit den Verantwortlichen im Verein voraus, die schließlich grünes Licht gaben und den Verkauf von *In Teufels Namen* auf dem Vereinsgelände erlaubten.

Inzwischen ist *In Teufels Namen* ein fester Bestandteil der deutschen Fanzineszene und beweist unter anderem durch seine Titelillustrationen eine besondere Ironie. Das Cover der Nr. 0 zierten fünf Fans, die auf Stelzen durch hohes Wasser waten: „Auch wenn uns das Wasser bis zum Hals steht... BERLIN, BERLIN, wir waten nach Berlin!" Sogar der Abstieg konnte der Selbstironie der Redakteure nichts anhaben. Als die Nr. 1 zum zweiten Heimspiel in der 2. Bundesliga gegen Mainz 05 erschien, war auf dem Titel ein altes Foto von Jürgen „Atze" Friedrich zu sehen, wie er mit gebrochenem Bein auf dem Krankenbett liegt: „Abstieg ist doch kein Beinbruch". Im März 1997 – die Zeichen standen längst auf Wiederaufstieg – hieß es frei nach Monthy Python's „Leben des Brian": „Always look on the bright side of life..." Die Nr. 3 erschien am 26. Mai 1997 zum Spiel gegen den SV Waldhof. Der 1. FCK stand bereits als Aufsteiger fest, und so prangte auf dem Titel eine Federlithografie aus dem Historischen Museum der Pfalz in Speyer, die den Zug auf das Hambacher Schloß am 27. Mai 1832 zeigt: „Am 27. Mai 1832 zogen die Pfälzer aufs Hambacher Schloß. Heute, fast auf den Tag genau 165 Jahre später, ziehen sie in die Bundesliga ein..."

Der Einzug in die Bundesliga nach einem Jahr im Unterhaus war für viele Fans des 1. FCK auch das Ende permanenten Ärgers über unmögliche Spielansetzungen. Waren Montagsspiele in Köln, Wolfsburg und Berlin schon nervig genug, so war es selbst Fußball spielenden Fans an den Sonntagen, dem traditionellen Amateurspieltag, schier unmöglich, ihre Mannschaft zu unterstützen, da sie selbst 'ran mußten. In der Nr. 4 von *In Teufels Namen* antworteten die Fanzine-Macher auf einen Brief des DSF, in dem dieses den Fans für ihr Verständnis für „so manche Spielverlegung auf den Montag" gedankt hatte:

„Liebe Im-Stehen-Pisser, sehr verehrtes Deutsches Struller Fernsehen (Copyright Schalke Unser), ... Klar, wir verstehen natürlich, daß die Montagsspiele überaus wichtig für euch sind, wirtschaftliche Notwendigkeit und so'n Zeug, logo, aber mal

Fans und Freundschaften in der Westkurve

ehrlich, wer braucht euch überhaupt, wer sagt, daß ihr überhaupt notwendig seid?... Wir danken euch für euren guten Wünsche, scheißen drauf und wünschen euch, ... daß ihr das nächste Mal auf der Toilette ... zwischen zwei 'verständnisvollen' St.-Pauli-Fans ... stehen müßt und ihr euch endlich mal selbst richtig 'mittendrin statt nur dabei' fühlen könnt. Und uns wünschen wir, daß ihr uns auf lange Sicht erspart bleibt..."

Doch nicht nur das DSF bereitete den Fans Ärger. Der gute Start in die Saison 1997/98 brachte es mit sich, daß Premiere den 1. FCK bevorzugt live übertrug. Als die Trommler deshalb ihren angestammten Platz verlassen mußten, ohne daß dies vorher mit der entsprechenden Sensibilität besprochen worden war, skandierte die Westtribüne: „Scheiß Premiere!" Später fand sich dann eine von allen akzeptierte Lösung.

■ Grenzen

Die Fans des 1. FCK zählen weiter zu den treuesten und stimmungsvollsten in der Bundesliga. Ihnen ist aber mit dem Rücktritt von Norbert Thines als Präsident eine wichtige Identifikationsfigur verlorengegangen, die nicht zu ersetzen ist. Vor diesem Hintergrund machte auch die damalige Bitte von Aufsichtsratsmitglied Jürgen „Atze" Friedrich an Thines, doch erneut für das Amt des Präsidenten zu kandidieren, Sinn. Thines war der „Fan-Präsident" schlechthin, der sich um alles kümmerte, ohne aufdringlich zu wirken. Aufgrund seiner Zugehörigkeit zum linken Flügel der CDU, der sich der Katholischen Soziallehre verpflichtet hat, nahm man es ihm ab, wenn er sich hinter bestimmte Aktionen des Fanbeirats stellte oder gar selbst welche initiierte.

Die Vertreter des neuen Aufsichtsrates und des neuen Präsidiums haben sicher viele andere Qualitäten und schätzen den Stellenwert der Fans ebenfalls hoch ein. Es würde aber nichts peinlicher wirken als aufgesetzte Volkstümlichkeit und Kumpanei, die einem doch keiner abnähme. Trotzdem ist es notwendig, daß die Fans außer dem Fanbeauftragten auch in Aufsichtsrat Wolfgang Fritz einen „Verbündeten" in der oberen Etage des Vereins haben, der sich für ihre Interessen einsetzt, ihnen aber auch kraft seiner Glaubwürdigkeit und Autorität Grenzen aufzeigen kann, ohne dafür ausgepfiffen zu werden.

Was Thines bei allem Einsatz nicht schaffte, trotz Aktionen wie „FCK-Fans gegen rechts" und „Rote Karte dem Rassismus": Die mitunter dumpfen Sprüche und Slogans aus der Westtribüne zu vertreiben. Vielleicht ist es aber zuviel verlangt, denn auch die Zuschauer in der Westtribüne sind letztlich nichts anderes als ein Querschnitt durch die Bevölkerung. Uniformität in den Meinungen zu fordern, ginge hier an der Realität vorbei. Und deshalb können die Fans des 1. FCK auch nicht die besten der Bundesliga sein. Denn für eine solche Bewertung gibt es keine objektiven Kriterien. Doch einmalig ist es schon – wenn man mal mittendrin steht im vieltausendköpfigen Jubel der Freude und der Euphorie.

„Strukturell sind wir den meisten weit voraus."

Ein Gespräch mit dem Fanbeauftragten Hannes Riedl

Hannes Riedl

Nicht nur der Prophet, auch Hannes Riedl (48) galt lange Zeit nichts beim Bundesligisten im eigenen Lande. Mit 17 Jahren bereits in der Regionalligamannschaft des FK Pirmasens, hoffte er vergeblich auf den Ruf des großen Nachbarn 1. FC Kaiserslautern. Statt dessen wechselte er 1968 zum MSV Duisburg, zog weiter zu Hertha BSC Berlin, von wo er 1974 endlich zu „seinem" 1. FCK kam. Heute ist Riedl Fanbeauftragter des Vereins und beobachtet, wie sein Sohn Thomas den schweren Kampf um einen Stammplatz bei den Roten Teufeln aufgenommen hat.

Sie sind seit April 1996 Fanbeauftragter des 1. FCK. Mit Ihrem Büro sind Sie umgezogen, von hoch droben auf dem Betzenberg nach unten an den Fuß des Berges in den Fan-Shop „Fans & Fun". Fühlen Sie sich ausgegrenzt?

Nein, das war notwendig, weil oben zu wenig Platz war und im Sommer 1997 Geschäftsführer Erwin Göbel seine Arbeit aufnahm. Zwischen ihm und Gerhard Herzog muß es eine enge Verbindung geben. Mit mir ist auch der gesamte Merchandising-Bereich umgezogen. Ich sehe sogar einen Vorteil, hier zu sitzen, da ich so direkt mit den Fans, die zahlreich hierher kommen, Kontakt habe.

Wie sind Sie in die Struktur des Vereins eingebunden?
Ich bin für meinen Bereich selbst verantwortlich und tangiere jede Abteilung im Verein, ob Kartenservice, Verwaltung, Geschäftsführung oder Merchandising. Durch die besondere Form der Organisation der Fanklubs in den regionalen Fanbeiräten bin ich als Fanbeauftragter Kontaktperson zwischen den Fans und dem Verein. Ich treffe mich mit den Fanbeiräten aus den acht Regionen einmal monatlich. Die Fanbeiräte selbst haben zusätzlich in ihrem Gebiet Regionalsitzungen, die ich zum Großteil auch besuche. So ist der Transport der Informationen immer gewährleistet. Ich bin viel unterwegs, weil das teilweise große Entfernungen sind. Meine Arbeit ist zwar zeitintensiv, macht mir aber viel Spaß. Vielleicht habe ich einen Vorteil, weil ich als aktiver Spieler des 1.FCK auch viele Veranstaltungen von Fanklubs und Freundeskreisen besucht habe. Damals war das noch nicht so straff organisiert. Ich war sehr nahe dran am Publikum und an den Fans und habe auch heute keine Berührungsängste.

Zu den Zeiten der Präsidentschaft von Norbert Thines gab es viele soziale Aktivitäten, etwa die Hilfstransporte in die Ukraine oder ins bulgarische Tarnovo, die Aktionen für die Kinder aus der Umgebung von Tschernobyl und das Engagement für die Rollstuhlfahrer. Von Aktionen wie „Rote Karte dem Rassismus" ganz zu schweigen. Trügt das Gefühl, dieser Bereich leide etwas not, seit Thines nicht mehr im Amt ist?
Eigentlich setzen wir das nahtlos fort. Vielleicht ist vieles nicht (mehr) populär genug, um in der Presse entsprechend erwähnt zu werden. 1997 hatten wir zwei Hilfstransporte nach Rußland mit Arznei- und Lebensmitteln. Aktionen dieser Art wird es jedes Jahr geben. Wir haben über 300 registrierte Fanklubs, die auch selbst fast alle soziale Aktionen unternehmen. Z.B. die „Horbacher Weltenbummler", die die Mukoviszidose-Stiftung unterstützen. Oder der Fanklub aus dem südpfälzischen Hatzenbühl, der mit einem Kinderheim zusammenarbeitet. Und den Konvoi der Rollstuhlfahrer zum Zweitligaspiel bei Eintracht Frankfurt hat der Fanklub „Fair-Play Landstuhl-Wittlich" organisiert. Es gibt auch immer wieder Anfragen an den Fanbeirat, der manches aus seiner Sozialkasse unterstützt. Für neue Anregungen sind wir immer offen.

Die Fankultur hat sich in den letzten Jahren verändert, z.B. gibt es das „Bündnis Aktiver Fußballfans" (BAFF), das von den Vereinen und den Verbänden fordert, die Stehplätze in den Stadien zu erhalten. Ganz konkret: Was passiert mit dem Betzenberg, falls Deutschland die WM 2006 ausrichten sollte? Dazu kommt die Diskussion um die von vielen gewünschte Beseitigung der Zäune, das Problem der teilweise inflationären Fanfreundschaften. Dann gibt es seit einiger Zeit, seit 1996 auch in Kaiserslautern, eine ganze Menge gut geschriebener Fanzines. Und zu guter Letzt ist das Netz vor der Westtribüne wieder verschwunden...

Die Aktionen für den Erhalt der Stehplätze sind notwendig, ob sie nun von BAFF (wo sowohl der Fanbeirat als auch das Fanzine „In Teufels Namen" Mitglied sind, GRL) oder von den Fanbeiräten selbst initiiert sind. Das ist immer wieder Thema bei den Sitzungen der Fanbeauftragten aus den beiden Bundesligen. Sogar der DFB unterstützt, zumindest allgemein, dieses Ziel. Aber wir werden in den internationalen Wettbewerben nicht darum herumkommen, umzudenken. Schon ab der Saison 1998/99 gibt es laut Beschluß der UEFA keine Stehplätze mehr bei diesen Spielen. Und wir müssen diese Auflagen der UEFA einhalten. Die Fans hier fürchten, daß die Eigenheit der Westkurve verloren geht, rein stimmungsmäßig. Es ist ihre Kurve, und sie wärmen sich darin vor dem Spiel auf und stimmen sich ein auf das Spiel. Da ist sicher viel Angst da, daß dieser Charakter dann vielleicht verlorengeht. In England z.B. hat sich nach meinen Informationen die Stimmung in den Stadien nicht verschlechtert, aber die preisliche Ausgestaltung ist eine andere geworden. Ein Sitzplatz ist teurer als ein Stehplatz und nimmt mehr Platz weg, das heißt, das Zuschauerkontingent wird noch kleiner, und wir haben ja schon jetzt das Problem, daß wir mit unserem Stadion zu klein geworden sind. Selbst wenn wir das Stadion jetzt weiter ausgebaut haben, wird es durch die Umwandlung von Steh- in Sitzplätze wieder kleiner.

Gibt es etwas, was Sie an den Fans in der Westtribüne stört, es kann ja nicht alles toll sein?

Das stimmt schon. Aber bei uns ist das Manko, wenn es denn vorhanden sein sollte, relativ klein. Man sollte sich vielleicht fanmäßig öfter mal was Neues einfallen lassen, was Schlachtgesänge und Lieder angeht, die sich auf den Verein beziehen. Das ist alles irgendwie so in festgefahrenen Gleisen. Was ja jetzt in jedem Stadion zu hören ist: „Steht auf, wenn ihr ...... seid!", da regen sich viele im Sitzplatzbereich drüber auf, denn der eine ist euphorisch und macht mit, während der andere hinter ihm nichts mehr sieht und der nächste behindert ist und gar nicht die Möglichkeit hat, auf die Aufforderung zu reagieren. Ein bißchen mehr Kreativität ist da schon angesagt.

Seit der Saison 1995/96 in der 2. Bundesliga haben wir die Trommler mehr organisiert und einen Cheftrommler ernannt. Das war notwendig, weil das vorher alles ein wenig durcheinander gegangen ist. In der Saison 1997/98 gab es ja dann den Eklat mit „Premiere", als die dort, wo die Trommler stehen, ihre Kameras aufgebaut haben und die Trommler weiterrücken mußten. Das kam ohne Vorankündigung und ist Sache des

Sicherheitsdienstes. Aber letztlich hat der DFB einen Vertrag mit „Premiere", und die Vereine profitieren davon. Man sollte aber die Trommler auf ihrem Platz schützen, denn sie sind eine Institution und fachen auch die Stimmung im Stadion an. Wenn „Premiere" im Haus ist, rücken die Trommler etwas nach links in Richtung Südtribüne, das ist jetzt so geregelt. Von den Fernsehgeldern haben ja alle etwas: Der Verein, (weil er das Geld gut brauchen kann), die Spieler, (weil sie mehr verdienen können) und die Fans, (weil sich der Verein teuere Spieler leisten kann).

Aus diesem Kreislauf gibt es anscheinend kein Entrinnen mehr. Glauben Sie als ehemaliger Profi, daß es irgendwann einmal einen Crash geben könnte?

Das ist im Unterbewußtsein bei mir auch drin, daß sich das alles so überspannt, daß Situationen entstehen, wo es übel wird. Bei den Zahlen – im Vergleich mit anderen Ländern wie England und Spanien sind wir ja noch hinten dran – wird einem schwindelig. Ich hoffe nicht, daß wir uns in Richtung Crash bewegen. Früher war ja festgelegt, was jeder einzelne Spieler kosten und verdienen durfte. Aber bei den verschiedenen Strukturen der einzelnen Länder wäre es schwierig, alle unter einen Hut zu bekommen. Eigentlich eine Aufgabe der UEFA...

Stichwort Fanfreundschaften. Wer Augen und Ohren aufhält, stellt fest, daß es nur noch die Fanfreundschaft mit den Löwen, mit 1860 München, zu geben scheint. Bei Werder Bremen sind sogar schon Pfiffe gekommen, als die bei 1860 gewonnen haben ...

Wir haben die Freundschaft mit Werder wieder etwas intensiviert. Als wir in Meppen und in Oldenburg gespielt haben, waren viele Bremer da und haben uns unterstützt. Auch beim Sommertreffen der Fans in Kirkel waren Bremer Fanklubs zu Besuch. Bei den Treffen der Fanbeauftragten bin ich mit meinen Kollegen aus Bremen in Kontakt. Die Tradition des Spiels der Fans gegeneinander, bevor die Profis aufeinandertreffen, lebt fort. Wie sensibel unsere Fans reagieren, sieht man, wenn Stadionsprecher Horst Schömbs das Ergebnis von 1860 gegen Werder durchsagt und unglücklicherweise mit „leider 0:1" kommentiert, da fühlen sich manche eben angesprochen, die einen positiv, die anderen negativ. Schömbs hat das sicher nicht absichtlich getan. Aber wenn man weiß, daß hier Fanfreundschaften existieren, sollte man neutral bleiben.

Zu den Fan-zentrierten Druckerzeugnissen im Umfeld des 1.FCK: „Die Welle", „In Teufels Namen", „West Side Story"...

„Die Welle" ist jetzt in die Stadionzeitung „play." integriert mit ein, zwei Seiten pro Ausgabe. Der Verein hatte die Kosten hochgerechnet für das vorher separate Produkt und dem Fanbeirat aus Kostengründen die jetzige

Form angeboten. Wegen der Aktualität halte ich das für ganz vernünftig, vor allem, wenn es um Termine geht. Heute erreicht man ca. 15.000 Zuschauer, während „Die Welle" doch weniger Verbreitung fand. Was den Fans bitter aufstößt, ist, daß sie bei Auswärtsspielen eine Vorverkaufsgebühr zahlen müssen. Der Fanbeirat hat angeregt, „play." für ca. zwei Mark zu verkaufen, um diese Gebühr an dieser Stelle wieder aufzufangen.

„In Teufels Namen" ist in seinem Inhalt sehr fanbezogen. Soweit mir bekannt ist, gibt es da keine Absatzprobleme. Das „Provinzine", wie es sich nennt, scheint gut anzukommen. Ich begrüße es, daß es unabhängig von der „Welle" ein Fanzine gibt, das informativ ist und inhaltlich deutliche Akzente setzt. Es tut auch gut zu sehen, daß der Herausgeber der „West Side Story" bei „In Teufels Namen" mitarbeitet. Es ist ein Miteinander im Interesse der Fans, von Fans für andere Fans.

Der Verein hat auch dankenswerterweise „In Teufels Namen" keine Steine in den Weg gelegt, obwohl man im Gegensatz zur „Welle" nicht wußte, was drin stehen würde. Es gibt ja leider auch andere Beispiele wie den Kölner „Hennes", der nach dem Verbot durch den Verein, das Blatt auf dem Stadiongelände zu verkaufen, sein Erscheinen einstellen mußte. Nichts desto trotz gab es auch hier Widerstände zu überwinden. Das Präsidium hat sich damals mit dem Provinzine befaßt, und das Ja dazu war nicht einstimmig trotz eines Norbert Thines. Welchen Stellenwert hat denn Norbert Thines für Sie als Fanbeauftragten?

Thines war eigentlich der Ziehvater der Fanbetreuung beim 1. FCK. Erst als Geschäftsführer gemeinsam mit dem damaligen Präsidenten Jürgen „Atze" Friedrich, später dann selbst als Präsident. Er hat diese heutigen Strukturen wesentlich gestaltet. Mit den Erfolgen Anfang der 90er Jahre ist der Zulauf dann extrem geworden, und die Bedeutung der Fanarbeit hat noch mehr zugenommen. Und gerade in der allerschlimmsten Phase vor und nach dem Abstieg war eine ungeheuer große Bereitschaft, zu dem Verein zu stehen und dies damit zu untermauern, indem man neue Fanklubs gründete. So gab es innerhalb eines halben Jahres 50 neue Fanklubs. Das ist für mich an einem anderen Ort in Deutschland nicht nachvollziehbar.

Ist das eine Mentalitätssache in der Pfalz? Karl-Heinz Feldkamp hat ja 1990 gesagt: „Es gibt hier nicht soviel Kultur. Dafür haben wir Fußballkultur."

Das ist ein Faktor. Die regionale Zugehörigkeit ist der Beziehungspunkt zum Verein. Aber das ist auch traditionell in den Familien gewachsen. Das hat mich schon als Spieler hier fasziniert. Man hört immer wieder: „Da hat mich mein Vater, Onkel, Opa mitgenommen..."

Bei den regionalen Fanbeirattreffen nehmen auch Spieler teil. Wen wünschen sich denn die Fans am meisten?

Auf alle Fälle Ratinho. Auch Sforza, aber er ist ein bißchen zurückhaltender als Ratinho. Der ist unheimlich populär. Sforza ist eher etwas unnahbar, obwohl er immer freundlich ist. Er ist auch bei den Fans sehr angesehen, aber Ratinho ist näher an ihnen dran. Aus meiner früheren Rolle als Spieler kann ich das Verhalten der einzelnen Spieler gut nachvollziehen. Es gibt da immer zwei Seiten – auf der einen bin ich Fanbeauftragter, auf der anderen ehemaliger Spieler –, und deshalb sehe ich auch die Seele des Spielers. Wenn einer auf dem Platz seine Leistung bringt für die Mannschaft und für die Fans, dann hat er damit schon sehr viel an die Fans zurückgegeben. Der Charakter unserer Fans ist allerdings eher geprägt von einem gewissen Gemeinschaftssinn, vom Familiären. Da möchten sie Leute zum Anfassen haben. Aber ich kann das akzeptieren, wenn der Spieler das nicht so sehr mag und seine Ruhe haben will.

Sforza hat sicher nicht vergessen, was nach seinem Abschied 1995 über ihn geschrieben wurde. Auch nicht, daß manche Leute nicht müde wurden zu behaupten, er sei bei Bayern München und Inter Mailand ein Flop gewesen. Immerhin war er UEFA-Cup-Sieger und zweimal Zweiter in der Meisterschaft.

Er war dort ein guter Spieler unter vielen anderen großen Spielern. So ein Mann kann kein schlechter Fußballer sein, höchstens mal ein paar schlechte Spiele machen. Ich ziehe den Hut vor ihm, Respekt vor seiner Leistung. Er zerreißt sich für die Mannschaft und für den Verein und ist bisher jede Mark wert gewesen, die er den 1. FCK gekostet hat.

Apropos Geld, die Fans beklagen sich, daß sie in ihren Möglichkeiten, sich zu äußern, immer mehr zurückgedrängt werden, z.B. in der Aufwärmphase vor dem Spiel. Die Rede war ja auch schon vom so bezeichneten „RPR-Kasper" als „Feindbild der Westtribüne", der den Fans gehörig auf die Nerven zu gehen scheint?

Es gab Gespräche zu dieser Angelegenheit zwischen dem Verein und RPR. Im Umgang mit den Fans braucht man viel Einfühlungsvermögen. Ich habe ganz am Anfang dem Moderator Thomas Sauer einmal empfohlen, sein „Stadionradio" mal aus dem Fanblock zu machen. Angeblich ist das technisch nicht möglich. Finanzielle Zwänge bestimmen die Abläufe in den Stadien zusehends. Sicher ist, daß die Fans die Leidtragenden sind, wenn sie keine richtige Warmlaufphase haben.

Sie haben selbst beim 1.FCK gespielt, Ihr Sohn Thomas ist jetzt dabei. Haben Sie einen Augenblick gezögert, Fanbeauftragter zu werden?

Gezögert nicht, aber überlegt. Ich bin in Pirmasens aufgewachsen und hatte meine erfolgreichste Zeit als Fußballer beim 1. FC Kaiserslautern. Schon nach meiner aktiven Laufbahn hatte ich irgendwie den Wunsch, hier mitzuarbeiten. Werner Süß und Harald Heidermann, meine beiden

Sie wissen, was sie den Fans verdanken: FCK-Spieler bedanken sich nach einem grandiosen Spiel.

Vorgänger, waren Fan- und Sicherheitsbeauftragte in Personalunion. Diese Funktionen zu trennen war notwendig, weil die beiden Bereiche sehr unterschiedlich sind. Eine gute Zusammenarbeit ist aber notwendig. Ich bin mit meiner Aufgabe voll ausgefüllt, hätte es mir aber nicht so intensiv vorgestellt.

Sie sind seit gut zwei Jahren im Amt. Welche Ziele gibt es denn noch für Sie?

Ich will dazu beitragen, die Nähe zwischen Verein und Fans zu festigen. Ich habe den Eindruck, daß mich die Fans akzeptieren. Das ist wichtig für meine Besuche an der Basis. Dann will ich die sozialen Aktivitäten fortführen. Es gibt genug zu tun. Aber eines ist mir klar geworden: Wenn ich mich bei den anderen Vereinen so umsehe, muß ich feststellen, daß wir von der Struktur her Pionierarbeit leisten und den meisten weit voraus sind.

Querelen, Chaos, Kontrahenten...

Wie der Aufsichtsrat sich professionelles Arbeiten auf die Fahnen schrieb und selbst in die Kritik geriet

■ Korrekturen

Am 12. Februar 1998 bedankten sich Präsidium und Aufsichtsrat des 1. FC Kaiserslautern bei der Firma Bahlsen Snacks Deutschland. Aber nicht etwa, weil der Schriftzug „CRUNCHIPS" auf den Trikots der Roten Teufel nun mehr wert sein würde. Im Gegenteil, den Lauterer Verhandlungsführern war es gelungen, den nicht unumstrittenen Vertrag vorzeitig enden zu lassen.

Es war im Mai 1995 gewesen, als der 1. FCK zwar nicht mehr Deutscher Meister werden konnte, aber vorne mit dabei war, und alle auf dem Betzenberg dachten, die guten Zeiten würden auf ewig anhalten. Aber längst stand fest, daß Ciriaco Sforza, Stefan Kuntz und Marco Haber den Verein verlassen würden. Da überraschten Präsident Norbert Thines und Geschäftsführer Klaus Fuchs, innerlich schon auf dem Sprung zum Karlsruher SC, die Öffentlichkeit mit der Nachricht, Bahlsen werde ab 1.7.1995 für mindestens vier Jahre Partner des 1. FCK, zunächst als Co-Sponsor und ab der Saison 1996/97 als Trikotsponsor, der pro Jahr rund zwei Mio. DM überweise. Nicht öffentlich wurden zunächst die weiteren Regularien, die den Nachfolgern von Thines und Fuchs später einiges Kopfzerbrechen bereiten sollten. Auf jeden Fall war die Art und Weise, wie der langjährige Hauptsponsor OKI verdrängt wurde, nicht die feine. Als Klaus Fuchs den 1. FCK dann im Juli 1995 verließ, wurde ausgerechnet OKI-Manager Wilfried de Buhr sein Nachfolger und mußte mit dem nicht gerade geliebten neuen Hauptsponsor zusammenarbeiten.

Was keiner damals ahnte: Der 1. FCK hatte sich über den Tisch ziehen lassen. „Der 1. FCK hat viele Vorzüge", kommentierte das Haus Bahlsen die Liaison im Saisonmagazin *Let's go Betze*. Die Neu-Isenburger Snackfabrikanten hatten auch gut reden.

Als nämlich die neuen Verantwortlichen in der Chefetage des 1. FCK nach dem Abstieg 1996 Großreinemachen ansagten und Bücher und Verträge durchforsteten, um sich Klarheit über die tatsächliche wirtschaftliche Situation des Vereins zu verschaffen, trauten sie ihren Augen nicht: Die Laufzeit des Vertrags mit Bahlsen war unbegrenzt, mit einer einseitigen Option zugunsten des Sponsors, der jährliche Zuwächse von jeweils jämmerlichen 100.000 DM einräumte. Bei einer Laufzeit von 29 Jahren hätte der 1. FCK im Jahr 2024 ca. fünf Mio. DM jährlich erhalten, eine Summe, die bereits heute im Mittelfeld der Bundesliga nicht unüblich ist.

Jürgen „Atze" Friedrich

Solch Dilettantismus trieb die Aufsichtsräte Jürgen „Atze" Friedrich und Dr. Robert Wieschemann zu Nachverhandlungen. Erstes Ergebnis war eine Befristung des Vertrags bis zum Jahr 2000 und die Anhebung der Steigerungsrate auf 375.000 DM.

Doch die sportliche Entwicklung überrollte diese Übereinkunft, bei der der 1. FCK im Vergleich zu anderen Bundesligisten immer noch schlecht abschnitt. Der sportliche Höhenflug nach dem Aufstieg und der vorzeitig feststehende Einzug in einen europäischen Wettbewerb hatte den 1. FCK für Werbepartner unterschiedlicher Art attraktiv gemacht. Und am 12. Februar war es dann soweit. Bahlsen gab das Trikot zum 30. Juni 1998 frei, um dem 1. FCK eine lukrativere Verbindung zu ermöglichen.

Zwei Wochen später war der Vertrag mit dem neuen Partner, der Deutschen Vermögensberatung, einer Tochter der Deutschen Bank AG, unter Dach und Fach: Laufzeit bis Juni 2001, jährliche Zahlung sechs Mio. DM. Für seine Fans präsentierte der 1. FCK nach dem Flop mit der 1. FCK-Mastercard der BFK-Bank eine „besondere Fußballkreditkarte" in Zusammenarbeit mit der Citibank und Visa, und der langjährige Co-Sponsor Karlsberg verpaßte der Wandelhalle in der Nordtribüne den merkwürdigen Namen „MIXery-Halle".

■ Altlasten

Beim Ausmisten stießen Aufsichtsrat und Präsidium auf weitere Altlasten. Zwar war laut Bericht eines Wirtschaftsprüfers der Umsatz von 46 Mio. DM 1994/95 auf knapp 62 Mio. DM 1995/96 gesteigert worden, doch als Gewinn waren nur schlappe 200.000 DM übriggeblieben. Als Hauptproblem entpuppte sich die neue Nordtribüne. Mit jeweils 14 Mio. DM hatten sich das Land Rheinland-Pfalz und die chronisch notleidende Stadt Kaiserslautern daran beteiligt. 14 Mio. DM hätte der Verein aufbringen müssen, wenn alles normal gelaufen wäre. Tat es aber nicht. Letztlich kostete das Monstrum 55 statt 42 Mio., und das bedeutete 26 Mio. DM mittel- und langfristige Verbindlichkeiten für den Verein. „Wir müssen umschulden und die Verbindlichkeiten langfristig anlegen", äußerte Jürgen „Atze" Friedrich gegenüber der *Rheinpfalz*. Denn immerhin galt es, Millionen bereitzustellen, um die Mannschaft für die Bundesliga zu verstärken. Ein Teil des Defizits rührte aus dem Kauf von Arilson, der ca. fünf Mio. DM verschlungen hatte. Außerdem hatte der 1. FCK bei Provisionen an Spielervermittler nicht gerade gespart. Dazu kamen eine knappe Mio. DM Verlust in der neuen Betzenberg-Gastronomie, deren Wirkung und Anziehungskraft schlicht überschätzt worden war. Hier wurde überdeutlich, daß nur ein geringer Teil der Besucher im Stadion Lauterer sind, und daß die schon gar nicht hochgehen, um dort „nur" zu essen. Im Fanartikelbereich hatte der 1. FCK rund drei Mio. DM umgesetzt, dabei aber 400.000 DM Verlust gemacht, da die Artikel fremdproduziert wurden und eine Menge an Personal für den Verkauf aufgeboten werden mußte.

Als der 1. FCK im Dezember 1997 sich erneut um eine Landesbürgschaft für einen Bankkredit zur Nachfinanzierung der Nordtribüne bemühte, rief das nicht nur Freude bei den im Landtag vertretenen Parteien hervor. Zwar stimmten die Vertreter von SPD, CDU und FDP, deren Vordenker ständige Gäste auf dem Betzenberg sind, im entsprechenden Ausschuß zu, doch wurden sowohl die beantragte Laufzeit als auch der Betrag selbst gekürzt. Bündnis 90/Die Grünen kritisierten das Ansinnen, „der 1. FCK könne nicht als florierendes Sportunternehmen Landesmittel in Anspruch nehmen wie ein in Not geratener Wirtschaftsbetrieb... Wenn der 1. FCK meint, neue Geldquellen auftun zu müssen, soll er sich doch nicht vor einem möglichen Gang an die Börse scheuen". Dahinter stand die Behauptung, der 1. FCK wolle sich zusätzliche Liquidität für Spielerkäufe verschaffen. So falsch gedacht war dies zwar nicht, doch der Einwurf der Oppositionspartei zeigte, wie kritisch man in Deutschland im Vergleich zu anderen Ländern wie Italien oder Spanien mit solchen Dingen umgeht. Oder auch in Frankreich. Als der AJ Auxerre 1996 Französischer Meister wurde und sich für die Champions League qualifizierte, waren alle Burgunder stolz, es den arroganten Parisern gezeigt zu haben. Fast hätte es die UEFA damals geschafft, die Kicker aus der 40.000-Einwohnerstadt ausgerechnet nach Paris (!) zu verpflanzen. Das Flutlicht im Stade Abbé Deschamps genügte nicht den Anforderungen. Da aber taten sich viele Städtchen und Dörfer rings um Auxerre zusammen, legten alle ein paar Franc auf den Tisch, und die Champions League in Auxerre war gerettet.

■ Mehr als nur Fußball

In der Vergangenheit, insbesondere seit dem Meistertitel 1991, ist immer wieder behauptet worden, Kaiserslautern sei Fußball, Fußball, Fußball und sonst gar nichts. Ein Eindruck, der vor allem von Pressemagazinen und überregionalen Zeitungen verbreitet wurde. Zudem hatte der damalige Trainer Karl-Heinz Feldkamp den törichten Spruch getan: „Hier gibt es nicht so viel Kultur. Dafür haben wir Fußballkultur." Das war damals schon falsch und ist es heute, knapp zehn Jahre später, noch mehr.

Nicht nur die traditionellen Kulturinstitutionen wie das Pfalztheater, die Pfalzgalerie und das Kulturzentrum Kammgarn wirken nach außen – in den letzten Jahren hat vor allem auch die Universität den Ruf der Stadt aufpoliert. Der von Bundespräsident Roman Herzog an die LDT GmbH & Co. Laser Display Technologie KG verliehene Innovationspreis strahlte auch auf die Universität Kaiserslautern zurück. Deren Abteilung Lasermeßtechnik hat nämlich dazu beigetragen, daß in einigen Jahren das Laserfernsehen Realität werden kann.

Und gar nicht weit vom Betzenberg, auf dem Weg von der A 6 zum Fritz-Walter-Stadion gelegen, findet man die alte Holtzendorff-Kaserne, den designierten „Barbarossa-Business-Park". Es ist das größte Konversionsprojekt in der Pfalz hinter der verlassenen US Air Base in Zweibrücken. Eine Stuttgarter Immobiliengruppe hat das Gelände gekauft und soll 35 Hektar Land bebauen. Geplant sind Wohnungen, die Ansiedlung von Handwerksbetrieben und Dienstleistungsunternehmen, ein Großkino und ein Hotel mit Sportanlagen. Beeinflußt wurde die Investitionsentscheidung der Schwaben vom guten Ruf der Universität und von der Internationalität der Bevölkerung, die zu großen Teilen der englischen Sprache mächtig ist. 2.000 Arbeitsplätze sollen im „Barbarossa-Business-Park" entstehen, was der krisengeschüttelten Region Westpfalz guttun wird.

■ Die Midas-Affäre und ihre Auswirkungen

Gar nicht gut tat dem Image des 1. FCK die monatelange Präsenz in den Medien aufgrund vermuteter Unregelmäßigkeiten bei seinen Wirtschaftstätigkeiten. Der Riß ging durch Aufsichtsrat und Mitglieder. Aufsichtsratsmitglied Peter Werner Landry, ein Großbäcker aus Kaiserslautern, beschuldigte den Vorsitzenden des Aufsichtsrats, Jürgen „Atze" Friedrich, unlauterer Geschäfte bei der Zusammenarbeit mit der Firma Midas des Friedrich-Sohns Patrick. Dabei ging es um die Lieferung von T-Shirts, Polo-Shirts und Sweat-Shirts, bei denen – so wurde behauptet – es zu Unregelmäßigkeiten und Nachlässigkeiten gekommen sein sollte. Die Kritiker beriefen sich bei ihren Vorwürfen auf die neue Satzung des Vereins, die ausgerechnet dieser Aufsichtsrat durchgesetzt hatte: „Personen dürfen an Beratungen und Abstimmungen nicht teilnehmen, wenn der Gegenstand der Aussprache oder Beschlußfassung in rechtlicher oder wirtschaftlicher Hinsicht unmittelbare oder mittelbare Auswirkungen für sie selbst hat, nahe Angehörige oder verbundene Unternehmen."

Die Rheinpfalz konstatierte, „daß sich Jürgen Friedrich zumindest moralisch bedenklich verhält." Die Zeitung sprach die Vermutung aus, es habe „den Anschein, daß die Aufsichtsratsmitglieder nicht nur Aufsicht führen" und fragte: „Wer kontrolliert die Kontrolleure?"

Die Querelen drangen auch zur Mannschaft und zu Trainer Otto Rehhagel vor, die sich im Trainingslager auf die Bundesliga und das erste Spiel bei Bayern München vorbereiteten. Rehhagel stellte sich spontan und unmißverständlich hinter Friedrich, ebenso wie Präsident Hubert Keßler, und erklärte seine Absicht zurückzutreten, falls Friedrich aus seinem Amt gedrängt würde. Keßler sah das ganze als „eine gezielte Kampagne einer bestimmten Gruppe".

Vor dem Spiel am 2. August im Münchner Olympiastadion knisterte es, denn – der Unruhe war noch nicht genug – Otto Rehhagel hatte in einem Interview im *Zeit-Magazin* Hans-Peter Briegel angegriffen, obwohl allgemein geglaubt worden war, der Konflikt zwischen den beiden sei erst einmal vom Tisch. Hätte der 1. FCK nicht 1:0 bei den Bayern gewonnen und auch in den Wochen danach als Tabellenführer firmiert, sondern einen Start wie etwa Mitaufsteiger Hertha BSC Berlin hingelegt, wären viele Reaktionen denkbar gewesen. Vom Rücktritt Friedrichs und, in dessen Folge, des gesamten Aufsichtsrats bis hin zum Rücktritt des Trainers lag alles im Bereich des Möglichen.

Hubert Keßler – und nicht nur ihm – muß nach dem Sieg in München ein Stein vom Herzen gefallen sein, denn der Erfolg von Trainer und Mannschaft drängte die Kritiker zurück. Die Aufmerksamkeit der Mitglieder und Fans konzentrierte sich auf den sportlichen Erfolg. In einer persönlichen Erklärung wandte sich Keßler an „Fans, Mitglieder, Besucher und Freunde des 1. FCK: ... Mannschaft und Trainer haben den Charakter bewiesen, den ich während der letzten Wochen innerhalb unseres Vereins teilweise leider vermissen mußte. ... Die hinterhältigen Vorwürfe gegen Jürgen 'Atze' Friedrich bzw. seinen Sohn Patrick sind in allen Einzelheiten falsch." Keßler lobte das *Kicker Sportmagazin* und *Bild:* „Damit haben über der Sache stehende Journalisten namhafter Presseorgane gesagt, was zu dem gesamten Thema vernünftigerweise zu sagen ist."

Die Mitgliederversammlung am 17. Oktober nahte. „Gemeinsam geht's nicht weiter", kündigte Jürgen „Atze" Friedrich Veränderungen im Aufsichtsrat an. Der Vorsitzende zeigte sich kämpferisch und souverän: „Das wird keine Kampfabstimmung, ich kämpfe nicht gegen einen Herrn Landry." Mußte er auch nicht, denn der längst ins Abseits geratene und von *Sport-Bild* in übelster Weise dem Spott preisgegebene Landry („Ein Bäcker plant den Rehhagel-Sturz") gab wenige Tage vor der Versammlung auf. Anonyme Anrufer hatten ihn und seine Familie am Telefon bedroht, ein Mitarbeiter seines Unternehmens war gar tätlich angegriffen worden, als er Brötchen ausfuhr.

Wie zu erwarten, wollten die Mitglieder in ihrer überwiegenden Mehrzahl keine Aufarbeitung der Midas-Affäre. Der Erfolg der Mannschaft und des Trainers überdeckte alle Querelen. „Deshalb fehlten Kritiker und Gegenargumente, als die schmutzige Wäsche ... im Schnellwaschgang blütenweiß gewaschen ... wurde", bilanzierte *Die Rheinpfalz* und schloß ihren Kommentar mit der auf sich selbst gemünzten Feststellung: „Auch kritische Schreiber lieben diesen Verein!"

Was auf das Nachrichtenmagazin *Der Spiegel* keineswegs zutraf. Die alte Parole der Außerparlamentarischen Opposition (APO) von 1968, „Alle Macht den Räten" prangte über einem Artikel, der zu einer einzigen Anklage wurde und in dem nicht nur Friedrich, sondern auch seinen Kollegen Dr. Robert Wieschemann und Wolfgang Fritz sowie Präsident Hubert Keßler vorgeworfen wurde, den Klub für eigene Geschäftsinteressen zu nutzen. Dabei ging es um den Einbau einer Schallschutzwand in der Westtribüne, den die Eisenwerke Kaiserslautern (EWK) für 770.000 DM vorgenommen hatten. *Der Spiegel:* „Über die Geschicke bei den EWK wacht Aufsichtsrat Robert Wieschemann. ... Mit einer Stammanlage von 9,6 Mio. DM ist der Rechtsanwalt über die Barbarossa Unternehmensverwaltungs

GmbH zu 80% an den EWK beteiligt. Als Geschäftsführer der Holding hat der alleinige Gesellschafter Wieschemann seinen Sohn Franz eintragen lassen."

Der zweite Vorwurf richtete sich an die Adresse von Wolfgang Fritz und betraf die Herstellung des neuen Fanartikelkatalogs. *Der Spiegel:* „Am 26. März 1997 schickte die Höhn Werbeagentur GmbH aus Kaiserslautern ein zweiseitiges Angebot für die Gestaltung von Fanartikelkatalogen an die FCK-Geschäftsstelle. Den Zuschlag erhielt jedoch die Fürther Agentur AMC Gesellschaft für Sport & Kultur Marketing mbH. Ihr Kostenvoranschlag ist ... beinahe identisch mit der Höhn-Offerte... Gerichtet ist das Schreiben aus Fürth an den 'sehr geehrten Herrn Fritz'... Zufälligerweise verteilt derselbe Mann seit geraumer Zeit in Kaiserslautern Visitenkarten, die ihn als Mitarbeiter der Firma AMC in Fürth ausweisen."

Auch der Präsident geriet unter Beschuß: „So hat sich Keßler kurz nach seiner Wahl zum Vorstandschef Ende 1996 an seinen Beruf als Agent des Gerling-Konzerns erinnert. Über Jahrzehnte hatte FCK-Freund Keßler den Klub in nahezu allen Versicherungsangelegenheiten betreut. Doch 1989 trat ein neuer Geschäftsführer, Klaus Fuchs an; er durchforstete auch die Gerling-Policen und holte Gegenangebote ein. Und siehe da, ein örtlicher Assekuranzmakler war für den Verein rund 20% billiger und bot obendrein, so Fuchs, 'wesentlich bessere Konditionen'... Seit der neuen Saison deckt Gerling die Hälfte der Invaliditätsversicherungen für FCK-Kikker ab..."

Der 1. FCK wies alle Vorwürfe als falsch zurück. In einer seitenlangen Erklärung wurde der Auftrag an die EWK als kostensparend gerechtfertigt. Anstatt 1,2 bis 1,5 Mio. DM, wie ursprünglich veranschlagt, war die Kalkulation der EWK bei 777.200 DM stehengeblieben. Worauf Präsidium und Aufsichtsrat einstimmig für diese „günstigste Lösung" votiert hatten. Ähnliches gelte für den Fanartikelkatalog: Die Firma Höhn habe ein Angebot über 198.000 DM vorgelegt, der Verein habe daraufhin Wolfgang Fritz gebeten, bei der AMC ein Angebot einzuholen. Dieses habe dann bei 170.000 DM gelegen. Daraufhin sei die Firma Höhn gefragt worden, ob sie gegen ein geringes Abgebot auf den Preis des Wettbewerbers einsteige. Da sie dies abgelehnt habe, sei der Zuschlag an AMC gegangen. Schließlich habe der 1. FCK in Versicherungsangelegenheiten durch die Einschaltung des Gerling-Konzerns gegenüber dem Angebot des Vorversicherers 150.000 DM gespart. Eine Versicherungsprovision habe es nicht gegeben, das Geld sei dem 1. FCK gespendet worden. Zu dem in der *Rheinpfalz* erhobenen Vorwurf, der 1. FCK führe „schwarze Listen" über unliebsame Journalisten, gab es eine knappe Antwort: „So etwas gibt es beim 1. FC Kaiserslautern nicht und wird es auch niemals geben."

Am 14. Dezember 1997 mußte *Der Spiegel* die Vorwürfe zurücknehmen und sich beim 1. FCK entschuldigen. In einem ausführlichen Interview erhielten die Angegriffenen die Gelegenheit, die Dinge aus ihrer Sicht zurechtzurücken. Dem Rückzieher des Nachrichtenmagazins folgte zwei Tage vor Heiligabend, rechtzeitig zur Friedenspflicht und passend zum Fest der Liebe und des Friedens, eine Erklärung des Präsidenten: „Der 1. FC Kaiserslautern teilt mit. Durch Verfügung vom 22.12.1997 hat die Staatsanwaltschaft Kaiserslautern das von ihr aufgrund anonymer Anzeigen gegen Herrn Jürgen Friedrich und andere Verantwortliche des 1. FC Kaiserslautern e.V. eingeleitete und betriebene Ermittlungsverfahren endgültig eingestellt. Damit ist eindeutig bewiesen, daß die von einer Reihe von Mitgliedern und von einem Teil der Medien erhobenen Vorwürfe gegen die Vereinsführung wegen angeblich unseriöser Geschäftsführung von Anfang an unberechtigt gewesen sind..."

Danach war Winterpause, Jahreswechsel, Neujahrsempfang... Und dort gab es viel Neues, das Diskussionen auslöste und im Gegensatz zu den Querelen der Vormonate sich nicht mit Vergangenem beschäftigte, sondern mit den Visionen des Otto Rehhagel.

■ Zukunft

Der Trainer trat mit den besten Wünschen für das neue Jahr vor das Mikrofon und forderte, die Mannschaft müsse sich auch weiterhin mit einer Energie präsentieren, „daß Monsieur 100.000 Volt (Gilbert Bécaud) gegen uns nur noch ein Schwachstromelektriker ist". Rehhagel schwärmte vom FC Barcelona und von Real Madrid vor 50.000, 60.000 Zuschauern auf dem Betzenberg. Er wählte dabei zwei Nummern zu groß, doch gleich nach ihm wartete Präsident Keßler mit einer unerwarteten Neuigkeit auf. Die marode Südtribüne solle in der Sommerpause abgerissen und komplett neu mit 4.000 zusätzlichen Sitzplätzen wieder aufgebaut werden. Vorgesehen war trotz der 20 Mio. DM an Baukosten, daß der Verein keinen Pfennig zahlen müsse. Der 1. FCK sollte dem Baukonzern 20 Jahre lang einen Mietzins zahlen, der jährlich 3,5 Mio. DM betragen hätte.

Doch dieses sehr langfristig angelegte Modell wurde schnell wieder verworfen. Es wäre zu teuer gekommen. Statt dessen kursierten beim Heimspiel gegen 1860 München Faltblätter mit dem Titel „FAN-TASTISCH": „Preiserhöhungen? Von wegen. Fristen versäumen? Kein Thema. Topzuschläge im Europacup? Niemals. Sichern Sie sich jetzt Ihren Sitzplatz für die nächsten fünf Jahre im Fritz-Walter-Stadion!" So lockte der 1. FCK seine Dauerkartenbesitzer, ein Fünfjahres-Mietrecht in Anspruch zu nehmen, um dem Verein einen Zinsvorteil per Fünfjahres-Vorauszahlung zu verschaffen. Für die Dauerkartenbesitzer auf der Südtribüne bedeutete die Bauaktivität, daß ihre alten Plätze in keinem Fall mehr hinterher vorhanden waren. Hinzu kam eine schmerzhafte Angleichung der Preise an die der Nordtribüne, da die Infrastruktur der Südtribüne an die der Nordtribüne angeglichen wurde.

Doch die Zukunft des 1. FCK sollte nicht nur durch den Neubau der Südtribüne anvisiert werden. Spät, aber nicht zu spät wuchs die Idee eines Trainingszentrums zur Heranbildung junger talentierter Spieler, wie es französische Vereine wie der FC Nantes, AJ Auxerre und Girondins de Bordeaux bereits seit vielen Jahren erfolgreich betreiben. Der Fröhnerhof vor den Toren der Stadt, auf der Gemarkung Mehlingen gelegen und ehemaliger Truppenübungsplatz der Franzosen und Amerikaner, wird in Zukunft die Marco Reichs und Thomas Riedls des ersten Jahrzehnts des neuen Jahrtausends beherbergen und damit helfen, den 1. FCK auch nach dem Bosman-Urteil konkurrenzfähig zu halten. Amateur- und Jugendkoordinator Ernst Diehl und Trainer Idriz Hosic, der zuvor die FCK-Portugiesen betreute, werden die Talente der Region noch aufmerksamer aufspüren und sie auf den Fröhnerhof lotsen. Längst ist der 1. FCK Sammelbecken nicht nur der (rheinland-)pfälzischen Zuschauer, sondern auch für junge Spieler aus Eifel, Hunsrück, Westerwald, Rheinhessen, Nord-, Süd- und Vorderpfalz. Die Namen derer, die aus der erstklassigen Jugendarbeit des Vereins hervorgegangen sind, lesen sich klangvoll. Axel Roos, der mit 15 Jahren zur B-Jugend des 1. FCK kam, ist einer von ihnen, Marco Reich und Thomas Riedl gehören inzwischen zu denen, die den Durchbruch ganz nach oben geschafft haben. Andere wie Thomas Hengen, Gunther Metz und Mario Basler wurden entweder verkannt oder falsch angepackt, verärgert oder vergrault.

In den Zeiten explodierender Spielergehälter und weggefallener Ablösesummen, da Billionäre wie Joe Lewis (ENIC) und Mark McCormack (IMG) mit ihren Dollars einen europäischen Spitzenklub nach dem anderen in ihre Gewalt bringen, hat der 1. FC Kaiserslautern einen vernünftigen Weg eingeschlagen, um den Herausforderungen und Pervertierungen des Fußballs erfolgreich begegnen zu können.

„Wir müssen die Nähe zu den Fans erhalten..."

Ein Gespräch mit Aufsichtsrat Wolfgang Fritz

Wolfgang Fritz

Herr Fritz, der 1. FCK hat im Vergleich zu Bayern München, Borussia Dortmund und Schalke 04, die ihre Fanartikel bundesweit verbreiten, durch den Abstieg 1996 an Boden verloren. Gibt es für den 1. FCK, der international dabei ist, in Zukunft auch ein bundesweites Reservoir an Fans?

Das bundesweite Fan-Dasein hängt in erster Linie vom Erfolg ab, Erfolg in der Bundesliga, aber sicher auch im internationalen Bereich. Der Grund für die weite Verbreitung von Schalke 04-Fanartikeln ist vor allem der Gewinn des UEFA-Cups 1997. Sicher hat Schalke eine große Fangemeinde, wie sie der 1. FCK auch hat, aber das allein reicht nicht, um jemand in Castrop-Rauxel oder in Sonthofen dazu zu bewegen, Fanartikel des 1. FCK zu kaufen. Man braucht eine ständige Fernsehpräsenz, die Aufmerksamkeit der Printmedien, und man braucht einige Stars, mit denen sich die Fans identifizieren können. Kommt das alles zusammen, hat der 1. FCK gute Chancen, denn er gehört einfach zu den Kultvereinen in Deutschland, zusammen mit den drei genannten.

Wo sehen Sie denn für den 1. FCK die Grenzen des Wachstums im Fanartikel-Bereich?

Das hängt davon ab, wie erfolgreich wir in Zukunft sein werden. Durch das Erreichen der Champions League sind wir mindestens mit drei Heim- und drei Auswärtsspielen präsent. Wir haben sehr hohe Sympathiewerte in Deutschland und einen hohen Bekanntheitsgrad. Wenn der Erfolg hinzukommt, können wir in Dimensionen hineingeraten, an die wir vorher gar nicht glaubten.

Wie sieht es denn mit dem Ertrag aus, in der Vergangenheit wurden ja bekanntlich rote Zahlen geschrieben?

Wir waren die ganze Zeit auf dem Niveau einer normalen Bundesligamannschaft, obwohl wir in der 2. Bundesliga waren. Mit ein bißchen Glück bewegen wir uns nun auf die zweistellige Millionenhöhe zu. Der Ertrag sieht zum ersten Mal seit zwei, drei Jahren positiv aus.

Sie arbeiten in Sachen Fanartikel mit der „Lebenshilfe für geistig Behinderte" in Bad Dürkheim zusammen. Wie gestaltet sich diese Kooperation und wie zufrieden sind Sie damit?

Ich war einer der Verfechter dieser Idee. Wir müssen Wege finden, wie wir so kostengünstig und servicemäßig so gut wie möglich unsere Kunden zufriedenstellen können. In der Vergangenheit haben das Fremdfirmen hier gemacht. Und die haben gutes Geld verdient. Der 1. FCK hat keines verdient, der hat draufgelegt. Und das kann es nicht sein. Hier haben uns auch Großkonzerne Konzepte vorgetragen, die das z.B. für Schalke 04 machen. Von diesen Konzepten halte ich nichts. Es muß hier in der Region, und das ist unsere Spielwiese, unsere Heimat, geschehen, der 1. FCK muß das voll unter Kontrolle haben. Wir müssen wissen, was geht und was nicht, was sind Schnelldreher, was sind Penner.

Wir haben dann überlegt, machen wir das selbst, stellen wir eine Reihe von Leuten dafür ein, haben wir dafür Lagerräume. Und dann kam eine ganz andere Variante ins Spiel: Wir haben ja im Fritz-Walter-Stadion eine ganze Reihe von Rollstuhlfahrern, und das hat uns bewogen, uns mit den Dürkheimern zusammenzusetzen, die das ja auch schon für Musikgruppen und andere Organisationen ganz erfolgreich machten. Wir haben vor kurzem die Verträge verlängert.

Ein Unternehmer aus Kaiserslautern hatte die Idee, Särge in rot und mit dem Logo des 1. FCK zu kreieren. Daraus ist aber nichts geworden, weil der Verein das nicht will. Warum, in Spanien ist sowas doch auch üblich?

Ich bin ein Vertreter eines kreativen und attraktiven, schnell drehenden Merchandising-Sortiments. Das ist ein Sortiment mit guten Ideen, eine Produktpalette, die Qualität besitzt, zu vernünftigen Preisen und überschaubar. Ich warne davor – und einige Großvereine haben das inzwischen auch gemerkt und gespürt – Sortimente auf 600 bis 1.000 Artikel auszudehnen. Wir haben ca. 250 Artikel im Angebot. Bei uns stehen die Lieferanten Schlange, und sie wollen uns alles anliefern, alles in rot-weiß. Einige Kataloge von Großvereinen sind mittlerweile so dick wie ein Versandhauskatalog. Aber die Krux liegt nicht im Einkauf, sondern im Management der Bestände. Dort verlieren viele Bundesligavereine ihr Geld. Entweder dreht sich die Ware nicht so wie gewünscht, oder der Sponsor wird plötzlich gewechselt, und die alten Trikots liegen auf Halde. Der 1. FCK macht auch manchmal Sonderangebote, aber das darf nicht zur Regel werden. Das mit den Särgen halte ich für makaber und würde es nie und nimmer für gut heißen.

Sie haben von neuen Dimensionen gesprochen. Der 1. FCK war 1991 auch

Deutscher Meister, und danach ist sehr viel versäumt worden. Sehen Sie es diesmal als gewährleistet an, daß es solche Versäumnisse nicht noch einmal geben wird?
Fehler sind da, damit sie gemacht werden. Ich möchte hier nicht über die Dinge der Vergangenheit sprechen. Wir versuchen, in der uns zur Verfügung stehenden Zeit dieses Geschäft so professionell wie möglich zu betreiben. Wir haben einen sehr guten Trainer, der den entsprechenden Weitblick hat, realistisch ist und eine gute Hand für die richtigen Verstärkungen hat. Wir haben uns Ende 1997 mit dem Projekt Südtribüne auseinandergesetzt. Das war kein Schnellschuß, das wichtigste war, daß wir dadurch unser Stadion vergrößert haben, damit mehr Fans die Spiele sehen können. In erster Linie müssen wir unsere Liquidität verbessern und die Mannschaft verstärken. Neben dem In-Ordnung-Bringen des Merchandising und einer Qualitätsprüfung in Sachen Sponsoring haben wir uns umgesehen auf dem Markt und uns mit neuen, interessanten Partnern zusammengetan. Da ist noch lange nicht Ende der Fahnenstange, die Wirtschaftskraft muß weiter verbessert werden. Und so glaube ich, daß das hier keine Eintagsfliege wird, sondern wir längerfristig in den vorderen Regionen bleiben werden.

Stichwort Fröhnerhof. Ist dieses neue Trainingszentrum eine Reaktion auf das Bosman-Urteil, um nach dem Vorbild der französischen „Centre de Formation", wie es zum Beispiel AJ Auxerre betreibt, der Verstärkung der Mannschaft mit etablierten Spielern die Heranbildung von jungen Talenten zur Seite zu stellen?
Selbstverständlich müssen wir junge Spieler wie Marco Reich, Thomas Riedl oder Michael Ballack, der ja vom Chemnitzer FC kam, pflegen. Wir haben eine hervorragende A- und B-Jugend mit international erfahrenen Spielern wie Weidenfeller, Michelbach, Adzic und Auer, um nur einige zu nennen. Hier müssen wir ansetzen. Wir haben auf dem Betzenberg gar nicht genügend Trainingsplätze. Da sind das Stadion, zwei Rasenplätze und ein Hartplatz. So manche unserer Jugendmannschaften muß außerhalb auf fremdem Terrain spielen – das kann es aber langfristig nicht sein! Der Verein braucht eine Heimat, die Jugend muß in den Hauptverein stärker eingebunden werden. Der Fröhnerhof wurde uns von der Politik offeriert, und plötzlich war da ein Konzept entstanden. Ein Großverein braucht einfach ausreichend Spielflächen.

Der 1. FCK wird im Jahr 2000 einhundert Jahre alt. Gibt es schon Planungen für dieses Vereinsjubiläum?
Nein, nichts konkretes. Unsere Planungen haben sich erst einmal mit dem Neubau der Südtribüne befaßt. Dann wollen wir sehen, was für uns sportlich läuft. Das Jubiläum ist ein Thema für die Saison 1998/99.

Vereine wie der FC Barcelona und Manchester United unterhalten ein eigenes Fußballmuseum. Der Bauch der Südtribüne soll vorerst hohl bleiben, wäre dort nicht Platz für so etwas?

Ein Museum halte ich für eine gute Sache. Wir haben das auch bei Roter Stern Belgrad gesehen, als wir 1996 dort gastiert haben. Es ist aber eine Frage der Zeit und des Platzes. Man müßte dann mal entrümpeln, was in der Vergangenheit nicht geschehen ist. Irgendwo liegen ganz viele alte Sachen herum. Aber das Thema Museum hat nicht die erste Priorität. Die liegt im sportlichen und wirtschaftlichen Bereich, wo im Moment ein atemberaubender Wettlauf im Gang ist. Wir müssen uns konsolidieren, denn das eine Jahr in der 2. Bundesliga hat uns sehr viel Finanzkraft gekostet. Man ist nicht nur sportlich an uns vorbeigegangen.

Der 1. FCK war außen vor...

Ja, die Bundesliga ist eine exklusive Gesellschaft. Wir sind dabei, jetzt wieder aufzuholen.

Racing Strasbourg ist vom amerikanischen Multi IMG-McCormack aufgekauft worden, Verhandlungen laufen bereits auch mit deutschen Vereinen. ENIC, der Konkurrent von IMG, besitzt u.a. Girondins de Bordeaux, Slavia Prag und die Glasgow Rangers. Sehen Sie darin eine Gefahr für den Fußball, wenn das auch bei uns um sich greift?

Das ist eine Entwicklung, die heute sehr schwer zu beurteilen ist. Wir werden uns in den nächsten Jahren mit Dimensionen auseinandersetzen müssen, die wir jetzt noch gar nicht absehen können, sowohl finanziell als auch wirtschaftlich. Wovor ich warne: Daß der Verein abdriftet in einen Industriekonzern, so wie das in Österreich geschieht. Das würde dann hier etwa „BASF 1. FC Kaiserslautern" heißen oder was auch immer. Wir müssen die Nähe zu den Fans erhalten, denn das ist es, was den Verein stark gemacht hat, gerade in schwierigen Zeiten. Diesen Boden dürfen wir nicht verlassen.

Ich glaube auch, daß diesem Gigantismus im Niveau der Spielergehälter irgendwann Einhalt geboten werden muß, weil das einfach nicht mehr so weitergehen kann. Man könnte es machen wie in den USA und Maximalgehälter einführen. Dort wurde dann gestreikt und eine bestimmte Zeit überhaupt nicht gespielt. Wir stehen vielleicht am Anfang einer Entwicklung, bei der sich die Vereine zusammenschließen müssen, damit nicht mehr alles machbar ist. Ob der Weg an die Börse der richtige ist, ich weiß es nicht. Es gibt, gerade in England, genügend warnende Beispiele. Da werden die nächsten Jahre uns neue Erkenntnisse bringen.

Reisebüro Schuff

Hauptstraße 31-33 • 67742 Lauterecken
Telefon 0 63 82 / 85 98 + 84 39 • Telefax 0 63 82 / 13 35

Ehemaliger Jugend und Amateur Spieler des 1.FCK

 GmbH

MALERBETRIEB
FUSSBODENBAU

HAUPTSTRASSE 40-42
67714 WALDFISCHBACH-BURGALBEN
TELEFON   (0 63 33) 92 60 - 0
TELEFAX   (0 63 33) 92 60 - 30

Rainer Pochert
(RDM) Immobilien GmbH

Verkauf

Salzstraße 6
KL. ☎ 06 31 / 6 65 44
und 6 76 16
Fax 67917

Rainer Pochert
(RDM) Immobilien GmbH

Vermietung

Salzstraße 6
KL. ☎ 06 31 / 6 65 44
und 6 76 16
Fax 67917

Rainer Pochert
(RDM) Immobilien GmbH

Verwaltung

Salzstraße 6
KL. ☎ 06 31 / 6 65 44
und 6 76 16
Fax 67917

SchraB GmbH
STAHL- & METALLBAU

Hauptstraße 151a
67691 Hochspeyer
Telefon (06305) 993165
Telefax (06305) 5511

- ▶ Treppenbau
- ▶ Geländer
- ▶ Türen / Tore
- ▶ Überdachungen

- ▶ Markisen
- ▶ Sonnenschutzanlagen
- ▶ Einzäunungen
- ▶ Schweißfachbetrieb

ZIMMEREI DACHDECKEREI

Matthias Schneider
vorm. Otmar Franz

66849 Landstuhl
Bruchwiesenstraße 42
Telefon 06371/17143 – Telefax 06371/3574

☐ Dachstuhl	☐ Fachwerkbau	☐ Fassaden	☐ Holzbalkone
☐ Carport	☐ Bedachung	☐ Spenglerarbeiten	☐ Isolierungen
☐ Pergolen	☐ Altdachumdeckung	☐ Vordächer	☐ Reparaturarbeiten

---

Horst Lorenz

D.A.S.-Hauptgeschäftsstelle
Pfitznerstraße 1

55543 Bad Kreuznach
Tel. 0671 / 68894
Fax. 0671 / 8960214

Das Spieler-ABC

Kleines Lexikon wichtiger und weniger wichtiger Akteure des 1. FCK

Ackermann, Klaus (20.3.1946): Kam 1969 von Borussia Mönchengladbach zum 1. FCK und schoß in 188 Spielen 23 Tore. Wechselte 1974 zu Borussia Dortmund, mit der ihm 1976 der Wiederaufstieg in die Bundesliga glückte.

Adam, Karl (4.2.1924): Von 1948 bis 1951 Torhüter des 1. FCK und Mitglied der Meistermannschaft von 1951. Insgesamt 64 Einsätze.

Allievi, Sergio (17.1.1964): Kam 1986 von Wattenscheid 09 zum 1. FCK. Der schnelle Linksaußen spielte 119mal für den 1. FCK, traf nur 18mal ins Tor und enttäuschte die in ihn gesetzten Erwartungen. 1990 verließ er den Betzenberg und kam über Dynamo Dresden und die SpVgg. Unterhaching zu Fortuna Düsseldorf. Ging 1995 wieder zurück zu Wattenscheid 09.

Allofs, Thomas (17.11.1959): Der zweimalige Nationalspieler (davon eines in seiner Lautern-Zeit) kam 1982 von Fortuna Düsseldorf und war in 144 Spielen 66mal als Torschütze erfolgreich. Geriet in die Schlagzeilen, als in der Pfalz sein überaus üppiges Salär publik wurde, und verabschiedete sich 1986 zum 1. FC Köln.

Ankovic, Andrija (6.11.1939): Der jugoslawische Nationalspieler, der im Mittelfeld und im Angriff spielen konnte, kam 1966 von Hajduk Split und schoß in 25 Spielen vier Tore. 1968 verließ er den 1. FCK wieder.

Arilson Gilberto da Costa (11.6.1973): Der damalige Manager Rainer Geye holte ihn mitten im deutschen Winter 1995, als dem 1. FCK das Wasser bis zum Hals stand, vom Weltpokalfinalisten Gremio Porto Alegre zum 1. FCK. Der brasilianische Nationalspieler pendelte fortan zwischen Südamerika und Europa hin und her, da er ständig zu Länderspielen berufen wurde. Seine Integration wurde dadurch erschwert. Auf Schritt und Tritt benötigte er seinen Agenten und Dolmetscher Nilson Maldaner, da er auch nach mehreren Wochen noch kein Wort Deutsch sprach. Die nachgeholte junge Familie trat bereits nach kurzem Aufenthalt in der Pfalz wieder die Heimreise an. Arilson selbst war danach mehr in Diskotheken als auf dem Rasen des Fritz-Walter-Stadions zu sehen. Zudem fiel er beim Qualifikationsturnier für die Olympischen Spiele unangenehm auf, als er ohne Erlaubnis das brasilianische Trainingslager verließ, weil er über seine Rolle als Ersatzspieler sauer war und es sich mit Nationaltrainer Mario Zagalo für alle Zeiten verdarb. Danach wurde er nicht mehr nominiert. Auch der für Friedel Rausch gekommene Trainer Eckart Krautzun setzte ihn beim 1. FCK nur noch selten ein. Schließlich lieh man ihn an Internacional Porto Alegre aus. Während der Saison 1997/98 wurde Arilson, der jetzt zwei Fußballhändlern gehören soll, an Palmeiras Sao Paulo ausgeliehen.

Ballack, Michael (26.9.1976): Kam 1997 vom sächsischen Regionalligisten Chemnitzer FC zum 1. FCK. U 21- Nationalspieler, aber in seiner ersten Saison auf dem Betzenberg meist auf der Ersatzbank und bei den Amateuren des 1. FCK im Einsatz. Große Libero-Hoffnung für die Zeit nach Miroslav Kadlec und Andreas Brehme?

Basler, Mario (18.12.1968): Der gebürtige Neustädter machte nur ein Bundesligaspiel und ein Pokalspiel für den 1. FCK. Fiel bereits damals durch seinen Eigensinn auf und ordnete sich in der Mannschaft nicht unter, weshalb der 1. FCK auf ihn verzichtete. Landete über RW Essen und Hertha BSC Berlin bei Werder Bremen, wo ihn Otto Rehhagel zum Nationalspieler machte. Wechselte mit Rehhagel zusammen 1996 zum FC Bayern München und deutete seither mehrmals an, daß er seine Karriere gerne in der Pfalz ausklingen lassen würde.

Baßler, Werner (2.10.1921): Spielte von 1939 bis 1957 für den 1. FCK und stand 1951 in der Meisterelf, die Preußen Münster mit 2:1 besiegte. Schoß in 264 Spielen 237 Tore.

Bauer, Heinrich (11.6.1935): Der klassische Außenläufer spielte von 1954 – 1965 für den 1. FCK, war in 194 Einsätzen 49mal erfolgreich und trug 1963 maßgeblich zur Qualifikation des 1. FCK für die Bundesliga bei.

Bitz, Hermann (21.9.1950): Der Mittelfeldspieler absolvierte von 1970 bis 1975 162 Spiele für den 1. FCK, in denen er 21 Tore schoß. Wurde 23mal in die Amateurnationalmannschaft und zweimal in die U 23 berufen.

Bongartz, Hannes (3.10.1951): Der frühere Wattenscheider kam 1978 von Schalke 04 zum 1. FCK und trug unter Trainer Karl-Heinz Feldkamp entscheidend zur Steigerung des spielerischen Niveaus des 1. FCK bei. In seiner Schalker Zeit vierfacher Nationalspieler. Traf in 210 Spielen 24mal ins Tor und mußte 1984 als Sportinvalide seine aktive Laufbahn beenden. Jürgen Friedrich holte Bongartz im Juli 1985 als Trainer auf den Betzenberg, wo er 1986/87 einen UEFA-Cup-Platz knapp verpaßte. Nach der 2:3-Niederlage am 7.11.1987 beim FC Homburg mußte er gehen. Nach seinem Engagement bei Wattenscheid 09 trainierte er den MSV Duisburg, mit dem er 1995 aus der Bundesliga abstieg. Im Mai 1996 wurde er in Duisburg entlassen und heuerte im Dezember 1996 bei Borussia Mönchengladbach an, wo er im November 1997 nach zwei Heimniederlagen gegen den 1. FCK und den VfL Wolfsburg entlassen wurde.

Braner, Harald (19.8.1943): Kam von Wormatia Worms zum 1. FCK. Spielte von 1963 bis 1967 für die Lauterer und schoß in 96 Spielen 13 Tore. Heute noch bei den Alten Herren des 1. FCK aktiv. Versuchte sich später als Trainer des FC Homburg, wo er aber erfolglos blieb.

Brehme, Andreas (9.11.1960): Der 86-fache Nationalspieler kam 1980 von Barmbek-Uhlenhorst zum 1. FC Saarbrücken, von wo er ein Jahr später zum 1. FCK wechselte. Ging 1986 zu Bayern München und kam über (Inter) Mailand, wo er 1990 im Guiseppe-Meazza-Stadion mit Deutschland Weltmeister wurde, und Real Saragossa zurück auf den Betzenberg, wo er mit dem 1. FCK auf Anhieb Meisterschaftszweiter wurde, zwei Jahre später abstieg, den DFB-Pokal holte und 1997 wieder aufstieg. Trat schon im Jahr des Wiederaufstiegs ins zweite Glied zurück, um Jüngeren den Frust auf der Tribüne zu ersparen, und beendete mit Ablauf der Saison 1997/98 seine aktive Laufbahn.

Briegel, Hans-Peter (11.10.1955): „Die Walz aus der Palz" war ehemals Leichtathlet beim TV Rodenbach. Wurde als Fußballer beim SV Rodenbach von FCK-Trainer Erich Ribbeck entdeckt und 1975 zum 1. FCK geholt, wo er ob seiner ungestümen Auftritte als Angreifer oft verspottet wurde. Fand als Abwehrspieler zu seiner Idealrolle und wurde 1979 erstmals in die Nationalmannschaft berufen, für die er 72 Spiele machte. 1980 wurde er mit Deutschland Europameister, bei den verlorenen WM-Endspielen in Spanien 1982 und Mexiko 1986 war Briegel dabei. 1984 zwangen finanzielle Erwägungen den 1. FCK, Briegel an Hellas Verona abzugeben, mit dem er auf Anhieb italienischer Meister wurde. Während seiner italienischen Zeit, wo er auch mit Sampdoria Genua Pokalsieger war, wurde Briegel zum „Fußballer des Jahres" in Deutschland gewählt. Schoß in 292 Spielen für den 1. FCK 61 Tore. War als Trainer tätig bei Schweizer FC Zug, beim SV Edenkoben und beim Zweitligisten Wattenscheid 09. Bot sich 1996, als der 1. FCK im schlimmsten Abstiegsschlamassel stand, als ehrenamtlicher Nothelfer dem Verein an. Nach dem Abstieg avancierte Briegel zum Sportlichen Leiter, fand aber nach der Verpflichtung von Trainer Otto Rehhagel kaum noch Arbeitsfelder für sich. Nach dem Wiederaufstieg wagte er es, Otto Rehhagel öffentlich zu kritisieren, der jedoch fortan den Erfolg auf seiner Seite hatte. Als Briegel sah, daß der 1. FCK auf gutem Weg war, zog er im Herbst 1997 die Konsequenzen aus seinem Nicht-Verhältnis zum Trainer und trat von seinem Posten zurück.

Buck, Andreas (29.12.1967): Kam 1997 vom VfB Stuttgart zum 1. FCK und avancierte zum pfeilschnellen Seitenläufer, der mit zunehmender Dauer der Saison auch das eine oder andere entscheidende Tor erzielte.

Diehl, Ernst (28.3.1949): Spielte von 1967 bis 1978 für den 1. FCK und schoß in 370 Spielen 25 Tore. Wurde 1992 als Trainer mit der A-Jugend des 1. FCK durch ein 5:1 gegen den 1. FC Köln Deutscher Meister. Während der Saison 1996/97 fungierte Ernst Diehl als Co-Trainer von Otto Rehhagel und ging anschließend wieder in den Jugendbereich zurück, um als Amateur- und Jugendkoordinator zu wirken.

Dooley, Tom (12.5.1961): Der inzwischen vielfache US-Nationalspieler kam 1988 vom FC Homburg zum 1. FCK. Der zuverlässige Spieler, der in Abwehr und Mittelfeld eingesetzt werden kann, wurde mit dem 1. FCK 1990 Pokalsieger und 1991 Deutscher Meister. Differenzen mit Trainer Rainer Zobel machten ihm 1993 den Abschied zum US-Team nach Mission Viejo leicht. 1994, nach der WM in den USA, wo er mit seinem Team erst im Achtelfinale mit 0:1 am späteren Weltmeister Brasilien scheiterte, kehrte er in die Bundesliga zurück zu Bayer Leverkusen, wo er aber kaum zum Einsatz kam. Wechselte deshalb 1995 zu seinem Lieblingsklub Schalke 04, konnte sich aber auch hier keinen Stammplatz sichern. Wechselte 1997 in die amerikanische Major League Soccer zu Columbus Crew und qualifizierte sich mit den USA auch für die WM 1998 in Frankreich. Spielte 131mal für den 1. FCK und schoß 15 Tore.

Dusek, Michael (10.11.1958): Kam 1979 zu den Amateuren des 1. FCK, von wo ihn Karl-Heinz Feldkamp ein Jahr später in den Profi-Kader übernahm. Machte bis 1988 243 Spiele und schoß 10 Tore. Wurde einmal in die B-Nationalmannschaft berufen. Trainiert den Südwest-Oberligisten SC Idar-Oberstein.

Eckel, Horst (8.2.1932): Kam 1949 vom SV Vogelbach zum 1. FCK. Stand 1951 und 1953 in den Meistermannschaften des 1. FCK und war auch 1954 und 1955 bei den verlorenen Endspielen mit dabei. Höhepunkt seiner Karriere war für den damals 22jährigen, der zuvor bei der Nähmaschinenfabrik Pfaff gearbeitet hatte, der Gewinn der Fußball-Weltmeisterschaft 1954 an der Seite seiner Klubkameraden Fritz und Ottmar Walter, Werner Kohlmeyer und Werner Liebrich. Als er den 1. FCK 1960 verließ und zum SV Völklingen wechselte, hatte er in 247 Spielen 74 Tore erzielt. Auch heute noch ständiger Gast im Fritz-Walter-Stadion.

Ehrmann, Gerald (18.2.1959): Wurde 1984 als Nachfolger für Ronnie Hellström verpflichtet. War zuvor zweiter Mann beim 1. FC Köln hinter Nationaltorhüter Harald Schumacher. An ihm kam keiner seiner zahlreichen Ersatzleute vorbei, obwohl er unter Trainer Gerd Roggensack seinen Stammplatz zeitweilig an Michael Serr verloren hatte. Karl-Heinz Feldkamp machte ihn wieder zur Nr.1, und Ehrmann trug entscheidend zum Pokalsieg 1990 und zur Meisterschaft 1991 bei. Erst nach der Verpflichtung des ungarischen Torwarts Lajos Szücs im Dezember 1997 konnte sich Ehrmann voll und ganz auf seine Tätigkeit als Torwarttrainer konzentrieren, denn bis dahin mußte er wegen des Ausfalls des Tschechen Petr Kouba mehrmals auf der Ersatzbank Platz nehmen.

Eigendorf, Lutz (16.7.1956): Setzte sich 1979 bei einem Gastspiel von Dynamo Berlin im Westen von der Mannschaft ab und bestritt bis 1982 65 Spiele für den 1. FCK, in denen er sieben Tore schoß. Wechselte anschließend zu Eintracht Braunschweig und verunglückte während seiner Zeit bei den Niedersachsen tödlich mit seinem Auto. Bis heute halten sich Gerüchte, daß es sich bei dem Unfall um einen Anschlag der Stasi gehandelt habe.

Eilenfeldt, Nobert (17.2.1956): Kam 1981 von Arminia Bielefeld zum 1. FCK. Vorher spielte er bei RW Essen. Schoß in 154 Spielen 31 Tore und verließ den Betzenberg 1986 wieder in Richtung Bielefeld, wo er erneut für Arminia spielte.

Elting, Josef (29.12.1944): Als Wolfgang Schnarr 1970 seine Torwart-Karriere beendete, sollte Josef Elting in seine Fußstapfen treten. Er kam von Schalke 04 und stand bis 1974 103mal im Tor des 1. FCK. Elting verließ den 1. FCK, als dieser vor der WM 1974 den schwedischen Torhüter Ronnie Hellström unter Vertrag nahm.

Eriksson, Jan (24.8.1967): Wurde nach seinen überragenden Vorstellungen im schwedischen Nationalteam bei der EM 1992, wo er mehrere Kopfballtore erzielte, auf den Betzenberg geholt. Eine schwere Verletzung warf den sympathischen und bescheidenen Manndecker zurück, zudem fand er sich mit seiner Rolle im Lauterer Mittelfeld, die ihm Trainer Rainer Zobel zugedacht hatte, nie zurecht. Als Anfang 1994 Pavel Kuka für den Angriff verpflichtet wurde, geriet Eriksson ins Abseits. Zu seinem Pech verletzte er sich vor der WM 1994 erneut, so daß seine Teilnahme in den USA platzte. Insgesamt bestritt der Schwede 43 Spiele für den 1. FCK und erzielte fünf Tore.

Foda, Franco (23.4.1966): Der gebürtige Mainzer, der über SVW Mainz und FSV Mainz 05 zum 1. FCK fand, mußte 1987 für 600.000 DM vom 1. FC Saarbrücken zurückgekauft werden, wohin er über ein Gastspiel bei Arminia Bielefeld geraten war. Mit beiden Klubs war er abgestiegen. Beim 1. FCK gelang ihm unter Trainer Karl-Heinz Feldkamp, mit dem er aber nicht auf einer Wellenlänge lag, der Pokalsieg 1990. Danach verabschiedete er sich nach Leverkusen, wo er „mal Meister werden" wollte und mußte das Lauterer Meisterstück von der Ferne mit ansehen. 1994/95 Wechsel zum VfB Stuttgart. Ging von dort zum FC Basel, bevor er 1997 zu Sturm

Graz wechselte, mit dem er 1998 Österreichischer Meister wurde. Spielte 102mal für den 1. FCK und erzielte fünf Tore. Wurde zu zwei Länderspielen berufen.

Friedmann, Kay (15.5.1963): Kam 1986 vom FC Homburg zum 1. FCK. Wurde 1990 Pokalsieger, 1991 Deutscher Meister. Spielte bis 1991 109mal für den 1. FCK und schoß sechs Tore. Wechselte nach dem Gewinn der Meisterschaft zum 1. FC Nürnberg. Spielt unter Trainer Fritz Fuchs seit 1997 für den Zweibrücker Landesligisten SV Niederauerbach.

Friedrich, Jürgen „Atze" (11.11.1943): Kam 1968 von Eintracht Frankfurt zum 1. FCK und setzte fortan spielerische Akzente. Ein schwerer Beinbruch bei einem Freundschaftsspiel beim ASV Landau beendete seine aktive Karriere. Der Besitzer zweier Modegeschäfte in der Lauterer City kandidierte 1977 gegen den amtierenden Präsidenten Willi Müller für das Amt des FCK-Präsidenten und gewann. 1981 gab er das Amt ab, nachdem er in Sachen Stadionausbau Akzente gesetzt und Karl-Heinz Feldkamp als Nachfolger von Erich Ribbeck verpflichtet hatte. Als dem 1. FCK 1985 das Wasser bis zum Hals stand, ließ er sich erneut in die Pflicht nehmen, trat aber 1988 frustriert über mangelnde Unterstützung zurück. Nach dem Abstieg 1996 stellte sich Friedrich erneut zur Verfügung und wurde in den neu installierten Aufsichtsrat gewählt, wo er wegen des Rotationsprinzips nur bis Herbst 1997 Vorsitzender war. Mit dem Lockruf „Bei uns darfst du wieder Otto sein" gelang es ihm, 1996 Otto Rehhagel als Nachfolger für Eckhart Krautzun auf den Betzenberg zu holen und die Voraussetzung für den erneuten Höhenflug des 1. FCK zu schaffen. Insgesamt war Friedrich 187mal für den 1. FCK am Ball und erzielte 30 Tore.

Frosch, Walter (19.12.1950): Zwischen 1974 und 1976 bestritt er für den 1. FCK 50 Spiele und schoß vier Tore. Der Spieler, dem eine besondere Vorliebe für das Rotlichtmilieu nachgesagt wurde, wechselte anschließend zum FC St. Pauli und später zu Altona 93. Betreibt heute eine Kneipe.

Fuchs, Fritz (18.10.1943): Kam 1969 vom SV Alsenborn, mit dem er zuvor nur knapp den Aufstieg in die Bundesliga verpaßt hatte, zum 1. FC Kaiserslautern und erzielte in 202 Spielen zwölf Tore. 1975 ging er als Spielertrainer zum Oberligisten Hassia Bingen und trainierte danach u.a. den SC Freiburg, Kickers Offenbach, den FC Homburg, den er 1986 in die Bundesliga führte und den 1. FC Saarbrücken, wo er 1993 entlassen wurde. Trainiert den Landesligisten SV Niederauerbach.

Funkel, Friedhelm (10.12.1953): Karl-Heinz Feldkamp holte ihn 1980 von Bayer Uerdingen. In 90 Spielen schoß er 34 Tore. Folgte Karl-Heinz Feldkamp, der nach seiner Lauterer Zeit in Dortmund und in Bielefeld tätig war, und ging nach drei Jahren Betzenberg wieder zurück in die Krefelder Grotenburg, wo Feldkamp die Bayer-Elf mit beiden Funkels zum Pokalsieg führte. Arbeitete jahrelang bei Bayer Uerdingen (ab 1995/96: Uerdinger FC Krefeld) ebenso erfolgreich als Trainer wie seit Mai 1996 beim MSV Duisburg. Bruder **Wolfgang Funkel** (10.8.1958), der 2

A-Länderspiele bestritt, kam 1991 nach dem Gewinn der Deutschen Meisterschaft auf den Betzenberg, weil Karl-Heinz Feldkamp nach dem befürchteten Ausfall von Reinhard Stumpf die Abwehr stabilisieren wollte. Nach einem Kreuzbandriß während der Saison 1994/95 verlängerte der 1. FCK den Vertrag mit dem zuverlässigen Spieler frühzeitig. Das änderte jedoch nichts daran, daß für Funkel die Karriere beendet war.

Gawletta, Walter (14.10.1935): Spielte von 1961 bis 1964 beim 1. FCK. Schoß in 54 Spielen acht Tore.

Geisert, Otto (18.11.1939): Kam 1965 vom Karlsruher SC zum 1. FCK, spielte bis 1970 166mal für die Pfälzer und schoß 22 Tore.

Geye, Rainer (22.11.1949): Spielte für Eintracht Duisburg und Fortuna Düsseldorf, ehe er 1977 zum 1. FCK kam. Seine vier A-Länderspiele bestritt er für Fortuna. Für den 1. FCK in 345 Spielen am Ball, den er 61mal ins gegnerische Netz beförderte. 1986 beendete er seine Karriere und wurde 1988 Vize-Präsident des 1. FCK. Zuständig für den sportlichen Geschäftsbereich, tauschte der Wahl-Pfälzer 1994 das Ehrenamt des Vize-Präsidenten mit dem hauptamtlichen Engagement als Sportlicher Direktor (Manager). Obwohl er nicht unbedingt ihr Liebling war, respektierten ihn die Fans, weil er durch seine kluge Transferpolitik maßgeblich zum Höhenflug der Lauterer Anfang der 90er Jahre beigetragen hatte. 1995 ritt ihn dann der Teufel, als er Kuntz, Haber und Sforza ziehen ließ und gegen vielfachen Rat Masse statt Klasse verpflichtete. Im Frühjahr 1996, kurz nach der Entlassung von Friedel Rausch, mußte auch Geye gehen.

Goldbaek, Bjarne (6.10.1968): Der Däne vom IF Naestved kam während der Saison 1989/90 als Notenkauf von Schalke 04 zum 1. FCK. Geniale Phasen wechselten bei dem Blondschopf mit mageren Vorstellungen. Fiel 1993 der Verpflichtung von Ciriaco Sforza zum Opfer. Der vierte Ausländer wechselte zu Tennis Borussia Berlin, stieg in die Regionalliga ab und heuerte beim 1. FC Köln an, wo er wiederum dem Überangebot an ausländischen Spielern zum Opfer fiel. Spielt jetzt für den FC Kopenhagen. Für den 1. FCK absolvierte Goldbaek 95 Spiele und erzielte zwölf Tore. Mehrfacher dänischer Nationalspieler.

Groh, Jürgen (17.7.1956): Kam 1976 vom VfR Bürstadt zum 1. FCK und wechselte 1980 zum Hamburger SV. Machte je ein Länderspiel in seiner Lauterer und Hamburger Zeit sowie neun B-Länderspiele. Wurde mit dem HSV 1983 Europapokalsieger der Landesmeister. Über den türkischen Erstligisten Trabzonspor kehrte Groh 1986 zum 1. FCK zurück und wurde zum Leistungsträger in einer Zeit, in der mehrmals der Abstieg drohte. Insgesamt spielte er 225mal für den 1. FCK und schoß drei Tore.

Haber, Marco (21.9.1971): Kam 1985 als Jugendspieler vom VfR Frankenthal zum 1. FCK. Nach einer überragenden Saison 1990/91 stürzte der Schwarm der Teenager in den darauffolgenden Spielzeiten kontinuierlich ab und sah sich seiner Rolle durch die Verpflichtung Ciriaco Sforzas beraubt. Mitunter fehlte ihm auch das anhaltende Vertrauen der Trainer und vor allem die Geduld vieler Zuschauer, die mit ihm besonders kritisch waren. Als er 1995 frühzeitig seinen Wechsel zum VfB Stuttgart klarmachte, ging es mit ihm wieder aufwärts. Bei den Schwaben schaffte er es aber auch nie zum unumstrittenen Stammspieler. Wurde 23mal in die U 21 berufen und klopfte kurzzeitig auch an die Tür zur Nationalmannschaft.

Hartmann, Frank (27.9.1960): Kam 1986 von Schalke 04 und spielte 107mal für den 1. FCK, dabei schoß er 31 Tore. Gleich fünf gelangen ihm beim ersten Aufeinandertreffen mit seinem alten Verein beim 5:1-Sieg des 1. FCK. Machte als kurzzeitiger Bongartz-Nachfolger im Traineramt bei Wattenscheid 09 von sich reden, als er von heute auf morgen wieder aufhörte.

Hasebrink, Heinz-Dieter (28.8.1941): Der Freistoßspezialist kam 1967 von RW Essen auf den Betzenberg. Erzielte in 74 Spielen während zwei Spielzeiten 20 Tore.

Hellström, Ronnie (21.2.1949): Der 79fache schwedische Nationalspieler wurde vor der WM 1974, bei der er glänzende Leistungen zeigte, vom 1. FCK verpflichtet. Hier stand er 311mal im Tor, bevor er sich 1984 wieder nach Schweden verabschiedete. Hellström blieb der beliebteste aller Ausländer, die je beim 1. FCK gespielt haben. Heute lebt er in Väsby bei Stockholm. Hat 1997 mit seinem ebenfalls im Tor stehenden Sohn Erland den 1. FCK besucht, um vielleicht eine zweite Ära Hellström in Kaiserslautern einzuleiten.

Hengen, Thomas (22.9.1974): Kam 1989 von Phönix Bellheim zur A-Jugend des 1. FCK. Erste Bundesligaeinsätze in der Saison 1993/94, wo er zum Shooting-Star avancierte und mit dem Dortmunder Lars Ricken verglichen wurde. Rainer Geye band den Gymnasiasten frühzeitig an den 1. FCK, nachdem der Karlsruher SC hinter ihm her war. Als Friedel Rausch ihn nicht mehr regelmäßig berücksichtigte, machte der KSC 1996 doch noch das Rennen. Hengen wechselte vom Absteiger 1. FCK nach Nordbaden, gewann aber mit dem 1. FCK das Pokalfinale gegen seinen neuen Klub mit 1:0.

Hölz, Willi (16.4.1929): Hütete von 1947 bis 1961 290mal das Tor des 1. FCK, mit dem er 1953 Deutscher Meister wurde. Stand auch bei den verlorenen Endspielen 1948, 1954 und 1955 im Tor der Pfälzer. Wechselte später zum SV Alsenborn.

Hoffmann, Guido (20.12.1965): Wurde 1990 vom FC Homburg verpflichtet, bei dem der ehemalige Mönchengladbacher den Durchbruch in der Bundesliga geschafft hatte. In der Meisterschaftssaison wurde er Stammspieler, geriet aber nach dem Europapokalspiel beim FC Barcelona im Oktober 1991 aufs Abstellgleis. Zu Beginn der Saison 1992/93 wurde er auf Drängen von Rainer Zobel nach Leverkusen ausgeliehen, ließ sich anschließend für den SV Wehen reamateurisieren und wechselte danach in die 2. Bundesliga zum VfB Leipzig, den er 1997 verließ. Erzielte in 69 Spielen zehn Tore.

Hosic, Idriz (7.1.1944): Von 1970 bis 1973 beim 1. FCK. Spielte verletzungsbedingt nur 93mal und schoß dabei 40 Tore. Vor zwei Jahren kam er auf Initiative von Jürgen Friedrich aus Bosnien, wo er mit seiner Frau interniert war, zurück nach Kaiserslautern, wo er zunächst die FCK-Portugiesen trainierte und jetzt für die A-Jugend des 1. FCK, die in der Regionalliga Südwest spielt, verantwortlich ist. War mehrfacher jugoslawischer Nationalspieler.

Hotic, Demir (9.7.1962): Kam 1989 während der Saison vom VfB Stuttgart zum 1. FCK und wurde nach Karl-Heinz Feldkamps Verpflichtung zum Leistungsträger. Eckte 1993 mit Rainer Zobel an und mußte wenige Wochen vor seinem Trainer gehen. Insgesamt 122mal im Einsatz. Schoß 31 Tore. Trainierte in der Saison 1997/98 den Verbandsligisten Wormatia Worms mit großem Erfolg.

Hristov, Marian (29.7.1973): Der bulgarische Nationalspieler kam von Levski Sofia 1997 zum 1. FCK und verletzte sich gleich im ersten Bundesligaspiel in München schwer. Erst gegen Ende der Hinrunde konnte er wieder spielen und schoß in seinen beiden ersten Spielen nach dem Fußbruch prompt zwei wichtige Tore.

Hrutka, Janos (26.10.1974): Kam in der Winterpause 1997/98 von Ferencvaros Budapest.

Huber, Lothar (5.5.1952): Spielte von 1970 bis 1974 76mal für den 1. FCK. Traf siebenmal ins Tor. Anschließend wechselte er zu Borussia Dortmund, wo er maßgeblich am Wiederaufstieg in die Bundesliga beteiligt war.

Kadlec, Miroslav (22.6.1964): Während der WM 1990 in Italien verpflichtet, wurde der umsichtige Libero, der vorher bei TJ Vitkovice spielte, zu einer Säule der Meistermannschaft von 1990/91. Blieb auch nach dem Abstieg beim 1. FCK und half mit, wieder nach oben zu kommen. Eigentlich eher gegen seinen Willen unterschrieb er danach für ein weiteres Jahr, bevor er mit Abschluß der Saison 1997/98 dem 1. FCK den Rücken kehrte und seiner Familie nach Tschechien folgte. Spielt dort jetzt für Petra Drnovice. War 1996 Mitglied der tschechischen Nationalmannschaft, die Deutschland mit 1:2 in der Verlängerung unterlag.

Kapitulski, Helmut (29.9.1934): Kam 1964 vom FK Pirmasens, war 1956 und 1957 mit Borussia Dortmund Deutscher Meister. Der Mittelfeldregisseur mit der linken Klebe spielte 105mal für den 1. FCK und schoß 24 Tore bis zu seinem Abschied vom Betzenberg 1968.

Kentschke, Gerhard (18.9.1942): Kam 1966 vom Karlsruher SC auf den Betzenberg und erzielte in 130 Spielen 26 Tore. 1970 wechselte er zum MSV Duisburg.

Helmut Kapitulski

Kiefaber, Roland (19.9.1942): Kam vom Vorortverein SV Phönix Otterbach 1962 zum 1. FCK. Absolvierte bis 1969 112 Spiele und schoß dabei ein einziges Tor.

Klimaschefski, Uwe (11.12.1938): Über Bremerhaven 93, Bayer Leverkusen und Hertha BSC Berlin kam das krummbeinige Rauhbein 1965 zum 1. FCK und schoß in 109 Spielen fünf Tore. 1969 verließ er den 1. FCK, wurde Trainer und bekleidete dieses Amt mehrmals beim Nachbarn FC Homburg. Wirkten seine Auftritte in den 70er Jahren noch zuweilen amüsant, so hatten sich seine Methoden zuletzt überlebt, was sogar in Homburg zu seiner Entlassung führte.

Koch, Harry (15.11.1969): Kam 1995 vom TSV Vestenbergsgreuth zum 1. FCK. Unter den mittelmäßigen Neuzugängen Hollerbach, Greiner, Wegmann und Wollitz war Koch nicht nur der Beste, sondern auch der Fleißigste und Einsatzfreudigste, was ihn besonders bei den Fans beliebt machte. Technische Schwächen lassen ihn zuweilen zu einem Risikofaktor im Abwehrspiel des 1. FCK werden.

Kohlmeyer, Werner (19.10.1924): Von 1941 bis 1957 beim 1. FCK. Stand in allen fünf Endspielen um die Deutsche Meisterschaft und wurde zweimal Deutscher Meister. Höhepunkt seiner Karriere war der Gewinn der WM 1954 in der Schweiz. Nach seiner aktiven Laufbahn geriet Kohlmeyer ins Abseits und wurde ein Opfer des Alkohols. Er starb als erster der Weltmeister von 1954 am 26.3.1974. Für den 1. FCK bestritt er 332 Spiele und erzielte 20 Tore. Außerdem trug er 22mal das Nationaltrikot.

Kohr, Harald (14.3.1962): Kam 1986 von Eintracht Trier in die Pfalz und wollte 1989 zum VfB Stuttgart wechseln. Aufgrund einer Verletzung trat der Vertrag mit den Schwaben nie in Kraft. Später dann noch beim FC Zürich und bei Wattenscheid 09 aktiv. Für den 1. FCK erzielte der treffsichere Stürmer in 92 Spielen 49 Tore.

Koppenhöfer, Herward (25.5.1946): Kam vom FC Wacker Weidenthal zum 1. FCK, spielte von 1965 bis 1969 128-mal für die Roten Teufel und schoß ein Tor. Danach wechselte er zu Bayern München, von wo es ihn zum VfB Stuttgart verschlug. Weitere Stationen waren Kickers Offenbach, Hertha BSC Berlin und Mainz 05. Lebt heute in Bodenheim bei Mainz.

Kostrewa, Willi (14.1.1940): Kam von Eintracht Gelsenkirchen. Absolvierte von 1962 bis 1966 81 Spiele und erzielte zwei Tore. Trug zur Qualifikation des 1. FCK für die Bundesliga bei.

Kuka, Pavel (9.7.1968): Kam während der Saison 1993/94 von Slavia Prag zum 1. FCK und schoß die Pfälzer fast noch zur Deutschen Meisterschaft. Mehrfacher tschechischer Nationalspieler, dem seit dem Abstieg etwas das Schußpech anhaftet.

Kuntz, Stefan (30.10.1962): Der Neunkirchener kam über den VfL Bochum und Bayer Uerdingen 1989 zum 1. FCK, mit dem er in seinem ersten Jahr nur knapp dem Abstieg entging, aber auch Pokalsieger wurde. Im Jahr darauf folgte die Meisterschaft. Sein Name strahlte ebenso stark wie die Namen der Spieler der Walter-Elf, denn mit ihm waren Pokalsieg und Meisterschaft eng verknüpft. Kuntz, der zum Identifikationsobjekt für viele Zuschauer wurde, wechselte zu Beginn der Saison 1995/96 vorwiegend aus finanziellen Gründen zum türkischen Meister Besiktas Istanbul. Als es im Jahr danach für den 1. FCK steil abwärts ging, hallten die Rufe nach ihm durch das Stadion. Halbherzig versuchten die Verantwortlichen, ihn zurückzuholen. Nach dem Abstieg bemühte man sich wieder und kam zu spät. Arminia Bielefeld hatte Kuntz einen lukrativen Dreijahresvertrag geboten, zudem wollte der Nationalspieler Kuntz in der Bundesliga spielen. Als er 1997 mit Arminia auf den Betzenberg kam, wurde er von den Fans überwiegend freundlich begrüßt. Am Ende der Saison stieg er mit Arminia ab. Machte insgesamt 25 Länderspiele, trat nach der EM 1996, wo er den Ausgleich beim 1:1 gegen England erzielt und einen Elfmeter sicher verwandelt hatte, als Nationalspieler zurück, um fortan als Nothelfer zur Verfügung zu stehen. Hat immer wieder durchblicken lassen, er könne sich nach seiner aktiven Laufbahn eine Tätigkeit als Manager beim 1. FCK vorstellen.

Labbadia, Bruno (8.2.1966): Kam 1988 vom Hamburger SV und wurde in den beiden darauffolgenden Spielzeiten zu einem der Lieblinge der Westtribüne. Machte 75 Spiele für den 1. FCK, in denen er 23 Tore schoß. Nach der Meisterschaft 1991 ging er, enttäuscht vom Trainer und einigen Mitspielern,

zu Bayern München, wo er 1994 erneut die Koffer packen mußte und zum 1. FC Köln aufbrach, von wo er zu Werder Bremen weiterwanderte.

Laumen, Herbert (11.8.1943): Der Rechtsaußen kam 1973 von Borussia Mönchengladbach und schoß in seiner einzigen Saison auf dem Betzenberg in 26 Spielen acht Tore.

Lelle, Frank (4.2.1965): Kam über den FK Pirmasens und SV Rodalben zum 1. FCK, wo er zwischen 1986 und 1993 99 Spiele machte und acht Tore schoß. Wechselte 1993 zum FC Homburg. Spielt jetzt beim Südwest-Oberligisten FK Pirmasens.

Liebrich, Ernst (18.12.1923): Spielte von 1941 bis 1955 für den 1. FCK. Schoß in 178 Spielen drei Tore. War Mitglied der Meistermannschaften von 1951 und 1953. Sein Bruder **Werner Liebrich** (18.1.1927, gestorben am 20.3.1995) spielte von 1945 bis 1962 für den 1. FCK, gehörte ebenfalls beiden Meistermannschaften an und wurde überdies 1954 Weltmeister. Insgesamt bestritt er 412 Spiele für den 1. FCK und erzielte 30 Tore. Das Nationaltrikot trug er 16mal.

Lutz, Roger (15.7.1964): Seit 1988 beim 1. FCK. Kam vom FK Clausen. Bereits in der Meisterschaftssaison ein zuverlässiger Abwehrspieler, holte Trainer Friedel Rausch den Diplom-Ingenieur nach bestandenem Examen von den Amateuren zurück zu den Profis. Nach dem Wiederaufstieg 1997 wäre Lutz beinahe zu Mainz 05 gewechselt, wenn auch die den Aufstieg geschafft hätten. Beim 1. FCK trat er dann erneut ins zweite Glied und spielte in der Amateurmannschaft. Kam aber auch wieder bei den Profis zum Einsatz, da aufgrund von Verletzungen Not am Mann war.

Majewski, Stefan (31.1.1956): Von 1984 bis 1987 beim 1. FCK. Polnischer Nationalspieler. Erzielte ein Tor in 66 Spielen. Seit 1997 Trainer der 1.-FCK-Amateure.

Mangold, Werner (19.9.1934): Von 1954 bis 1966 beim 1. FCK. Bestritt 244 Spiele, in denen er sieben Tore schoß.

Olaf Marschall

Marschall, Olaf (19.3.1966): Als Dynamo Dresden den technisch versierten Angreifer verkaufen mußte, griff der 1. FCK gerne zu und sicherte sich die Dienste des viermaligen DDR-Auswahlspielers, der mittlerweile auch mehrere A-Länderspiele bestreiten durfte. Der frühere Leipziger (1. FC Lok), hatte zwischendurch unter Trainer Siegfried Held bei Admira Wacker Wien gespielt. Seit Beginn der Saison 1994/95 beim 1. FCK, wo er in seinen ersten drei Jahren über die Maßen oft verletzt war. In der Saison 1997/98 avancierte er zum Goalgetter und zu einem der wertvollsten Spieler des 1. FCK.

Meier, Erich (30.3.1935): Der „Flutlicht-Meier" spielte von 1962 bis 1965 beim 1. FCK und war in 56 Spielen 36mal erfolgreich, natürlich vorzugsweise bei Flutlichtspielen.

Meier, Reinhard (11.3.1946): Kam 1973 vom SV Alsenborn zum 1. FCK und spielte bis 1981 210mal für den 1. FCK. Dabei erzielte er 28 Tore.

Melzer, Werner (2.5.1954): Mit 370 Bundesligaeinsätzen auf lange Sicht der ewige Rekordspieler des 1. FCK seit Einführung der Bundesliga. Kam 1974 vom FK Clausen. Der solide Abwehrspieler kam auf 3 B-Länderspiele. Von 1974 bis 1986 spielte er 437mal für den 1. FCK und schoß 37 Tore. 1997 löste ihn Stefan Majewski als Trainer der 1. FCK-Amateure ab.

Miksa, Gerhard (3.11.1935): Von 1956-1963 beim 1. FCK. Schoß in 155 Spielen sieben Tore. Verabschiedete sich mit dem Start der Bundesliga vom Betzenberg.

Moser, Hans-Werner (24.9.1965): Von 1983 bis 1988 beim 1. FCK. Kam vom SV Rammelsbach. Der kompromißlose Abwehrrecke wechselte nach 124 Spielen, in denen er sechs Tore schoß, zum Hamburger SV, von wo er 1990 zu Wattenscheid 09 ging. Veränderte sich 1995 zum Regionalligisten SC Verl. Seit 1997 ist er Trainer beim SV Sodingen. Bestritt neun U21-Länderspiele.

Neues, Hans-Günter (14.11.1950): Kam 1977 von RW Essen und war in Sachen Kompromißlosigkeit Mosers adäquater Vorgänger. In seinen sechs Jahren bis 1983 spielte er 165mal für den 1. FCK und schoß 21 Tore. War in der Saison 1995/96 für kurze Zeit Trainer beim SV Waldhof Mannheim.

Neumann, Jürgen (6.12.1941): Der Außenläufer machte von 1959 bis 1966 193 Spiele und schoß 38 Tore. 1963 an der Qualifikation zur Bundesliga beteiligt.

Nilsson, Torbjörn (9.7.1954): Kam 1982 von IFK Göteborg zum 1. FCK, konnte aber nicht die Popularität seiner Landsleute Sandberg und Hellström erreichen. Nach 77 Spielen und 29 Toren packte der schwedische Nationalspieler zwei Jahre später seine Koffer und ging wieder in seine Heimat zurück.

Ojigwe, Pascal „Karibe" (11.12.1976): Kam 1995 von Enyimba Abba/Nigeria zu den 1. FCK-Amateuren. Der nigerianische Nationalspieler gehört seit der Saison 1996/97 auch zum Profikader des 1. FCK, kam jedoch bisher meist bei den Amateuren zum Einsatz.

Pirrung, Josef (24.7.1949): Kam 1968 vom FC Münchweiler/Rodalb zum 1. FCK und wurde bis zum Ende seiner

Laufbahn 359mal eingesetzt. Dabei erzielte er 72 Tore. Außerdem trug er zweimal das Trikot der A-Nationalmannschaft und stand jeweils viermal in der B-Auswahl und in der U 23.

Pulter, Dieter (9.2.1939): Von 1959-1965 beim 1. FCK. Schoß in 121 Spielen 23 Tore. Dem 1. FCK ist er immer noch verbunden. Leitet heute das Katasteramt in Kaiserslautern.

Prins, Jacobus (5.6.1938): Kam zum Bundesligastart 1963 als Star der Pfälzer von Ajax Amsterdam, wohin er zwei Jahre später auch wieder zurückkehrte. Der holländische Nationalspieler wurde zum „Enfant terrible" in der Pfalz, weil er auf sehr großem Fuß lebte, schnelle Autos fuhr und dem schönen Leben frönte. Er kam auf 37 Einsätze und erzielte zehn Tore. Spielte später noch für die Pittsburgh Phantoms, die New York Generals, Maastricht VV, Vitesse Arnheim und Helmond Sport. Als (Spieler-)Trainer wirkte er beim FC Boom und beim FC Turnhout. Bei einem Spiel der Alten Herren des Antwerpener Vorstadtklubs FC Schilde blieb ihm beim Jubel über ein selbst erzieltes Tor der Atem weg. Er starb mit 49 Jahren. Er ist einer der wenigen Spieler des 1. FCK, denen eine eigene Biographie gewidmet wurde („Co Prins – Genie, Filou, Globetrotter").

Ratinho, Rodrigues Everson (8.6.1971): Der unter Friedel Rausch wirkende Co-Trainer Ignaz Good holte Ratinho vom FC Aarau. Kam in der Saison 1996/97 in der 2. Bundesliga nicht immer zum Einsatz und auch nicht immer zur Geltung. Spätestens seit Ostersamstag 1997, als ihm gegen den VfL Wolfsburg ein Traumtor gelang, ist Ratinho der Liebling der Fans („Ratinho, ohhohoho").

Rehhagel, Otto (9.8.1938): Kam 1966 von Hertha BSC Berlin zum 1. FCK. Machte 160 Spiele und erzielte 18 Tore. Wurde nach seiner aktiven Laufbahn 1972 Trainer beim 1. FC Saarbrücken, von wo er über Offenbach, Bremen, Dortmund, Bielefeld und Düsseldorf im April 1981 erneut bei Werder Bremen landete, wo er 14 Jahre erfolgreich arbeitete, bevor er zu Beginn der Saison 1995/96 zu Bayern München wechselte. Trotz eines 2. Tabellenplatzes in der Bundesliga und dem Erreichen des UEFA-Pokal-Finales wurde Rehhagel nach dem 0:1 gegen Hansa Rostock entlassen und daran gehindert, den Gewinn des UEFA-Pokals mit seiner Mannschaft zu feiern. 1996 überraschte Rehhagel-Freund und 1.-FCK-Aufsichtsrat Jürgen Friedrich Rehhagel und die Öffentlichkeit mit dem Versprechen: „Bei uns darfst du wieder Otto sein!" Der 1. FCK präsentierte Rehhagel als Nachfolger für Eckart Krautzun, dem viele den Durchmarsch durch die 2. Bundesliga nicht zutrauten. Rehhagel konterte jede aufkommende Kritik, indem er auf das Ziel Aufstieg verwies, und behielt letztlich recht. Nach dem Aufstieg war er dann so richtig in seinem Element. Im ersten Bundesligaspiel gelang ihm ein 1:0-Sieg bei Bayern München, das auch vier Monate später im Rückspiel mit 2:0 geschlagen wurde. Nur im Pokal mußte er der Stärke und Ausgebufftheit der Münchner Tribut zollen, der 1. FCK verlor mit 1:2.

der rechten Außenseite und als Stürmer verwendbaren Spieler behutsam auf, indem er seine Einsätze in der 2. Bundesliga und nach dem Aufstieg dosierte. Inzwischen ist Reich im Aufgebot der U21 regelmäßig vertreten.

Reichel, Armin (31.1.1958): Kam 1973 als Jugendlicher zum 1. FCK. Meist blieb ihm hinter Ronnie Hellström nur die Reservistenrolle. Stand 81mal im Tor des 1. FCK, als Hellström verletzt war bzw. eine Formkrise hatte. Hütete in der Saison 1997/98 das Tor von Wormatia Worms.

Reinders, Günther (22.9.1944): Kam vom FK Pirmasens und spielte von 1970 bis 1974 100mal für den 1. FCK. Erzielte zwei Tore.

Reich, Marco (30.12.1977): Kam 1992 von Viktoria Merxheim zur Jugend des 1. FCK. Otto Rehhagel baute den auf

Reinke, Andreas (10.1.1969): Kam als Ersatz für den unzufriedenen Reservetorhüter Claus Reitmaier (fort zum KSC) zu Beginn der Saison 1994/95 vom FC St. Pauli. Spielte früher für den PSV Güstrow, PSV Schwerin und den Hamburger SV. Nach Gerry Ehrmanns Verletzungen in der Saison 1994/95

wurde er früher als erwartet Stammtorwart. Stand und steht aber immer wieder nach (seltenen) Fehlern in der Kritik, obwohl er insgesamt eine gute Bilanz vorzuweisen hat. Vor allem in der Saison 1996/97 in der 2. Bundesliga und im Jahr nach dem Aufstieg war Reinke ein großer Rückhalt für seine Mannschaft.

Reitgaßl, Willy (29.2.1936): Kam 1962 vom Karlsruher SC auf den Betzenberg und trug in der letzten Oberligasaison 1962/63 entscheidend dazu bei, daß sich der 1. FCK gegen die Konkurrenz aus Pirmasens und Neunkirchen für die Bundesliga qualifizieren konnte. Trug 173mal das FCK-Trikot und schoß 52 Tore. Vor wenigen Jahren in Hessen, wo er nach seiner aktiven Zeit lebte, verstorben.

Render, Otto (16.4.1926): Spielte von 1951 bis 1958 beim 1. FCK. Mitglied der Meistermannschaft von 1953 sowie Endspielteilnehmer 1954 und 1955. Insgesamt kam er auf 122 Einsätze und erzielte neun Tore. Später trainierte er den SV Alsenborn. Verunglückte im April 1969 tödlich mit seinem Auto.

Richter, Winfried (19.1.1941): Von 1959 bis 1965 und von 1969 bis 1971 beim 1. FCK. Spielte zwischendurch in der Schweiz. Schoß in 189 Spielen 73 Tore. Arbeitet im Amt für Umweltschutz in Kaiserslautern.

Riedl, Hannes (2.1.1950): Kam 1974 über Hertha BSC Berlin nach Kaiserslautern, spielte vorher für den FK Pirmasens und den MSV Duisburg. In 251 Spielen erzielte er 39 Tore. Wurde einmal in die B-Nationalmannschaft berufen. Riedl arbeitet seit 1996 als hauptamtlicher Fanbeauftragter des 1. FCK und hat sein Büro im Fan-Shop „Fans & Fun" in der Bremer Str. 1-5 am Fuß des Betzenbergs.

Riedl, Thomas (18.6.1976): Kam 1994 als Vertragsamateur in den Kader des 1. FCK. Baute 1997 sein Abitur und stieg mit dem 1. FCK wieder in die Bundesliga auf, wo er aber über die Rolle eines Ersatzspielers bisher nicht hinauskam und meist bei den Amateuren Erfahrung sammeln durfte.

Rische, Jürgen (30.10.1970): Während der Saison 1995/96 kam der damalige Torschütze vom Dienst des VfB Leipzig zum 1. FCK, geriet aber in eine zerstrittene Mannschaft und wurde der ihm zugedachten Rolle nicht gerecht. War aber unter Otto Rehhagel in der Saison 1996/97 in der 2. Bundesliga und nach dem Aufstieg immer öfter zur Stelle und stellte seine Qualitäten unter Beweis.

Ritter, Thomas (10.10.1967): Die Blitzkarriere überhaupt: Aus der ehemaligen DDR per Zufall bei den Stuttgarter Kickers gelandet, kam Ritter 1992 mit Trainer Rainer Zobel nach Kaiserslautern. Hier wurde er fast über Nacht zum (bisher einmaligen) Nationalspieler. Wurde während der Saison 1995/96 an den Karlsruher SC abgegeben.

Roggensack, Gerd (5.10.1941): Spielte in der Saison 1967/68 für den 1. FCK und erzielte in 33 Spielen zehn Tore. Blieb unter den Erwartungen, auch als er 1989 Josef Stabel als Trainer ablöste. Im Februar 1990 kam die Entlassung, nachdem der 1. FCK schier aussichtslos den letzten Tabellenplatz einnahm.

 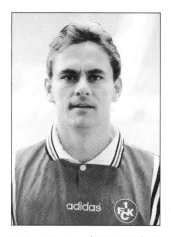

Roos, Axel (19.8.1964): Der leidenschaftliche Musiker, der gerne eine Band der Profi-Fußballer gegründet hätte, spielt seit 1979 beim 1. FCK. Jahrelang eine Stütze der Mannschaft, fiel Roos bei Trainer Karl-Heinz Feldkamp in Ungnade und mußte allzuoft auf der Tribüne Platz nehmen. Oftmals kursierten Wechselgerüchte. Auch unter Rainer Zobel hatte Roos nicht viel zu lachen, das Martyrium setzte sich fort. Erst Friedel Rausch baute wieder auf die Stärken des Allrounders, der seither nicht mehr um seinen Stammplatz fürchten mußte. Machte alle Höhen und Tiefen mit: Abstieg, Pokalsieg, Aufstieg. War mit der ihm zugedachten Rolle als Pfälzer Identifikationsfigur nach dem Weggang von Stefan Kuntz und Marco Haber überfordert, da es in der heterogenen Mannschaft hinten und vorne nicht stimmte. Seit klare Verhältnisse herrschen, spielt Roos im Mittelfeld teilweise überragende Vorstellungen und bereitet sogar hin und wieder ein Tor vor. Sein großer Traum: Die Karriere im Ausland ausklingen zu lassen.

Rufer, Wynton (29.12.1962): Kam auf Bitten von Otto Rehhagel in der Winterpause der Zweitligasaison, schoß einige wichtige Tore und förderte den Geist in der Mannschaft, bevor er sich, wenige Spieltage vor Saisonende, als der Aufstieg klar war, wieder aufmachte nach Neuseeland.

Rummel, Manfred (22.7.1938): Kam 1965 von Preußen Münster zum 1. FCK. Der Linksfüßer erzielte in 40 Spielen 18 Tore. Spielte 1966/67 zusammen mit Co Prins für die Pittsburgh Phantoms.

Sandberg, Roland (16.12.1946): Von 1973-1977 auf dem Betzenberg. Mußte wegen einer Verletzung seine große Karriere beenden. Der schwedische Nationalspieler, der Ronnie Hellström zum 1. FCK lockte, erzielte in 137 Spielen 69 Tore. Arbeitet heute in Malmö in seinem erlernten Beruf als Sozialarbeiter und ist ab und zu Gast in der Pfalz.

Schäfer, Oliver (27.2.1969): Den soliden, manchmal etwas ungestüm wirkenden Abwehrspieler holte Karl-Heinz Feldkamp nach dem Gewinn der

Deutschen Meisterschaft vom SC Freiburg. Anfangs Stammspieler, hatte es Schäfer später unter allen Trainern schwer, unter die ersten elf zu kommen. Auch bei Otto Rehhagel ist Schäfer meist nur Ersatz.

Scheffler, Erwin (24.5.1927): Von 1951-1959 beim 1. FCK. Mitglied der Meistermannschaft von 1953 und Endspielteilnehmer von 1954 und 1955. Gefürchteter Torjäger. Schoß in 185 Spielen 120 Tore.

Scherr, Uwe (16.11.1966): Kam 1989 vom FC Augsburg zum Betzenberg. Schoß in 94 Spielen sechs Tore und hatte 1990/91 seine stärkste Saison. Als Scherr im Jahr nach der Meisterschaft seiner Form hinterlief, wurde er am Ende der Spielzeit 1991/92 für 3,6 Mio. DM an Schalke 04 verkauft, wo er nie Stammspieler wurde, wie auch danach beim 1. FC Köln.

Schjönberg, Michael (19.1.1967): Otto Rehhagel holte ihn kurz nach Beginn der Saison 1996/97 in der 2. Bundesliga von Odense BK. Der Däne hatte bereits mit seiner Profikarriere abgeschlossen und arbeitete als Netzflicker. War mit Hannover 96 1992 DFB-Pokalsieger. Teilnehmer an der WM 1998 in Frankreich mit der dänischen Nationalmannschaft.

Schmidt, Karl (5.3.1932): Von 1955 bis 1960 beim 1. FCK, machte er neun A-Länderspiele. Spielte 129mal für die Roten Teufel und schoß sieben Tore.

Schnarr, Wolfgang (9.6.1941): Stand von 1959 bis 1970 316mal im Tor des 1. FCK. Nach seinem Abschied wurde erst 1974 mit Ronnie Hellström ein Torhüter gefunden, der an die Klasse von Schnarr anknüpfen konnte. Betreibt heute eine Versicherungsagentur.

Schneider, Gerd (18.12.1940): Von 1960 bis 1970 beim 1. FCK. Schoß in 240 Spielen ein Tor. Später kurzzeitig Schatzmeister des 1. FCK. Verstarb vor einigen Jahren plötzlich an einem Herzinfarkt.

Schulz, Michael (3.9.1961): Von 1987 bis 1989 beim 1. FCK. Kam vom VfB Oldenburg. Erzielte sechs Tore in 56 Spielen. Sein Weggang zu Borussia Dortmund schwächte die Mannschaft in der darauffolgenden Saison 1989/90 entscheidend. Wechselte 1994 zu Werder Bremen. Arbeitet inzwischen in der Sportredaktion von SAT 1 für „ran".

Schupp, Markus (7.1.1966): Spielte von 1985 bis 1991 für den 1. FCK und schoß in 194 Bundesliga- und Pokalspielen 17 Tore. Wechselte nach dem Gewinn der Meisterschaft zu Wattenscheid 09, von wo er 1992 zu Bayern München ging, mit dem er 1994 erneut

Deutscher Meister wurde. Seine mitunter pomadig wirkende Spielweise verhinderte seinen Durchbruch zum Nationalspieler. Als Bayern sich mit Herzog, Sforza und Strunz für die Saison 1995/96 verstärkte, mußte Schupp gehen und wechselte zu Eintracht Frankfurt, wo er sich aber auch nicht durchsetzen konnte. Bei seinem nächsten Verein, dem Hamburger SV geriet er mit Trainer Felix Magath aneinander und landete schließlich gemeinsam mit einem anderen Ex-Lauterer, Franco Foda, bei Sturm Graz, wo sie 1998 Österreichischer Meister wurden.

Schwager, Dietmar (15.8.1940): Von 1964 bis 1975 beim 1. FCK. Kam vom Lokalrivalen VfR Kaiserslautern. Nachfolger von Werner Liebrich als Mittelläufer. Absolvierte 367 Spiele und schoß fünf Tore. Trainierte später zeitweilig Schalke 04. Führt heute in Kaiserslautern eine Toto-Lotto-Annahmestelle.

Schwarz, Peter (14.6.1953): Von 1972 bis 1981 beim 1. FCK. Kam von Grün-Weiß Hochspeyer. Absolvierte 168 Spiele und erzielte 21 Tore.

Seel, Karl-Heinz (21.6.1948): Kam 1971 vom 1. FC Saarbrücken und ging 1973 zu Fortuna Düsseldorf. Spielte 86-mal für den 1. FCK und schoß 21 Tore.

Serr, Michael (14.7.1962): Kam 1985 vom ASV Landau zum 1. FCK und war meist zweiter Mann hinter Gerald Ehrmann. Kam insgesamt auf 64 Einsätze, bevor er 1993 zum 1. FC Saarbrücken wechselte, wo er sich aber auch nicht durchsetzen konnte. Trainierte in der Saison 1997/98 bei den 1. FCK-Amateuren.

Sforza, Ciriaco (2.3.1970): 1993 noch unter Trainer Rainer Zobel für 2,4 Mio. DM von Grasshoppers Zürich verpflichtet, entpuppte sich der Schweizer Nationalspieler als Volltreffer. Nach einer eher schwachen Weltmeisterschaft in den USA schwang sich Sforza in der Saison 1994/95 zunächst zum unumstrittenen Spielgestalter des 1. FCK auf, auf den die ganze Bundesliga ein Auge warf. Am 20.3. 1995 gab Sforza seinen Wechsel zu Bayern München bekannt und bereitete sich damit viel Ärger mit den Fans in der Pfalz. Mit Bayern München holte Sforza den UEFA-Pokal und wurde Zweiter in der Bundesliga. Nach nur einem Jahr verließ er den Klub und wechselte zu Inter Mailand, womit er sich einen Traum erfüllte: Im Land seiner Vorfahren in der Serie A zu spielen. Doch bei der Ansammlung vieler Stars bei Inter waren Eifersüchteleien und übertriebenes Konkurrenzdenken nur eine Frage der Zeit. Inter verpaßte das Erreichen der Champions League und verlor das UEFA-Pokal-Finale gegen den FC Schalke 04. Obwohl Sforza u.a. ein Angebot seines ehemaligen Schweizer Nationaltrainers Roy Hodgson hatte, mit ihm in die englische Premier League zu den Blackburn Rovers zu gehen, entschied sich Sforza, zurück in die Pfalz zu kommen, wo er seitdem auf dem Spielfeld das alleinige Sagen hat.

Stabel, Josef (21.9.1948): Von 1967 bis 1980 beim 1. FCK. Spielte vorher bei der SG und beim VfB Post Pirmasens. Zuverlässiger Torhüter, der sowohl hinter Wolfgang Schnarr als auch hinter Ronnie Hellström meist zurückstehen mußte. Stand 97mal im Tor. Erzielte einen Treffer per Elfmeter. War Trainerassistent beim 1. FCK, Trainer bei Wormatia Worms, TuS Hohenecken und den Amateuren des 1. FCK, bevor er im November 1987 Hannes Bongartz als Cheftrainer ablöste. Rettete den 1. FCK vor dem Abstieg und hatte danach eine durchwachsene Saison, nach der er Gerd Roggensack Platz machen mußte. Später als Trainer beim FC Homburg auf unmenschliche Weise abserviert.

Strich, Horst-Dieter (8.4.1941): Von 1963 bis 1965 beim 1. FCK. Stand 36mal im Tor, wollte alleiniger Stammtorhüter des 1. FCK sein, konnte sich aber gegen Wolfgang Schnarr nicht entscheidend durchsetzen, so daß zwischen beiden ein permanenter Nervenkrieg tobte. Wechselte danach zum PSV Eindhoven.

Stumpf, Reinhard (26.11.1961): Von 1989 bis 1992 beim 1. FCK. Kam von Kickers Offenbach. Schoß in 74 Spielen zwei Tore. Kompromißloser Manndecker, der mehrere Jochbeinbrüche erlitt und nahe am Rande der Sportinvalidität stand. Nach der Verpflichtung von Jan Eriksson sah er für sich keine Chance mehr und folgte Trainer Karl-Heinz Feldkamp zu Galatarasay Istanbul, von wo er 1994 zum 1. FC Köln wechselte. Nach Abschluß seines Trainerexamens seit der Saison 1997/98 Co-Trainer beim 1. FCK.

Toppmöller, Klaus (12.8.1951): Von 1972-1980 beim 1. FCK. Kam von Eintracht Trier auf den Betzenberg, wo er bis heute Bundesliga-Rekordtorschütze ist. In 204 Spielen gelangen ihm 108 Tore, dazu kommen noch 20 Treffer aus 34 nationalen und internationalen Pokalspielen. Der Diplom-Ingenieur aus Rivenich mußte wegen einer Verletzung seine Karriere, in der er auch drei Länderspiele unter Helmut Schön absolvierte, frühzeitig beenden und ging danach in die USA in die Soccer-Liga. In Deutschland spielte er noch für den FSV Salmrohr und trainierte danach den SSV Ulm, Wismut Aue und den SV Waldhof Mannheim. Bei seinem anschließenden Engagement bei Eintracht Frankfurt wurde er vorzeitig entlassen und trainiert jetzt den VfL Bochum, mit dem er 1995 in die 2. Bundesliga abstieg, aber ein Jahr später mit einer völlig neu formierten Mannschaft sofort wieder aufstieg und auf Anhieb den VfL zum ersten Mal in seiner Vereinsgeschichte in den UEFA-Pokal führte. Toppmöller ist für viele FCK-Fans der Wunschtrainer für die Zeit nach Otto Rehhagel.

Trunk, Dieter (22.3.1959): Kam 1984 vom 1. FC Nürnberg, spielte bis 1987 75mal für den 1. FCK und schoß 13 Tore.

Vogt, Karl-Heinz (23.2.1945): Der „Hexer" kam 1969 zum 1. FCK und erzielte in 110 Spielen 46 Tore. Wechselte anschließend zum FC Homburg in die 2. Bundesliga Süd.

Wagner, Martin (24.2.1968): Seit 1992 beim 1. FCK, wo er zum Nationalspieler avancierte. Vorher beim 1. FC Nürnberg. Eine durchwachsene Leistung in seinen Länderspielen brachte ihm aber keinen Stammplatz bei Berti Vogts, außerdem warf ihn 1995 eine langwierige Verletzung zurück. Wurde im Jahr nach dem Abstieg zu einem der Führungsspieler des 1. FCK.

Walter, Fritz (31.10.1920): Spielte von 1938 bis 1959, unterbrochen durch den Zweiten Weltkrieg, 379mal für den 1. FCK und schoß 306 Tore. Bei allen fünf Endspielen um die Deutsche Meisterschaft dabei. 1951 und 1953 Deutscher Meister. Schlug Angebote von FC Nancy und Atletico Madrid aus und blieb in der Pfalz. 1954 Weltmeister, 1958 mit 38 Jahren WM-Vierter. Später Berater des SV Alsenborn. War aktiv für die Sepp-Herberger-Stiftung. Engagierte sich sozial für jugendliche Strafgefangene und ist auch im Ruhestand noch viel auf Achse. Sein Bruder **Ottmar Walter** (6.2.1924) war bei den Endspielen 1948, 1951, 1953 und 1954 dabei und wurde ebenfalls zweimal Deutscher Meister sowie 1954 in der Schweiz Weltmeister. Spielte von 1941 bis 1959, unterbrochen durch den Krieg, für den 1. FCK und erzielte in 321 Spielen 336 Tore. Mußte nach seiner aktiven Zeit mehrere schwere Operationen über sich ergehen lassen. Ist regelmäßig Tribünengast auf dem Betzenberg in Begleitung seiner Frau.

Wanger, Karl (9.2.1930): Von 1950 bis 1957 beim 1. FCK, für den er in 181 Spielen 98 Tore schoß. Wurde 1953 mit dem 1. FCK Deutscher Meister und stand 1954 und 1955 in der unterlegenen Endspielelf.

Wendt, Benny (4.11.1950): Kam 1977 zum 1. FCK. Spielte zuvor für IFK Norrköpping, den 1. FC Köln und Tennis Borussia Berlin. Sollte Roland Sandbergs Nachfolger werden. In seinen vier Spielzeiten gewann er weit weniger Sympathien als sein schwedischer Landsmann und erzielte in 139 Spielen 46 Tore. Wechselte anschließend zu Standard Lüttich.

Wenzel, Willi (30.6.1931): Von 1951 bis 1962 beim 1. FCK. 1953 Deutscher Meister und 1954 und 1955 Mitglied der unterlegenen Endspielelf. Schoß in 239 Spielen 165 Tore.

Winkler, Bernhard (24.6.1966): Kam 1990 von Schweinfurt 05 zum 1. FCK und erzielte in der Meister-Saison einige wichtige Tore, u.a. zwei beim 6:2-Sieg beim 1. FC Köln. Danach flachte seine Leistungskurve ab. Über Fortuna Köln landete Winkler bei 1860 München, wo er mit seinen Toren maßgeblich zum Bundesliga-Aufstieg und zum Klassenverbleib der „Löwen" sowie ein Jahr später zur UEFA-Cup-Teilnahme beitrug.

Wolf, Wolfgang (24.9.1957): Vom VfR Hettenleidelheim kam er 1976 zum 1. FCK, absolvierte bis 1988 295 Spiele und schoß 15 Tore. Der zuverlässige Abwehrspieler wechselte zu den Stuttgarter Kickers, wo er als Spieler und Manager tätig war und während der Saison 1997/98 entlassen wurde. Heuerte danach beim VfL Wolfsburg an.

Wrenger, Willi (15.4.1938): Kam 1963 zum Bundesligastart zum 1. FCK. Spielte vorher für RW Essen, den 1. FC Köln und RW Oberhausen. In 67 Spielen gelangen ihm elf Tore. Heute arbeitet er in der Werbeabteilung eines großen Getränkekonzerns in Kaiserslautern.

Wuttke, Wolfram (17.11.1961): Von 1985-1990 beim 1. FCK. Wie in Hamburg und in Mönchengladbach eckte er auch in der Pfalz an. Trotzdem war er einer der genialsten Mittelfeldspieler, die der FCK je hatte. Insgesamt bestritt er 123 Spiele und schoß 35 Tore. Außerdem wurde er viermal von Franz Bekkenbauer in die Nationalelf berufen und war Mitglied der Olympiaauswahl, die 1988 in Seoul die Bronzemedaille gewann. Nach Differenzen mit Trainer Gerd Roggensack und lustlosen Auftritten wurde er suspendiert und wechselte zu Espanol Barcelona. Später war Wuttke dann noch für den 1. FC Saarbrücken aktiv, bevor er sich dem Trainerjob in unterklassigen Ligen zuwandte.

Zeyer, Michael (9.6.1968): Kam zur Saison 1992/93 vom SC Freiburg zum 1. FCK, hatte aber Pech, daß Trainer Karl-Heinz Feldkamp, der ihn unbedingt wollte, zum Ende der Saison 1991/92 völlig überraschend gegangen war. Als Ciriaco Sforza 1993 zum Betzenberg kam, wechselte Zeyer, der schon zuvor selten zum Einsatz gekommen war, zum SV Waldhof Mannheim, wo er zuerst mit Trainer Ulli Stielike Probleme hatte und später mit Klaus Schlappner überhaupt nicht zurecht kam. 1996 heuerte Zeyer beim MSV Duisburg an, von wo er 1998 zum VfB Stuttgart ging.

1. FC Kaiserslautern
Daten zum Verein

Gegründet: 2. Juni 1900
Sportarten: Fußball, Basketball, Boxen, Handball, Hockey, Leichtathletik, Triathlon
Mitglieder: geht auf 10.000 zu
Vereinsfarben: Rot-Weiß
Spielkleidung: rotes Hemd mit weißem Kragen, rote Hose, rote Stutzen oder weißes Hemd mit hellgrauen Seitenteilen und Ärmeln, schwarze Hose, weiße Stutzen

Titel:
Deutscher Meister 1951, 1953, 1991, 1998
Deutscher Pokalsieger 1990, 1996
Super-Cup-Gewinner 1991
Hallen-Masters-Gewinner 1997

Präsidium:
Präsident: Hubert Keßler
Vizepräsidenten: Axel Ulmer, Berthold Bandner
Kaufmännischer Leiter: Gerhard Herzog
Finanzbereich: Erwin Göbel

Aufsichtsrat:
Dr. Robert Wieschemann, Wolfgang Fritz, Jürgen „Atze" Friedrich, Gerhard Piontek, Walter Zuber, Arnold Neu, Andreas R. Graf

Cheftrainer: Otto Rehhagel
Co-Trainer: Reinhard Stumpf
Torwart-Trainer: Gerald Ehrmann

Mannschaftsärzte: Dr. Wolfgang Franz und Dr. Stefan Thaler
Masseure: Heinrich Loch und Heinz Bossert
Physiotherapeut: Jürgen Weber
Zeugwart: Fritz Krauss

Anschrift: 1. FC Kaiserslautern, Postfach 2427, 67653 Kaiserslautern
Telefon: 0631/3188-0, Fax: 0631/3188-290

Öffnungszeiten der Geschäftsstelle in der Nordtribüne:
Mo, Di, Do, Fr: 9 bis 17 Uhr, Mi: 9 bis 13 Uhr
bei Heimspielen: 11 Uhr bis 2 Stunden nach dem Schlußpfiff

Der 1. FCK von 1900 bis 1998

Ligazugehörigkeit, Plazierungen, Meisterschaften

1900/01
nur Freundschaftsspiele, keine Beteiligung an der Süddeutsch. Meisterschaft (FC 1900)

1901/02
nur Freundschaftsspiele, keine Beteiligung an der Süddeutsch. Meisterschaft (FC 1900)

1902/03 Gau Pfalz
(FC 1900 Meisterschaft und Qualifikation für die Endrunde zur Süddeutschen Meisterschaft – Teilnahme daran unbekannt)
(FC Bavaria 02 Meisterschaftszweiter)

1903/04
vermutlich keine Meisterschaftsbeteiligung Kaiserslauterer Vereine

1904/05
vermutlich keine Meisterschaftsbeteiligung Kaiserslauterer Vereine

1905/06 Gau Pfalz
FC Bavaria 02 Gaumeister: Teilnahme an Endrunde Nordkreis

1906/07 Gau Pfalz
Über das Abschneiden Kaiserslauterer Vereine ist nichts bekannt

1907/08 Kreisliga West
(FC Palatia 01: 2. Platz, FC 1900: 3. Platz, FC Bavaria 02: 4. Platz)

1908/09 Kreisliga West
FC 1900 Kreismeister, FC Palatia 01: 3. Platz, FC Bavaria 02: 7. u. letzter Platz,
FC 1900 Teilnehmer an der Endrunde um die Süddeutsche Meisterschaft: 4. und letzter Platz;
Fusion von FC 1900, FC Palatia 01 und FC Bavaria 02 zum FV 1900 Kaiserslautern

1909/10 Kreisliga West
FV 1900: 2. Platz

1910/11 Kreisliga West
FV 1900: 3. Platz

1911/12 Kreisliga West
FV 1900: 2. Platz,
SV Phönix 1910: 4. Platz (2. Spielklasse)

1912/13 Kreisliga West
FV 1900: 5. Platz

1913/14 Kreisliga West
FV 1900: 4. Platz

1914/15
keine Meisterschaftsspiele wegen des 1. Weltkrieges

1915/16 Bezirk Pfalz
Westkreis Staffel 3
FV 1900: 6. Platz,
SV Phönix 1910: 2. Platz

1916/17
keine Angaben über Kaiserslt. Vereine

1917/18 Bezirk Pfalz Westkreis
FV 1900: 1. Platz,
SV Phönix 1910: 2. Platz
Endspiel um die pfälzische Bezirksmeisterschaft FV 1900 – FG 03 Ludwigshafen 0:4

1918/19
keine Angaben über Kaiserslt. Vereine

1919/20 Bezirksliga Saar
FV 1900: 3. Platz

1920/21 Bezirksliga Pfalz
(Wechsel des Bezirks)
FV 1900: 8. Platz

1921/22 Bezirksliga Pfalz Gruppe 2
FV 1900: 2. Platz

1922/23 Bezirksliga Pfalz
FV 1900: 5. Platz
Abstieg in die Kreisliga Hinterpfalz (2. Liga)

1923/24 Kreisl. Hinterpfalz (2. Liga)
FV 1900: 1. Platz
Teilnahme an Aufstiegsrunde zur Bezirksliga Rhein, am VfL Neckarau und an SV Darmstadt 98 gescheitert

1924/25 Kreisl. Hinterpfalz (2. Liga)
FV 1900: 2. Platz

1925/26 Kreisl. Hinterpfalz (2. Liga)
FV 1900: 2. Platz hinter dem VfR Kaiserslautern

1926/27 Kreisl. Hinterpfalz (2. Liga)
FV 1900: 2. Platz

1927/28 Kreisl. Hinterpfalz (2. Liga)
FV 1900: 1. Platz, Teilnahme an Aufstiegsrunde zur Bezirksliga Rhein-Saar Gruppe Saar, an SV 05 Saarbrücken und SpVgg 08 Oberstein gescheitert

1928/29 Kreisl. Hinterpfalz (2. Liga)
FV 1900: 2. Platz hinter dem VfR Kaiserslautern, Aufstieg des VfR in die Bezirksliga Rhein-Saar Gruppe Saar

1929/30 Kreisl. Hinterpfalz (2. Liga)
FV 1900: 1. Platz;
Fusion von FV 1900 und SV Phönix 1910 zum FV/Phönix;
Teilnahme an der Aufstiegsrunde zur Bezirksliga Rhein-Saar Gruppe Saar, am VfB Dillingen im Entscheidungsspiel mit 1:2 gescheitert

1930/31 Kreisl. Hinterpfalz (2. Liga)
FV/Phönix 1. Platz, Teilnahme an der Aufstiegsrunde zur Bezirksliga Rhein-Saar Gruppe Saar, Aufstieg in die Bezirksliga durch Entscheidungsspiel gegen VfB Dillingen (2:1)

1931/32 Bezirksliga Rhein-Saar Gruppe Saar (1. Liga)
Umbenennung in 1. FC 1900 Kaiserslautern; 4. Platz

1932/33 Bezirksliga Rhein-Saar Gruppe Saar (1. Liga)
2. Platz

1933/34 Gauliga Südwest (1. Liga)
7. Platz

1934/35 Gauliga Südwest
10. Platz Abstieg in die Bezirksklasse

1935/36 Bezirksklasse (2. Liga)
1. Platz, Aufstieg gescheitert

1936/37 Bezirksklasse (2. Liga)
1. Platz, Aufstieg i. d. Gauliga Südwest

1937/38 Gauliga Südwest (1. Liga)
9. Platz Abstieg in die Bezirksklasse

1938/39 Bezirksklasse (2. Liga)
1. Platz, Entscheidungsspiel um den Aufstieg 4:0 gegen Burbach

1939/40 Gauliga Südwest Gruppe Saarpfalz (1. Liga)
1. Platz, Erreichen der Endspiele um die Bereichskriegsmeisterschaft gegen Kickers Offenbach 1:1 und 3:6

1940/41 Gauliga Westmark (1. Liga)
2. Platz

1941/42 Gauliga Westmark (1. Liga)
1. Platz und Erreichen der Endrunde um die Deutsche Meisterschaft
1. FCK – SV Waldhof 7:1
Schalke 04 – 1. FCK 9:3

1942/43 Gauliga Westmark (1. Liga)
5. Platz

1943/44 Gauliga Westmark (1. Liga)
10. und letzter Platz

1944/45 Kriegsspielgemeinschaft zwischen dem 1. FCK und dem VfR, kein Spielbetrieb wegen des 2. Weltkriegs

1945/46 Oberliga Südwest Gruppe Nord (1. Liga)
2. Platz

1946/47 Oberliga Südwest Gruppe Nord (1. Liga)
1. Platz, Endspiele um die Meisterschaft der französischen Zone gegen VfL Konstanz 8:1 und 8:4

1947/48 Oberliga Südwest Gruppe Nord (1. Liga)
1. Platz, Endspiele um die Meisterschaft der französischen Zone gegen FC Rastatt 04 3:0 und 6:1, Teilnahme an der Endrunde um die Deutsche Meisterschaft
Viertelfinale: 1. FCK – 1860 München 5:1 Christmann (2), Baßler (2), Ottmar Walter (in Worms)
Halbfinale: 1. FCK – TuS Neuendorf 5:1 Ottmar Walter (2), Fritz Walter, Grewenig, Baßler (in Wuppertal)
Finale: 1. FC Nürnberg – 1. FCK 2:1 Uebelein (Eigentor) (in Köln)

1948/49 Oberliga Südwest Gruppe Nord (1. Liga)
1. Platz, Endspiele um die Meisterschaft der französischen Zone gegen Fortuna Freiburg 4:0 und 6:3, Teilnahme an der Endrunde um die Deutsche Meisterschaft
Viertelfinale: FC St. Pauli – 1. FCK 1:1 n.V. Ottmar Walter (in Bremen)
Wiederholung: 1. FCK – FC St. Pauli 4:1 Ottmar Walter, Baßler, Grewenig (Schütze des 4. Tores unbekannt) (in Düsseldorf)
Halbfinale: 1. FCK – Borussia Dortmund 0:0 n.V. (in München)
Wiederholung: Borussia Dortmund – 1. FCK 4:1 Baßler (in Köln)
Um den 3. Platz: 1. FCK – Kickers Offenbach 2:1 n.V. Grewenig, Ottmar Walter (in Koblenz)

1949/50 Oberliga Südwest Gruppe Nord (1. Liga)
1. Platz, Endspiel um die Meisterschaft d. französischen Zone gegen SSV Reutlingen 6:1 n.V., Teilnahme an der Endrunde um die Deutsche Meisterschaft
Achtelfinale: 1. FCK – RW Essen 2:2 n.V. Fritz Walter (2) (in Karlsruhe)
Wiederholung: RW Essen – 1. FCK 2:3 n.V. Baßler, Fritz Walter, Ottmar Walter (in Köln)
Viertelfinale: VfB Stuttgart – 1. FCK 5:2 Ottmar Walter (2) (in Nürnberg)

1950/51 Oberliga Südwest (1. Liga)
1. Platz, Teilnahme an der Endrunde um die Deutsche Meisterschaft
Gruppe 1
1. FCK – SpVgg. Fürth 2:2 Eckel (2) (in Ludwigshafen)
FC St.Pauli – 1. FCK 2:4 Baßler (2), Wanger, Fritz Walter
1. FCK – Schalke 04 1:0 Baßler (in Ludwigshafen)
1. FCK – FC St. Pauli 2:0 Eckel (2) (in Ludwigshafen)
SpVgg. Fürth – 1. FCK 1:3 Baßler (2), Eckel

Schalke 04 – 1. FCK 3:2
Baßler, Eckel
1. 1. FC Kaiserslautern
   9:3 Pkt. 14:8 Tore
2. FC Schalke 04
   7:5 Pkt. 7:6 Tore
3. SpVgg. Fürth
   4:8 Pkt. 8:9 Tore
4. FC St. Pauli
   4:8 Pkt. 6:12 Tore
Finale: 1.FCK – Preußen Münster 2:1
Ottmar Walter (2) (in Berlin)

1951/52 Oberliga Südwest (1. Liga)
3. Platz

1952/53 Oberliga Südwest (1. Liga)
1. Platz, Teilnahme an d. Endrunde um
die Deutsche Meisterschaft Gruppe 1
1. FCK – Holstein Kiel 2:1
Scheffler (2) (in Ludwigshafen)
1. FC Köln – 1. FCK 1:2
Fritz Walter, Wenzel
Eintr. Frankfurt – 1. FCK 0:1
Ottmar Walter
1. FCK – Eintr. Frankfurt 5:1
Wenzel (2), Ottmar Walter (3)
(in Ludwigshafen)
1. FCK – 1. FC Köln 2:2
Röhrig (Eigentor), Fritz Walter (in
Ludwigshafen)
Holstein Kiel – 1. FCK 2:4
Wenzel (2), Fritz Walter, Wanger
1. 1. FC Kaiserslautern
   11:1 Pkt. 16:7 Tore
2. Eintr. Frankfurt
   7:5 Pkt. 8:7 Tore
3. 1. FC Köln
   5:7 Pkt. 8:10 Tore
4. Holstein Kiel
   1:11 Pkt. 8:16 Tore
Finale: 1. FCK – VfB Stuttgart 4:1
Fritz Walter, Wanger, Scheffler, Wenzel (in Berlin)

1953/54 Oberliga Südwest (1. Liga)
1. Platz, Teilnahme an d. Endrunde um
die Deutsche Meisterschaft Gruppe 2
1. FCK – Eintracht Frankfurt 1:0
Fritz Walter (in Köln)
1. FCK – 1. FC Köln 4:3
Fritz Walter, Scheffler, Wenzel, Ottmar Walter (in Stuttgart)
1. 1. FC Kaiserslautern
   4:0 Pkt. 5:3 Tore
2. 1. FC Köln
   2:2 Pkt. 6:6 Tore
3. Eintr. Frankfurt
   0:4 Pkt. 2:4 Tore
Finale: Hannover 96 – 1. FCK 5:1
Kohlmeyer (in Hamburg)

1954/55 Oberliga Südwest (1. Liga)
1. Platz, Teilnahme an der Endrunde
um die Deutsche Meisterschaft
Gruppe 1
Viktoria 89 Berlin – 1. FCK 1:2
Scheffler, Eckel
1. FCK – Hamburger SV 2:2
Render, Scheffler
SV Sodingen – 1. FCK 2:2
Wanger, Scheffler
1. FCK – SV Sodingen 2:2
Fritz Walter, Wenzel
Hamburger SV – 1. FCK 1:2
Wenzel (2)
1. FCK – Viktoria 89 Berlin 10:0
Fritz Walter (2), Wenzel (2), Wanger (2), W. Liebrich, Kohlmeyer, Baßler, Scheffler
1. 1. FC Kaiserslautern
   9:3 Pkt. 20:8 Tore
2. Hamburger SV
   8:4 Pkt. 8:5 Tore
3. SV Sodingen
   7:5 Pkt. 13:9 Tore
4. Viktoria 89 Berlin
   0:12 Pkt. 4:23 Tore

Finale: RW Essen – 1. FCK 4:3
Wenzel (2), Baßler (in Hannover)

1955/56 Oberliga Südwest (1. Liga)
1. Platz, Teilnahme an der Endrunde um die Deutsche Meisterschaft
Gruppe 1
Schalke 04 – 1. FCK 3:1 Schroer
Hannover 96 – 1. FCK 2:5
Ottmar Walter (3), Fritz Walter, Wenzel
1. FCK – Karlsruher SC 0:1 (in Ludwigshafen)
1. FCK – Schalke 04 4:4
Wenzel (2), Schroer, Scheffler (in Ludwigshafen)
Karlsruher SC – 1. FCK 0:1
Ottmar Walter
1. FCK – Hannover 96 5:3
Ottmar Walter (2), Wenzel (2), Mangold (in Ludwigshafen)
1. Karlsruher SC
   7:5 Pkt. 7:5 Tore
2. Schalke 04
   7:5 Pkt. 16:12 Tore
3. 1. FC Kaiserslautern
   7:5 Pkt. 16:13 Tore
4. Hannover 96
   3:9 Pkt. 8:17 Tore

1956/57 Oberliga Südwest (1. Liga)
1. Platz, Teilnahme an der Endrunde um die Deutsche Meisterschaft
Gruppe 2
1. FCK – Hertha BSC Berlin 14:1
Wenzel (5), Fritz Walter (3), Ottmar Walter (2), Schroer (2), Späth, Eckel (in Wuppertal)
Borussia Dortmund – 1. FCK 3:2
Späth, Fritz Walter (in Hannover)
Kickers Offenbach – 1. FCK 4:1
Eckel (in Augsburg)
1. Bor. Dortmund
   6:0 Pkt. 7:4 Tore
2. Kickers Offenbach
   4:2 Pkt. 8:4 Tore
3. 1. FC Kaiserslautern
   2:4 Pkt. 17:8 Tore
4. Hertha BSC Berlin
   0:6 Pkt. 3:19 Tore

1957/58 Oberliga Südwest (1. Liga)
2. Platz, Qualifikationsspiel zur Teilnahme an der Endrunde um die Deutsche Meisterschaft:
1. FC Köln – 1. FCK 3:3
Ottmar Walter, Wodarzik, Wenzel (in Frankfurt)
Wiederholung:
1. FC Köln – 1. FCK 3:0

1958/59 Oberliga Südwest (1. Liga)
3. Platz

1959/60 Oberliga Südwest (1. Liga)
5. Platz

1960/61 Oberliga Südwest (1. Liga)
4. Platz

1961/62 Oberliga Südwest (1. Liga)
4. Platz

1962/63 Oberliga Südwest (1. Liga)
1. Platz (Qualifikation zur Bundesliga), Teilnahme an der Endrunde um die Deutsche Meisterschaft
Gruppe 1
1. FCK – Hertha BSC Berlin 1:1 Meier (in Ludwigshafen)
1. FCK – 1. FC Nürnberg 2:2
Reitgaßl, Settelmeyer (in Ludwigshafen)
1. FC Nürnberg – 1. FCK 5:1 Pulter
1. FCK – 1. FC Köln 1:1 Neumann (in Ludwigshafen)
1. FC Köln – 1. FCK 8:2
Reitgaßl, Neumann
Hertha BSC Berlin – 1. FCK 3:0

1. 1. FC Köln
   10:2 Pkt. 29:12 Tore
2. 1. FC Nürnberg
   8:4 Pkt. 19:12 Tore
3. Hertha BSC Berlin
   3:9 Pkt. 8:19 Tore
4. 1. FC Kaiserslautern
   3:9 Pkt. 7:20 Tore

1963/64	Bundesliga	12. Platz
1964/65	Bundesliga	13. Platz
1965/66	Bundesliga	15. Platz
1966/67	Bundesliga	5. Platz
1967/68	Bundesliga	16. Platz
1968/69	Bundesliga	15. Platz
1969/70	Bundesliga	10. Platz
1970/71	Bundesliga	8. Platz
1971/72	Bundesliga	7. Platz
1972/73	Bundesliga	9. Platz
1973/74	Bundesliga	6. Platz
1974/75	Bundesliga	13. Platz
1975/76	Bundesliga	7. Platz
1976/77	Bundesliga	13. Platz
1977/78	Bundesliga	8. Platz
1978/79	Bundesliga	3. Platz
1979/80	Bundesliga	3. Platz
1980/81	Bundesliga	4. Platz
1981/82	Bundesliga	4. Platz
1982/83	Bundesliga	6. Platz
1983/84	Bundesliga	12. Platz
1984/85	Bundesliga	11. Platz
1985/86	Bundesliga	11. Platz
1986/87	Bundesliga	7. Platz
1987/88	Bundesliga	14. Platz
1988/89	Bundesliga	9. Platz
1989/90	Bundesliga	12. Platz
1990/91	Bundesliga	1. Platz
	Deutscher Meister	
1991/92	Bundesliga	5. Platz
1992/93	Bundesliga	8. Platz
1993/94	Bundesliga	2. Platz
1994/95	Bundesliga	4. Platz
1995/96	Bundesliga	16. Platz
	Abstieg	
1996/97	2. Bundesliga	1. Platz
	Aufstieg	
1997/98	Bundesliga	1. Platz
	Deutscher Meister	

Herzlichkeit - Charme und Tradition in Kirchheimbolanden
RHEINLAND-PFALZ · DONNERSBERGKREIS

"Die Kleine Residenz", Kreisstadt und Perle der Nordpfalz, das "pfälzische Rothenburg", bietet Ihnen alles, was Ihnen den Urlaub oder den Wochenend-Trip wertvoll macht.
Mittelalterliche Türme, begehbare Stadtmauer, malerische Winkel. Liebenswerte Tradition und Fortschritt mit gepflegter Gastlichkeit im anerkannten Erholungsort.

Auskunft:
Verkehrsamt - Rathaus, Neue Allee 2, 67292 Kirchheimbolanden
Tel.: 0 63 52/40 04 15

WIR GRATULIEREN DEM 1. FCK ZUR
DEUTSCHEN MEISTERSCHAFT 1998
JETZT ERST RECHT

Get your body fit!

Der Karosseriebauer machts...
Unfallinstandsetzung

Autoverglasung

CHRISTMANN

Inh.: Peter Mann

Spitalstraße 25
67659 Kaiserslautern **Restaurationen**
Tel. 06 31 - 7 25 33 • Fax: 06 31 - 9 64 12
Handy: 01 72 - 601 40 99
Öffnungszeiten: Mo - Fr: 7.30 - 17.00 Uhr
Sa : 8.00 - 12.00 Uhr

DFB-Pokal

(bis 1944 Tschammer-Pokal)
(mit Verbandspokal, Kreispokal und Bezirkspokal)

Saison 1918/19 (Verbandspokal)
FV 1900 – SV Phönix 1910 Kaiserslautern 4:1
Germania 04 Ludwigshafen – FV 1900 2:1

Saison 1924/25 (Kreispokal)
FV 1900 – Amicitia Viernheim 3:2

Saison 1931/32 (Bezirkspokal)
1. FCK – Amicitia Viernheim 2:4

Saison 1940/41
(Tschammer-Pokal)
1.FCK – Fort. Düsseldorf 2:3
Fritz Walter (2)

Saison 1942/43
(Tschammer-Pokal)
1. FCK – Kickers Offenbach 2:3
Marker, Schneider

Saison 1953/54
(ab hier DFB-Pokal)
Zwischenrunde:
1. FCK – Hamburger SV 2:3
Scheffler, Wenzel

Saison 1954/55
1. Hauptrunde:
Düren 99 – 1. FCK 2:5
Fischer (3), Wanger, Baßler
2. Hauptrunde:
1. FCK – 1. FC Köln 7:0
Biontino (2), Scheffler (3), F. Walter, O. Walter

Zwischenrunde:
Kickers Offenbach – 1. FCK 4:1
W. Liebrich

Saison 1955/56–1959/60
nicht qualifiziert

Saison 1960/61
Vorrunde: 1. FCK – Heider SV 2:0
Settelmeyer, W. Liebrich
Zwischenrunde:
1. FCK – Tasmania 1900 2:1 n.V.
Vorschlußrunde:
Hamborn 07 – 1. FCK 1:2
Finale: Werder Bremen – 1. FCK 2:0

Saison 1961/62–1962/63
nicht qualifiziert

Saison 1963/64
1. Hauptrunde:
1. FCK – Wuppertaler SV 2:0
2. Hauptrunde:
1860 München – 1. FCK 4:2

Saison 1964/65
1. Hauptrunde:
1. FCK – Karlsruher SC 3:0
Richter, Neumann Leydecker
2. Hauptrunde:
1. FCK – Hannover 96 1:3
Reitgaßl

Saison 1965/66
1. Hauptrunde:
Südwest Ludwigshafen – 1. FCK 0:1
Kapitulski

2. Hauptrunde:
1. FCK – Holstein Kiel 3:0
Kapitulski, Neumann, Leydecker
Zwischenrunde:
1. FCK – Werder Bremen 3:1
Vorschlußrunde:
Meidericher SV – 1. FCK 4:3

Saison 1966/67
1. Hauptrunde:
1. FCK – Hannover 96 2:1
Rehhagel (2)
2. Hauptrunde:
1. FCK – Kickers Offenbach 0:0 n.V.
Wiederholung:
Kickers Offenbach – 1. FCK 1:0 n.V.

Saison 1967/68
1. Hauptrunde:
VfB Stuttgart – 1. FCK 1:0

Saison 1968/69
1. Hauptrunde:
Freiburger FC – 1. FCK 0:1
2. Hauptrunde:
1. FCK – Eintr. Frankfurt 1:0
Hasebrink
Zwischenrunde:
1. FCK – Werder Bremen 3:0
Vorschlußrunde:
1. FCK – Schalke 04 1:1 n.V.
Kentschke
Wiederholung:
Schalke 04 – 1. FCK 3:1

Saison 1969/70
1. Hauptrunde:
Wuppertaler SV – 1. FCK 1:0

Saison 1970/71
1. Hauptrunde:
Bor. Neunkirchen – 1. FCK 0:1
Vogt

2. Hauptrunde:
1. FCK – Bayern München 1:1 n.V.
Koppenhöfer (Eig.)
Wiederholung:
Bayern München – 1. FCK 5:0

Saison 1971/72
1. Hauptrunde:
Wuppertaler SV – 1. FCK 2:1 Hosic
1. FCK – Wuppertaler SV 3:2 n.V.
5:3 n. Elfmeterschießen
2. Hauptrunde:
VfB Stuttgart – 1. FCK 4:3
Schwager, Hosic, Vogt
1. FCK – VfB Stuttgart 3:1
Zwischenrunde:
RW Oberhausen – 1. FCK 3:1
Pirrung
1. FCK – RW Oberhausen 5:0 n.V.
Vorschlußrunde:
1. FCK – Werder Bremen 2:1
Werder Bremen – 1. FCK 1:2 Seel (2)
Finale: Schalke 04 – 1. FCK 5:0

Saison 1972/73
1. Hauptrunde:
SpVgg.Bayreuth – 1. FCK 4:2
1. FCK – SpVgg.Bayreuth 4:0
2. Hauptrunde:
VfB Stuttgart – 1. FCK 2:1
Toppmöller
1. FCK – VfB Stuttgart 2:0 n.V.
Pirrung, Diehl
Zwischenrunde:
Bor. Mönchengladbach – 1. FCK 2:1
Ackermann
1. FCK – Bor.Mönchengladbach 1:3

Saison 1973/74
1. Hauptrunde:
1. FCK – RW Essen 5:3 n.V.
R. Meier, Laumen, Pirrung, Bitz,
Wörner (Eig.)

2. Hauptrunde:
Arminia Bielefeld – 1. FCK 1:1 n.V.
Sandberg
Wiederholung:
1. FCK – Arminia Bielefeld 3:0
E. Diehl, Laumen, Bitz
Zwischenrunde:
Kickers Offenbach – 1. FCK 2:2 n.V.
1. FCK – Kickers Offenbach 2:3 n.V.

Saison 1974/75
1. Hauptrunde:
Schweinfurt 05 – 1. FCK 3:4
Schwager, Riedl (2), Sandberg
2. Hauptrunde:
1. FCK – Spandauer SV 7:0
Riedl, Weiler, E. Diehl (2), Bitz (2), Wilhelmi
3. Hauptrunde:
Fortuna Düsseldorf – 1. FCK 3:2
Toppmöller, Sandberg

Saison 1975/76
1. Hauptrunde:
1. FCK – VfR Mannheim 2:0
Riedl, Eigentor(?)
2. Hauptrunde:
Blumenthaler SV – 1. FCK 1:5
3. Hauptrunde:
Westfalia Herne – 1. FCK 1:3
4. Hauptrunde:
1. FCK – Eintr. Braunschweig 2:0
Zwischenrunde:
1. FCK – Fortuna Düsseldorf 3:0
Toppmöller, Frosch, P. Schwarz
Vorschlußrunde:
1. FCK – Hertha BSC Berlin 4:2
Toppmöller(3), Sandberg
Finale: Hamburger SV – 1. FCK 2:0

Saison 1976/77
1. Hauptrunde:
1. FCK – VfR Mannheim 1:0
Toppmöller

2. Hauptrunde:
Stuttgarter Kickers – 1. FCK 1:1 n.V.
Wiederholung:
1. FCK – Stuttgarter Kickers 3:1
3. Hauptrunde:
Bayer Uerdingen – 1. FCK 3:1

Saison 1977/78
1. Hauptrunde:
FSV Oggersheim – 1. FCK 0:3
Stickel, Geye, Pirrung
2. Hauptrunde:
1. FCK – Wacker 04 Berlin 4:1
Pirrung (2), Geye, Toppmöller
3. Hauptrunde:
MSV Duisburg – 1. FCK 2:1
Geye

Saison 1978/79
1. Hauptrunde:
1. FCK – BFC Preußen Berlin 7:0
Wendt (2), Riedl, Toppmöller, Geye, Bongartz, Menges
2. Hauptrunde:
Eintracht Trier – 1. FCK 0:1
Bongartz
3. Hauptrunde:
Südwest Ludwigshafen – 1. FCK 2:1
Melzer

Saison 1979/80
1. Hauptrunde:
1. FCK – MSV Duisburg 2:0
Toppmöller, Neues
2. Hauptrunde:
Darmstadt 98 – 1. FCK 4:0

Saison 1980/81
1. Hauptrunde:
VfR Heilbronn – 1. FCK 0:3
F. Funkel, R. Meier (2)
2. Hauptrunde:

SG Egelsbach – 1. FCK 1:3
Geye, Bongartz, R. Meier
3. Hauptrunde:
1. FCK – Bayern München 2:1
Briegel, Neues
Achtelfinale:
1. FCK – Alemannia Aachen 3:0
Hofeditz, Wendt, F. Funkel
Viertelfinale:
1. FCK – Bor.Mönchengladbach 3:1
Bongartz, Wendt (2)
Halbfinale:
1. FCK – Eintr. Braunschweig 3:2
Wendt, Neues, F. Funkel
Finale: Eintr. Frankfurt – 1. FCK 3:1
Geye

Saison 1981/82
1. Hauptrunde:
Werder Bremen – 1. FCK 1:0

Saison 1982/83
1. Hauptrunde:
FSV Frankfurt – 1. FCK 3:2
Th. Allofs, Geye

Saison 1983/84
1. Hauptrunde:
MSV Duisburg – 1. FCK 1:2 n.V.
Briegel, Nilsson
2. Hauptrunde:
Karlsruher SC – 1. FCK 5:4 n.V.
Brehme (2), Geye, Eilenfeldt

Saison 1984/85
1. Hauptrunde:
Bayer Leverkusen – 1. FCK 5:0

Saison 1985/86
1. Hauptrunde:
1. FCK – Eintr. Frankfurt 3:1
Brehme, Trunk, Th. Allofs
2. Hauptrunde:

1. FCK – 1. FC Köln 4:1 n.V.
Th. Allofs, W. Wolf, Roos, Brehme
Achtelfinale:
SSV Ulm – 1. FCK 3:4 n.V.
Wuttke, Spielberger, Moser, W. Wolf
Viertelfinale:
1. FCK – Bayern München 0:3

Saison 1986/87
1. Hauptrunde:
BVL 08 Remscheid – 1. FCK 3:0

Saison 1987/88
1. Hauptrunde:
1. FCK – SV Waldhof Mannh. 3:1 n.V.
W. Wolf, Emmerling, Wuttke
2. Hauptrunde:
1. FCK – Blau-Weiß 90 Berlin 4:3
Kohr, Allievi (2), Hartmann
Achtelfinale:
1. FCK – Hamburger SV 1:2
Moser

Saison 1988/89
1. Hauptrunde:
1. FCK – FC St.Pauli 2:1
Kohr, Schulz
2. Hauptrunde:
1. FCK – Kickers Offenbach 5:0
Kohr, Emig, Friedmann, Wuttke,
Schulz
Achtelfinale:
SV Wehen – 1. FCK 2:3
Kohr, Schulz, Allievi
Viertelfinale:
VfB Stuttgart – 1. FCK 4:0

Saison 1989/90
1. Hauptrunde:
B. Leverkusen (Amat.) – 1. FCK 0:1
Friedmann
2. Hauptrunde:
FSV Mainz 05 – 1. FCK 1:3
Labbadia, Allievi, Kuntz

Achtelfinale:
1. FCK – 1. FC Köln 2:1
Roos, Kuntz
Viertelfinale:
1. FCK – Fortuna Düsseldorf 3:1
Kuntz (2), Stumpf
Halbfinale:
Kickers Offenbach – 1. FCK 0:1
Dooley
Finale: 1. FCK – Werder Bremen 3:2
Labbadia (2), Kuntz

Saison 1990/91
1. Hauptrunde:
Südwest Ludwigshafen – 1. FCK 1:7
Hotic (3), Kuntz (2), Ernst, Schupp
2. Hauptrunde:
1. FCK – 1. FC Köln 1:2
Haber

Saison 1991/92
1. Hauptrunde: Freilos
2. Hauptrunde:
MSV Duisburg – 1. FCK 0:2 n.V.
Witeczek, Hoffmann
3. Hauptrunde:
FC Homburg – 1. FCK 0:0 n.V.
1:3 nach Elfmeterschießen
Lelle, Vogel, Kuntz
Achtelfinale:
SC Bamberg – 1. FCK 0:1
W. Funkel
Viertelfinale:
Werder Bremen – 1. FCK 2:0

Saison 1992/93
1. Hauptrunde:
Stahl Brandenburg – 1. FCK 0:2
Kuntz, Marin
2. Hauptrunde:
Bayer Leverkusen – 1. FCK 1:0

Saison 1993/94
1. Hauptrunde:
1. FC Pforzheim – 1. FCK 0:4
Kuntz, Marin, Wagner, Kadlec
2. Hauptrunde:
VfB Stuttgart – 1. FCK 2:6 n.V.
Lusch, Wagner, Kruse (Eig.), Kuntz, Eriksson, Haber
3. Hauptrunde:
Eintracht Haiger – 1. FCK 1:3 n.V.
Wagner (2), Degen
Achtelfinale:
Bor.Mönchengladbach – 1. FCK 2:3
Brehme, U. Fuchs, Stadler (Eig.)
Viertelfinale:
Werder Bremen – 1. FCK 2:2 n.V.
4:3 nach Elfmeterschießen
Sforza, Roos
(Sforza, Kadlec, W. Funkel)

Saison 1994/95
1. Hauptrunde: Freilos
2. Hauptrunde:
SG Egelsbach – 1. FCK 0:2
Anders, Kuka
3. Hauptrunde:
1. FCK – Borussia Dortmund 6:3 n.V.
Anders, Brehme, Kadlec, Marschall, Kuka, Wagner
Achtelfinale:
1. FCK – Fortuna Köln 7:3
Haber (2), Kuntz, Kuka, Ritter, Brehme, Wagner
Viertelfinale:
1. FCK – FC St. Pauli 4:2
Marschall (2), Lusch, Hengen
Halbfinale:
Bor. Mönchengladb. – 1. FCK 1:0 n.V.

Saison 1995/96
1. Hauptrunde:
Fortuna Köln – 1. FCK 3:4 n.V.
Kuka, Marschall, Wagner, Flock

2. Hauptrunde:
1. FCK – SG Wattenscheid 09 3:0
Koch, Kuka, Hengen
Achtelfinale:
1. FCK – Schalke 04 1:0
Koch
Viertelfinale:
FC 08 Homburg – 1. FCK 3:4 n.V.
Kuka (2), Flock, Siegl
Halbfinale:
1. FCK – Bayer 04 Leverkusen 1:0
Kadlec
Finale:
Karlsruher SC – 1. FCK 0:1
Wagner

Saison 1996/97
1. Hauptrunde:
SpVgg. Greuther Fürth – 1. FCK 1:0

Saison 1997/98
1. Hauptrunde:
1. FCK Amateure – 1. FCK 0:5
Marschall, Rische, Kuka (2), Ratinho
2. Hauptrunde:
1. FC Saarbrücken – 1. FCK 0:4
Marschall, Reich, Rische, Eigentor Trautmann
Achtelfinale:
1. FCK – FC Bayern München 1:2
Sforza

Der 1. FCK in Europa

UEFA-Pokal 1972/73
1. Runde:
Stoke City – 1. FCK 3:1
Hosic
1. FCK – Stoke City 4:0
Huber, Friedrich, Bitz, Hosic
2. Runde:
CUF Barreiro – 1. FCK 1:3
Hosic (2), E. Diehl
1. FCK – CUF Barreiro 0:1
Achtelfinale:
Ararat Yerevan – 1. FCK 2:0
1. FCK – Ararat Yerevan 2:0 n.V.
5:4 n. Elfmeterschießen
Bitz, Huber (Huber, F. Fuchs,
E. Diehl, Müller, Ackermann)
Viertelfinale:
1. FCK – Bor. Mönchengladbach 1:2
Huber
Bor. Mönchengladbach – 1. FCK 7:1
Toppmöller

UEFA-Pokal 1976/77
1. Runde:
Paralimni Famagusta – 1. FCK 1:3
Riedl, R. Meier, Stickel
1. FCK – Paralimni Famagusta 8:0
Toppmöller (4), Riedl Pirrung (2),
R. Meier
2. Runde:
1. FCK – Feyenoord Rotterdam 2:2
Briegel (2)
Feyenoord Rotterdam – 1. FCK 5:0

UEFA-Pokal Saison 1979/80
1. Runde:
FC Zürich – 1. FCK 1:3
Neues, Bongartz, W. Wolf
1. FCK – FC Zürich 5:1
Melzer (2), Geye, J. Kaminke, Wendt

2. Runde:
Sporting Lissabon – 1. FCK 1:1
Bongartz
1. FCK – Sporting Lissabon 2:0
Bongartz, Neues
Achtelfinale:
VTK Diosgyör – 1. FCK 0:2
Wendt, Bongartz
1. FCK – VTK Diosgyör 6:1
Neues, Melzer, Brummer, J. Kaminke,
Bongartz, Stabel
Viertelfinale:
1. FCK – Bayern München 1:0
Brummer
Bayern München – 1. FCK 4:1
Wendt

UEFA-Pokal Saison 1980/81
1. Runde:
1. FCK – RSC Anderlecht 1:0
F. Funkel
RSC Anderlecht – 1. FCK 3:2
F. Funkel, Wendt
2. Runde:
1. FCK – Standard Lüttich 1:2
Wendt
Standard Lüttich – 1. FCK 2:1
Briegel

UEFA-Pokal Saison 1981/82
1. Runde:
1. FCK – Akademik Sofia 1:0
Brehme
Akademik Sofia – 1. FCK 1:2
Melzer, Briegel
2. Runde:
Spartak Moskau – 1. FCK 2:1
F. Funkel
1. FCK – Spartak Moskau 4:0
F. Funkel, Geye, Briegel (2)

Achtelfinale:
SC Lokeren – 1. FCK 1:0
1. FCK – SC Lokeren 4:1
Hofeditz, Briegel, F. Funkel, Eilenf.
Viertelfinale:
Real Madrid – 1. FCK 3:1
Eilenfeldt
1. FCK – Real Madrid 5:0
F. Funkel (2), Bongartz, Geye, Eilenf.
Halbfinale:
1. FCK – IFK Göteborg 1:1
Hofeditz
IFK – 1. FCK 2:1 n.V., Geye

UEFA-Pokal Saison 1982/83
1. Runde:
1. FCK – Trabzonspor 3:0
Nilsson, Briegel (2)
Trabzonspor – 1. FCK 0:3
Eilenfeldt, Briegel (2)
2. Runde:
SSC Neapel – 1. FCK 1:2
Nilsson, Th. Allofs
1. FCK – SSC Neapel 2:0
Nilsson, Briegel
3. Runde:
FC Sevilla – 1. FCK 1:0
1. FCK – FC Sevilla 4:0
Nilsson, Geye, Brehme, Eilenfeldt
Viertelfinale:
1. FCK – Universitatea Craiova 3:2
Brehme (2), Irimescu (Eig.)
Universitatea Craiova – 1. FCK 1:0

UEFA-Pokal Saison 1983/84
1. Runde: 1. FCK – FC Watford 3:1
Th. Allofs, Nilsson (2)
FC Watford – 1. FCK 3:0

Europapokal der Pokalsieger Saison 1990/91
1. Runde: 1. FCK – Sampdoria Genua 1:0, Kuntz
Sampdoria Genua – 1. FCK 2:0

Europapokal der Landesmeister Saison 1991/92
1. Runde: 1. FCK – Etar Tarnovo 2:0
W. Funkel (2)

Etar Tarnovo – 1. FCK 1:1, Degen
Achtelfinale:
FC Barcelona – 1. FCK 2:0
1. FCK – FC Barcelona 3:1
Hotic (2), Goldbaek

UEFA-Pokal Saison 1992/93
1. Runde:
Fram Reykjavik – 1. FCK 0:3
Witeczek (2), Wagner
1. FCK – Fram Reykjavik 4:0
Kuntz (2), Witeczek (2)
2. Runde:
1. FCK – Sheffield Wednesday 3:1
F. Funkel, Marin, Witeczek
Sheffield Wednesday – 1. FCK 2:2
Witeczek, Zeyer
Achtelfinale:
Ajax Amsterdam – 1. FCK 2:0
1. FCK – Ajax Amsterdam 0:1

UEFA-Pokal Saison 1994/95
1. Runde:
IA Akranes – 1. FCK 0:4
Hamann, Anders, Kuntz, Kuka
1. FCK – IA Akranes 4:1
Kuka (2), Wagner, Haber
2. Runde:
1. FCK – Odense BK 1:1, Sforza
Odense BK – 1. FCK 0:0

UEFA-Pokal Saison 1995/96
1. Runde:
Slovan Bratislava – 1. FCK 2:1
Hollerbach
1. FCK – Slovan Bratislava 3:0
Wegmann (2), Wollitz
2. Runde:
1. FCK – Betis Sevilla 1:3, Koch
Betis Sevilla – 1. FCK 1:0

Europapokal der Pokalsieger 1996/97
1. Runde:
1. FCK – Roter Stern Belgrad 1:0
Wegmann
Roter Stern Belgrad – 1. FCK 4:0

Ihr starker Partner für Urlaub + Fanreisen aller Art !!!

Hauptstraße 21
67105 Schifferstadt
Tel. 0 62 35 / 70 01 u. 70 02
Fax 0 62 35 / 63 20
E-Mail: Klforever@aol.com
Internet: http:llwww.schifferstadt.de

Schifferstadt / Lambrecht

Hauptstraße 21
67105 Schifferstadt
Tel. 0 63 35 / 70 02

Hauptstraße 87
67466 Lambrecht
Tel. 0 63 25 / 98 02 43

Zuschauerzahlen

von 1963 bis 1998

Saison	Gesamt	Durchschn.	Hoch	Tief
1963/64	332.000	22.133	34.000	10.000
1964/65	363.000	24.200	38.000	12.000
1965/66	303.000	17.824	34.000	6.000
1966/67	333.000	19.588	34.000	5.000
1967/68	230.500	13.559	29.000	3.000
1968/69	241.000	14.176	25.000	9.000
1969/70	251.500	14.794	35.000	5.000
1970/71	298.000	17.529	32.000	8.000
1971/72	299.000	17.588	33.000	3.000
1972/73	204.500	12.029	60.000 (LU)	3.000
1973/74	302.000	17.765	34.000	6.000
1974/75	337.000	19.824	37.000	7.000
1975/76	348.500	20.500	36.000	12.000
1976/77	343.500	20.206	33.000	8.500
1977/78	416.000	24.471	34.000	8.000
1978/79	455.800	26.812	41.000 (LU)	12.500
1979/80	416.427	24.496	35.000	15.232
1980/81	402.221	23.660	36.000	15.132
1981/82	362.661	21.333	34.154	11.096
1982/83	363.170	21.363	34.500	12.300
1983/84	323.300	19.018	34.000	10.400
1984/85	289.513	17.030	34.000	9.587
1985/86	281.112	16.536	34.000	8.934
1986/87	465.728	27.396	37.714	16.887
1987/88	365.593	21.505	36.923	13.500
1988/89	373.756	21.986	37.714	14.736
1989/90	432.281	25.428	35.335	18.427
1990/91	546.468	32.145	37.714	21.392
1991/92	628.661	33.087	37.714	28.944
1992/93	564.169	33.186	37.700	28.300
1993/94	585.975	34.469	40.500	29.182
1994/95	632.364	37.197	38.000	33.833
1995/96	620.699	36.527	38.000	31.496
1996/97	627.560	36.915	38.000	34.469
1997/98	646.000	38.000	38.000	38.000

Trainer und Präsidenten

Die Präsidenten des 1. FCK
(keine Gewähr für die Vollständigkeit vor 1945)

1900	Louis Lotz
1901	Karl Feikert
1909	Karl Wünschel (FVK)
1913?	Otto Candidus
19??	Karl Wünschel
1925	Ludwig Höffler
1928	Rudolf Bang
1936	August Nebling
1938	Bürgermeister Albrecht (NSDAP)
1945	Paul Karch
1950	Dr. Müller
1955	Werner Krabler
1957	Ernst Wüstenhagen (kommissarisch)
1957	Hans Adolff
1960	Dr. Heinz Brinkop
1970	Willi Müller
1977	Jürgen „Atze" Friedrich
1981	Udo Sopp
1985	Jürgen „Atze" Friedrich
1988	Norbert Thines
1996	Hubert Keßler

Die Trainer des 1. FCK

Schwab, Werner	Dreißiger und Vierziger Jahre
Turii, Berndt	
Fritz Walter	1945–1949
Sepp Herberger	1945–1949 zeitw.
Kuno Krügel	1949–1950
Richard Schneider	1950–1961
Günter Brocker	1961– 22. Spiel 1964/65
Werner Liebrich	23.–30. Spiel 1964/65
Gyula Lorant	1965/66–1966/67
Otto Knefler	1967/68– 24. Spiel 1967/68
Egon Piechaczek	25. Spiel 1967/68 –1968/69
Gyula Lorant	1969/70– 23. Spiel 1970/71
Dietrich Weise	24. Spiel 1970/71– 33. Spiel 1972/73
Gerd Schneider	34. Spiel 1972/73
Erich Ribbeck	1973/74–1977/78
Karl-H. Feldkamp	1978/79–1981/82
Rudi Kröner	1982/83– 25. Spiel 1982/83
Ernst Diehl	26.–34. Spiel 1982/83
Dietrich Weise	1983/84– 11. Spiel 1983/84
Ernst Diehl	12. Spiel 1983/84
Manfred Krafft	13. Spiel 1983/84 –1984/85
Hannes Bongartz	1985/86– 15. Spiel 1987/88
Josef Stabel	16. Spiel 1987/88 –1988/89
Gerd Roggensack	1989/90– 22. Spiel 1989/90
Karl-H. Feldkamp	23. Spiel 1989/90 –1991/92
Rainer Zobel	1992/93
Friedel Rausch	seit 1993/94– 24. Spiel 1995/96
Eckhart Krautzun	25. Spiel 1995/96 –1995/96
Otto Rehhagel	seit 1996/97

Lapport Schleifmittel
Qualität, die Qualität erzeugt.
Präzision für Industrie, Handwerk, Haushalt und Hobby.

- Schleifscheiben
- Schleifsegmente
- Honsteine
- Öl-Abziehsteine
- Schleiffeilen

Schleifmittelwerk
P. Lapport & Sohn GmbH & Co. KG
Rosenhofstr. 55 · D-67677 Enkenbach-Alsenborn
Tel. (0 63 03) 92 11 - 0 · Fax (0 63 03) 66 25
http:www.lapport.de. eMail:Lapport@Lapport.de   Seit 1873

SPROSSEN-FENSTER

Ziersprossen auf den Scheiben, Einbausprossen zwischen den Scheiben, Glassprossen scheibenteilend... Wir bauen maßgefertigte Sprossenfenster ein – in vielen Varianten, aber immer SCHÜCO-Spitzenqualität.

FENSTERBAU DECHENT GMBH
WIESENSTR. 21
66862 KINDSBACH
TEL: 0 63 71 - 1 58 83
FAX: 0 63 71 - 6 38 80

Immer eine Idee besser.

Die Kader des 1. FCK von 1945/46 bis 1997/98

Berücksichtigt sind nur Spieler, die auch zum Einsatz kamen (in alphabetischer Reihenfolge).

1945/46
Auer, Baßler, Baum, Berndt, Grewenig, Hammer, Hankel, Ininger, Jung, Kohlmeyer, E. Liebrich, W. Liebrich, Marker, Martin, Rödler, Thines, F. Walter, L. Walter

1946/47
Baßler, Baum, Berndt, Hans Christmann, Heini Christmann, Grewenig, Huppert, Jung, Kohlmeyer, E. Liebrich, W. Liebrich, Marker, F. Walter, O. Walter, Wetz

1947/48
Auer, Baßler, Baum, K. Berndt, W. Berndt, Hans Christmann, Heini Christmann, Folz, Grewenig, Hölz, Huppert, K. Jung, Klee, Kohlmeyer, E. Liebrich, W. Liebrich, F. Walter, O. Walter

1948/49
Abel, Adam, Baßler, Baum, Berndt, Hans Christmann, Doll, Ebensperger, Folz, Grewenig, Hölz, Hoffmann, Huppert, Klee, Kohlmeyer, E. Liebrich, W. Liebrich, Marker, F. Walter, L. Walter, O. Walter, Wenzel

1949/50
Adam, Baßler, Berndt, Hans Christmann, Eckel, Folz, B. Fuchs, Gawliczek, Grewenig, Hölz, Huppert, Jergens, Jung, Klee, R. Kohlmeyer, W. Kohlmeyer, E. Liebrich, W. Liebrich, Schweikert, F. Walter, O. Walter

1950/51
Adam, Baßler, Hans Christmann, Eckel, Folz, B. Fuchs, Hartenstein, Huppert, Jergens, Klee, W. Kohlmeyer, E. Liebrich, W. Liebrich, Pilkahn, Rasch, Schaak, F. Walter, O. Walter, Wanger, Wettig

1951/52
Eckel, Fischer, Folz, Fritschi, Jergens, K. Jung, Junker, Klee, W. Kohlmeyer, Kraußer, E. Liebrich, W. Liebrich, Ludwig, Rasch, Render, Schaak, Scheffler, Seitz, F. Walter, O. Walter, Wanger, Wenzel

1952/53
Eckel, Fischer, Folz, Fritschi, B. Fuchs, Hölz, K. Jung, Klee, W. Kohlmeyer, E. Liebrich, W. Liebrich, Render, Scheffler, Sokoll, F. Walter, O. Walter, Wanger, Wenzel

1953/54
Baßler, Eckel, Fischer, Folz, Hölz, K. Jung, W. Kohlmeyer, E. Liebrich, W. Liebrich, Render, Scheffler, Sokoll, F. Walter, O. Walter, Wanger, Wenzel

1954/55
Ahrens, Baßler, Bauer, Biontino, Eckel, Fischer, Hölz, Karch, W. Kohl-

meyer, E. Liebrich, W. Liebrich, Mangold, F. Müller, Render, Scheffler, Sokoll, F. Walter, O. Walter, Wanger, Wenzel

1955/56
Ahrens, Baßler, Eckel, Hölz, Kern, W. Kohlmeyer, W. Liebrich, Mangold, Render, Scheffler, K. Schmidt, Schroer, Thum, Wagner, F. Walter, O. Walter, Wanger, Wenzel

1956/57
Ahrens, Baßler, Bauer, Eckel, Fritzinger, Hölz, Kern, W. Kohlmeyer, W. Liebrich, Mangold, Miksa, Render, Scheffler, K. Schmidt, Schroer, Späth, F. Walter, O. Walter, Wanger, Wenzel, Wodarczek

1957/58
Ahrens, Bauer, Eckel, H. Fischer, Hölz, Kern, Lichtl, W. Liebrich, Lulka, Miksa, Mangold, Render, Scheffler, K. Schmidt, Späth, F. Walter, O. Walter, Wenzel, Wodarczek

1958/59
Bauer, Baumann, Eckel, Hölz, Hoffmann, Kraft, Kühlwetter, W. Liebrich, Mangold, Miksa, Miltz, Neukirch, Reckel, Scheffler, Schmelzer, K. Schmidt, H.G. Schmitt, Späth, Sprengard, Wagner, F. Walter, O. Walter, Wenzel

1959/60
Bauer, Eckel, Hölz, Hoffmann, Kasperski, Kraft, W. Liebrich, Mangold, Miksa, Neumann, Neukirch, Pulter, W. Richter, Ringer, K. Schmidt, Schnarr, M. Schneider, Schönborn, Sprengard, Stumpf, Wenzel

1960/61
Bauer, Baumann, Feldmüller, Heß, Hölz, Kasperski, Landmann, W. Liebrich, Mangold, Miksa, Neumann, Pulter, W. Richter, Schlegelmilch, Schnarr, G. Schneider, Settelmeyer, Sprengard, Wenzel

1961/62
Bauer, Feldmüller, Gawletta, Horn, Kasperski, Landmann, W. Liebrich, Mangold, Miksa, Neumann, Pulter, W. Richter, Schnarr, G. Schneider, Settelmeyer, Sprengard, Treumann, Wenzel

1962/63
Bauer, H. Diehl, Feldmüller, Gawletta, Heß, R. Kiefaber, Kostrewa, Mangold, E. Meier, Miksa, Neumann, Pulter, Reitgaßl, W. Richter, Schindler, Schnarr, G. Schneider, Schönborn, Settelmeyer

1963/64
Bauer, Braner, Feldmüller, Gawletta, R. Kiefaber, Kostrewa, Mangold, E. Meier, Neumann, Prins, Pulter, Reitgaßl, W. Richter, Schnarr, G. Schneider, Schönborn, H.D. Strich, Wrenger

1964/65
Bauer, Braner, Kapitulski, R. Kiefaber, Kostrewa, Leydecker, Mangold, E. Meier, Neumann, Prins, Pulter, Reitgaßl, W. Richter, Schnarr, G. Schneider, Schwager, Strich, Wrenger

1965/66
Becker, Braner, Geisert, W. Kaminke, Kapitulski, R. Kiefaber, Koppenhöfer, Kostrewa, Leydecker, Mangold, Neu-

mann, Reitgaßl, Rummel, Schnarr, G. Schneider, Schwager

1966/67
Ankovic, Braner, Geisert, W. Kaminke, Kapitulski, Kentschke, R. Kiefaber, Klimaschefski, Koppenhöfer, Krautzun, Rehhagel, Reitgaßl, Rummel, Schnarr, G. Schneider, Schwager, Wrenger

1967/68
Ankovic, E. Diehl, W. Fuchs, Geisert, Hansing, Hasebrink, Kapitulski, Kentschke, V. Klein, R. Kiefaber, Klimaschefski, Koppenhöfer, Rehhagel, Reitgaßl, Roggensack, Schnarr, G. Schneider, Schwager, Soyez, Stabel, Windhausen

1968/69
E. Diehl, Friedrich, Geisert, Glaß, Hansing, Hasebrink, Kentschke, R. Kiefaber, V. Klein, Klimaschefski, Koppenhöfer, Rehhagel, Rumor, P. Schmidt, Schnarr, G. Schneider, Schwager, Stabel, Windhausen

1969/70
Ackermann, E. Diehl, Fecht, Friedrich, F. Fuchs, Geisert, Glaß, Kentschke, Krafczyk, Pirrung, Rademacher, Rehhagel, W. Richter, Ripp, Rumor, Schnarr, G. Schneider, Schwager, Soyez, Stabel, Vogt

1970/71
Ackermann, Bitz, Blusch, E. Diehl, Dordevic, Elting, Fecht, Friedrich, F. Fuchs, Hosic, Huber, Krafczyk, Pirrung, Rademacher, Rehhagel, G. Reinders, W. Richter, Schwager, Stabel, Vogt

1971/72
Ackermann, Bitz, E. Diehl, Elting, Friedrich, F. Fuchs, Henkes, Hosic, Huber, Pirrung, Rademacher, Rehhagel, G. Reinders, Schwager, Seel, Stabel, Vogt

1972/73
Ackermann, Bitz, Brehm, E. Diehl, Elting, Friedrich, F. Fuchs, Henkes, Hosic, Huber, Michelbach, J. Müller, Pirrung, Rademacher, G. Reinders, Schwager, P. Schwarz, Seel, Stabel, K. Toppmöller, Vogt, H. Wilhelmi

1973/74
Ackermann, Bitz, E. Diehl, Elting, F. Fuchs, Huber, Laumen, Magnusson, R. Meier, Pirrung, G. Reinders, Schwager, P. Schwarz, Sandberg, Stabel, K. Toppmöller, Vogt, H. Wilhelmi

1974/75
Bender, Bitz, E. Diehl, Frosch, F. Fuchs, Hellström, Kroth, R. Meier, Melzer, Pirrung, J. Riedl, Schwager, P. Schwarz, Sandberg, Stabel, Thelen, H. Toppmöller, K. Toppmöller, Weiler, H. Wilhelmi

1975/76
Briegel, E. Diehl, H.D. Diehl, Frosch, Hellström, Kroth, R. Meier, Melzer, Pirrung, J. Riedl, Scheer, P. Schwarz, Sandberg, Stickel, K. Toppmöller, Weiler, H. Wilhelmi

1976/77
Briegel, E. Diehl, Groh, Hellström, R. Meier, Melzer, Metzler, Pirrung, J. Riedl, Ritschel, Scheer, Scheller, P. Schwarz, Sandberg, Stabel, Stickel, K. Toppmöller, Weiler, H. Wilhelmi

1977/78
Briegel, E. Diehl, Geye, Groh, Hellström, R. Meier, Melzer, Menges, Neues, Pirrung, J. Riedl, Ritschel, Schwarz, Stabel, Stickel, K. Toppmöller, Wendt, H. Wilhelmi

1978/79
Bongartz, Briegel, Dobiasch, Geye, Groh, Hellström, Mackensen, R. Meier, Melzer, Menges, Neues, Pirrung, J. Riedl, Schuhmacher, P. Schwarz, Stabel, K. Toppmöller, Wendt, W. Wolf

1979/80
Bongartz, Briegel, Brummer, Dobiasch, Dusek, Eigendorf, Geye, Groh, Hellström, J. Kaminke, Kolath, R. Meier, Melzer, Mörsdorf, Neues, Pirrung, J. Riedl, Schuhmacher, P. Schwarz, Stabel, K. Toppmöller, Wendt, A. Wolf, W. Wolf

1980/81
Bongartz, Briegel, Brummer, Buschlinger, Dusek, Eigendorf, F. Funkel, Gerber, Geye, Hellström, Hofeditz, J. Kaminke, R. Meier, Melzer, Neues, Pirrung, J. Riedl, Wendt, W. Wolf

1981/82
Bongartz, Brehme, Briegel, Brummer, Dusek, Eigendorf, Eilenfeldt, F. Funkel, Geye, Hellström, Henrichs, Hofeditz, Hübner, Kitzmann, Melzer, Plath, Reichel, Schuhmacher, W. Wolf

1982/83
Th. Allofs, Bongartz, Brehme, Briegel, Brummer, Dusek, Eilenfeldt, Frowein, F. Funkel, Geye, Hellström, Henrichs, Hübner, Kitzmann, Melzer, Neues, Nilsson, Plath, Reichel, W. Wolf

1983/84
Th. Allofs, Bongartz, Brehme, Briegel, Brummer, Dusek, Eilenfeldt, Foda, Frowein, Geye, Glaser, Gries, Grüner, Hellström, Hoos, Hübner, Kitzmann, Lang, Löchelt, Melzer, Moser, Nilsson, Plath, Reichel, W. Wolf

1984/85
Th. Allofs, Bold, Brehme, Dusek, Ehrmann, Eilenfeldt, Geye, Hoos, Hübner, Kitzmann, Lang, Majewski, Melzer, Mohr, Moser, Reichel, Roos, Schupp, Trunk, W. Wolf

1985/86
Th. Allofs, Bold, Brehme, Dusek, Ehrmann, Eilenfeldt, Geye, Graf, Hoos, Kitzmann, Löchelt, Majewski, Melzer, Mohr, Moser, Roos, Schupp, Spielberger, Trunk, W. Wolf, Wuttke

1986/87
Allievi, Dusek, Ehrmann, Friedmann, Groh, F. Hartmann, Haun, Hoos, Kohr, Lelle, Majewski, Metz, Mohr, Moser, Roos, Schupp, Serr, Spielberger, Trunk, W. Wolf, Wuttke

1987/88
Allievi, Dusek, Ehrmann, Emmerling, Foda, Friedmann, Groh, Gudmundsson, F. Hartmann, Hoos, Koch, Kohr, Kranz, Lelle, J. Lutz, Moser, Nushöhr, Roos, Schulz, Schupp, Serr, Sommer, W. Wolf, Wuttke

1988/89
Allievi, Basler, Dooley, U. Eckel, Ehr-

mann, Emig, Emmerling, Foda, Friedmann, Giehl, Groh, F. Hartmann, Hery, Hoos, Kohr, Kranz, Labbadia, Lelle, R. Lutz, Roos, Schulz, Schupp, Serr, Sommer, Wuttke

1989/90
Allievi, Dooley, Ehrmann, Emig, Foda, Friedmann, Goldbaek, Haber, F. Hartmann, Hoos, Hotic, Kranz, Kuntz, Labbadia, Lelle, R. Lutz, Roos, Scherr, Schupp, Serr, Shakov, Sommer, Stadler, Stumpf, Wiezik, Wuttke

1990/91
Dooley, Ehrmann, Ernst, Friedmann, Goldbaek, Haber, G. Hoffmann, Hotic, Kadlec, Krämer, Kranz, Kuntz, Labbadia, Lelle, R. Lutz, Th. Richter, Roos, Scherr, Schupp, Serr, Stadler, Stumpf, Winkler, Zimmermann

1991/92
Degen, Dooley, Ehrmann, W. Funkel, Goldbaek, Haber, Hajradinovic, G. Hoffmann, Hotic, Kadlec, Kranz, Kröhler, Kuntz, Lelle, R. Lutz, Roos, Schäfer, Scherr, Serr, Stumpf, Toth, Vogel, Winkler, Witeczek

1992/93
Dooley, Ehrmann, Eriksson, W. Funkel, Goldbaek, Haber, Hengen, G. Hoffmann, Hotic, Kadlec, Kuntz, Lelle, Lieberknecht, Marin, Th. Richter, Ritter, Roos, Schäfer, Serr, Vogel, M. Wagner, Winkler, Witeczek, M. Zeyer

1993/94
Brehme, Degen, Dittgen, Ehrmann, Eriksson, U. Fuchs, W. Funkel, Goldbaek, Haber, Hengen, Kadlec, Kuka, Kuntz, Lieberkecht, Lusch, R. Lutz, Marin, Reitmaier, Ritter, Roos, Schäfer, Sforza, M. Wagner, M. Zeyer

1994/95
Anders, Brehme, Ehrmann, Flock, W. Funkel, Haber, M. Hamann, Hengen, Kadlec, Kuka, Kuntz, Lusch, R. Lutz, Marschall, Reinke, Ritter, Roos, Schäfer, Sforza, M. Wagner

1995/96
Anders, Brehme, Ehrmann, Flock, W. Funkel, Greiner, M. Hamann, Hengen, Hollerbach, Kadlec, Karaca, Kern, Koch, Kuka, R. Lutz, Marschall, Reinke, Riedl, Ritter, Roos, Schäfer, Schwarzer, Siegl, Wagner, U. Wegmann, Wollitz

1996/97
Brehme, Broß, Ehrmann, Franck, Greiner, Kadlec, Keller, Koch, Kuka, R. Lutz, Marschall, Ojigwe, Ratinho, Reinke, Roos, Reich, Rischel, Riedl, Rufer, Schäfer, Schjönberg, Schwarzer, Wagner, Wegmann

1997/98
Ballack, Brehme, Buck, Ertl, Greiner, Hristov, Hrutka, Kadlec, Koch, Kuka, R. Lutz, Marschall, Ojigwe, Ratinho, Reinke, Reich, Riedl, Rische, Roos, Schäfer, Schjönberg, Sforza, Szücs, Wagner

Kaiserslautern im Buch

Kropp, Matthias
Deutschlands große Fußballmannschaften Teil 9: 1. FC Kaiserslautern
Die komplette Statistik des 1.FCK seit 1948 mit allen Oberliga-, Bundesliga-, DFB-Pokal- und Europapokal-Ergebnissen, Aufstellungen und Torschützen. Das umfangreichste Standardwerk über die "Roten Teufel". 392 Seiten, 15x21 cm, Karton, ca. 150 s/wFotos, AGON Sportverlag 1996.
ISBN 3-928562-71-1   **DM 36,00**

Grüne, Hardy
Vom Kronprinzen bis zur Bundesliga 1890-1963
Band 1 der Reihe "Enzyklopädie des deutschen Ligafußballs". 1890 - 1963. Deutsche Meisterschaft - Gauliga - Oberliga. Der erste Teil des Dokumentarwerkes zum deutschen Ligafußball von 1890 bis 1997. Die Jahre 1890 bis 1963 in informativen Texten, zum Teil noch unveröffentlichten Fotos und übersichtlichen Tabellen. Alle Ergebnisse der höchsten Spielklassen, Saison-, Mannschafts und Spielerporträts sowie epochale Zusammenfassungen machen dieses Nachschlagewerk und Lesebuch zu einem Muß für jeden Fußballfan. 420 Seiten, 21x30 cm, Pappband, ca. 300 Fotos, AGON Sportverlag 1996.
ISBN 3-928562-85-1   **DM 59,80**

Bundesliga & Co. Zahlen. Bilder. Geschichten von 1963 bis heute
Band 2 der Reihe "Enzyklopädie des deutschen Ligafußballs". Dieses Buch bietet alles, was man über die Bundesliga wissen muß. Alle Ergebnisse, Torschützenlisten, Spieler und Vereinsporträts, Meisterbilder, Saison-Highlights in Textform. Fußballgeschichte ab der Bundesliga komplett, übersichtlich und auf einen Griff. 272 Seiten, 21x30 cm, Pappband, ca. 200 Farb- und s/w-Fotos, AGON Sportverlag 1997.
ISBN 3-89609-113-1   **DM 48,00**

Dieses und vieles mehr erhalten Sie bei uns. Fordern Sie unseren kostenlosen Gesamtkatalog mit über 1500 Büchern und Videos zu allen Sportarten

AGON Sportverlag GmbH
Frankfurter Str. 92a
D-34121 Kassel
Tel.: 0561 / 9 27 98 27
FAX: 0561 / 28 34 39
eMail: AGON-Sportverlag@t-online.de

Der Fanbeirat des 1. FC Kaiserslautern

Hannes Riedl
Fan-Beauftragter des 1.FCK
Bremer Str.1-5
(Fans & Fun Fanshop)
67657 Kaiserslautern
0631/ 3168926

Region Ludwigshafen am Rhein
Klaus Klimek
Jahnstr.6
67273 Weisenheim am Berg
96353/2851 + 0631/28538

Region Rheinhessen/Pfalz
Klaus Becker
Framersheimerweg 2
55234 Hochborn
06735/1339

Region Saarland
Harald Fuhrmann
Dörrenbacher Str. 6a
66564 Ottweiler-Fürth

Region Landau-Germersheim
Alfred Wünstel
Im Horst 19
76770 Hatzenbühl

Region Überregional
Otto Roth
Wolfsangel 37
67663 Kaiserslautern
0631/12731

Region Kusel
Jürgen Krauß
Ringstr.1
66871 Thallichtenberg

Region Kaiserslautern-Sickingerhöhe
Matthias Unnold
Hintere Weiherstr.9
66851 Linden
06307/6167 (auch Fax)

Region Pirmasens-Zweibrücken
Alexander Lutz
Neuhofstr.6
66976 Rodalben-Neuhof
06331/18847

Region Rhein-Hunsrück-Nahe
Arno Assmann
Bahnhofstr.8a
55596 Waldböckelheim

Treffer, Treter, Fliegenfänger

Im Abo oder 8x im Jahr am Kiosk

HATTRICK
FUSSBALLMAGAZIN

Zum Autor

Günter Rohrbacher-List, Jahrgang 1953, Studium der Sozialarbeit, Abschluß als Diplom-Sozialarbeiter (FH), seit 1989 freier Mitarbeiter der Sportredaktion *die tageszeitung,* Berlin, und anderer Medien. Lebt und arbeitet in Ludwigshafen.

Bisherige Veröffentlichungen u.a.: „Alles klar mit dem 1. FCK!", Fußball-Fragen-Buch, Frankfurt 1993; „1. FC Kaiserslautern: Der Berg, das Land und der Ball", Göttingen 1995.

■ Fotonachweis

Paul Gilbrecht: alle Fotos mit Ausnahme der im folgenden Bezeichneten.

Max Bachem: S. 163, 165, 171, 187, 191, 194, 199

Nachlaß Richard Schneider: S. 167, 168/169, 175, 176, 177, 181

1. FC Kaiserslautern: S. 139, 141, 145, 156, 217, 221, 289, 291

Nachlaß Co Prins: S. 346

Stadtarchiv Kaiserslautern: S. 134, 143

Wilfried Jungmann: S. 137

Fotoagentur Kunz: S. 7 (o.), 22/23, 26 (o.), 29

Horst Müller: S. 203

Umschlag: vorne: P. Gilbrecht; hinten: Fotoagen. Kunz; Nachlaß Schneider

FUSSBALLBÜCHER IM VERLAG DIE WERKSTATT
FÜR FANS, DIE MEHR WISSEN WOLLEN

Geheimnis Fußball. Auf den Spuren eines Phänomens
Christoph Bausenweins furioser Gang durch die Geschichte des Spiels
der Spiele. »Das beste aller Fußballbücher.« (Bayer. Rundfunk)
576 Seiten, Leineneinband mit Schutzumschlag, ca. 100 Abbildungen
ISBN 3-89533-139-2, DM 68,- / sFr 61,- / öS 503,-

Thilo Thielke: An Gott kommt keiner vorbei...
Das Leben des Reinhard „Stan" Libuda. „Eine wunderbar kenntnisreiche und liebevolle Biographie." (Reviersport)
240 Seiten, gebunden, zahlreiche Abbildungen
ISBN 3-89533-208-9, DM 34,- / sFr 31,50 / öS 248,-

1. FC Nürnberg: Die Legende des Club
Die wechselhafte Geschichte des ruhmreichen Vereins, »sachkundig
und gut geschrieben.« (Süddt. Zeitung)
384 Seiten, Fotos, Spielerporträts, statistischer Anhang
ISBN 3-89533-163-5, DM 39,80 / sFr 37,- / öS 291,-

Schulze-Marmeling: Die Bayern. Vom Klub zum Konzern
»So hat noch keiner gewagt, über die Bayern zu schreiben. Das bisher
spannendste und gründlichste Buch über den Verein.« (Bayern 3)
544 Seiten, Fotos, Bayern-ABC, statistischer Anhang.
ISBN 3-89533-203-8, DM 44,- / sFr 41,- / öS 321,-

FC St. Pauli: You'll never walk alone.
René Martens »gelungener Versuch« (taz), am Mythos des Kultklubs
zu kratzen und dabei die Fan-Perspektive zu wahren.
352 Seiten, Fotos, Spielerporträts, statistischer Anhang.
ISBN 3-89533-204-6, DM 39,80 / sFr 37,- / öS 291,-

Schalke 04: Der Mythos lebt
»Eine lückenlose Chronologie, kenntnisreich geschildert und
glaubwürdig analysiert.« (Hattrick)
368 Seiten, Fotos, Spielerporträts, statistischer Anhang.
ISBN 3-89533-164-3, DM 39,80 / sFr 37,- / öS 291,-

Bitte auch Gesamtprospekt anfordern.

VERLAG DIE WERKSTATT
LOTZESTR. 24a · 37083 GÖTTINGEN